自性光明
法界寶庫論

ཆོས་དབྱིངས་རིན་པོ་ཆེའི་མཛོད།

大遍智 龍欽巴尊者◎著

堪布徹令多傑仁波切◎講記　　張福成◎口譯

目錄

自序

　　遍智龍欽巴所著《法界寶庫》（或譯：法界寶藏），將十七部大圓滿續部之一切意義包括於一部論典之精簡詞句中，包括甚深廣大之道路，係九乘教法之頂乘，純正修士一身即世成佛之甚深法。

　　修持大圓滿之瑜伽士眾，應唯以此為主修，常時課誦此聖典而莫令中斷，隨身常伴猶如護法一般，證入於涅槃時亦作為誓言而心中明憶，則可出例如荼毗時舌頭傳出誦音等等奇罕徵兆。

　　總而言之，實應珍惜至愛此法，如同可治百病之萬應丹一般。

　　如此殊勝之教典，敝人數年前曾在臺北板橋三根本佛學會就詞句略略作了解釋，法緣弟子眾請求記錄為文字而流通，敝人心想，也許對弟子眾及其他人士能有些許幫助，因此就答應了。

　　但是在詞與義兩方面都可能有所疏失，因為初時以藏語講解，中間口譯為華語，最後聽寫筆錄為文字，在三方面可能都有一些疏失，但是我個人也堅定相信，其中肯定有更多的優點，例如熟悉道路的盲者也能帶領其他完全不熟悉道路的盲者到達目的地一般。

　　相信仰賴這部筆錄的典籍，必定能夠消除信眾對大圓滿法義的不了解與誤解，因而引發至少些微的正確了解。至盼與大圓滿法有緣份的善緣弟子眾，能以恭敬、勝解、信心聞思修此部教典，令暇滿人身寶發揮最大功效。

　　在此也深深祝福有緣者能賴此法緣，早日證得無上菩提！

　　　　　　堪布徹令多傑仁波切　2014 年 06 月 15 日

恭讀《法界寶庫》需備條件

- 需先聞思過例如《功德寶藏》、《三句擊要》等顯密大論。
- 需先得過完整四灌頂。
- 對自己曾得法益之任何上師方面，誓言無衰損。
- 必須獲得此論根本頌文之口傳。

若不能齊備上述條件而草率閱讀，則難得大圓滿傳承上師之加持。故學法時，依法軌而行是為至要。

導讀

　　為什麼恭讀《法界寶庫》需要具備前述四個條件呢？主要因為《法界寶庫》是一切乘門之王，是一切乘門的頂端，所詮釋的主旨極為深奧，若想要學習如此深奧的教法，相當有必要對經教和密咒乘門兩方面有所了解。

　　特別是《三句擊要》，在直接指示內心實相的部分開示得非常多，只要聞思過，就算還不能夠契入自己內心本來面貌，但是因為聞思過教法，對內心的認識比以前更進步，如此再來閱讀《法界寶庫》才會有很大的利益。

　　《法界寶庫》是由大遍智龍欽巴尊者所講說。緣起於本智空行母拜見尊者，向尊者請求：

　　「您應當講說大圓滿的教法，並且寫一些大圓滿方面的書。」

　　「講解大圓滿教法的人很多，這方面的書也很多，不需要我再來講說和寫書。」

　　「不過這些講述大圓滿教法的人，我並不贊同也不喜歡，一般而言，一個教法一定有掌管者、法主，現代大圓滿教法的法主就是您啊，無論如何，請您講授這個教法，並寫下一些書籍！」

　　本智空行母祈請龍欽巴尊者後，尊者就在他經常閉關的推噶雪山，於閉關的空檔，開始寫這本論典，寫時，由具誓善金剛磨墨，由羅睺星準備紙，由護咒一髮母騰稿寫字，由本智護法守衛幫助。當時具誓善金剛磨墨的石頭，還有後來羅睺星融入的一棵大樹，以及一髮母所寄託之處的寄魂石，這些聖跡現在都還可以去朝拜呢！

此後寧瑪派、噶舉派、薩迦派、格魯派，不管任何教派的許多實修者，在實修大圓滿教法時，見到大遍智現身或是在夢境之中得到加持，賜給口訣，這方面的事蹟也相當多。

　　像大遍智開示大圓滿教法這麼豐盛的內容，在西藏可以說無出其右者，同時也有這麼一個說法：凡是大遍智尊者所寫的書所在之處，善金剛、羅睺星、一髮母護法神也都在那裡，而且大遍智所開示的書，一個字也都不能更改。

　　譬如七寶庫裡的《如意寶庫》這部書，流傳的時間非常久遠，裡面一些字跡模糊，看不清楚了，或是有一些字遺漏了，米滂仁波切說：

　　「這可能是因為以前一些刻板或寫字的人寫錯了，還有一些字是因為流傳久遠，可能破損，如今所看到的文稿不是原來龍欽巴寫的那個樣子。」

　　因此，米滂仁波切從頭到尾詳詳細細看了後，把漏掉的字、缺損的字給補進去了，之後他還特別做一個記號，說明從這個字到那個字是米滂仁波切所補，不是原來的文字，不敢把自己的字與龍欽巴尊者的字混在一起，後人會誤以為完全是龍欽巴尊者所開示。以此表示龍欽巴尊者的教言非常重要。

　　巴珠仁波切也曾經稱讚尊者所開示的教言非常重要，和佛陀的語言毫無差別。

　　總而言之，龍欽巴尊者所講述的的教法著作，在經教乘門、密咒乘門，還有見地的抉擇等方面都流傳非常多。其中，《法界寶庫》是完全不共的大圓滿實相的部分，無論是經教乘門的見地、密咒乘門一般的見地，在觀修行持的部分完全沒有談論到，僅僅只是

講解大圓滿阿底瑜伽的見地這個部分，而大圓滿阿底瑜伽的見地分成堅斷和頓超，這裡所講到的只有堅斷的部分，沒有談到頓超。

在寧瑪派的傳承中有「上師耳傳」的教法，意思是指上師對一位弟子口耳相傳講說甚深口訣，詞句非常少，意義非常深奧，是實修之後能夠即身成佛的法。實際上，寧瑪派歷代傳承的上師耳傳教法，就是把《法界寶庫》的大綱宗旨濃縮，做成關鍵性的口訣流傳下來。

我自己得到這個「上師耳傳」的教法，關鍵口訣的部分就是由亞青寺大堪布阿秋仁波切傳給我的。

即使是上師耳傳裡，也只有講到堅斷的部分，沒有頓超的部分。因此可以這樣講：和龍欽巴尊者教法不相同、偏離這主題的上師耳傳，根本不會存在。都是把龍欽巴尊者的教法或《法界寶庫》的部分，把它做成一個口訣，這個口訣可能詞句簡單，可能詞句複雜，僅僅只是這樣一個差別。

在大圓滿教法中有心部、界部、口訣部，《法界寶庫》屬於口訣部，沒有談到心部和界部的部分。《法界寶庫》的特殊性就在於口訣部教法的內容，當時化身極喜金剛開示了大圓滿的教法，講述了十七部續部，就是十七種不共的實修方式，把這十七部續部的內容關鍵要點集中濃縮，就形成了《法界寶庫》，這也是為什麼《法界寶庫》特別受到重視，是非常重要的一個教法的原因。

就我們現在而言，當然沒有辦法親自拜見大遍智龍欽巴尊者，沒有辦法親自聽到他開示教法，不過他的代表就是《法界寶庫》，這是解釋大圓滿的一個教法，特別是解釋大圓滿堅斷的實相這個部分，也就是說，關於大圓滿堅斷的實相這部分，最為重要的教法就

是《法界寶庫》。

《法界寶庫》共分成十三品，從第一品到第九品解說大圓滿見地方面的內容，第十品開示大圓滿的觀修，第十一品開示大圓滿的行持，第十二品開示大圓滿暫時的果，第十三品開示大圓滿究竟的果。

總而言之，大圓滿本身的見地、觀修、行持和果位，這一切能夠完完整整毫無遺漏做一個總體開示的聖典，就是《法界寶庫》。

《法界寶庫》和其它書不一樣的地方是它沒有大綱，所以我們要另外參考它的註解，註解裡有一個簡略的大綱，談到各段宗旨是什麼內容，這樣比較能幫助大家掌握《法界寶庫》的宗旨和思想。

這個大綱分成支分和正文兩大部分。

支 分

論典的名稱

支分的部分，首先講述這部論典的名稱是什麼？其次解釋撰寫論典時，撰寫者本身要做頂禮；頂禮完畢後，還要思維爲了利益遍滿虛空的有情，希望我寫這本書能夠徹底究竟，把書寫完。分成以上三項。

論典的名稱，從佛陀開示教法到後代博士撰寫論典，取名稱時有各種各類的方式，有時是按照開示教法的地方取名，譬如《入楞伽經》，因爲佛陀在楞伽這個地方開示，經的名稱就稱爲《入楞伽經》；有時是依請法者取名，譬如一位天子向佛陀請求開示教法，經名就稱爲《天子請問經》；有時是按照時間取名，譬如佛陀即將涅槃時講說的教法，就取名稱爲《涅槃經》。此外，還有按照宗旨、主題取名，譬如，解釋勝慧到彼岸的教法，所以取名《般若經》。如果是八千頌、三千頌等，就是按照書的篇幅有幾品、有多少頌，是按照品的長度來取名。

佛陀所開示的佛語典籍取名時有這麼多方式，即使是後代弟子博士所寫的論典也是這樣，用很多方式來取名。

至於《法界寶庫》，則是採用比喻還有它的意義一起來取名。比喻是什麼？意義又是哪些？以下要做一個說明。

首先，《法界寶庫》中的法界就是意義的部分，寶庫就是比喻的部分，合在一起就是《法界寶庫》。大遍智講說《法界寶庫》時，一共十三品，這十三品主要的意義和核心思想都包括在書名裡。

進一步而言，十三品所要開示的法的內容，就是基的實相、道

的實相和果的實相，除了基、道、果三方面的實相之外，其它教法在十三品裡根本就沒有談到。而基、道、果的教法，實際上也完全包括在法界這兩個字裡。

就基而言，基是指一切眾生原來就擁有的內心實相，也就是如來藏，這個部分稱為基礎，但是基這個字其實也取名稱為法界，法界就是實相，就是基內心的實相如來藏。所以內心的實相如來藏就像寶庫一樣，這個寶庫是指各種金銀珠寶所存放的場所，如果自己去到寶庫，打開來，不費力氣，什麼珍寶都可以得到。

和這個內容相同的，就內心的實相而言，有空分的部分，這是法身，法身就等同是寶庫了；也有明分的部分，這是報身，報身也等同是寶庫了；還有雙運化身的部分，這一切都包括在內心的實相裡，內心的實相就等同是寶庫一樣，這是就基這個階段來講。

就道而言，密咒乘門的道路指的是灌頂，灌頂也有基的灌頂、道的灌頂和果的灌頂三種類型。現在舉行法會所傳授的灌頂全都屬於道的灌頂，上師進行灌頂，透過灌頂，弟子的功德就會進步、呈現出來。不過，弟子的功德出現，是因為在內心的實相裡原來就已經有功德存在，並非原來沒有，經由灌頂才產生一個新的功德。當上師在進行寶瓶灌頂、秘密灌頂、智慧灌頂、詞句灌頂時，這四種灌頂的功德其實在弟子內心的實相如來藏之中早已經存在齊備了，透過上師傳授灌頂的方式，弟子也許產生證悟，證悟了自己原有的功德，就算是沒有產生證悟，也可以透過灌頂具備能力觀想本尊、具備能力念誦咒語，因為透過灌頂得到這些能力，慢慢實修，逐漸進步，內心的功德也逐漸出現，有這樣的一個方便。就此而言，道的實相的部分，實際上也是寶庫。

就果的方面而言，佛的果位的功德首先有五智的部分，簡略來講就是如所有智、盡所有智兩種；就佛的果位身的功德而言，三十二相，八十種好；就語言的功德而言，六十支分的妙梵音；就心意的功德而言，無漏的二十一種法。這一切的功德，實際上在我們內心的實相裡就已經存在了，這個內心的實相就稱為「法界」。在法界內心實相之中，果位的功德，果位的法，這一切全部就已包括了，而果位的時候是使內心所存有的功德全部呈現出來，因此就果位而言也是寶庫，也包括在法界裡。因此這部論典的名稱就稱為《法界寶庫》。

供讚文

供讚文分成簡略和廣大兩個部分，簡略的部分是「頂禮具祥普賢」，廣大的部分是讚誦遍等虛空的菩提心。

དཔལ་ཀུན་ཏུ་བཟང་པོ་ལ་ཕྱག་འཚལ་ལོ།
頂禮具祥普賢

「祥瑞」是功德圓滿的意思，就普賢如來而言，當然一切功德圓滿，無論是法身功德的部份、報身功德的部分、化身功德的部分，全部都圓滿了。

為什麼一開始要先頂禮普賢如來呢？因為大圓滿教法最初由法身普賢如來開示，再傳給報身金剛薩埵，再傳給化身極喜金剛，之後傳承下來，就大圓滿教法源頭而言，那當然是法身普賢，所以首先要頂禮法身普賢。

　　這裡提到頂禮具祥法身普賢時，並不是只頂禮法身普賢這一尊佛，即使是法身普賢也分成五位，五位的說法出現於大圓滿《覺性寶鏡續》裡的一個續部《普賢如來心意寶鏡續》，談到普賢如來其實是五位普賢如來：導師普賢、基普賢、莊嚴普賢、覺性普賢和證悟普賢。

　　第一位導師普賢如來，這是指安居在淨土之中，是最初開示大圓滿教法的開示者，當然是導師，這個部份就是導師普賢如來。

　　第二位基普賢如來，這是指一切萬法究竟的實相。那麼萬法究竟的實相是什麼呢？空性，萬法的本質不能夠成立，即是空性，這個部分就是基普賢如來。

　　第三位莊嚴普賢如來，在密咒乘教法中經常提到三座本尊壇城，包括手足等的支分是男女忿怒尊壇城；根門和對境是男女菩薩壇城；蘊和界是男女如來壇城，一共三座壇城。所顯現的一切完全清淨，是本尊的性質，是無量宮的性質，這個部分就是莊嚴普賢如來。

　　第四位覺性普賢如來，這是指內心的實相，因為內心的實相分成：空分——法身的部分、明分——報身的部分、雙運——化身的部分，所以內心的覺性這個部分是覺性普賢如來。

　　第五位證悟普賢如來，內心的實相其實三身功德原來已經自成而存在，如果已經了悟這一點，加上不斷地串習，逐漸去除蓋障，證悟的功德逐漸增長增廣，到了某一天自己完全齊備三身功德，能夠達到現證，非常圓滿，這個證悟自己有三身功德的部分，就是證悟普賢如來。

　　《普賢如來心意寶鏡續》談到普賢如來不是只有一位，基、

道、果的階段都有普賢如來，同樣地，這裡提到頂禮具祥普賢，也不是只頂禮一尊佛，而是指頂禮基、道、果所有階段的普賢如來。

　　接著是廣大詳細的供讚文，讚誦遍等虛空的菩提心，這是第一個頌文。

|གདོད་ནས་ལྷུན་གྲུབ་ངོ་མཚར་རྨད་ཀྱི་ཆོས།　　|རང་བྱུང་ཡེ་ཤེས་འོད་གསལ་བྱང་ཆུབ་སེམས།

本然自成稀有奇異法　　　　天然本智光明菩提心

|སྲིད་ཞི་སྣོད་བཅུད་འཁོར་འདས་འབྱུང་བའི་མཛོད།　　|མི་གཡོ་སྤྲོས་དང་བྲལ་ལ་ཕྱག་འཚལ་ལོ།

生出顯有情器輪涅庫　　　　不動離戲於之頂禮矣

　　我們內心的實相是三身的性質，這部分原來就已經存在了，是輪迴和涅槃一切景象來源的基礎。作為輪迴和涅槃一切來源基礎的這個內心實相，它是不是無常法呢？不是！不能說它是有或者是無，也不能說它是二有或者是二無，這些都屬於內心的安立，而內心的實相完全不屬於內心的安立，它超越一切的戲論。

　　「本然自成稀有奇異法」，內心的實相本來就存在，並不需要靠因緣條件和合把它製造出來，它是自然形成的，自然形成的這個部分指的是法身，內心的實相裡包括法身的性質、法身的功德，因此是多麼地「稀有奇異」。

　　「天然本智光明菩提心」，「天然」的部分是法身的性質，內心的實相裡有天然本智存在，不必靠任何因緣條件把它製造出來，它是天然形成的，這是法身的性質。天然的本智，佛的五智，這個部分都存在的，這是報身的性質。「菩提心」是指報身和法身二者雙運結合在一起的部分，這就是內心的實相。

　　內心的實相這個部分，清淨顯有也會呈現出來，不淨顯有也會呈現出來，所以「生出顯有情器輪涅庫」，輪迴不清淨的顯和涅槃清淨的顯有，都從這裡產生。

　　就清淨的涅槃這部份而言，諸佛菩薩所看到的一切純粹是清淨的，因此，菩薩所居住的地方純粹只有安樂，完全沒有痛苦存在，所顯的器物世界完全是清淨的無量宮淨土，所顯的有情生命純粹是諸佛菩薩。

　　就不清淨的輪迴這部份而言，所顯的器物世界就是六道：地獄的世界、鬼道的世界、人類的世界等等；所顯的有情生命就是六道眾生：天神、修羅、人類、動物、地獄、鬼道。

　　前面提到的這一切，全部都是由內心實相菩提心形成，因此，這個供讚文已經把《法界寶庫》十三品的內容都包括了，這個供讚文和《法界寶庫》這名稱的意義其實一樣，因為《法界寶庫》講的就是輪迴和涅槃一切的來源之處的寶庫。

　　在內心的實相裡，本質空的部分是法身的性質，自性明的部分是報身的性質，雙運的部分是化身的性質，三身的性質完全包括在內心的實相裡了。內心實相它是不是無常的呢？不是！能不能想：「內心的實相是很大嗎？是很小嗎？是有嗎？是無嗎？」不能！這些都屬於內心思維，而內心的實相超越了我們思維的能力，不是我們所思維的對象，它超越了有邊無邊等這些屬於戲論的理論。所以，對於不動而且超越了內心思維戲論的這個內心實相，向它做頂禮。

撰寫誓言

།ཐེག་པའི་ཡང་རྩེ་རྒྱལ་ནི་ཉི་ཟླའི་ཀློང་།　　།འོད་གསལ་ལྷུན་གྲུབ་རྡོ་རྗེ་སྙིང་པོའི་ཀློང་།
乘門最頂山王日月界　　　光明自成金剛精華界

།རྩོལ་ཞིང་སྒྲུབ་མེད་རང་བཞིན་བབས་ཀྱི་ཀློང་།　　།ཡེ་འབུམས་རྨད་དུ་བྱུང་བ་བཤད་ཀྱིས་ཉོན།
無勤無修自性所停界　　　本然浩瀚奇異述請聽

一般而言，佛陀所開示的教法主要有三乘：聲聞乘門、獨覺乘門和菩薩乘門。但是也有提到兩個乘門、四個乘門、五個乘門和九個乘門，這些也都是佛陀所開示，因此就有九乘的理論。

關於九乘的理論，是寧瑪派本身不共的主張，在九種乘門之中，最頂端的乘門是什麼呢？阿底瑜伽乘門，因此把阿底瑜伽乘門做一個比喻：我們這個世界最初形成的時候，最殊勝的高山就是七重金山，這七重金山之中最頂端最殊勝的就是中間須彌山，四方由四種珍寶所做成，有沒有比須彌山更高的山呢？沒有！所以稱為「山王」，以此比喻佛陀所開示的教法乘門雖然很多，但是一切乘門中最高的乘門就是阿底瑜伽，它就像是須彌山王一樣，是乘門中最頂端的乘門。

「日月界」也是一個比喻，放眼看過去我們這個世界，所能看到的萬事萬物最高的是什麼呢？當然就是太陽和月亮了。佛陀所開示的教法名相內容非常多，但是進入學習後，放眼看過去最高最深的是什麼呢？就是大圓滿阿底瑜伽的教法；就所開示教法的內容而言，正如最高的日月一樣。

接著三句講的都是大圓滿阿底瑜伽的特色。

　　大圓滿阿底瑜伽要開示內心的實相，內心的實相有什麼特色呢？最初它本來就已經是清淨的，就本來清淨的這部分而言，有沒有什麼功德是我本來不齊備，慢慢實修把它製造出來，因此得到新的功德呢？沒有！或是原來有一些過失，我慢慢把它排除掉，之後就完全沒有過失了，有沒有這種情況呢？也沒有！

　　內心的實相原來都已經清淨了，功德原來都已經形成了，所以稱為「光明自成」，這是就它的性質而言，不需要再去修而得到，也不需要排除過失。「金剛」是指自性常常不會改變，就像金剛一樣。「精華界」是指內心的實相。這是第一個特色。

　　「無勤無修自性所停界」，就阿底瑜伽的實相而言，需不需要我用身口心三門的方式，非常勤快勞累地實修，最後終於得到阿底瑜伽的實相，需不需要如此呢？不需要！因為佛的功德早就存在了，原來就已經有了。「所停界」是指已經停留在那裡，你不必做任何修改任何改變，它早就已經好好地放在那裡了。

　　即使是輪迴中所有的六道眾生，高低差別很大，不要說六道眾生，人類之中，就財富、權勢、地位、學問、外貌等而言，也是有很大差別，唯有在內心實相這部分，絲毫沒有差別，而且廣大無邊，普遍存在，遍及所有的眾生全部都存有，所以稱為「本然浩瀚」。

　　大圓滿阿底瑜伽這麼頂端、深奧的乘門，它是光明自成的金剛精華界；它是無勤無修，自性本然就存在；它是本然浩瀚而奇異，具足這三個特色，這就是我（龍欽巴尊者）所要講說的教法。

　　「述請聽」是鼓勵聽聞，指你們這些和此甚深教法有緣份的弟子等善緣者，希望你們能夠好好地聽聞！

正 文

1

示法界輪涅不動品

　　正文共有十三品，第一品，輪迴和涅槃的一切情況不離開法界，不過一切雖然在法界之中出現，但法界絲毫都沒有遷轉、動搖，分成十四項。

第一項

　　覺性三身自成，也能自現輪涅；雖能自現輪涅，但是內心實相本身絲毫沒有動搖，共有五個句子。

ཕུན་གྲུབ་སྐྱོང་ལས་ཐམས་ཅད་འབྱུང་བའི་གཞི།	ངོ་བོ་སྟོང་ལ་རང་བཞིན་མ་འགགས་པས།
由自成界一切所出基	本質為空自性無遮故

ཅིར་ཡང་མ་གྲུབ་ཅིར་ཡང་འཆར་བ་སྟེ།	སྐུ་གསུམ་ཀློང་ནས་འཁོར་འདས་རང་ཤར་ཀྱང་།
任皆不成任皆出現也	由三身界輪涅雖自現

དབྱིངས་ལས་མ་གཡོས་ཆོས་ཉིད་བདེ་བའི་ཞིང་།
界則不動法性安樂刹

　　「由自成界一切所出基」是指內心的實相基如來藏這部分，它是一切能夠生出之基礎，它本身不需要靠任何因緣條件把它製造出來，是自然形成的，一切的功德原來就已經形成了。在基如來藏內心實相的本質裡包括了什麼？什麼是自然形成，已經安住在裡面了呢？就是指法身的本質、報身的本質、化身的本質，這一切都已經存在於裡面了。

　　存在於裡面的情況是什麼呢？「本質為空自性無遮故」，本質為空，空分的這個部分是法身的性質，已經存在裡面了。在空性的情況之下還有不滅的部分，自性不滅的這個部份是報身的本質，也

已經存在內心的實相之中了。

「任皆不成任皆出現也」是指化身的性質。就化身的性質而言，不能說它是這個樣子、是那個樣子，不偏任何一方，所以任皆不能成立。不過雖然任皆不能成立，但任何情況都能顯現出來，都能隨順所調伏的眾生出現任何的樣子。

慈氏彌勒《寶性論》談到，化身是佛的一個影像而已。譬如，天空有月亮出現，河流裡就有水月，水月就類似化身一樣，這是舉例而言。

就化身的性質而言，它可以顯現成為任何一個，譬如，佛利益眾生時，如果到了天界，就示現成為天神的形相；到了阿修羅的世界，就化成阿修羅的形相；去利益人類時，就化成人類的形相；去利益動物時，就化成動物的形相；去利益鬼道時，就化成鬼的形相；去利益地獄的有情，就化成地獄有情的形相，這些所化現的部分全都是屬於化身。

僅僅就人類來講，佛也會化成妓女的形相、屠夫的形相、歌星的形相、鋼琴家的形相，這些都有可能。所以佛的化身能不能說它只會變化出這種形相，不可能變化出那種形相呢？不能！

譬如天空出現月亮時，能不能說多大的器皿或多小的器皿裡才可以出現月亮的影子？不能這樣講！只要天空有月亮，凡是有水的地方都會出現月亮的影子，大到海洋，小到一碗水，月影也會出現，所以，千江有水千江月，只要有水，月亮都會出現。這講的是化身的性質。

「由三身界輪涅雖自現」。內心的實相齊備三身的性質，所以叫三身界。齊備三身性質的內心實相，會出現輪迴，也會出現涅

槃，怎麼樣出現呢？就法身所顯而言出現了涅槃；就報身所顯而言出現了涅槃；就化身所顯而言，會出現涅槃的景象，也會出現輪迴的景象。如果了悟了內心的實相包括三身的性質，那就出現清淨的所顯，顯現淨土的景象；如果不了悟內心的實相包括三身的性質，那就是錯亂迷惑，在迷惑之中所顯現出來的景象唯有輪迴的景象。

因此，輪迴和涅槃兩種所顯的景象，全都是由內心的實相顯現出來。不過雖然顯現出來，內心實相法界這部分有沒有任何改變呢？沒有任何改變！雖然包括三身性質的內心實相，自己會呈現出涅槃的景象和輪迴的景象，但是內心的實相法界本身，絲毫沒有任何改變和動搖。

譬如鏡子，是不是長得漂亮的人去照鏡子，鏡子才出現影像，長得不漂亮的人去照鏡子就不會出現影像？不是！無論長得美或醜，只要去照鏡子，鏡子裡一定會出現影像，就算這個人我不認識從來沒看過，我也可以看著鏡子裡所出現的影像去知道她長什麼樣子。就鏡子而言，任何影像都會反映出來，美的、不美的，鏡子一定會出現影像，而且不管出現任何影像，鏡子本身沒有任何改變。

和這個道理完全一樣，從包括三身性質的內心實相之中，涅槃的景象也會出現，輪迴的景象也會出現，當涅槃的景象、清淨所顯出現時，內心三身性質這部分絲毫沒有任何改變；當輪迴的景象、不淨所顯出現時，三身性質的內心實相也絲毫沒有任何改變。

再進一步說明，當輪迴的景象出現時，內心的實相三身性質這個部分會不會覺得很痛苦，我根本不喜歡，這些景象最好不要出現呢？不會！這時候法界內心實相絲毫不動搖，安住在法性裡，純粹只有安樂的性質存在。

當涅槃的所顯出現時，會不會覺得這個清淨的景象多麼好，內心感到特別高興呢？不會！還是和前面一樣仍然處在安樂之中，所以稱為「界則不動法性安樂剎」，法界本身沒有任何改變，在它的法性本來的情況之下都是安樂的。

「安樂剎」這部分我們再做個解釋，佛經裡經常提到佛陀、善逝、如來、世間解，其中「善逝」是指經由一個善好的道路（指菩薩乘門），我能夠前往到（「逝」就是往的意思）善好的佛陀的果位，所以叫做「安樂剎」。

舉例而言，譬如跳水游泳，河這麼深，水又在流動，外行人會認為跳下去死路一條，又看到身體在水裡只剩一個頭，哎呀，糟糕，這個人可能要淹死了，感到非常危險、非常恐怖！但如果這是一個游泳好手，對他而言，跳水快樂無比，跳進水裡後，頭冒出水面，身體輕輕地在水裡載沉載浮，感覺非常舒服快樂，彷彿身處「安樂剎」。

同樣的道理，為了實修佛法、追求佛陀果位而出家實修，如果是一個不瞭解的人，會覺得出家實修佛法多麼地困難，很痛苦，看到實修者可能閉關三年、十年、二十年，甚至一輩子都在閉關，心想：「哇，這個人怎麼那麼可憐，一輩子關在山中，吃喝辛苦，實在是太困難、太可憐了。」

但如果是一位非常重視佛法的人，熱切之心很強烈，那出家實修不僅沒有一點辛苦困難，還會覺得天下的事沒有比在深山閉關更快樂的了，是走在善好安樂的道路，能夠到達圓滿安樂的佛陀果位，所以稱為「善逝」；為了實修而出家，不僅不辛苦還會非常快樂，是世界上最好的一件事，有如「安樂剎」。

就法界內心實相而言，本身絲毫沒有動搖，在沒有動搖的情況之下也存在最究竟的安樂，所以把它稱為「安樂剎」。

對於這個頌文的意義，應當經常誠懇祈請，觀想上師和龍欽巴尊者本質無二無別，然後去念誦這些句子，慢慢地，以前不知道的部分就會明白了悟，那時候會體悟到和以往完全不一樣的感受，內心自然流露出強烈的快樂。這部份是一個非常重要的關鍵，一定要經常這樣做。

第二項

雖然法界自成而不動，但是萬有的顯現都是內心實相的神變，輪迴所顯的景象也會出現，涅槃所顯的景象也會出現，這些景象都是法界內心實相的神變，因為是內心實相的神變，所以它自己不能夠成立，這部份有六個句子：

ཤེས་ཉིད་ཀློང་ཆེན་འགྱུར་མེད་ནམ་མཁའི་དང་།	རོལ་པ་ངེས་མེད་ཐུགས་རྗེ་ཆོ་འཕྲུལ་ཀློང་།
心性大界無變虛空狀	遊戲不定大悲神變界
ཁམས་ཅད་དབྱིངས་ཀྱི་རྒྱན་ལས་ལྷག་པ་ན་མེད།	ཕྱི་ནང་འདུ་འབྲོ་བྱང་ཆུབ་སེམས་ཀྱི་རྩལ།
一切界之莊嚴此外無	外內集散菩提心力道
ཅིར་ཡང་མ་ཡིན་ཅིར་ཡང་སྣང་བའི་ཕྱིར།	ངོ་མཚར་ཆོ་འཕྲུལ་ཡ་མཚན་རྨད་ཀྱི་ཆོས།
任皆不是任皆顯出故	稀有神變罕有奇異法

「心性大界無變虛空狀」，是講輪迴和涅槃這一切都是神變之所顯，這一切神變之所顯它的基從何而來？用一個比喻來開示，心性大界內心的實相本身恆常不會改變，就像天空一樣，天空這個空

分的部分，不能說它有生、住、滅，內心實相也是如此，不能說內心的實相什麼時候生了，什麼時候住了，什麼時候滅了，沒有這種情況。

「遊戲不定大悲神變界」，即使天空沒有生、住、滅，不過地、水、火、風四大種還是由天空而來；色、聲、香、味、觸這一切還是由天空而來；天空之中也會出現白色、黑色、黃色、紅色的雲朵，甚至出現七彩燦爛的彩虹，因此，有生、住、滅的這一切無常的法，基本上都是由天空而來，但天空空分的這個部分絲毫不會有任何改變。同樣地，內心實相本身也不會有任何改變；內心實相本身雖然不會改變，可是卻遊戲不定，各種各類的景象都可以出現，因此，眾生所看到的所顯景象各個不同。不只如此，即使是同一個人，在同一天的早上、中午、晚上，所看到的所顯景象也不同。而這些不固定的所顯景象，從何而來？都是由「大悲神變界」菩提心內心的實相而來。

「一切界之莊嚴此外無」，譬如地、水、火、風從何而來？從天空的空分而來，可是也不會離開天空之外；六道各自所顯的景象，沒有固定哪一種，各種各類都會出現，可是會不會這些所顯的景象離開了內心實相，在內心實相的外面呢？不會！所以「一切界之莊嚴此外無」，不會離開這個範圍。

「外內集散」，外在的所顯、內在的所顯，這些所顯的景象有時聚集在一起，有時各自分散，正如開會很多人聚集在一起，開完會又分散開。不管外在所顯或內在所顯，聚集或分散，這一切全部都是內心的實相「菩提心力道」裡呈現出來的。當菩提心的力道呈現出景象時，不固定哪一種，一切都可以出現，雖然一切都可以顯

現，但是也不能說它固定就是一個樣子。

例如，色法顯現出來，但是色法原來並不如其所顯而存在；聲音顯現出來，聲音並不如其所顯而存在；六道各種各類的景象顯現出來，但是六道並不如其所顯而存在，所以「任皆不是任皆顯出故」，一切都顯現出來，但不是像它所顯現的那個樣子，不能夠說它是什麼，但是什麼狀況都可以顯現出來。

再舉個例子，火，就眼睛而言，火是眼睛所顯現出來的對境，當火對我們顯現出來時，我們把火視為：可以煮食物、可以煮茶，對我們很有幫助。但當火對地獄眾生顯現出來時，就地獄眾生而言，火是一個恐懼的災害，會把自己燒掉，帶來嚴重的痛苦。就一個密咒乘證悟非常高的瑜伽士而言，火對他顯現出來時是衣服的性質，所以火大種的佛母是白衣佛母，是屬於衣服的性質。

《入楞伽經》曾談到，六道眾生去看一杯水，所見的景象完全不同，是六種所顯景象，那這六種所顯景象，哪一個是真的呢？沒有真的，沒有諦實存在，所以「任皆不是」，它不是諦實而存在，雖然任皆不是但是任皆可以顯現出來，也就是「任皆顯出」。

「稀有神變罕有奇異法」，任皆不是又任皆可以顯現出來，任何景象顯現出來的時候，它不是它所顯的那個樣子，宛如神變，實在是非常罕有、非常奇異的法，多麼地奇特殊勝啊！

「神變」是指譬如一個證悟者的身體，可以整個化成火，整個變成水，整個變成石頭，整個變成泥土，若是得到大證悟神變者，還能身體上半身變成水，下半身變成火，或者是身體上半身變成火，下半身變成水，變來變去，稱為「神變」。在法界實相之中，所顯景象不離開內心實相，可是所顯現出來的樣子它又不是那個樣

子，那這實在是太罕有奇異，像神變一樣。

第三項

外在呈現出來的色、聲、香、味、觸、法等，一切所顯稱爲遊戲，現在是廣說，廣說由菩提心之中出現遊戲的情形是什麼樣子，分爲清淨所顯出現的情形和不淨所顯出現的情形兩種。首先講清淨所顯出現的情況，有六個句子：

ཁྱི་ནང་སྐྱེ་འགྲོ་གཟུགས་སུ་སྣང་བ་ཀུན།	དབྱིངས་ཀྱི་རྒྱན་ཏེ་སྐུ་ཡི་ངོ་བོར་ཤར།
外內有情顯爲形體眾	界莊嚴也現爲身本質
ལ་ལུས་བྱགས་པའི་སྒྲ་སྣད་ཏེ་ཇི་སྙེད་ཀུན།	དབྱིངས་ཀྱི་རྒྱན་ཏེ་གསུང་གི་འཁོར་ལོར་ཤར།
不餘所傳語聲盡所有	界莊嚴也現爲語言輪
དྲན་རིག་འགྱུ་འཕྲོ་མི་རྟོག་བསམ་ཡས་ཀུང་།	དབྱིངས་ཀྱི་རྒྱན་ཏེ་ཐུགས་ཀྱི་འཁོར་ལོར་ཤར།
憶知動射無念難思亦	界莊嚴也現爲尊意輪

如果了悟了內心實相這部分的正見，內心的煩惱就會慢慢地消失了。當內心的煩惱消失了之後，一切所顯純粹是清淨浩瀚，這時候會看到什麼樣子呢？外內一切有情生命一切眾生，凡是色法形體的這個部份，都顯現爲法界的莊嚴，就是「外內有情顯爲形體眾，界莊嚴也現爲身本質」，如果了悟一切萬法實相，在萬法的實相之中，一切身體形相的部份，不管在什麼時候出現，全部都是佛的身體，佛身的本質。

「不餘所傳語聲盡所有」，所傳出的毫不剩餘的一切聲音，包括四大種的聲音和有形生命的聲音，就內心實相自性而言，這一切

所傳出來的聲音，全部都是佛的語言，所以，「界莊嚴也現爲語言輪」，一切內外的聲音出現時，假設已證悟內心實相，一切所顯惟是清淨浩瀚，一切所傳出來的聲音，會做爲佛的語言而顯現，所以一切語言全部都是佛的語言，「輪」的意思指不會停止、不會中斷。

「憶知動射無念難思亦」，動和放射是指趨入對境，當我們的妄念趨入對境時，放射到對境去，動到對境去，或者是無念沒有趨入對境，專一安住，不會搖動到別的對境去，這一切都是內心的實相，在內心的實相法界之中，全部都是佛的尊意的莊嚴輪，就是佛的五智或者是佛的二智，以這個本質而出現。所以，「界莊嚴也現爲尊意輪」。

第四項

前面講清淨所顯出現的情況，接著講不淨所顯出現的情況。有六個句子：

འགྲོ་བ་རིགས་དྲུག་སྐྱེ་གནས་བཞི་པོ་ཡང་།	ཆོས་དབྱིངས་རྡང་ལས་གཡོས་པ་རྡུལ་ཙམ་མེད།
雖有六道有情四投生	法界狀況無一塵搖動
སྣང་སྲིད་ཡུལ་དྲུག་གཟུང་འཛིན་སྣང་བ་ཡང་།	ཆོས་དབྱིངས་དབང་ན་མེད་སྣང་སྒྱུ་མའི་ཚུལ།
雖顯顯有六境取與執	法界狀況無顯幻相理
རྟེན་མེད་སང་སེང་ཡེ་སྟོང་ཡངས་པ་ཆེ།	རང་གསལ་ཇི་བཞིན་ཆོས་དབྱིངས་རྒྱན་དུ་ཤར།
無依亮晃本空大開闊	自明如實現爲法界嚴

「雖有六道有情四投生」，我們投生在人道，因此人道的景象

對我們顯現出來，動物的景象也對我們顯現出來，可能有的人會看到魔鬼邪祟，鬼道的景象對他也顯現出來，不過大多數人能看到的就是人類和動物兩種範圍；就動物而言，也可以看到動物和人類；就地獄而言，只有地獄的景象呈現出來；就鬼道而言，只有看到鬼道的景象；就天神而言，因爲有神通力，六道景象都可以看得到。

六道的有情生命歸納在一起，有四種投生方式，就是胎、卵、濕、化四生，現代人類只有胎生的方式，不過古代人類有四生的方式，佛經裡都有談到，譬如，蓮花生大師是化生，聖者提婆也是化生，其他像卵生、濕氣所生的方式，在久遠之前也都有。人類之外，其他道的生命，也各自都有各種各類投生的方式。

「法界狀況無一塵搖動」，雖然有各種各類投生的方式，就法界內心的實相而言，六道四生的投生都是在內心實相法界之中，不會搖動離開法界、離開內心實相，跑到外面去。譬如天空出現月亮時，在有水的水缸裡就有水月，這水月是不是在水缸外面？不是！器皿外面沒有水就沒有水月了。

「雖顯顯有六境取與執」，就像我的臉在鏡子裡顯現出來了，當然我知道這是我的臉，因爲鏡子顯現出我臉的影像，假如別人把鏡子拿走了，那還能看到自己臉的影像嗎？不能！因爲他要靠一個依靠之處才能顯現，依靠之處就是鏡子，不能離開這個依靠之處，就像器皿裡的月亮，如果離開了器皿，水月也就不能夠形成了，一定要有一個依靠之處。

看著鏡子時，如果自己臉上有污垢，鏡子裡的那個臉也會有污垢，這時污垢到底在什麼地方呢？聰明的人知道污垢是在自己臉上，把自己臉擦乾淨，鏡子裡的臉就沒有污垢了。若是不明白的

人，會以為那是鏡子裡的臉有污垢，拼命去擦鏡子裡的臉，那會不會把污垢擦掉呢？不會！再怎麼擦污垢都還在。

有時情況是自己臉上沒有污垢，照鏡子時卻發現鏡子裡的臉有污垢，那就表示鏡面有灰塵，污垢不是存在自己的臉，是存在鏡子上面，這個時候就必需去擦鏡子，把鏡子擦乾淨了，污垢就會消失。如果這時候不分析清楚，不擦鏡子，只擦自己的臉，再怎麼擦，污垢仍然存在。

人與人來往時也是這樣，和人相處不好，就要好好想一想，不能一直怪罪是對方的問題，有時候應當要反省自己，改變自己的內心，因為你想改變對方是沒有用的，這和自己臉上有污垢卻拼命擦鏡子一樣；但是有時候不是只有改變自己，也要好好地分析對方，和他溝通講道理，因為有時候污垢是存在鏡子而不是自己的臉。如果雙方都能夠設身處地想一想，互相調整，那就一定會相處愉快。

同樣的道理，所顯的景象一定是對境和有境雙方聚合在一起才出現，如果對境和有境雙方沒有聚合在一起，那根本就不會出現所顯景象。

「雖顯顯有六境取與執」，萬法顯現出來時，雖然顯現成色、聲、香、味、觸、法六種對境，不過當我們去看時，都會把它執著為「取執所顯」，把它變成能執之心和所取之境，變成取執二執，也就是說，它顯現出來色法時，我執著於它是色法，也執著於它是諦實存在；聲音顯現出來時，我執著於它是聲音，也執著於它是諦實存在，以此類推，因此有能執之心和所取的對境。

但即使是取執二執，我們執著它是這個樣子，在法界狀況裡「無顯幻相理」，這一切雖然如實而出現，但它不是像它所顯現的

那個樣子，它仍然是如夢似幻，它是無；雖然無，但是又能夠顯現出來，只是如夢似幻，並不是真實而存在。

舉例而言，照鏡子時看到自己的形體，人會知道那是自己的影像，動物不會這麼分析，當一隻鳥看到鏡子裡有鳥的形體，會以為是另一隻鳥到了自己身旁，便用嘴去啄牠，啄牠時看到對方也在啄自己，就更加用力地啄，然後鳥嘴斷裂流血，又改用頭去撞牠，最後自己撞死了。

在法界的狀況裡，六境所顯實際上是無，但是不能說空空洞洞，它還是會顯現出來，只是不是像它所顯現的那個樣子，它是如幻的，六境色、聲、香、味、觸、法都是這樣，就像魔術師用小木棍或小石頭，唸咒語變出牛、羊、馬，所顯現出來的一切雖然明白清楚，可是它沒有基礎存在，並非有個實體固定在那裡。

照鏡子要靠一個鏡子，臉的影像才會出現，水月出現也要靠一個器皿，我們仔細去分析鏡子和器皿，要靠一個所依，所顯才會出現，但是所依本身並不是諦實成立，器皿不是諦實成立，水月也不是諦實成立，所以說「無依亮晃」。

「本空」是指本然空性，為什麼加上一個「本」呢？佛陀開示一切萬法都是空性，那佛陀沒有出現世間、沒有開示萬法空性之前，萬法是不是空性呢？當然還是空性！即使佛陀不開示，它本來還是空性。

「大開闊」是遍及一切的意思，佛陀開示一切萬法都是空性，那是不是只有對佛教而言萬法是空性，對其它宗教萬法就是實體，不是空性？或者是只有對佛弟子而言萬法是空性，對其他人而言，萬法就不是空性，是一個實體成立？完全不是！萬法對佛弟子而言

是空性，對任何宗教、任何人、任何生命而言也都是空性，到任何一個處所也都是空性，這個空性是大開闊的，遍及一切。

「自明如實現爲法界嚴」，雖然一切萬法的究竟實相是空性，開闊遍及一切，但是萬法顯現出來時，眾生會執著成實體，看做好像是諦實成立的一個法，之後就把它當做是法界的一個莊嚴之物，裝飾品一樣；色法顯現出來時，眾生就執著：「哦！這個就是色法，它自己存在的。」聲音顯現出來時，眾生就執著：「哦！這個就是聲音，它自己存在的。」每一項都如此，變成好像是法界裡的一個裝飾品一樣。

第五項

清淨和不清淨的一切所顯，一切萬法都包括在天然本智之中，因此，外內一切所顯，都只是我們給它用一個名字施設而成，它的本質也不能夠成立，僅僅只是所顯。因此，在沒有任何造作情況下，一切法就此而言都是平等的，本質遍及一切。

於此如此顯聲大界況　　自等未動法身菩提心

本停自空無邊無變故　　任顯法性天然本智況

無作無勤漩漩一樂界

如此所顯現出來的聲音等等，都是靠著內心的實相才能夠出

現，內心的實相是什麼呢？就是佛身、佛本智，它是自然形成的，當內心實相存在時，佛的功德就已經存在、已經形成了，就此而言，顯現的聲音是法界，它是「未動法身菩提心」。

這自成而存在的佛的功德，是不是無常改變的呢？就它的本質是法身這部份而言，顯教乘門裡有談到法身是恆常，但沒有談到報身和化身是恆常，不過就算是在佛經裡談到法身是常，這個常也不是把它當做普通的恆常法，在三轉法輪時，談到佛身、佛本智，也說佛身、佛本智是恆常，密咒乘門大圓滿的教法也談到這一切都是常，有些人可能會產生疑問：「這一切如果是恆常法，那不是不合理嗎？」

我們想一想，如果有一天證悟佛果了，這佛果必須一定是恆常，假設它不是恆常，是無常，那我為什麼要去得到它呢？我如何能夠去信賴它呢？譬如，人不是一個恆常法，人是無常，就人而言，從王公貴族到販夫走卒，到最後都會衰老、死亡，為什麼？因為無常。假設到最究竟的佛的功德還是無常，那就不需要去信賴了，那就不必去追求了，因為和我一樣，也會老，也會死，最後不是都一樣嗎？

正因為它是恆常才值得信賴，但是如果是恆常，就不應當是靠因緣和合所形成，凡是因緣和合就是無常；常的話它就不應該是由因緣和合所形成，所以「自等未動法身菩提心」，它是恆常的法身菩提心。

「本停自空無遷無變故」，它本來就停留在那裡，本來就已經形成了，而且本身就是空性，不會遷移到哪個地方去，不會從這種變成那種，不會有任何改變。

「任顯法性天然本智況」，就我們現在而言，任何所顯，呈現出來的這一切，全部都是法性，都是天然本智。

「無作無勤漩漩一樂界」，水月出現時，當然是在器皿裡，不會在器皿外面；鏡子裡的臉當然是在鏡子裡，不會在鏡子之外；就內心實相而言，六道所顯的景象各種各類，都在內心實相出現，不可能脫離了內心實相而在外面有一個六道的景象出現。

有人可能會這樣推論：「哦，一切所顯不是在內心實相的外面，那意思是說，一切所顯就是內心實相了！」，把它當做是同一個，這也不對，它不會是一個。

我們說水月不會離開器皿，是在器皿裡，那意思是說水月就是器皿嗎？當然不是！水月是水月，不是器皿，水月之所以不是器皿，是因為月亮它只是顯現在器皿裡而已。

當臉在鏡子裡呈現出來時，我們說這個臉不能離開鏡子，雖然顯現出來，但它還是在鏡子裡，那意思是說鏡子裡的臉和鏡子是同一個嗎？不是！鏡子裡的臉是不能離開鏡子而在外面顯現，但鏡子裡的臉仍然不是鏡子，他們不是同一個。

一樣的道理，六道所顯現的各種景象不能夠離開內心實相，它是靠內心的實相而顯現出來，但不能說六道所顯和內心實相完全是同一個。

總而言之，六道所顯的一切景象和內心實相，不能說它是同一個，也不能說它是相異，既不是一也不是異，所以「無作無勤漩漩一樂界」，既然一切都是內心實相所顯，因此一切都是本智大樂；既然一切都是大樂的本智，不需要任何造作，都是在大樂之中。

第六項

前面談到的無有取捨的法身，超越有為和造作劬勞的勝義本質，這是覺性天然本智，在覺性天然本智裡還有明分的部分，明分的部分是報身，報身還是遠離造作的。有三個句子：

།རང་གསལ་མི་གཡོ་ལོངས་སྤྱོད་རྫོགས་པ་ནི། །གང་ཤར་ཉིད་ནས་རང་བཞིན་ལྷུན་གྱིས་གྲུབ།
自明未動受用圓滿者　凡顯親自自性自然成

།བཅོས་མེད་བསྒྱུར་མེད་ལྷུན་མཉམ་གདལ་བའོ།
無造無變自等傳遍矣

「自明未動受用圓滿者」，內心實相空分的這部份是法身，這在第五項已經講解過，不過在法身的本質裡還有明分的部份，明分的部分就是本智未動的部份，本然智慧的部份，也就是受用圓滿的報身，這是屬於報身的本質。

「凡顯親自自性自然成」，就報身的本質而言，它自己也會顯現出五智的所顯，佛的五身的所顯，這一切所顯在內心的實相裡都是自然形成，完全不是透過人工造作、因緣和合調整而形成，因此不會有任何改變，所以說「無造無變」。

「自等傳遍矣」，本智未動，報身性質的這個部份，本質有各種五智的所顯、五身的所顯，這些五智五身的所顯，都不需要靠人工造作、不需要靠因緣和合條件，這樣的一個性質，一切眾生都完全一樣，自然平等。

第七項

| སྣ་ཚོགས་མ་འདྲེས་རོལ་པའི་འཆར་ཆུལ་ལས།
種種不雜遊戲現軌中

|ཁྱལ་པ་རང་བྱུང་ཡ་མཚན་འཕུལ་གྱི་དོན།　|ཁ་ཁྲལ་ཀུན་དུ་བཟང་ལས་གཡོས་པ་མེད།
天然化現罕有變化事　　　已離造作普賢而無動

第七項講化身的性質。

「種種不雜遊戲現軌中」，六道之中雖然有各種各類的化現，但是彼此不會摻雜在一起，這樣的遊戲幻化顯現出來，在六道之中就都有六道能仁顯現，譬如天道裡有佛的化現，阿修羅道裡也有佛的化現，人道裡當然就是釋迦牟尼佛，此外，佛也示現一個化現在動物道、鬼道和地獄裡，這種種的化現，彼此不會混雜在一起。我們前面也曾經談到，佛也會化現成為屠夫、妓女、歌唱家、鋼琴家等，都是一樣的道理。

「天然化現罕有變化事」，但是就算有各種各類的化現，仍然是內心實相自然所形成，不是靠各種條件因緣和合製造出來的，不是像它所顯現的那個樣子諦實成立，所以這是罕有的一個神變。

「已離造作普賢而無動」，這罕有的一個神變，它是天然、已離造作，不是離開內心的實相之外，而是由內心的實相自然顯現出來。這在《寶性論》有討論到，佛的化身不是佛，他是佛的一個影象，就好像是鏡子裡的臉，鏡子裡的臉不會離開鏡子，一樣的道理，針對所調伏眾而言，這些景象當然是內心實相之中所出現，不是離開內心的實相而單獨存在。

第八項

　　覺性菩提心裡，佛身和佛本智無所謂聚合、分離，就內心的實相而言，佛的五身、五智，是不是經由因緣和合把它靠在一起所形成？不是！那是不是佛身、佛本智現在已經有了，將來各自分散又消失不見了？也不是！

　　譬如人剛出生時，嬰兒小小地，許多因素聚集在一起，慢慢長大，年輕時神采飛揚非常美麗，年老時，這許多因素又逐漸消散，頭髮變白，牙齒搖晃掉落，臉上佈滿皺紋，本來神采飛揚變成槁木死灰，這些都是有聚有散。但是內心實相裡的五身、五智不是靠聚集而形成，也不會離散而消失。

　　接著五個句子是講在覺性菩提心之中，佛身、佛本智的關係。

|གཡང་ས་མེད་པའི་བྱང་ཆུབ་སེམས་ཉིད་ལ། |ཚོལ་བ་མེད་པའི་སྐུ་གསུམ་ལྷུན་རྫོགས་ཀྱང་།
無有險崖菩提心親自　　　　雖然無勤三身自圓滿

|དབྱིངས་ལས་མ་གཡོས་ལྷུན་གྲུབ་འདུས་མ་བྱས། |སྐུ་དང་ཡེ་ཤེས་ཕྲིན་ལས་ལྷུན་རྫོགས་ཀྱང་།
於界不動自成而無為　　　　雖然身智事業自圓滿

|ཚོགས་ཆེན་ཡེ་རྫོགས་ཡེ་ཤར་ཆེན་པོའི་ཀློང་།
大聚本圓本現廣大界

　　「無有險崖菩提心親自」，如果走在懸崖邊的小徑，不小心就有掉下去粉身碎骨的危險，而內心的實相沒有任何危險，為什麼呢？因為內心的實相菩提心本身，是無為法的性質，不會有任何改變，所以不會有任何的危險。

　　「雖然無勤三身自圓滿」，這個沒有任何危險、不會有任何改

變、是無為法性質的菩提心本身，不需要任何辛勞，三身已經自然圓滿存在了，內心的實相裡法身功德、報身功德和化身功德都已經存在了，沒有任何遺漏。

「於界不動自成而無為」，內心實相包括三身的功德這部份，不是靠因緣和合而形成，它是自己自然而形成，是屬於無為法，不是有為法，而且，「雖然身智事業自圓滿」，佛身、佛本智、佛功德、佛事業在內心的實相之中早就存在了，早就圓滿了，沒有一點點遺漏。

「大聚本圓本現廣大界」，一切的功德全部完整、廣大無邊地聚集在一起，一點都沒有遺漏到外面去，本來就圓滿沒有欠缺，本來就呈現出來了，是這樣的一個廣大界。

就這裡所談到的而言，有些人沒有真正了悟寧瑪派的見地，就批評：「喔，寧瑪派的教法，佛三身的性質早就存在了，不必任何造作，不必做任何實修。」龍欽巴尊者開示，這種批評是沒有好好想一想，在煩惱障遮蓋之下，三身的性質當然無法顯露，因為沒有看到三身的性質顯露，就說根本就沒有三身的性質，可以這樣講嗎？不可以！正如太陽被雲朵遮住時，就說世界上根本沒有太陽、沒有陽光，全部否定，這是不對的。

而且按照這個批評來看，恐怕也有點違背教法，為什麼呢？佛陀三轉法輪，在第三法輪的教法裡，註解佛語的就是慈氏彌勒菩薩的《寶性論》，《寶性論》談到佛的功德有好幾個特色，其中一項是無為而自成。不僅這樣，現在新派（指噶舉派、薩迦派和格魯派）密咒乘門裡有一個重要的續部《二品續》，談到「眾生原來即是佛，偶然污垢蓋障故，污垢去除即是佛」，眾生本來就是佛，但

是被偶然的污垢這個蓋障暫時遮蓋住，什麼時候污垢去除了，眾生仍然是佛。

如果自己對顯教乘門或密咒乘門的意義不了解、顛倒了解，就隨意批評「寧瑪派的教法好像有過失，三身自己圓滿不必做任何實修」，那這是違背教法的，所以龍欽巴尊者在此開示，不應該也不能夠作這樣的批評。

第九項

覺性菩提心之中具足佛身、佛本智，故證悟覺性菩提心則諸佛海眾的佛土與佛智的境界亦皆本覺的神變，在這方面，有五個句子：

|ཡེ་ནས་ལྷུན་གྲུབ་འཕོ་འགྱུར་མེད་པའི་ཞིང་།
本然自成無遷無變剎

|ཆོས་དབྱིངས་རང་ལས་ཆོས་ཉིད་གཟིགས་པ་ཡང་། |མཁྱེན་པ་མ་འགགས་དབྱིངས་ཀྱི་རྒྱན་དུ་ཤར།
法界狀況法性觀見亦　　尊智不滅現爲界莊嚴

|བྱས་ཤིང་སྒྲུབ་མེད་ཡེ་ནས་གནས་པ་ཉིད། |ཉི་མཁའ་བཞིན་ཏེ་ངོ་མཚར་རྨད་ཀྱི་ཆོས།
無作無立本然已安住　　如日虛空罕有奇特法

就內心的實相而言，五身、五種本智的功德不是靠因緣和合製造出來，它是本然自成，原來就已經存在，所以它不是一個無常法，不會有任何遷移改變，這個法界的狀況（內心的實相）就是法性。

「法性」是指五智之中的如所有智，「觀見」是指能夠觀察到，即是盡所有智。如所有智和盡所有智這一切都是在內心的實相中自然顯現，所以「尊智不滅現爲界莊嚴」。

　　「無作無立本然已安住」，不是本來沒有，靠著因緣和合的方式重新把它製造出來，而是本來就已經存在。

　　「如日虛空罕有奇特法」，以太陽和虛空做比喻，當太陽已經形成時，自然就放射毫光，不會有時候放光有時候不放光，它的光始終都存在，光和太陽不會分開。虛空也是這樣，當什麼時候虛空存在了，它的性質就是空性。同理，當什麼時候內心實相形成了，它的本質就是空性，所以「如日虛空」，日是指內心實相明分的部份，天空是指內心實相空分的部份；明分的部份用太陽做比喻，空分的部份用天空做比喻，如此擁有明分和空分的內心的實相，多麼罕有奇特啊！

第十項

　　一切法在覺性菩提心之中自然顯現，不會超出內心的實相之外，也就是說任何所顯都包括在內心實相之中，不過它們都是諦實不能夠成立，譬如魔術師，靠小木頭或小石頭唸咒語，變出牛、羊、馬的幻影，一切所顯都好像是觀眾在看魔術表演，看到牛、羊、馬的幻影一樣。這部份有九個句子：

|ཡེ་ནས་ལྷུན་གྲུབ་ཀྱིས་གྲུབ་པའི་དབྱིངས་རུམ་འདིར།| |འཁོར་བ་ཀུན་བཟང་མྱང་འདས་པ་བཟང་།|
於此本然自成界之內　　　　輪迴普賢涅槃亦為賢

|ཀུན་བཟང་ཀློང་ན་འཁོར་འདས་ཡེ་ནས་མེད།| |སྣང་བ་ཀུན་བཟང་སྟོང་པ་ཀུན་ཏུ་བཟང་།|
於普賢界本然無輪涅　　　　所顯普賢空亦為普賢

|ཀུན་བཟང་ཀློང་ན་སྣང་སྟོང་ཡེ་ནས་མེད།| |སྐྱེ་ཤི་ཀུན་བཟང་བདེ་སྡུག་ཀུན་ཏུ་བཟང་།|
於普賢界本然無顯空　　　　生死普賢苦樂亦普賢

།ཀུན་བཟང་ཀློང་ན་བདེ་སྡུག་སྐྱེ་ཤི་མེད། །བདག་གཞན་ཀུན་བཟང་རྟག་ཆད་ཀུན་ཏུ་བཟང་།
於普賢界無苦樂生死　自他普賢常斷亦普賢

།ཀུན་བཟང་ཀློང་ན་བདག་གཞན་རྟག་ཆད་མེད།
於普賢界無自他常斷

這裡談到很多次普賢，應當解釋成內心的實相，如此了解。

「於此本然自成界之內」，在內心的實相之中，佛身、佛本智自然已經形成了，就內心的實相而言，輪迴也是依靠內心的實相而出現，涅槃也是依靠內心的實相而出現，所以「輪迴普賢涅槃亦普賢」。

不過雖然由內心的實相而出現，但是「於普賢界本然無輪涅」，不能說內心的實相是輪迴，也不能說內心的實相是涅槃，就好像照鏡子，美麗的人去照，鏡子裡出現美麗的臉，不美麗的人去照，鏡子裡出現不美麗的臉，不管是美麗或不美麗的臉都會出現，那鏡子本身是美麗還是不美麗呢？雖然兩種都會出現，但是鏡子既不屬於美麗也不屬於不美麗，所以雖然輪涅都在內心的實相出現，但內心的實相本身無輪涅，它不是輪迴也不是涅槃。

「所顯普賢空亦爲普賢」，一切的所顯靠內心的實相顯現出色、聲、香、味、觸，當色、聲、香、味、觸消失了，它的空性也是由普賢內心的實相所呈現出來，譬如唯名施設的一個人，他有出生有死亡，所顯出現了或化爲空的時候，都是在內心的實相裡出現。但是就內心的實相而言，所顯的這個部份不能夠成立，空性的這個部份也不能夠成立。譬如茶杯，茶杯不能夠成立，茶杯爲空也不能夠成立，如果茶杯爲空成立，那首先要成立前面，茶杯也要能

成立，既然茶杯不能夠成立，那茶杯爲空當然也不能夠成立，所以「於普賢界本然無顯空」。

「生死普賢苦樂亦普賢，於普賢界無苦樂生死」，就人類而言，有出生就會有死亡，出生和死亡都是由內心實相而出現，同理，我們有時候感到非常痛苦，有時候感到非常快樂，痛苦和快樂都是要依靠內心的實相才能夠出現，即使如此，內心的實相不能夠說它是生，也不能夠說它是死；不能夠說它是苦，也不能夠說它是樂。

「自他普賢常斷亦普賢」，我們都執著於我就是我，他就是他，所執著的無論是自己或他人，都是依於內心實相而出現，因此有常有斷，也就是常和無常，我們內心所執著的常和斷，一樣也是由內心的實相而出現，不過雖然這一切依於內心的實相而出現，但不能說內心的實相就是我，也不能說內心的實相就是他；不能說內心的實相是恆常，也不能說內心的實相是無常，所以說「於普賢界無自他常斷」。

前面所講的這些內容全部都是大圓滿純正的見地。

第十一項

一切所顯如夢似幻，自己自然顯現。有三個句子：

།མེད་ལ་ཡོད་པར་འཛིན་པས་འཁྲུལ་པར་བཏགས།　　།རྟེན་མེད་རྨི་ལམ་འདྲ་བའི་རང་བཞིན་ལ།

執無爲有之故惑施設　　無依猶如夢境之自性

།འཁོར་འདས་རང་མཚན་ཞེན་པ་མཆོང་རེ་ཆེ།

執著輪涅自相大過失

　　我們所看到的一切所顯景象，實際上不能夠成立，但是我們會「執無爲有」，雖然它是無但執著它是有，就這種執著而言，本身就是一個迷惑錯亂，在迷惑錯亂之下給它取名字，進行各種施設，說這是我的爸爸，這是我的媽媽，這是我的敵人，這是我的朋友……，產生各種各類想法，實際上這是執無爲有的一種執著。不要說所施設的名稱實際上不能成立，連施設之基、所依靠之處本身也不能夠成立，所以說「無依」，依靠之處本身都不能夠成立，這種情況就好像做夢一樣。

　　「執著輪涅自相大過失」，我們通常都會執著於這是輪迴，非常不好；這是涅槃，是最好的；這是地獄道，多麼痛苦，害怕投生在地獄道；這是西方極樂世界，是淨土，產生強烈期望……，這種由執著產生的期望或恐懼，實在是很大的過失，是非常奇怪的一件事。

　　譬如做夢，夢到懸崖，心裡想著要趕快離開，否則會危險，在夢境裡很恐懼；夢到花園，非常漂亮，心裡想著要待很久，產生期望，這都是因爲執著而產生。事實上，我們在睡覺時，也沒有危險的懸崖，也沒有美麗的花園，一切都不能成立，在一切都不能成立的情況下，執無爲有，不僅執著它有，還進一步產生很多期望或恐懼，這實在是非常奇怪的現象。

第十二項

　　就六道迷惑所顯而言，雖然在輪迴中出現，但實際上它本來就是無，像夢境一樣，僅僅只是顯現出來的景象而已，因此三有本然清淨，解脫也本然清淨。首先說明三有本然清淨。

|ཐམས་ཅད་ཀུན་བཟང་སྒྱུ་གྲུབ་ཆེན་པོ་ནི། | མ་འཁྲུལ་མི་འཁྲུལ་འཁྲུལ་པར་མི་འགྱུར་བས།
一切普賢爲大自成者　不惑未惑未成迷惑故

|སྲིད་པ་མིང་ཙམ་ཡོད་མིན་མཐའ་ལས་འདས། |སུ་ཡང་གང་དུ་སྔར་ཡང་མ་འཁྲུལ་ལ།
三有唯名越離有無邊　任誰何處昔時亦不惑

|ད་ལྟ་མི་འཁྲུལ་སྣད་ཀྱིས་འཁྲུལ་མི་འགྱུར། |འདི་ནི་སྲིད་གསུམ་ཀ་དག་དགོངས་པའོ།
現下未惑雜質未成惑　此即三有元淨尊意矣

　　普賢就是內心實相，一切眾生內心實相是原來自成的，因爲內心實相原來自成，以前就不曾迷惑過，現在也無迷惑，將來也未有可能會形成迷惑。

　　那這個迷惑又是什麼呢？迷惑是指三有，三有輪迴才是迷惑。不過所謂的三有輪迴其實也僅僅只是一個名稱而已，是唯名施設，實際上三有輪迴根本就不能夠成立，三有輪迴也不能夠說它是有，也不能夠說它是無，所以「三有唯名越離有無邊」，它離開任何一邊，因爲根本就不能夠成立爲有和爲無。

　　譬如在一個森林的小村落，黃昏時路旁如果有一堆繩子纏繞在一起，模模糊糊猛然一看，還以爲是一條蛇呢！這時內心會恐懼害怕。假設知道這是一堆繩子，內心就絲毫不會害怕，這個怕從何而來呢？從執著它是一條蛇而產生。如果現在有朋友告訴我，這不是蛇，只是一堆繩子，他把繩子拿過來讓我看清楚，眞的是繩子，那就不會害怕了，爲什麼不會害怕呢？因爲執著是蛇的那個執著不見了。

　　但這時心裡又出現一個執著，執著這是一條繩子，實際上有沒有繩子呢？也沒有！因爲繩子是由很多細線纏繞而形成，如果把一條條細線慢慢剝除，那繩子在什麼地方呢？沒有繩子！

　　一樣的道理，現在大家都是這樣的執著，三有輪迴這一切實際上僅僅只是一個所顯，僅僅只是一個名稱而已，但是我們都產生了各種各類的執著。

　　「任誰何處昔時亦不惑，現下未惑雜質未成惑」，是指不管任何一個眾生，不管在什麼地方，他內心的實相，過去根本就不曾迷惑過，現在根本就沒有迷惑，未來也不可能出現迷惑，所以三有元淨，這是三有原來就是清淨的一個思想。

第十三項

　　迷惑唯名，所以不迷惑也不能夠成立。

　　迷惑只是一個唯名施設的名稱，因此不曾迷惑，不曾迷惑就是解脫，這個部份也不能夠成立，所以這是解脫元淨的意思。有七個句子：

འཁྲུལ་པ་མེད་པས་མ་འཁྲུལ་ཆོས་སུ་མེད།	ཡེ་ནས་ལྷུན་གྲུབ་རང་བྱུང་རིག་པ་སྟེ།
無迷惑故即無不惑法	本然自成天然大覺性
མ་གྲོལ་མི་གྲོལ་གྲོལ་བར་མི་འགྱུར་ལ།	འདས་པ་མེད་ཅེས་སུ་ཡང་གྲོལ་མ་མྱོང་།
不解未解未成為解脫	涅槃唯名誰亦不曾解
གྲོལ་བར་མི་འགྱུར་བཅིངས་པ་ཡེ་ནས་མེད།	མཁའ་བཞིན་རྣམ་དག་ཆུ་ཆད་ཕྱོགས་ལྷུང་བྲལ།
未成解脫本然無束縛	如空清淨離大小偏方

　　　　　　|འདི་ནི་ཡོངས་གྲོལ་ཀ་དག་དགོངས་པའོ།|
　　　　　　此者盡解元淨尊意矣

　　前面講三有元淨時，談到沒有迷惑，迷惑是唯名施設而已，既

然迷惑是唯名施設，那麼，完全把迷惑去除掉的情況也不會存在，所以，「迷惑」不能夠成立，「沒有迷惑得到解脫」這種情況也不能夠成立。

「無迷惑故即無不惑法」，因為迷惑不存在之故，就不能夠說有「不迷惑」，因為迷惑和不迷惑這兩個是互相對待的，正如同沒有長不能說有短，沒有大不能說有小，大和小，長和短都是相對待的，而迷惑和不迷惑也是相對待的，如果迷惑這邊不能夠成立，那不迷惑這邊也不能夠成立。

「本然自成天然大覺性」，就內心的實相天然大覺性而言，不能說那是解脫，「不解未解未成為解脫」，這個本然自成天然大覺性內心的實相，不能說它以前早就解脫了，不能說它過去曾經解脫了，也不能說它現在就是解脫，也不能說它將來會解脫。

「涅槃唯名誰亦不曾解」，說過去很多諸佛得到解脫，實際上過去這只是個名稱而已，說過去得到解脫，根本就沒有，如同前一句「不解未解未成為解脫」過去、現在、未來，都不能說得到解脫，為什麼呢？「未成解脫本然無束縛」，因為根本就沒有束縛，沒有束縛的話，如何能說它得到解脫呢？

譬如手腳如果被繩子綁住，當我鬆開了繩子，可以說：「我得到解脫了，我活動自由了。」如果手腳根本就沒有被繩子綁住，那能不能說我得到解脫，活動自由了？不能！因為本來就沒有被綁住，本來就沒有束縛，怎能講得到解脫呢！

「如空清淨離大小偏方」，偏方指偏向某一方面，內心的實相就好像虛空，沒有束縛，能不能說天空多大還是多小？能不能說台灣的天空非常好，印度的天空馬馬虎虎，中國的天空最壞？不能！

它好像天空，是完全純淨的，沒有大也沒有小，不能說它偏到哪一方向，也不能說哪一個地方好哪一個地方不好。「此者盡解元淨尊意矣」，前面講到的這些，一切都是盡解元淨，原來即是清淨的。

第十四項

總結，歸納第一品內容做個簡略開示。

這項要講的是：輪迴和涅槃一切本來都不能夠成立，雖然本來都不能夠成立，但是靠著內心的實相，還是出現了輪迴出現了涅槃。有六個句子：

|མདོར་ན་ཕྱུན་གྲུབ་ཡངས་པའི་དབྱིངས་རུམ་ནས། | ཚོལ་བའི་རྩལ་གྱི་འཁོར་འདས་ཅི་ཤར་ཡང་།|
|略之自成廣大界內處|遊戲力道輪涅任出現|

|ཤར་ཚམ་ཉིད་ནས་འཁོར་འདས་ཡོད་མ་མྱོང་།|གཉིད་ཀྱི་རྩལ་ལས་རྨི་ལམ་ཅི་ཤར་ཡང་།|
|僅唯出現不曾有輪涅|由眠力道夢境任出現|

|དོན་ལ་མེད་དེ་རང་རིག་བདེ་བའི་མལ།|ཕྱུན་མཉམ་ཡངས་པ་ཆེན་པོར་ཕྱུ་གདལ་ལོ།|
|實則爲無本覺安樂床|自等極爲廣大周遍矣|

整體而言，第一品的核心思想全包括在此，「自成廣大界內處」，內心的實相佛身、佛本智，自然形成，廣大無邊。不過在自成廣大無邊的內心實相裡，卻會出現遊戲，就是所顯，所以「遊戲力道輪涅任出現」，輪迴和涅槃一切所顯的景象，都會靠著內心的實相而出現。

「僅唯出現不曾有輪涅」，不過雖然出現輪迴和涅槃各種各類的景象，但它們僅僅只是出現而已，不能夠成立它是輪迴和涅槃。

　　接著是一個比喻，「由眠力道夢境任出現」，睡覺時只有第六意識活動，依靠第六意識活動會出現各種夢境，有時做美夢，有時做惡夢；做美夢時臉上也會露出微笑，夢到妖魔鬼怪或毒蛇猛獸時，也會害怕流汗。但是醒過來後，實際上自己就睡在床上，無論美夢惡夢，夢中所顯現的各種景象根本都沒有，它只是一場夢而已，所以說「實則爲無本覺安樂床」。

　　一樣的道理，六道所顯現的各種景象，雖然各自出現，實際上不能夠成立，它是依於內心實相而出現，「自等極爲廣大周遍矣」，靠著內心的實相，雖然輪迴和涅槃的景象都能夠出現，但是它們本身不能夠成立。在不能夠成立的情況之下，靠著內心的實相而出現，可是內心的實相，本身的功德是自成而且遍及一切。

　　在讀第一品的內容時，其核心思想就是這裡談到的，靠著內心實相顯現出輪迴和涅槃的所顯，不過輪迴和涅槃只是名字，不能夠成立，但是內心實相的功德這部份，卻是自成廣大遍及一切。這是第一品的主旨，也是核心思想。

2

顯有現爲刹土品

　　清淨和不清淨的所顯之所以能夠顯現的基礎，都是內心的實相，關於這部分在第一品已經做了開示，第二品就要詳細開示界及界之所顯，還有剎土的所顯，也就是內心及內心實相的所顯，還有淨土的所顯，這一切原來自己就已經形成了，共分成十四項。

第一項

།དབྱིངས་ཀྱི་རང་བཞིན་གདོད་ནས་ལྷུན་གྲུབ་ལ། 　ཕྱི་དང་ནང་མེད་ཀུན་ཏུ་ཁྱབ་པར་གདལ།
　　界之自性本然已自成　　　無外無內周遍及一切

།མཐའ་ཡི་མུ་མེད་སྟེང་འོག་ཕྱོགས་མཚམས་འདས། 　ཡངས་དོག་གཉིས་མེད་རིག་པ་མཁའ་ལྟར་དག
　　無邊之極越上下方隅　　　無寬窄二覺性如空淨

།དམིགས་པས་སྟོ་བཏུབ་བྲལ་བའི་ཀློང་ཆེན་དུ།
　　界中已離所緣射與收

　　第一項是大周遍，說明內心的實相廣大如天空，遍及一切眾生。

　　「界之自性本然已自成」，就內心的實相而言，佛的法、報、化三身的功德這部分，不必透過因和緣把它製造出來，而是自然地就已經存在了。

　　這個本然而自成的情況，如何用比喻解釋呢？「無外無內周遍及一切」，如果用身體做比喻，通常會說在身體裡有心臟，在身體之外當然不可能有心臟，或者說我的錢財物品都放在屋裡，不是放在屋外，這都有內外的差別。

　　如果從內外的差別來看，可不可以說在內心的實相裡有三身的功德，在外面沒有三身的功德，有沒有這種內外的差別呢？沒有！

可不可以說佛的內心實相裡具足三身的功德，凡夫的內心實相裡不具足三身的功德呢？不可以！因為一切眾生，不管高低，在內心的實相裡，三身的功德完全遍及。當我們千辛萬苦不斷地實修，經過非常多年後成就了佛果，那時可以說我得到了內心的功德嗎？不行！因為內心清淨的功德這部分，早就已經存在了。

還有，能不能說：到了一個清淨的地方就有功德，其它的地方就沒有功德，譬如五方佛國淨土，內心的實相到了那就有功德存在，如果到了地獄，那個處所不好，內心就沒有功德存在，可不可以這樣說呢？不可以！佛內心的功德廣大無邊，眾生內心的功德很小很少，有沒有這種大小的差別呢？沒有！沒有高下的差別，沒有外和內的差別，也沒有方向的差別，內心實相裡的功德遍及一切。

如果用一個比喻來形容內心的實相，那就好像是天空，我們會說今天天空非常乾淨，沒有雲朵把它遮住，或者說今天天氣不好，很多烏雲把天空遮住了，但實際上天空是不是我們眼睛能夠看到的？耳朵能夠聽到的？鼻子能夠聞到的？舌頭能夠嚐到的？身體能夠觸摸到的？都不是！因為天空根本不是五個根門的對境，也不是內心思維的對境。如果說有天空，天空是什麼樣子呢？有沒有形狀、顏色呢？仔細再做個邏輯推理，那天空是屬於心法還是屬於物質呢？都沒辦法做一個解釋說明。如果不能夠說明，那是天空不存在嗎？也不是！因為飛機飛行，眾生呼吸，全都要靠天空，如果沒有天空，這些全不能進行，所以也不能說天空是無，如果不能說它是有，又不能說它是無，那是什麼呢？那就是遠離戲論，所以用天空來做比喻是要說明遠離戲論。

內心的實相和這完全一樣，也是遠離戲論。

我們經常說這個人比較聰明，那個人比較笨，這個人學問比較好，那個人學問沒那麼好，或者說佛的功德比較大，眾生的功德比較小，菩薩的功德中等……，實際上這些差別都只是口中說說而已，內心實相是超越我們思維的。

第二項

講說覺性空性之中出現了輪迴和涅槃的本色，這是指輪迴和涅槃出現為空性的性質。

ཀྱེ་མེད་དབྱིངས་ལས་སྐྱེ་བའི་ཚོ་འཕྲུལ་རྣམས།　ཅིར་ཡང་མ་ངེས་གར་ཡང་རྒྱུ་ཆད་མེད།

由無生界所生諸神變　　任皆不定何處無不均

འདི་ཞེས་མི་མཚོན་དངོས་པོ་མཚན་མ་མེད།　ཕྱོགས་འབྱམས་ནས་མཁའ་འདྲ་བའི་རང་བཞིན་ལ།

謂此未表無實有表相　　遍方猶如虛空之自性

ཀྱེ་མེད་ལྷུན་གྲུབ་ཐ་གྲུ་ཕྱོག་མཐའ་བྲལ།

無生自成離前後始終

萬法本不生，所以內心的實相也是不生，不過內心的實相雖然不生，卻顯現出生的樣子，各種各類的神變都會顯現出來，實際上沒有生、住、滅，但卻顯現出來有生、住、滅的形相，是這樣的一個神變。

內心的實相本來不生，但是顯現出來的樣子卻好像是生，仔細分析，生本身是實相嗎？不是！內心的實相本來不是安住，但是顯現成為安住的樣子，安住是實相嗎？也不是！內心的實相顯現成為滅的樣子，滅本身是實相嗎？也不是！因此，「任皆不定」，不能

夠確定它到底是生，還是住，還是滅。

「何處無不均」，所顯現出來的這一切，會不會這個地方有那個地方沒有？或是有時有有時無？不會！能不能對內心實相所顯的部分說它是大還是小？不能！它完全均勻遍及一切。

這種沒有生、住、滅但又顯現成為生、住、滅的情況，到底是什麼樣子呢？能不能給它做一個確定的描述，說它就是這個樣子、是那個樣子？能不能用一個比喻去形容它是這個樣子、是那個樣子？不能！所以「謂此未表無實有表相」，「謂此」是指很肯定去確定它是這個樣子、是那個樣子，「未表」，不能夠用比喻去說明它是像這個樣子還是像那個樣子。

為什麼沒有辦法肯定的說它是這個樣子是那個樣子，不能夠用比喻去把它表示出來呢？因為所謂的生、住、滅是實有法的性質，但是內心實相的性質不是實有法，在內心的實相裡沒有這些實有法的性質，實有法的這些性質在內心的實相裡不能夠成立，既然不能夠成立，也就沒有辦法用實有法的性質去描述和肯定它是生、是住、還是滅。

「遍方猶如虛空之自性」，內心實相的所顯遍及一切，因為天空遍及一切的眾生，所以用天空做比喻。能不能說天空是這個樣子或是那個樣子？不能！

「無生自成離前後始終」，內心實相在無生的情況下，佛身、佛智、佛的功德已經自然形成了，並非原來前面階段沒有佛的這些功德，後面階段新製造出，也非原來前面階段出現佛的功德，後面階段就消失不見了！所以內心的實相是「無生」。

譬如照鏡子，我們的臉在鏡子裡出現，因為鏡子屬無常，鏡子

裡所出現的臉也是屬於無常的性質。內心實相的本身是無生的本質，即使顯現成為輪迴的樣子，輪迴仍然是不生；即使顯現成為涅槃的樣子，涅槃還是不生，所有這一切顯現出來的部分，都稱為「空色」；我們的臉在鏡子裡出現了，鏡子裡的影像也稱為「空色」。

稱為空色，是色法，那應當有它的形狀，有它的顏色；這些在鏡子裡都有，鏡子裡的臉有它的形狀有它的顏色，不過，若問這個鏡子的臉是在鏡子裡還是在鏡子外？不能夠這樣講，雖然說是色法，看起來有形狀也有顏色，但是不在裡面也不在外面，因為它是空性，所以稱為空色。

譬如千江有水千江月，天空的月亮是圓月，水裡的月亮就是圓月；天空的月亮是月牙，水裡的月亮就是月牙；天空的月亮皎潔明亮，水裡的月亮也是皎潔明亮。水月和天空的月亮形狀都一樣，顏色也一樣。如果我們用手去水中撈月，抓不到摸不著，了不可得，但我們眼睛又可以看到水裡確實有月亮，所看到的月亮和天空的月亮一模一樣，所以稱為空色，不管是鏡子裡的影像、水裡的月亮，這都是比喻，要比喻空色。

凡是我們眼睛所看到的、耳朵所聽到的、鼻子所聞到的、舌頭所嚐到的、身體所觸摸到的，所有這一切的對境，雖然它顯現出來，但是如果我們用理路仔細推理分析，都找不到，所以這一切都稱為空色。

第三項

第三項要講說內心實相自成的這部分超越來去。

內心實相具有佛身的功德，這些功德都是自然形成，那這些功德是不是由別的地方帶過來？或者由這個地方帶去別的地方？都不是！如果仔細分析具有佛身功德的這個內心實相，它的本質到底是什麼呢？是超越來去的一個本質，這裡所謂超越來去，意思指的就是不生不滅的性質。

|འཁོར་འདས་ཀུན་གྱི་ངོ་བོ་བྱང་ཆུབ་སེམས། 　　|མ་བྱུང་མ་སྐྱེས་མ་ངེས་ལྷུན་གྲུབ་ནི།
輪涅一切本質菩提心　　　不出不生不定自成者

|གང་ནས་མ་འོངས་གར་ཡང་སོང་བ་མེད། 　　|སྔ་ཕྱི་རིས་མེད་བྱང་ཆུབ་སེམས་ཀྱི་ཀློང་།
不由何來亦無往何處　　　無前後偏菩提心之內

|འགྲོ་དང་འོང་མེད་ཀུན་ཏུ་ཁྱབ་པར་གདའ།
無去無來周遍及一切

　　輪迴和涅槃二者之所以能夠顯現出來，其基礎為內心實相，內心實相並不是靠著因緣和合聚集之後形成，因為不是靠著因緣製造出來，所以內心實相它的本質為不生，它的本質也是不定的，所以「不生不定」，「不生」的意思是指不是靠因緣和合所形成；「不定」的意思是指就內心實相的本質而言，因為不是由因緣和合所形成，沒有辦法由某一個因緣去確定說它是這個樣子是那個樣子，所以，內心實相的本質自然形成，這些功德並不是由別的地方跑過來，因此這個地方有功德了，或者是說由這個地方移動到別的地方去，又變成沒有功德了，沒有這種情況，所以「不由何來亦無往何處」。

　　「無前後偏菩提心之內」，內心的功德是自然形成的，因為是

自然形成，不能說前面是這些功德後面是那些功德，因為根本沒有前後的差別，內心的實相既不來也不去，不是從一個別的地方來，最後也不會要往一個什麼地方去。這是內心的實相，遍及一切，沒有前後，沒有偏頗，而且本來自成。

第四項

　　講說的要點是：內心的實相等同虛空廣大的見地。自然形成的內心實相功德，本質上沒有生滅，像天空一樣廣大無邊（意思就是不能夠再超越它了）。

|ཐོག་མཐའ་དབུས་མེད་ཆོས་ཉིད་དེ་བཞིན་ཉིད།| |ཕྱུ་གདལ་མཉམ་མཉམ་དག་པའི་རང་བཞིན་ལ།|
無始終中法性真如性　　　　　平均等空清淨之自性

|ཐོག་མཐའ་མེད་དེ་སྔ་ཕྱིའི་ཡུལ་ལས་འདས།| |སྐྱེ་འགག་མེད་དེ་དངོས་པོ་མཚོན་མ་མེད།|
無始終也超越前後境　　　　　無生滅也無實有表相

|འགྲོ་འོང་མེད་དེ་འདི་ཞེས་མཚོན་དང་བྲལ།| |རྩོལ་ཞིང་སྒྲུབ་མེད་བྱ་བའི་ཆོས་ཀྱིས་སྟོང་།|
無去來也離謂此所表　　　　　無勤無立所作法為空

|ཕྱོགས་ཆ་དབུས་མེད་དེ་བཞིན་ཉིད་ཀྱི་གཞི།| |དམིགས་མེད་རྒྱུན་ཆད་མེད་དེ་མཉམ་པའི་སྟོང་།|
無方所中真如性之基　　　　　無緣無中斷也平等界

　　因為不能夠直接指出內心的實相是這樣、是那樣，所以佛陀曾開示：「離言思詮勝慧到彼岸」，內心的實相能不能給它做一個解釋說明呢？或是內心稍微去思維一下就能夠想到呢？不能！所以叫離言思詮，離開言語、思維和解釋，也就是說內心的實相超越我們的思維，凡夫無法思維內心的實相到底是什麼樣子。

雖然內心的實相不能用嘴巴去說明，也不能用內心去思維，但是仍然有必要對眾生說明內心的實相到底是什麼，所以做說明時，只能說內心的實相是無始無終，沒有開始沒有結束，沒有中間沒有旁邊，而且遍及一切眾生，就好像天空，天空也是沒有開始沒有結束，沒有中間沒有旁邊。因此，說內心的實相沒有生、沒有滅、沒有中、沒有邊，因為那都是實有法的性質，是存在的事物。

　　我們有時會說從別的地方到這裡來，或者是由這裡到別的地方去，但內心的實相沒有這種情況，內心的實相裡的功德，既沒有來也沒有去。有沒有可能我們透過身口心三門，經常努力實修，最後終於製造出內心的實相呢？不可能！在內心的實相，造作的性質為空，根本就沒有造作；而且內心的實相也不能說它在某一方才有，某一方就沒有。內心的實相既沒有前也沒有後，沒有中間也沒有旁邊。

　　總而言之，我們的六識（眼識、耳識、鼻識、舌識、身識和意識）都沒有辦法去緣取內心實相。

　　那意思是說無內心實相嗎？也不是！內心的實相確實是六識所不能夠緣取，但是不能說我緣取不到，那內心的實相就沒有，就不存在。內心的實相遍及一切，從佛到所有眾生都有內心實相。

　　除此之外，能不能用什麼方式對弟子解釋說明呢？佛陀也曾經開示，關於內心的實相，沒有辦法用口來說明，也沒有辦法用內心來思維，它的本質超越了言語的說明，超越了內心的思維，因此當要向弟子說明時，只能用類似的方式來解釋，類似的方式就是說明內心的實相本身不生不滅，沒有前沒有後，沒有開始沒有結束，沒有中間沒有旁邊，始終都是這個樣子，舉個比喻就好像是天空，這些都只是類似的解釋而已。

第五項

　　講說如此之自性唯是內心實相，它是大清淨、大平等、不生不滅、沒有來沒有去、沒有旁邊沒有中間、沒有前後的差別。這樣的一個法界實相，本然清淨，在任何狀況裡都是完全平等的。

|ཐམས་ཅད་ཆོས་ཉིད་མཉམ་པའི་རང་བཞིན་ལས།|　　　　|མཉམ་པའི་ཀློང་ན་མི་གནས་གཅིག་ཀྱང་མེད།|
　　　一切法性平等之自性　　　　　　未住平等界者一亦無

|གཅིག་མཉམ་ཀུན་མཉམ་བྱང་ཆུབ་སེམས་ཀྱི་ངང་།|　　　|མ་སྐྱེས་མཁའ་མཉམ་ཡངས་པར་ཕྱམ་གདལ་བས།|
　　　一等遍等菩提心狀態　　　　　　不生等空寬廣均周遍

|མཉམ་ཉིད་ངང་ལ་རྒྱུན་ཆད་མེད་པའི་ཕྱིར།|
　　　　　　於等性狀無中斷之故

　　就人而言，功德都不平等，因為彼此的學問、能力等各方面，大小的類型很多，高低的差別也很大，佛和菩薩的功德顯現出來的樣子也確實有大小差別，不過在內心實相的這部分，凡夫、菩薩、佛三者完全平等，一模一樣，沒有大小、好壞、多少的差別，所以「未住平等界者一亦無」。

　　能不能說佛內心實相的功德非常完整，菩薩內心實相所包括的功德只有一半，凡夫內心實相所擁有的功德一個也沒有？不能！佛內心實相的功德有多少，菩薩內心的實相功德就完全一樣；菩薩內心實相的功德有多少，眾生內心實相的功德也完全一樣。

　　「一等遍等菩提心狀態」是指就某一個功德而言，完全平等，一模一樣沒有差別，那普遍存在的其它功德也都一樣完全平等。譬如內心實相本來不生，就無生的性質而言，佛內心的實相也是無

生，菩薩內心的實相也是無生，凡夫內心的實相也是無生，完全一樣。內心實相其它的功德，不住不滅、不來不去、超越內心的思維、不能夠用言語來說明，這些性質功德，在佛、菩薩和凡夫內心實相也完全一模一樣。

簡單來講，在基階段眾生的內心實相裡所擁有的功德非常完整，一絲一毫都沒有遺漏；在道階段菩薩的內心實相的功德也非常完整，一絲一毫都沒有遺漏；到了果階段成佛時，佛的內心實相的功德也非常完整，一絲一毫都沒有遺漏，所以，從基到果整個過程根本就沒有中斷過、沒有欠缺過。

第六項

第六項講說大平等的自成，金剛國土，於法界的淨土之中，法性本身沒有遷移、沒有變化，這樣的一個本質，因此，本來即是覺性金剛精華的城堡。

內心的實相裡，佛的三身功德本來自成已經存在，會不會遷移到別的地方？會不會變得越來越壞或越來越好？不會！在三身的功德，在內心的實相裡，它的本質也是一個，不能把它單獨分開成三個。

因此，內心的實相擁有三身的功德，就好像金剛精華的城堡，敵人無法入侵、不會毀壞，同理如果我們能夠證悟《法界寶庫》所開示的內心實相，那就永遠不會再害怕業力煩惱這個仇敵了。

這裡用城堡做比喻，古代國王、軍隊駐紮在碉堡裡，就不怕外面的敵人，譬如，中國秦始皇造萬里長城，目的是為了什麼？當然是免除外敵入侵，因此用圍牆綿延千萬里，砌成萬里長城，再派軍

隊駐紮，敵人要入侵談何容易？反而輕易就能消滅敵人，國王根本就不用害怕了。就內心的實相而言，如果了悟了內心實相，就不會再受到業力煩惱這個仇敵的侵害，根本就不用再害怕了。

།སྦྱུན་གྲུབ་ཕྱོགས་མེད་ཀུན་ཁྱབ་གདལ་བའི་རྫོང་། 自成無偏周遍遍佈城

སྟེང་འོག་བར་མེད་ཡེ་སྐྱོང་ཡངས་པའི་རྫོང་། 無上下中本界寬廣城

ཕྱོགས་མེད་ཀུན་ཏོང་སྐྱེ་མེད་ཆོས་སྐུའི་རྫོང་། 無偏遍容無生法身城

མི་འགྱུར་ལྷུན་གྲུབ་རིན་ཆེན་གསང་བའི་རྫོང་། 未變自成珍寶秘密城

།སྣང་སྲིད་འཁོར་འདས་ཡེ་རྫོང་ཕུལ་གཅིག་ཆོགས། ། 顯有輪涅本區同時圓

「自成無偏周遍遍佈城」，內心的實相擁有法報化三身的功德，這三身的功德自然形成，不會偏於某一個方向，故而普遍存在。

「無上下中本界寬廣城」，是不是比較高的佛內心的實相才有三身功德，比較低的地獄眾生或是中間的人類內心實相就沒有三身功德？不是！沒有上下中的差別，不管是佛陀、人類、地獄眾生，內心實相裡三身的功德都自然形成，圓滿齊備，絲毫沒有遺漏。

「無偏遍容」，內心的實相不會偏到某一個方向去，沒有東西南北的差別；不會只有投生西方極樂世界，內心的實相才有三身功德，投生別的地方就沒有三身功德；且普遍一切全部都能容納，眾生內心的實相都把三身功德融入在裡面了，絲毫沒有遺漏。

「無生法身城」，如果能夠了悟這個見地，如同到了無畏的大城堡之中，業力、煩惱等敵人的傷害，根本不用再擔心，也不會感到害怕了。

「未變自成」，內心實相所擁有的佛的三身功德不會有任何變化，不會有前後減少增多等種種變化，因為它是自然形成，不會改變。

「珍寶祕密城」是以古代的如意寶珠做比喻，如果得到如意寶珠，不管是誰對如意寶珠誠懇祈請，心願都能實現，同理，如果了悟了前面所談到的見地，那等於是進入無畏的大城堡之中，得到了如意寶珠，不會再有恐懼害怕，心願也都能夠實現了。

「顯有輪涅本區同時圓」，輪迴的法也好，涅槃的法也好，一切所有的法能夠顯現出來的基礎何在呢？全部都是由內心實相顯現出來。如果能了悟這一點，也能到達無畏的大城堡，再也不必對業力煩惱感到恐懼害怕。「同時圓」，佛內心的實相法報化三身的功德同時圓滿、同時齊備，菩薩和凡夫眾生內心的實相也是三身功德同時圓滿、同時齊備，三者同時存在，一點都不會遺漏。

第七項

將如此的覺性與國王，淨土與繁榮的國土，做相似的連結，而講說於法性界的基礎上，佈置精華之宮殿。

前面用城堡做比喻，以中國的萬里長城為例，古代的國王大臣喜歡在山頂或岩崖頂端或河流轉彎處蓋碉堡，這些地方易守難攻，不必害怕敵人的入侵。以前對王宮貴族，會以他有沒有大碉堡來認定他的財富和權勢，如果沒有大碉堡，那這個國王或大臣就會被人瞧不起，認為他沒有龐大的財富和權勢。因此，以這做比喻，講的內容就是第七項。

།ཕྱོགས་མེད་ཀུན་ཁྱབ་གདལ་བའི་ས་གཞི་ལ། ཁྱབ། །འཁོར་འདས་རིས་མེད་བྱང་ཆུབ་སེམས་ཀྱི་མཁར།

無偏周遍遍佈之大地　　輪涅無偏菩提心碉堡

།ཆོས་ཉིད་ཀློང་ཡངས་རྩེ་མོ་ཕྱུན་མཐོ་ཞིང་། །ཁ་བྱུང་རང་བཞིན་ཕྱོགས་བཞིའི་ཡངས་པའི་དཀྱིལ།

法性廣界頂巔自高聳　　不作自性四方寬廣中

།རིམ་རྩོལ་བྲལ་བའི་འཇུག་སྒོ་ཤིན་ཏུ་ཡངས།

已離漸勤入門極寬廣

　　內心的實相本來清淨，不是由因緣和合製造出來，就內心實相本來清淨的這部分，舉個比喻，就好像是大地，這個是指處所，國王他要蓋碉堡時，所蓋的碉堡在什麼地方，這是講內心本來清淨的本質。

　　其次，內心的實相不屬於涅槃也不屬於輪迴，不能認定它在涅槃這邊，也不能把它劃入輪迴這邊，這個性質就好像國王在大地上所蓋起來的碉堡，中正不偏不倚，用這個做比喻。

　　而且內心的實相非常深奧廣大，就好像蓋在山巔上的皇宮碉堡，非常高聳，所以說「頂巔自高聳」，國王的碉堡非常高聳就像101大樓，這是指內心的實相本身非常深奧非常廣大。

　　「不作自性四方寬廣中」，內心的實相不能說它是有邊，也不能說它是無邊，不能說它是二無，也不能說它是二有，遠離這四邊，國王的皇宮碉堡具有非常廣大的東西南北四方，內心的實相遠離四邊就更加無比廣大了。

　　「已離漸勤入門極寬廣」，前面談到內心實相這麼多的性質，那誰去了悟它呢？如果從總體來劃分，所調伏眾弟子的根器一般分成鈍根、中根和利根，鈍根是聲聞乘門，中根是唯識宗，利根是中

觀宗,這是三個乘門的理論;如果針對大乘乘門而言,鈍根弟子是顯教乘門,中根弟子是外密咒乘門,利根弟子是內密咒乘門;如果就內密咒乘門而言,對鈍根弟子開示瑪哈瑜伽,對中根弟子開示阿努瑜伽,對利根弟子開示阿底瑜伽。就利根弟子而言,是阿底瑜伽的所調伏眾,需不需要按照順序一步一步學習呢?不需要!有些阿底瑜伽的利根弟子,在進行到第四灌頂詞句灌頂時,立刻契入內心的實相之中,證悟得到解脫。中國禪宗有許多這種例子,上師對弟子只講一兩句話,弟子立刻證悟、立刻解脫。

再舉個例子,有一位中國的將軍殺了很多人,造了許多罪業,和密勒日巴類似,將軍去請求上師開示教法,上師看了看之後說:「除非天空下血雨,否則不能開示教法。」將軍心想:「喔!意思是我的罪業非常嚴重。」當下拿起刀把手砍了,血灑了一地,就像是天空下血雨,這時上師內心非常高興,就開示了一兩句話,將軍立刻證悟得到了解脫,像這種情況,他是不是按照順序一級一級學習呢?不是!利根的弟子不是按照順序。

「已離漸勤」意思是已離漸次、已離辛勤勞累,以西藏的密勒日巴或大圓滿道路的實修者而言,是不是根本不需要辛苦勞累呢?不是!修法還是非常辛苦勞累,但是不需要經過非常多年、經過好幾輩子,只在這一個身體、這一輩子辛苦勞累就成就佛果了,是指這個意思。因為已離漸次也已離勤苦勞累,因此入門就非常廣大。

這裡要按照段落瞭解它的意義,是指利根裡的利根不必辛苦勞累,意思是不是:不必實修不必努力去做呢?不是!完全不是這意思,必需要從段落的意義上解釋,不能夠以偏概全。

舉個例子,譬如〈頗瓦遷識法〉的名字叫未修成佛法,是不必

實修就能夠成佛的法，那這個法是不是真的不必實修呢？當然不是！修頗瓦法時要觀想自己是觀世音菩薩，身體有中脈，中脈裡有一個「啥」（ཧྲཱིཿ）字，再觀想自己頭頂有阿彌陀佛，阿彌陀佛的右手邊是觀世音菩薩，左手邊是大力金剛手，還要念誦「呸」（ཕཊ），念誦呸時要觀想心識向上跳動，如果是死亡時念誦呸字，心識直接射入阿彌陀佛心坎，如果是活著做練習時，心識射入阿彌陀佛的腳裡。這些觀想內容很多，像這樣的觀想，需不需要經年累月、辛苦勞累不斷地實修呢？不需要！只要觀想幾天做實修，頗瓦法成功的徵兆一定會出現。若和其它勞累複雜的實修比較，頗瓦法簡直可以說是不必實修，所以稱為「未修成佛法」。但並非指不必實修就能成佛，而是指「不必辛苦勞累好幾輩子，就在這輩子就能得到證悟成就佛果」的意思。

第八項

　　第八項所要解釋的是皇宮裡各種莊嚴裝飾的情形，前面我們用了比喻，談到萬里長城好像一個城牆把城堡圍起來，裡面有皇宮存在，現在要說明皇宮裡有什麼特色？是什麼景象？以下要用比喻來說明。

སྐྱེན་གྲུབ་འབྱོར་པའི་བཀོད་པས་བརྒྱན་པ་དེར།	རང་བྱུང་ཡེ་ཤེས་རྒྱལ་པོ་གདན་ལ་བཞུགས།
於彼自成富裕莊嚴飾	安居天然本智國王座
འདུ་འཕྲོར་སྤྲོང་བ་ཡེ་ཤེས་རྩལ་རྣམས་ཀུན།	བློན་པོར་གྱུར་པས་ཡུལ་ལ་དབང་བསྒྱུར་ཞིང་།
集射所顯本智諸力道	為大臣故自在於對境

|རང་གནས་བསམ་གཏན་བཙུན་མོ་དག་པ་དང་། །དགོངས་པ་རང་ཤར་སྲས་དང་འཁྲིན་གཡོག་བཅས།

住己靜慮純正之后妃　尊意自現尊子與隨從

|བདེ་ཆེན་ཀློང་དུ་རྒྱལ་རང་གསལ་རྟོག་པ་མེད།

大樂界中自明無妄念

　　這裡都是用比喻說明，前面談到已經有萬里長城做圍牆，裡面有很好的皇宮，好像碉堡，有了這麼好的皇宮，當然就有國王安住，有了國王，當然就有王妃和公子千金，還有男女隨從，以及執行國王命令推動各種建設的大臣。

　　所比喻的意義是指：如果了悟了內心的實相，便絲毫不會恐懼煩惱，就好像是萬里長城圍繞的碉堡不怕敵人入侵一樣，而且內心實相裡的功德無量無邊，就像是皇宮裡的情形一樣。

　　其次，內心實相的功德之中有自成的三身功德，這自成的法、報、化三身的功德就好像寶座上的國王，皇宮裡當然有寶座，國王就安住在寶座上。此外，內心的實相裡還有一個「住己靜慮」，這個住己靜慮安止的功德和內心實相無論何時都不曾離開過，就好像王妃和國王都沒有分離過一樣。而且，就內心的實相而言，會出現各種各類的清淨所顯，這些清淨所顯的景象非常多，就好像國王和王妃所生的公子千金，還有眾多的男女隨從。

　　如果了悟了內心的實相，對於任何所顯，心識都能去控制它、鎮壓它。舉例而言，我們看到美好的、善的對境，內心感到非常高興喜悅，這就是內心失控於對境。如果看到恐懼、不好的對境，內心就覺得痛苦難過，這也是不能夠控制自己內心的徵兆，心完全失控於外在的一個對境。假設一個人的心能夠自主控制，那看到所

顯的對象是美、善時，內心不會特別喜悅高興，當然意思不是說內心不高興，但是這個高興喜悅不需要依賴於對境，不需要因為是善的、好的對境，因此我特別喜悅；不需要因為是不善的、壞的對境，因此我很痛苦。

如果了悟了內心的實相，那見到所顯的任何景象，除了能夠去壓服它之外，不可能內心受到所顯景象的控制，而能夠去壓服這些所顯景象就比喻成好像大臣，國王指揮大臣，大臣接受國王的命令和外敵交戰，能夠把外敵完全鎮壓控制住，這就如同內心對所顯景象能夠完全壓服，而不會受其控制，這些都是用前面談到的碉堡、皇宮、國王、大臣等來比喻，如果一個國王他居住的皇宮是這種情況，那這個國王可以說高枕無憂，不論什麼時候都在快樂之中。

我們內心也是這樣，如果證悟了內心實相，不管何時，永遠都在大樂之中，而且能夠控制任何所顯景象，絲毫不會失控。

從顯教的方式來看，一個人對所顯現的一切景象都絲毫不離內心，都是空性，經常這樣觀修，長久串習，假設串習的力量非常強烈，在夢境之中自己仍然可以知道，因為串習的力量仍然存在。

以我自己為例，以前睡覺時，偶爾會做夢，在夢境中還不能夠自由自主，現在即使做惡夢，已經稍微可以自由自主了，譬如夢到險峻懸崖，心想就是跳下去也不怕，因為就算是跳下去，身體還是在床上睡覺，不跳，身體也還是在床上睡覺，根本不會恐怖；如果夢到妖魔鬼怪要吃自己，也能立定腳跟，不會害怕，心想吃我也好，不吃我也好，這只是個夢境，絲毫不會傷害到我。

大家也是如此，如果按照顯教方式不斷地串習空性，所顯現的一切都不離自己的內心，若串習的力量非常強烈，那就算夢到恐怖

的對象要來傷害自己，對自己也不會發生很大的影響，這就是前面所談到的，不應該有「遇到好的對境，內心高興無比，遇到不好的對境，內心非常痛苦」的情況，因此，如果經常觀修空性，所顯一切景象不離內心，經常串習，內心就比較能自由自主了。

第九項

沒有遷移、沒有轉變的法界，它一定是覺性恆常的對境，這是講法界內心的實相不是經由因緣和合所形成、所製造出來，它所擁有的性質沒有任何遷移也沒有任何變化，這個沒有任何遷移沒有任何變化的部份，可以說就是內心實相的對境，因此就有境和對境而言，好像是各別、分開的內心實相，但實際上對境和有境本身沒有任何差別，實質上不是分開的。

｜མི་གཡོ་བསམ་བརྗོད་བྲལ་བའི་དང་ཉིད་ལས།｜ ｜སྣང་སྲིད་སྟོང་བཅུད་ཀུན་ལ་མངའ་དབང་བསྒྱུར｜
　　未動離思離詮之狀況　　自在權於諸顯有情器
｜ཆོས་དབྱིངས་ཡངས་པའི་ཡུལ་ཁམས་རྒྱ་ཆེའོ｜
　　　　　法界寬廣剎土極大矣

就有境和對境各別分開而言，有境趨入於對境就稱為「動搖」了，因為經由有境的搖動才能夠趨入對境，那現在又說它「未動」，如果未動搖，有境為什麼還能夠去趨入對境呢？「離思離詮」，這個情況不是我們內心所能夠思維了解，也沒有辦法用言語去做解釋說明，是這樣的一個對象。

「自在權於諸顯有情器」，對於所顯現出來的山河大地器物世

界，所顯現出來的一切眾生，內心實相對於他們，完全是自由自主，可以控制、可以壓伏一切，因為內心的實相遍及所顯現的一切情器世界，所以只有內心實相去鎮壓對方，而不是對方來鎮壓我，因此，「法界寬廣剎土極大矣」，法界就是內心的實相，它無邊無際，極為寬廣，不會遇到任何阻擋和阻礙。

總而言之，應當了解，內心一定要依靠對境，依於對境而安立有一個內心，但是內心實相、本智不需要依賴對境，它自己本來就已經存在了，這是內心和內心實相兩者的差別。

內心的實相本智是指究竟的實相，就究竟的實相而言，沒有辦法用內心去思維，這不是內心所能夠思維的對境；不能夠用言語去做解釋說明，這不是語言能夠解釋的對境。但若是這樣，諸佛菩薩如何開示呢？當諸佛菩薩對於所調伏眾解釋內心實相時，若說它不能夠用言語解釋說明，也不是我們內心能夠思維的一個對象，弟子無法了解，也沒辦法做實修，因此諸佛菩薩才會針對所調伏眾開示「內心的實相就是菩提心，內心的實相就是勝義諦，內心的實相就是天然本智，內心的實相就是法身、報身、化身，內心的實相就是明分空分，明空雙運……」，施設出各種各類不同名詞而解釋說明。

第十項

前面所討論的核心思想是法性菩提心，本身安樂廣大，所講述的內容談到像長城一樣的碉堡裡有皇宮，皇宮裡有國王和王妃安住，又有王子公主，還有許多男女侍從和大臣……，這麼多的比喻和說明，核心思想只有一個，就是內心的實相。以下頌文表達這個意思。

།ཁྱལ་དེར་གནས་ན་ཐམས་ཅད་ཆོས་ཀྱི་སྐུ། །རང་བྱུང་ཡེ་ཤེས་གཅིག་ལས་མ་གཡོས་པར།

若住彼境一切即法身　　　天然本智唯一而不動

།མ་བྱས་ཡེ་ནེར་ཚོལ་སྒྲུབ་འདས་པ་ཉིད། །ཁྲུ་ཟུར་མེད་པའི་ཐིག་ལེ་ཟླུམ་པས་ན།

不作本達已越離勤修　　　無角隅之圓圓明點故

།རྗེ་བཞིན་དབྱེ་བསལ་མེད་པའི་སྣང་དུ་འཁྱིལ།

不能如實區別內漩漩

　　安住在內心實相上時，它的本質只有一個，就是法身，除此之外再也沒有了，法身是唯一的本質，究竟的實相。可是我們又常談到三身、四身、五身的理論，爲什麼？這是因爲證得佛果的過程中，大菩薩發了廣大無邊無量的願望：「將來要隨順所調伏眾個個情況，各自內心的心意、心願是什麼，我就示現各種不同的形相，行各種各類的事業去利益他。」因此，針對某些調伏眾，就示現了報身的形相，針對某些調伏眾，就示現了化身的形相，所以有三身、四身、五身的理論。

　　即使是化身，針對不同的調伏對象，也有清淨的化身和不清淨的化身。即使在六道裡，也都有佛陀六種類型的化現。這些無量無邊的化現之所以能夠呈現，是因爲菩薩以前所發的廣大願望的力量，但這些都沒有超越內心的實相，不是在內心的實相之外，也不是內心的實相本身就是如此，而是針對不同的調伏眾出現各種不同的示現。

　　如果就內心的實相自己而言，那只有法身一項，也就是天然本智。

　　這個唯一明點，法身天然本智，不需要靠任何因緣和合把它製造出來，它脫離了常和無常二邊，好和壞二邊，取和捨二邊，不能

夠用我們的邏輯推理去區別它是常還是無常，是好還是壞，是取還是捨，因為究竟的本質只有一個，不能夠再細分，不能夠還要區分出這些是過失，我要消滅掉，那些是新的功德，我要去追求，不能再做這樣的區分了。

第十一項

講說覺性的本質菩提心之中萬法皆一味（即本質相同）。

就內心實相的本質而言，萬法都完全包括在內心的實相之中，不是脫離了內心的實相而在外面成立了某一個法。以四個句子解釋說明：

འགྲོ་དྲུག་གནས་དང་སངས་རྒྱས་ཞིང་ཁམས་ཀུན།		གཞན་ན་མེད་དེ་ཆོས་ཉིད་ནམ་མཁའི་དང་།
六道處所佛陀國土亦	他處無也法性虛空狀
རང་གསལ་བྱང་ཆུབ་སེམས་སུ་རོ་གཅིག་པས།		རིག་པའི་དང་དུ་འཁོར་འདས་ཐུབ་རྒྱབ་བོ།
自明菩提心中一味故	於覺性狀輪涅攏畢矣

萬法無量無邊，簡單歸納可以分為輪迴的法和涅槃的法兩種類型。如果把其中輪迴的法再做各種區別，當然可以分類成非常多，但若把它做一個簡單的歸納，就是六道有情眾生。涅槃的法也是一樣，如果把涅槃的法各別區別當然也非常多，但若把它簡略歸納，就是五方佛的國土。不管是六道有情眾生的處所還是五方佛的佛國，這一切都不超出內心實相的範圍。

譬如天空，有時出現白色的雲朵，有時出現黑色的雲朵，有時二者同時出現，各種狀況都有，但是天空無論出現哪一種雲朵，不

管是大是小，是白是黑，都不能離開天空。雲朵從何而來？在天空
之中出現，當雲朵消失時，到哪裡去了？還是在天空之中消失。

　　和這個道理一樣，輪迴之法六道有情眾生，涅槃之法五方佛國
土，這一切都是從內心的實相而出現，當這些法消失時，消失到什
麼地方去呢？還是在內心的實相裡消失，就像雲朵和天空的關係一
樣。內心的實相本身原來自性是光明，因此它是菩提心，所以輪迴
和涅槃一切萬法都包括在菩提心裡。

第十二項

　　天空中無論出現黑色的雲、白色的雲、大的雲、小的雲，任何
雲朵都不會離開天空，都在天空之中。同理，涅槃的一切法、輪迴
的一切法，不管這些法如何又如何，全部都包括在內心實相之中，
不會超出內心實相而到外面去。特別是涅槃的法這部份，大自成而
存在，並不需要靠因緣和合重新去得到，而是本質自成，原來就存
在於內心實相裡。以下要說明這部份，有九個句子：

|ཐམས་ཅད་ཀུན་འབྱུང་ཆོས་དབྱིངས་མཛོད་འདི་ནི། |འདས་པ་མ་བཙལ་ཡེ་ནས་ལྷུན་གྲུབ་པས། |

遍出一切此法界寶庫　　　　　　　不尋涅槃本來自成故

|ཆོས་སྐུ་མི་འགྱུར་ཡུལ་མེད་ཀུན་འབྱམས་ལ། |ཕྱི་ནང་སྣོད་བཅུད་སྣང་བ་ལོངས་སྤྱོད་རྫོགས། |

法身未變無境浩瀚處　　　　　　　外內情器所顯受用圓

|གཟུགས་བརྙན་ལྟ་བུར་རང་ཤར་སྤྲུལ་པའི་སྐུ། |སྐུ་གསུམ་རྒྱན་དུ་མ་ཚོགས་ཆོས་མེད་པས། |

猶如影像自現變化身　　　　　　　三身莊嚴無不圓法故

|ཐམས་ཅད་སྐུ་གསུང་ཐུགས་ཀྱི་རོལ་པར་ཤར། |འདི་ག་བཞིན་ཞིང་ཁམས་མ་ལུས་གྲངས་མེད་ཀྱང་། |

一切現為身語意遊戲　　　　　　　不餘善逝刹土雖無數

ཁྱེད་ལས་བྱུང་བའི་སེམས་ཉིད་སྐུ་གསུམ་གློང་།
親自所出心性三身界

一切的法全都是由內心的實相所出，內心的實相就像一個放有各種珍寶的倉庫，如果得到這個寶庫的鑰匙，打開寶庫，就可以得到各種金銀珠寶。如果一個人家裡有這麼多金銀珠寶，一般都不是自然天成，而是歷代祖先不斷累積。而前面談到內心實相就像藏寶庫，裡面有各種各類功德，這些功德不需要辛苦勞累追尋、製造和累積，因為它原來就已經存在了，法身的本質絲毫不會改變，這個法身遍及一切眾生和一切的法；對於所調伏眾而言，外在的器物世界是清淨的，內在的有情生命也是清淨的，這時就示現成為報身的形相，因此報身的眷屬純粹只有十地以上的菩薩；若外在器物世界不清淨，內在有情眾生也不清淨，就示現成為化身的形相，化身有許多不清淨的眷屬。

法、報、化三身就是如此而出現。

就佛的事業而言，不管如何利益眾生，都是三身的性質，沒有哪一個佛行事業超出三身的範圍，這一切都在三身的本質之中而出現。

為什麼呢？當我們還在輪迴不清淨的凡夫階段，佛的功德還沒有完全現前，就發了很多廣大的願望，說將來如果我的佛功德現前時，就要順著一切眾生內心的心願、渴求等情況，示現各種各類的利生事業，所示現的化身形相，無論是男的形相、女的形相、寂靜的形相、忿怒的形相等，全都包括在佛行事業中，全都是屬於佛的三身的性質，但只能算是佛所示現出來的形相，不是佛陀本身。

這個部份不僅是大圓滿如此講，在《寶性論》裡也如此談到，

如來的國土廣大沒有邊際，這些無量無邊的國土是如何出現的呢？從內心實相而出現，這些無量無邊的佛國淨土，裡面有無量無邊的佛，這些情況不僅是密咒乘門談到，顯教乘門也談到，《普賢行願品》：「一塵中有塵數剎，一一剎有難思佛。」在一粒灰塵中，有如地球灰塵這麼多的佛國淨土在裡面；在每一個佛國淨土裡有一尊佛，也就是說，無邊無量的諸佛在一粒灰塵之中。

可能有人會問：「佛國淨土不是廣大無邊嗎？那我們可以說這一粒灰塵也廣大無邊，所以才有這麼多的佛國在裡面，是這樣嗎？」不是！「一粒塵沙這麼小，佛果也這麼小，所以才能夠放在塵沙裡，是這樣嗎？」也不是！塵沙也不變大，佛國也不變小，但是無量無邊的佛國淨土，還是可以包括在一粒塵沙之中。

舉一個比喻，譬如即身成佛的密勒日巴尊者，他有一個得意弟子叫惹瓊巴，也就是小布衣尊者，小布衣尊者去印度學法成功後，帶了很多外道猛咒、毒咒的書及口訣、教誡回來，然後拜見了上師密勒日巴。

密勒日巴心想：「惹瓊巴尊者修這些法是可以的，因為他擁有菩提心，可是如果這些法落在別人手中，隨便亂修，將來會造成很大的禍害。」因此就命令惹瓊巴去提水來煮飯，當惹瓊巴去提水時，密勒日巴就放把火把這些書全燒掉了。

惹瓊巴回來看到後心想：「哦！我如果修了這些詛咒的法，將來威力無比，會變成名氣勝過上師，難怪上師對我產生嫉妒心，故意叫我去打水，趁機燒掉這些法本。」他心裡產生了不滿，密勒日巴尊者當然知道，如果弟子對上師的信心退轉，內心不會再得到新的功德，而且以前的功德也會逐漸衰損，因此密勒日巴就坐進犛牛

犄角裡，這個犛牛犄角大概只有茶杯大，密勒日巴就坐在裡面休息，然後對惹瓊巴說：「哎呀！弟子啊，如果你的證悟功德跟上師一樣，那就一起進來坐著休息吧！」惹瓊巴一看，密勒日巴尊者的身材比較高大，他的身體沒有變小，犛牛角也沒有變大，但密勒日巴確確實實就坐在犛牛角裡，惹瓊巴怎麼可能進去呢？他內心產生強烈後悔，向上師再三頂禮，進行懺悔。這個事蹟要講的就是不可思議。

不可思議的情況，不只密咒乘門裡談很多，大圓滿教法裡談很多，在經教乘門裡也談很多，《入菩薩行論》的《勝慧品》談到「勝義非心所行境」，在眾生怙主龍樹菩薩的《根本慧論》裡也談到，一切萬法實相空性的這個部份，是離言思詮，沒有辦法說明，沒有辦法思維。可見在一些見地的關鍵之處都完全相符合，完全相通順，絲毫沒有相違背。

為什麼顯教和密咒乘門在見地的關鍵之處，都完全符合沒有違背呢？因為顯密雙運而做實修，如果見地的關鍵處互相違背了，那如何能夠顯密雙運而做實修呢？

第十三項

講說在菩提心法界之中顯出六道情器，都包括在離戲的本質之中。

第十一項講內心的實相包括了一切萬法，一切萬法都可以歸納在內心的實相裡；第十二項講內心的實相所包括的萬法，可以分類為輪迴的法和涅槃的法；第十三項要說明即使是六道情器世界輪迴的法，全都還是包括在內心實相裡。所以，大綱裡的這三項，意義很類似。

|འབོར་བའི་རང་བཞིན་འགྲོ་དྲུག་གྲོང་ཁྱེར་ཀུན།| ཆོས་དབྱིངས་ངང་ལས་གཟུགས་བརྙན་ཙམ་པ་ཚ|
輪迴自性六道之城市　　　　　　由法界狀僅唯影像現

|སྐྱེ་ཤི་བདེ་སྡུག་སྣ་ཚོགས་སྣང་བ་ཡང་| ཤེས་ཉིད་སྒྱུ་འདྲེ་སྤྲུལ་པའི་ཤེད་མོ་བཞིན|
雖顯種種生死與苦樂　　　　　　此心性中變化舞戲般

|མེད་ལ་ཡོད་ལ་སྣང་ལ་གཞི་མེད་པས| |མཁའ་ལ་སྤྲིན་བཞིན་བློ་བུར་རྐྱེན་བྱུང་ཙམ|
於無於有於顯無基故　　　　　　空中雲般唯偶然緣出

|ཡོད་མིན་མེད་མིན་རང་བཞིན་མཐའ་དང་བྲལ་བས| |སྤྲོས་བྲལ་ཐིག་ལེའི་ངང་དུ་འུབ་ཆུབ་བོ|
非有非無自性離邊故　　　　　　離戲明點狀況攬畢矣

　　輪迴的一切的法，分類當然很多，歸納而言就是六道的世界，就六道所顯現出來的一切情況，其實也是由法界內心的實相所浮現出來的一些影像，僅僅只是如此而已，「由法界狀僅唯影像現」，譬如我們去照鏡子，鏡子裡會出現一個臉像，這個臉像只能說是我們臉的一個影像而已，不是真的我的臉。同理，輪迴的一切的法，只不過是內心實相所出現的影像而已，因此，輪迴的法實際上不能夠成立，就好像鏡子裡出現的臉，只是一個假象，一個影像而已。

　　那輪迴的法出現的影像是怎樣的呢？就是生老病死各種影像，「雖顯種種生死與苦樂，此心性中變化舞戲般」。

　　有人會這麼問：「這些輪迴的法，生老病死各種影像都會出現。那是從何而來呢？」前面我們就談到了，對境和有境不是兩個，沒有對境和有境這樣的差別，但我們因為迷惑錯亂，因為不了解，就執著有對境這一邊，有有境這一邊，產生了能所二執，能所二執就是迷惑錯亂，這個能所二執的迷惑錯亂，我們就稱為心，心就是這樣形成的，由這個迷惑錯亂的心，會顯現出生老病死各種影

像、幻影，所以各種痛苦全都出現了。

譬如魔術師變出男男女女牛羊馬各種各類，實際上都沒有，但是魔術師把他們變出來。一樣的道理，一切萬法實際上沒有，但是迷惑錯亂的心會執無為有，所以前面談到輪迴的法，生老病死各種各類的影像全部出現了，在什麼狀況之下出現的呢？在迷惑錯亂的狀況下出現，針對迷惑錯亂的心而言，一切都顯現成為有的樣子，顯現成為真實存在的樣子，但是如果用邏輯推理仔細分析，就會發現它們沒有存在的基礎，也沒有存在的根本。

這種情況就好像天空的雲朵，當雲朵偶然出現，我們仔細分析，雲朵存在於什麼地方？能用手把它拿過來，把它保留住嗎？不能！不管用什麼方式，如何努力捕捉，都不能夠把它捉住，因為它根本就沒有存在的根基。雲朵是一個非常細分的色法，就細分的色法而言，用手用棍子用網子，如何去捉它呢？沒有阻礙，不能夠觸摸的到，不能夠把它捉住的。

這裡必須要說明，雲朵雖是屬於細分的色法，再怎麼細分它仍然是色法，因此飛機在天空飛時，儀器能偵測到雲朵，亂流在哪裡？多遠？不僅能夠偵測到，還會受其影響，飛行不穩定就是碰到亂流，也就是碰到雲朵，所以雲朵一定是色法。但就算是色法，它仍然不能夠成立，能不能說因為雲朵是色法，那它一定是有呢？不能！因為最後它還是會消失。

又譬如做夢，夢到水災火災非常恐怖，可是自己明明躺在床上，沒有水災也沒有火災。一樣的道理，所出現的這些輪迴的景象，生老病死，所出現的一切影像，都是在內心的實相變化而出現，它是有或是無呢？「非有非無自性離邊故」，就像前面所談到

的，說它有也不是，說無也不是。如果說輪迴的這些萬法是有，實際上它又是無，因為到成佛時這一切都不會再出現了；但是說它是無呢，就迷惑錯亂的心而言，這一切全部都是有，一切生老病死等的景象全部都會出現，都是具體存在，眼睛可以看到，耳朵可以聽到，手可以摸到，不能說它是無。既然說有也不是，說無也不是，所以是「非有非無」。

　　總之，它的自性超越內心的思維，所以是離邊，離開任何一邊，就這些萬法自身的實相而言，遠離任何的戲論，不能夠思維說明，「離戲明點狀況攏畢矣」，就只有這一項，離戲這一項就包括一切了。

第十四項

　　第二品的大綱分為十三項，把十三項歸納成為一項，就是第十四項，也就是大平等金剛界。有八個句子：

心性菩提心之自性者　　　如空清淨無生死苦樂

無偏實有解脫輪涅法　　　謂此未表空界極廣故

未變未遷自成而無為　　　光明金剛心要已成佛

諸一切亦天然安樂剎　　　自成平等勝菩提狀矣

　　就內心的實相而言就是菩提心，那它又是什麼情況呢？用比喻來說明，就好像是天空，「如空清淨無生死苦樂」，就天空自己的性質而言，沒有任何染垢，不過也會受到污染，譬如有時會出現白雲和烏雲，有時漫天灰塵，有時煙霧瀰漫，看起來很污穢，但實際上天空的自性完全清淨。

　　內心的實相也是自性清淨，但在迷惑錯亂的心識之下，也會出現五毒煩惱、二十種隨煩惱、八萬四千煩惱等各種各類的煩惱。但是不管出現多少煩惱，就內心實相本身而言，絲毫沒有任何痛苦和快樂，原因何在呢？「無偏實有解脫輪涅法」，脫離了輪迴和涅槃的法，因為苦樂是指世俗實有法的部份，實有法才有無常的變化，內心實相本身不屬於實有法，因此沒有這些事物的性質，苦樂等在內心的實相之中不能夠成立，不會存在。

　　就眾生而言，都知道我不要遇到痛苦，不過在迷惑錯亂的內心之下，會形成痛苦，即使如此，痛苦仍然是無常的，是會改變的，實有法無常變化的這些項目，在內心實相上不能夠成立，所以「解脫輪涅法」，就內心的實相而言，輪迴的法也不能夠成立，涅槃的法也不能夠成立。

　　如果這樣，那內心的實相自己的本質到底是什麼呢？總要說明一下，「謂此未表」，不能說它就是這個樣子或就是那個樣子，沒有辦法表示。如果要用一個類似的說法，那就是：「內心的實相就像天空一樣非常清淨，像天空一樣廣大無邊。」只能用這個比喻做一個解釋說明。

　　在我們還沒有證悟空性的情況下，我們都發願希望未來能夠證悟空性，譬如諸佛菩薩聖者，我們會說他們已經證悟空性了，這樣

講其實只是言語上的一個詮釋描述而已，實際上空性不能夠證悟，為什麼呢？如果講證悟空性，意思當然就是用心識去看到了空性，用心識去證悟了空性，如果是用心識去證悟空性，那就表示空性是一個對象，所以我的意識才能去認識它，才能說：我已經證悟空性了。這就把空性當做是一個對境了，但事實上空性本身不是一個對境。

就空性不能當做一個對境而言，月稱菩薩曾經講解過了。龍樹怙主寫了《中觀根本慧論》，非常簡略，一般人沒辦法讀懂，所以具祥月稱就針對《根本慧論》裡的字句逐句作了註解說明，寫成《中觀明句論》；又針對《根本慧論》的關鍵要點意義，作了解釋說明，寫成《入中論》。在具祥月稱的《中觀明句論》裡就談到：當內心調整到和空性相隨順的樣子，這種心出現的時候，我們就說「這個人已經證悟空性了」，實際上空性是不能夠證悟的，也不能說是證悟空性，因為所謂「證悟空性」，意思是指我們的內心調整到和空性的狀態相類似。

因此，如果對曾經學習過顯教義理的弟子，教導、解釋大圓滿教法，比較容易，如果要對沒有學過顯教義理、只會唸經拜佛的弟子說明密咒乘、大圓滿的教法，就非常頭痛，因為他會覺得密咒乘、大圓滿的教法，和顯教乘門完全不一樣。

實際上不是的，在顯教乘門裡所齊備的見地功德，可以包括在密咒乘門和大圓滿裡，但是大圓滿和密咒乘門所談到的見地、所擁有的功德，有很多在顯教乘門裡沒有。

「未變未遷自成而無為，光明金剛心要已成佛」，金剛心要的內心實相所擁有的功德，不會遷移，不會有任何的變化，本質自成

而無為，它是光明的。

　　佛陀在二轉法輪講《心經》時，只開示一切都是空性，僅僅如此而已，當把一切萬法都是空性，色、聲、香、味、觸等全都是空性講得非常多之後，最後作了一個總結：「心者不存在，內心自性為光明。」這簡單的句子要講的是內心的本質不能夠成立，內心的本質為光明。

　　為什麼只簡略的講呢？因為這不是中轉法輪的重點，中轉法輪的重點在說明一切萬法是空性，但是留了一個尾巴沒講完，因為還要再三轉法輪。內心之自性為光明，那光明的性質到底是什麼呢？就是三轉法輪的重點，在三轉法輪時詳細解釋了光明的意思就是指佛身、佛本智、佛的功德，所以光明這個性質不是只有在大圓滿裡才談到，在密咒乘門，在顯教，在般若經裡都已經談到了。

　　「諸一切亦天然安樂剎，自成平等勝菩提狀矣」，內心的實相說它是安樂，這個安樂也是天然的安樂。為什麼呢？通常當我們談到安樂時，一定是依於一個美好的對境，因此覺得我得到了安樂，但內心實相的安樂不是這樣，當我們談到內心實相的安樂時，這個安樂不需要依於任何對境，這個安樂本身恆常不會改變，它不是一個無常法，若是針對一個對境，在有境之上所得到的安樂是一個無常法，是會改變的。但是在內心的實相上所存在的安樂，就是天然的安樂，它不需要靠因緣和合形成，它原來已經存在，所以「自成平等勝菩提狀矣」，內心實相之中，原來一切全部都是平等的，實際上就是法身的性質，內心的實相純粹就是這個樣子。

3

菩提心表喻品

第二品講解了內心實相的功德，第三品就要說明在內心本質的實相當中，佛陀三身的功德都已經完整地包括在裡面。所要詮釋的主旨有十四個項目。

第一項

在開示了菩提心的自性後，接著要說明萬法都圓滿地包括在菩提心裡。

།ཐམས་ཅད་ཀུན་འདུས་བྱང་ཆུབ་སེམས་སུ་འདུས། ཁྱང་ཆུབ་སེམས་ལས་མ་གཏོགས་ཆོས་མེད་པས།

一切總集集於菩提心　不屬菩提心則無法故

།ཆོས་ཀུན་བྱང་ཆུབ་སེམས་ཀྱི་རང་བཞིན་ནོ།

萬法菩提心之自性矣

一切萬法歸納後可以包括在哪裡呢？包括在菩提心的本質之中，一切色、聲、香、味等的法都包括在虛空之中，如果不屬於菩提心，在菩提心之外，那就再也沒有其它的法了。

舉例而言，甘蔗的品種當然很多，但是不管什麼品種，即使外觀形狀不太一樣，色澤也有點不同，但凡是甘蔗的味道都是甜的。

一樣的道理，凡是眾生，他的外型膚色當然各種各類，但是他的自性不可能超出菩提心之外，一切萬法都在菩提心，在內心的實相之中已經包括了。

第二項

前面所談到的菩提心，要從比喻、意義和理由三方面來講解。

　　內心實相應當用什麼比喻來了解？如果用這種比喻去代表，表示的意義是什麼？原因又是什麼？分成三項來說明。首先是比喻，有七個句子：

|ཁྱད་ཆུབ་སེམས་ཀྱི་མཚོན་དཔེ་ནམ་མཁའ་འདྲ།　　　|སེམས་ལ་རྒྱུ་མེད་སྐྱེ་བའི་ཡུལ་མེད་པས།
菩提心之表喻如虛空　　　　心無因且無所生境故

|མི་གནས་བརྗོད་འདས་བསམ་ཡུལ་འདས་པ་ཞིད།　　　|ནམ་མཁའི་དབྱིངས་ཞེས་དཔེ་རུ་མཚོན་པ་ཙ།
未住離詮越離思維境　　　　謂虛空界唯僅以喻表

|མཚོན་དཔེ་ཉིད་ཀྱང་འདི་ཞེས་བྱར་མེད་ན།　　　|མཚོན་དཔེའི་དོན་ལ་བསམ་བརྗོད་ག་ལ་སྲིད།
喻表自亦不能謂爲此　　　　喻表之義思詮何可能

|འདི་ནི་རང་བཞིན་དག་པའི་དཔེར་ཤེས་བྱ།
應知此者自性清淨喻

　　一般而言，運用比喻有許多種情況，就類似而言運用比喻，就有關聯而言運用比喻；有時用善好的比喻，有時用惡劣的比喻。在這裡，菩提心內心實相超越我們內心，不是我們內心能思維的對境，不是語言能描述的對境，既然如此，我如何去了悟它呢？只能透過比喻來了解它，比喻是什麼呢？比喻菩提心就好像天空一樣。但是用了這個比喻後，有人會認定菩提心就是天空，像天空的本質一樣，如果這樣想那又錯了。

　　一聽到比喻說菩提心像天空，立刻把菩提心當作天空，這樣去認定菩提心的話就像什麼情況呢？譬如小孩子不知道月亮在什麼地方，他找不到，大人就用手指頭指給他看，但是小孩子不會去看月亮，他只會看到大人的手指頭，這就叫做「見指不見月」。

　　同理，我們現在說內心的實相就像是天空一樣，目的是要用天空去表示內心的實相，但是一般人就只看到天空，錯誤地執取天空就是內心的實相，如果這樣，也是「見指不見月」，不能夠真正了悟內心實相。

　　內心實相並不是前面沒有，我新把它形成，這種使它新產生的原因（能生因）並不存在，內心並沒有能使它產生的因。那內心的本質是屬於已經產生的果嗎？不是！心內實相本質上不屬於因也不屬於果。既然不屬於因也不屬於果，那就不能說它是有，不能夠去詮釋，它是超越我們內心所思維的對境。

　　或許有人會有疑問：「比喻內心的實相，說它像天空一樣，這樣的話，內心的實相應該是有啊，因為既然能用天空作比喻，那就表示它應該存在，才有辦法用天空來作比喻。」這樣想的話又錯了，我們好好地分析一下，天空的本質不能夠成立，因為天空不是從什麼原因而產生，天空也不能把它當作是果，所要表示的內心實相，它是超越內心思維，也不是語言所能詮釋。因此，它的能表（能表示的比喻）天空也是超越內心的思維，也不是語言所能詮釋。

　　我們不能夠指出天空，內心的實相也是不能夠指出來，正如內心的實相，我們沒有辦法去思維，沒有辦法用言語去表示，天空也是這樣，所以用天空來比喻。

　　但是雖然用天空作比喻，嘴巴上可以講天空，可以有這個名詞，不過仔細分析，天空的本質既不屬於因也不屬於果，這只是一個名詞，一個名相而已，實際上天空的本質不能夠思維，也不能夠用言語去詮釋，內心的實相也是如此，它本來就超越了內心的思維，超越了言語的詮釋，所以用天空來比喻。而且，天空的本質

遠離烏雲的蓋障,完全清淨,內心的實相也是完全清淨,從這點而言,也一樣可以用天空作比喻。

第三項

如此比喻所要表達的意義是什麼呢?有五個句子:

|དོན་ནི་རང་རིག་ཁ་ཁ་མ་ནཐམ་བྱང་ཆུབ་སེམས། 　|བསམ་པའི་ཡུལ་མིན་མཚོན་བརྗོད་འདས་པ་སྟེ།
實則本覺等空菩提心　　　　非思維境越離表詮也

|རང་གསལ་མི་གཡོ་འོད་གསལ་ཡངས་པའི་ཀློང་།　|མ་བྱས་ལྷུན་གྲུབ་ཡངས་དོག་མཐོ་དམན་མེད།
自明未動光明寬廣中　　　　不作自成無寬窄高低

|ཆོས་སྐུ་བྱང་ཆུབ་སྙིང་པོའི་དཀྱིལ་ཡངས་སོ།
法身菩提心要中廣矣

內心實相的比喻,前面用有如天空做比喻,它的意義還是像天空一樣,這是什麼意思呢?意思是內心實相的意義不是我們內心所能夠思維,也不是我們能夠用言語去詮釋的。舉例而言,如果有一個人失蹤了,我們把這個人的照片傳給許多單位,告訴他們這個人的長相,看到了請與我們聯絡,這時這照片就能代表那個失蹤的人,照片是個能表示者,但是內心實相不能用這樣去表示。

內心的實相實際上是佛的五種本智,自己就是明晰的,這種自己明晰的五種本智,是無常嗎?是會改變的嗎?當然不是!這種不是無常也不會改變的內心實相,它的光明遍及一切萬法,非常廣大;遍及萬法非常廣大的這個內心實相的光明,它有靠什麼因緣和合而產生嗎?沒有!既然不是由因緣和合而產生,那就說明它原

來就已經存在了，是本然自成；既然內心實相本然自成，那內心實相裡的功德也都是本然自成；既然內心實相裡的功德全都是本然自成，那能不能說有的功德比較高、有的功德比較低、有的功德比較大、有的功德比較小？不能！內心實相裡的功德完全都圓滿。

就此而言，應當說內心實相是三身之中法身的本質，所以它裡面的功德甚深廣大，本然自成。

佛陀曾經針對根器比較低劣的弟子開示：究竟的果位也是無常。後來的大博士法稱隨順佛陀開示，說佛陀的相智也是無常。

但是到了晚期佛陀三轉法輪時，佛陀開示：「究竟的法身和相智，如果說它是無常，這是嚴重的罪業，等於毀謗佛陀的相智。」針對佛陀這個開示，後來慈氏彌勒的《寶性論》就註解說明佛陀的法身、相智，純粹必爲恆常。

那純粹必爲恆常的這個果位，最主要原因何在呢？意思就是指究竟的果位，不管在什麼時候不會再有任何改變，因爲如果改變了，那就不是究竟的果位，凡是改變必非究竟。這種究竟的果位既然不會改變，那表示它原來在眾生階段時就已經自然形成而存在了，如果不是自然形成而存在，意思就是我實修之後證得了佛果，這個佛果是新得到的，那這個說法就非常奇怪了。

爲什麼說非常奇怪呢？佛果必須是不變的，如果說我實修之後新得到，那表示不變的必須是新得，我現在新得到一個不變的果，也就是說我以後還要再重新得到一個，因爲還要再重新得到，所以前面的我把它丟掉了，後面再得到一個新的果，新得到的果它是不變，然後又必需新得到一個，所以我又把它丟掉，再得到一個新的果……，那這樣的果能不能算是究竟的果呢？不能！究竟的果只有

一個，不會有很多個，而且它是不能夠再改變的。

　　所以，從究竟的了義而言，佛陀的法身和實相純粹必爲恆常、不再改變。如果是純粹必爲恆常、不再改變，那就必須是一切眾生內心之中原來就已經存在的。這是佛陀在三轉法輪時的開示，慈氏彌勒的註解裡也講述得非常多。

第四項

　　講說確定如此的覺性菩提心之自性，清淨如虛空，它的範圍沒有大小和東西南北方向的差別，理由何在呢？有五個句子：

|ཏྲགས་ནི་རྩལ་ལས་ཅིར་ཡང་འཆར་བ་སྟེ། |ཤར་བའི་དུས་ན་ཤར་ས་ཤར་མཁན་མེད།
析則力道任何皆出現　　　　出現之時無現處現者

|ཤར་ཞེས་མིང་ཙམ་དཔྱད་ན་ནམ་མཁའ་འདྲ། |རིས་མེད་མཉམ་པ་ཆེན་པོར་ཁྱབ་ཆུབ་པས།
謂現唯名析則如虛空　　　　無偏於大平等攏畢故

|ཕྱམ་གདལ་གཟུང་འཛིན་མེད་པའི་ཀློང་ཞེད་དོ།
均同無執無取界性矣

　　原因要說明的是，內心的實相就像天空一樣，它原來就是清淨的，而且不會偏向大或小或東西南北任何一個方向；因爲內心實相的力道，我們才會出現各種各類的內心，當我們有各種各類的妄念、想法出現時，其實那就是內心實相的力道；當各種各類的妄念出現時，我們在那個當下仔細分析一下，這個妄念從何處出現呢？它出現的處所並不存在；所出現的妄念是什麼樣子呢？也找不到；那原因（能現者），妄念的能產生者的因和緣又是什麼呢？也找不

到。我們通常會這樣講：我想到這件事情那件事情、我有這個妄念那個妄念、我出現了這個想法那個想法……，實際上這些僅僅只是口中說說，只是一個名稱而已。

仔細分析，所謂「像天空」，是什麼意思呢？譬如一個人說：「我今天看到很乾淨的天空。」為什麼看到很乾淨的天空？因為沒有雲朵遮蓋，是萬里無雲的晴空，這時有人會問：「既然你看到了天空，那你看到的天空是屬於常法還是無常法？」他會說：「我看到的天空是無常法。」一般不是心就是物質（色法），不會是另外其它的法。仔細分析，如果說天空是無常法，本質屬於內心，內心只分成心王和心所兩項，心王有八個，心所有五十一個，心王八個裡沒有天空，心所五十一個裡也沒有天空，因此無常法的天空不是屬於內心。

無常法的天空不是屬於內心，那麼是屬於色法嗎？色法有顯色和形色，顯現出來的顏色分為五種主要顏色和八種次要的顏色，裡面都沒有天空這個項目；形色，是形狀的意思，形狀有十一種，其中也沒有所謂的天空。

因此，前面的回答：「我看到的天空是無常法。」就不對了，那麼能不能說：「我看到一個恆常法的天空。」？也不能！因為眼睛不能夠看到恆常法。一個很乾淨的天空，不能說它是無常法，也不能說它是恆常法，雖然我們還是會說看到一個很乾淨的天空，但那只是一個名相而已，仔細分析這個名相裡所討論的天空，能不能看到這樣的一個天空呢？不能夠！

內心的妄念也是如此，我內心有一個念頭，仔細分析這個念頭從何而來？找不到它來的處所；現在已經有一個念頭了，這個妄念

停留在什麼地方？找不到它停留的地方；最後這個念頭消失了，消失在什麼地方？也找不到它消失的地方。就像我們說看到一個乾淨的天空，天空是什麼呢？沒有辦法去認定天空在哪裡，沒有辦法去執取天空的本質是什麼，因為它只是一個名詞而已。

所以，內心實相的本身不屬於常或無常、好或壞、涅槃或輪迴的任何一邊，就它的本質而言，是三身平等性唯一的本質，這個三身的本質遍及一切，大家應當要了解內心的實相也不是屬於內心，內心實相和內心並不相同，因為所謂的心應當是有它所執取的對境存在，內心是有境，所以能執之有境和所取之對境，在這種情況下才稱為內心，而內心的實相，能執之有境也不存在，所取之對境也不存在，超越了有境和對境，內心實相的本質非常清淨，而且廣大無邊。

第五項

前面講述內心的實相用比喻說明，比喻是如此，意義是如此，原因是如此，接著第五項，把比喻、意義和原因歸納到法性無中間無旁邊。以七個句子說明：

|རང་བྱུང་ཡེ་ཤེས་ཆོས་ཉིད་ཕྱོགས་ཡན་ལ། | དཔེ་དོན་རྟགས་ཀྱི་ངེས་པའི་མཚོན་པའི་བསྟན། |

天然本智法性流諸方　　　喻義因之決定表喻示

|ཨབན་མཉམ་གཏེར་ཆེན་གསུམ་གྱི་བདག་ཉིད་དུ། | ཁམས་ཅད་ཀུན་འདུས་རང་བཞིན་དབྱེ་བསལ་མེད། |

等空三巨釘之體性處　　　一切總集自性無區分

|ཕྱམ་མཉམ་ཡངས་པ་ཆེན་པོའི་དབྱིངས་རུམ་ན། | ཁམས་ཅད་ཡེ་མཉམ་སྔ་ཕྱི་བར་གསུམ་མེད། |

同等大寬廣之界處內　　　一切本等無前後中三

།ཀུན་བཟང་རྡོ་རྗེ་སེམས་དཔའི་དགོངས་པའོ། །
普賢金剛薩埵尊意矣

　　內心的實相原來就是天然本智，一切法性是萬法的實相，天然本智和萬法的實相法性，廣大無邊，遍及一切。但是對輪迴的眾生，爲了使其能瞭解，暫時做這個說明，說明比喻是如何如何，意義是如何如何，原因是如何如何，這些都只是暫時的運用，爲了讓弟子能夠了解，暫時用這種方式而開示，是一種權便法，實際上，我們說天空非常大，大到什麼程度？沒有辦法說明！同理，內心實相是什麼樣子？也沒有辦法解釋！只能用比喻，說就像天空一樣，「等空三巨釘」，等同於天空，用前述三種方式而說明。

　　就一切萬法而言，在菩提心（內心的實相）之中已經包括了，內心的實相本身能不能再做一個分類，分成這樣分成那樣？不能！如果是以前所欠缺的功德現在新形成了，以前存在的過失現在消滅了，那當然內心實相就可以再做區分，但沒有這種情況啊，所以，沒有辦法給內心實相再做一個區分了。

　　譬如，輪迴可以分成各種分類，六道眾生當然有所差別，就六道輪迴的處所而言，有些處所好，有些處所壞，就六道輪迴的有情生命的身體而言，有些身體強壯，有些身體病弱。但是內心的實相能不能再做這種分類呢？不能！因爲它本來完全相同，本來完全平等。這是就輪迴的部分而言。

　　如果就清淨涅槃的部分而言，針對弟子示現的有法身、報身、化身，各自不同，但是就內心實相而言，一切都完全平等，不能再做任何區分了。會不會說當還在輪迴時，內心的實相比較糟，未來

佛果現前時，內心實相就非常高非常好？有沒有這種差別？沒有！因此，內心實相就好像普賢如來，好像金剛薩埵。

這裡談到內心的實相就好像普賢如來，好像金剛薩埵，意思要看最前面，最前面我們談到普賢如來時，用基、道、果三個段落去說明，基階段的普賢如來、道階段的普賢如來、果階段的普賢如來；金剛薩埵也是如此，基的金剛薩埵、道的金剛薩埵、果的金剛薩埵；文殊菩薩也是如此，基的文殊菩薩、道的文殊菩薩、果的文殊菩薩；所有佛都是如此，阿彌陀佛、度母、觀世音、古魯仁波切，全部都可以用基、道、果三階段去說明，因為在基的階段、道的階段和果的階段時，內心的實相毫無差別，完全都一樣。

第六項

前面用比喻、意義和原因三項說明了內心的實相，這裡再用一個比喻來說明，就像太陽一樣，這個比喻分爲略說和廣釋，第六項是略說，有四個句子：

ཁྱང་ཆུབ་སེམས་དེ་ཉེ་མའི་སྙིང་པོ་འདྲ།|	དང་གིས་འོད་གསལ་ཡེ་ནས་འདུས་མ་བྱས།
菩提心者猶如日精華	自然光明本然即無爲

སྒྲིབ་པའི་ཆོས་མེད་ཟང་ཐལ་ལྷུན་གྱིས་གྲུབ།| |སྤྲོས་པའི་ཚོགས་མེད་མི་རྟོག་ཆོས་ཉིད་དང་།
無蓋障法通澈自然成	無戲論聚無妄法性狀

菩提心內心實相，再用一個比喻說明，就像太陽一樣，當我們抬頭看太陽，有時候沒有雲朵，有時候太陽被雲朵遮住，好像太陽有時候存在有時候不存在，但就太陽自己而言，完全沒有差別，太

陽永遠存在，內心實相也是如此，就現在輪迴在迷惑段落的眾生而言，內心的實相不很明晰，等到迷惑去除，成就佛果時，眾生自己的感覺好像內心實相的本質才明晰出現了，但就內心實相來說，有沒有分成有迷惑和沒有迷惑的時候呢？沒有！內心的實相永恆光明，沒有迷惑與否的差別。

內心的實相就像太陽一樣，這是一個比喻，不過太陽是無常法，內心的實相是恆常法、無為法，二者並不相同，只有從「內心實相的本質是光明恆常存在」這個特色來看，二者類似，因此說它像太陽，並非指它在任何方面都像太陽。

有時太陽非常炎熱，我們會說：「如果雲朵把太陽遮住多麼好呀！」雖然說雲朵把太陽遮住，但從太陽本身來看，雲朵有沒有把太陽遮住呢？沒有！因為就太陽自己而言，根本沒有任何的能障物存在，不會有那麼大的雲朵可以把太陽遮住，而且太陽那麼遙遠，雲朵也不可能把它遮住，只不過我們從下往上看，雲朵把我們所在的地方蓋住了，因此我們看不到太陽，可是當我們搭飛機時，會發現飛到雲朵上面，還看得到太陽，所以，根本就沒有雲朵能把太陽遮蓋住。同理，內心實相的本身沒有能遮蓋的煩惱，完全不存在。

此外，太陽不通澈，也不是本然自成，但是內心的實相通澈，而且本然自成，所以二者只是某些方面類似。

根據科學家研究，太陽本身炎熱無比，任何物質都不能靠近它，因為不能靠近，所以，太陽周遭沒有任何其它物質，內心的實相也一樣，本身沒有任何妄念存在，煩惱完全不能夠成立，一切萬法的實相就是如此，所以，用太陽做比喻。

第七項

以太陽比喻內心的實相，前面是簡略的說明，第七項是詳細的說明。

 སྟོང་པའི་ཆོས་སྐུ་གསལ་བས་ལོངས་སྤྱོད་རྫོགས། ཟེར་ཕྱུན་སྤྲུལ་པ་སྐུ་གསུམ་འདུ་འབྲལ་མེད།
空則法身明則受用圓　　　毫光變化三身不即離

ཡེ་ནས་ཡོན་ཏན་ལྷུན་གྱིས་གྲུབ་ཟིན་པས། སྒྲིབ་དང་ཉེས་ཆའི་མུན་པས་བསྒྲིབས་པ་མེད།
本然功德已自形成故　　　過失罪惡黑暗遮蓋無

ཡ་ཕྱི་དུས་གསུམ་འཕོ་འགྱུར་མེད་པར་གཅིག སངས་རྒྱས་སེམས་ཅན་ཀུན་ལ་ཁྱབ་པར་གཅིག
前後三時遷變無唯一　　　遍及佛陀有情眾唯一

འདི་ནི་རང་བྱུང་བྱང་ཆུབ་སེམས་ཞེས་བྱ།
此者名爲天然菩提心

內心實相自己的本質，我們前面用三身而說明，實際上三身也只是一個名相而已，就內心的實相而言，它的本質也不能夠成爲各自分開的三身。就內心的實相自己的本質而言，空性，這個特色我們把它取名爲「法身」；它還有一個光明的部份，取名爲「報身」。

佛陀初轉法輪時開示了四聖諦，談到五蘊、十二處、十八界，這一切全都是「有」。中轉法輪又說，前面開示過的那些「有」的法，根本就沒有，所以《心經》談到「色即是空，空即是色，色不異空，空不異色」，就是指色法和空性根本上完全毫無差別。到中轉法輪結尾又說了簡單的詞句「所謂心者不存在，內心本質爲光明」，如果按照中轉法輪的情況來看，應當提到內心本質爲空性，但是佛陀沒有這樣講，這裡所謂的光明，指的就是報身的部分。

　　其次，針對所調伏眾的示現，這個大悲之心沒有遮蓋，示現出各種各類的化現，這個部分把它取名為「化身」。

　　法、報、化這三身的本質是各各分開的嗎？不是！三身的本質只有一個，三身本質的功德原來自然就已形成。

　　所以，內心實相的功德就像太陽形成時，陽光也形成了，並非太陽先形成，陽光在後面才製造出來，如果是製造汽車才可能會先造出車身，再造出輪子，再上色，而太陽和陽光則是同時形成、同時存在，所以說「沒有陽光的太陽」根本就不可能啊！

　　其次，內心的實相不會存在過失黑暗的這些遮蓋，就陽光本身而言，沒有任何黑暗的部分，同理，內心實相沒有任何煩惱的黑暗。

　　太陽不會分成以前的太陽、現在的太陽、未來的太陽三個不同的階段，內心實相也不會分成現在是輪迴階段的內心實相、未來是菩薩階段的內心實相、最後是佛陀時候的內心實相，並沒有初、中、後三階段的差別！

　　現代科學家去研究佛陀的教法，教法談到未來這個世界所有的眾生會投生到別的地方去，因為這個世界最後會毀壞，太陽會變成非常炎熱，整個世界燃燒起來，這是內道佛教徒的說法。

　　科學家的研究也發現，太陽越來越炎熱，氣候越來越熱，最後雪都融化了，海洋乾涸了，科學家也承認是這樣，但是科學家說明了太陽表面有一些粗糙的物質的力量，這些粗糙物質的遮蓋物逐漸消失，因此太陽的力量就變得很大，實際上並不是太陽本身變了，太陽並沒有前、中、後三個階段的變化。

　　「遍及佛陀有情眾唯一」，不管有眼睛還是沒眼睛，太陽都存在，陽光遍及一切眾生，只不過有眼睛的人能看到、沒眼睛的人不

能看到，這個部分有差別而已。內心的實相也一樣，遍及存在於佛陀及一切眾生，只不過就主體自己而言，佛內心的實相現前，眾生內心的實相還沒有現前，只是這樣一個差別而已，這就是天然的內心實相。

第八項

　　前面談到比喻，內心實相有如天空，另一個比喻又說像太陽一樣，實際上就內心實相而言，根本就沒有能夠表示的比喻。但是為了所調伏眾，希望他們能夠得到一個類似的了悟，就說內心實相像天空，內心實相像太陽。

　　第八項要講說由內心實相中出現顯有；顯有一切的萬法，都可以由內心實相而出現，說明這個道理，有三個句子：

ཁྱེ་ཡི་རྩལ་ནི་ཅིར་ཡང་འཆར་བ་སྟེ། ｜ ཆོག་དང་མི་ཆོག་སྣང་སྲིད་སྤྲོད་བཅུད་དང་།

彼之力道任皆出現也　　妄與未妄顯有與情器

 སྐྱེ་འགྲོའི་སྣང་བ་སྣ་ཚོགས་ཇི་སྙེད་དོ།

盡有眾生種種所顯矣

　　「力道」是指內心實相的能力，可以呈現出任何情況，譬如六道的處所。不僅如此，《入中論》還談到六道眾生去看同樣的對境一杯水，會看到各不相同的情況，有些所見顛倒錯亂，有些是看到正確的部份，所以，就我們都看到的各種各類的所顯景象，有一些是正確的，有一些是假的，無論是外在的器物世界，或內在的有情生命，都是這樣的情況。

　　譬如佛陀住世時代，佛陀居住在印度菩提伽耶，舍利子看到佛陀的住處污穢髒亂，但是當時有位名叫長髮梵志的出家人，和同伴來向佛陀請求教法，看到釋迦牟尼佛所居住的地方是淨土，和西方極樂世界一模一樣。

　　舍利子沒有看到清淨的面貌，是因為內心的煩惱還沒有斷除，因此所看到的對境都是污垢髒亂，而長髮梵志看到的比較正確，因為他的煩惱去除掉了。所以，依於內心的能力，清淨不清淨各種各類的景象都會出現。

　　譬如鏡子有能夠照出影像的能力存在，所以就鏡子自己而言，美麗或不美麗的影像，水、火等各種各類的影像，都可以在鏡裡出現，當這些影像在鏡子裡出現後，是不是和鏡子完全合在一起呢？不是！因為影像會消失，鏡子也不會把影像粘住而永遠呈現這個景象。

　　同樣地，依於天空的這個部份，白色或黑色的雲朵，很多或很少的雲朵，全都可以出現，當雲朵出現了，雲朵有和天空合在一起嗎？沒有！雲朵自然的出現自然的消失，來來去去，離開了天空，白雲也好，烏雲也好，離開就消失了，天空和雲朵沒有任何關係。因此，外在的器物世界、內在的有情生命，任何景象都能夠顯現出來，情形和這是完全一樣的。

第九項

　　講說「出現」本身無自性。

　　外在器物世界顯現出來的各種各類，和內在有情生命顯現出來的各種各類，都僅僅只是出現而已，就其所出現的這個部份，用理智做一個分析，發現它實際上也不能夠成立，本身沒有自性存在。

|འདི་ཀུན་ཤར་ཡང་རང་བཞིན་འགགས་མེད་དེ།　　 སྨིག་རྒྱུའི་ཆུ་དང་རྨི་ལམ་སྒྲ་བརྙན་བཞིན།

此諸雖現自性無遮也　　陽焰河與夢境谷響般

|སྤྲུལ་པ་གཟུགས་བརྙན་དྲི་ཟའི་གྲོང་ཁྱེར་དང་།　　མིག་ཡོར་ཇི་བཞིན་མེད་པ་གསལ་སྣང་དུ།

變化影像食香之大城　　散光一般雖無而明顯

|གཞི་མེད་རྟེན་མེད་གློ་བུར་སྣང་བ་ཆས།　　བར་སྐབས་རེ་འགའི་ཆོས་སུ་ཆོགས་པར་བྱ།

無基無依唯僅偶而顯　　中時了知而爲些微法

「此諸雖現自性無遮也」，這一切所顯現的景象，以人爲例，大多數的人能夠看到人類和動物的所顯，少數人可以看到鬼的所顯，一個人所看到的任何所顯，雖然是顯現出來了，但是沒有自性存在，實際上不能成立。

如果用世人都了解的比喻來說，佛陀在佛經裡曾開示，自性不成立之比喻有八個，但這裡只講了七個。

第一個是陽焰河，陽焰河流，這有兩個解釋，夏天非常炎熱時，遠方看過去好像有片嫩綠草地，旁邊好像有河流在流動，許多動物看到後就產生迷惑錯亂，錯認爲是水，對動物而言，它顯現出來是一條河流的樣子，但實際上沒有水。

另外在沙漠上也會有這種情況，天氣非常炎熱時，在沙漠上從遠方看過去，會看到好像是河流流動紋路的景象，以爲是水，但實際上也沒有水。

第二個是夢境，大家都做過夢，每個人都知道夢境是假的，不可能當眞。

第三個是谷響，空谷回音，當你在一間空洞的屋裡或是山谷喊叫，馬上會傳回來同樣的喊叫聲，這沒有自性，當然大家也知道回

音不是真的，是假的。

第四個是變化，也就是幻象、幻影，這沒有自性存在，是變化出來的，譬如有一些神通士，用咒語能力變化出一些形相，實際上並不存在。

第五個是影像，指鏡子裡的影像。

第六個是食香神的大城，食香神是一種神，他會變化出一個很大的城市，很多房子，美麗的男男女女來來往往，看起來像真的一樣。

第七個是散光，散光是指眼睛看到的模糊影像，譬如，車子或飛機開得非常快時，兩旁景像飛快晃動，樹木、房子都像一團光飛逝，看不清楚，好像散光。

佛經裡談到的第八個比喻，是因疾病影響眼睛所看到的情景，譬如有膽病的人看自己的身體看成黃色，看白色的海螺也看成黃色的海螺；或是眼睛有毛病時，看到空中好像有一些髮絲在飄浮，這個比喻是說由疾病所形成的景象。

像這些大大小小任何種類所顯現出來的景象，如果我們用理智深入分析，發現它們僅僅只是顯現出來，沒有存在的基礎，也沒有所依靠之處，它們不是堅固穩定存在的，僅僅只是偶然出現而已，偶然出現的意思就是指它實際上不能夠成立，既然實際上不能夠成立，對它們就不要有太多的貪戀和執著。

現在我們的情況也是一樣，由於煩惱迷惑之故，我們所看到的各種各類惑顯的景象，實際上都不能夠成立，對此也不要有強烈的執著，「中時了知而為些微法」，中間某一個段落，這些些微的法顯現出來，但是沒有自性，是法身的性質，這點應當要了知。

沒睡覺前不會有夢境，當然也許會回想起昨天或前天所做的

夢，但是這時還沒有睡著，沒有夢境，醒過來之後也沒有夢境，就是中間睡著了，中間的一個段落，偶然出現的一些幻象。同理，基如來藏最初的本質裡，迷惑錯亂、不淨所顯根本不存在，之後慢慢地形成了對境和有境的執著，形成了各種各類不淨的所顯，越來越多，最後在成就佛果時，這些迷惑錯亂、不淨所顯又消失了，所以這中間只是暫時的惑顯，偶爾出現一些迷惑錯亂所顯的景象，僅僅只是如此而已。

第十項

講說顯現不離開法性。

前面談到無而明晰顯現，沒有自性存在，這是指雖然顯現，但是不會離開法性，仍然在內心實相，不是超出內心實相範圍之外。

ཁྱུན་གྲུབ་བྱང་ཆུབ་སེམས་ཀྱི་རང་བཞིན་ལས།	རོལ་པ་མ་འགགས་འཁོར་འདས་ཆོས་འཕྲུལ་འབྱུང་།
從由自成菩提心自性	遊戲不滅輪涅神變出
ཆོས་འཕྲུལ་དེ་ཀུན་དབྱིངས་སུ་འུབ་ཆུབ་པས།	གདོད་མའི་ངང་ལས་གཡོས་པ་མེད་ཤེས་བྱ།
彼諸神變攏集於界故	應知於本然況而無動

「遊戲不滅輪涅神變出」，指輪迴的各種各類的景象都會出現，不會遮滅；涅槃的各種各類的所顯景象也不會遮滅，仍然會出現。就這些所出現的部份而言，好像神變一樣，神變就是本來沒有，我把它變出來；輪迴和涅槃的景象也是這樣，雖然沒有，但它還是可以顯現出來。這些所顯現的部份仍然凝聚，仍然包括在內心實相之中，所以「應知於本然況而無動」，本然是指內心實相，應

當知道這一切所顯都在本然的狀況之中，沒有改變，沒有動搖，一切所顯都不會超出內心實相的範圍。

可能有人就這樣想：「既然所顯現的景象不會超出內心實相的範圍，在外面沒有，那意思是說所顯輪迴涅槃的景象就是內心的實相囉！」如果這樣想，那又不對了，譬如天空出現白雲和烏雲等各種顏色的雲朵，這些雲朵會不會超出天空的範圍呢？不會！如果說雲朵不會超出天空的範圍，那能說雲朵就等於是天空嗎？我們也不會這樣說！

夢境也是如此，鏡子裡面的影像也是如此，各種各類的景象都可以出現，例如有的鏡子非常大，一個人站在鏡子前面可以看到自己，一百個人站在鏡子前面也都可以看到自己，不管是一百個人的影像還是一個人的影像，都不會超出鏡子之外，所出現的影像，不管有多少，全部都在鏡子裡，不會超出鏡子的範圍，那能說影像就等於是鏡子嗎？不能！

所以，所顯現的輪迴涅槃各種各類的景象，不是離開內心實相變成外面的，不是一個其它者，但若說它們就等於是內心的實相，也不對。

第十一項

一切所顯都包括在內心實相之中，一切所顯在內心實相之中原來就已經具足，已經圓滿齊備了，所以取名叫「大圓滿」。

།འདིར་ནི་ཐམས་ཅད་བྱང་ཆུབ་སེམས་ཀྱི་དང་། །གཅིག་རྫོགས་ཀུན་རྫོགས་མ་བྱས་དོན་ཀུན་རྫོགས།

於此一切菩提心狀況　一圓眾圓不作諸義圓

ཁྱད་གཞན་ཕུན་ཚོགས་རང་བྱུང་ཡེ་ཤེས་སོ།
自性自圓天然本智矣

就內心實相而言，所顯現的景象當然各種各類，這一切全部在內心實相的本質，一個項目就包括了。就功德而言，也是各種各類，在內心實相裡已經包括了，譬如，究竟的果位功德都談到唯一法身，唯一法身在內心實相之中也有了，或者說果位的法，講五身、五智也是，五身的每一個身裡又包括五個五個項目，共二十五種，這些也都是在內心實相之中就已經包括了。

就內心實相之中包括了這一切的情況而言，我們用個世俗的比喻來說明，一般人會說：「哦！今天我們家人全部都到齊了。」或說：「哦！我的錢財全部都在這裡了。」這是齊備具足的意思，如果這樣講，意思是指家裡每一個份子從各縣市一起聚集到這個地方，大家都到齊了。這種齊備的情況是無常法的齊備具足，內心的實相並不是如此，內心實相功德齊備的意思是指原來就已經存在了，不必靠因緣和合而凝聚在一起才形成，原來存在時就絲毫沒有欠缺，原來存在時就已經全部都在這裡了，所以叫做齊備。這種情況把它稱爲自成也好，天然也好，或者是自性自成、自性圓滿、天然本智、內心實相、大圓滿，有許多不同的名字，這是諸佛菩薩在對所調伏眾開示時，爲了使不同根器的弟子容易理解，因此有時用這個名詞，有時用那個名詞，用很多不同的名詞，實際上意義都相同。

第十二項

　　本質雖然不能夠成立，但是任何形相都可以出現，所出現的形相無生而且無遮，這是指所顯現的景象，各種各類都可以出現，譬如眼識見到色法，色法實際上不能夠成立，眼識還是看得到；耳朵執取聲音，聲音實際上也不能夠成立。但如果說實際上不能夠成立，那眼如何見色法，耳如何聽聲音呢？這種情況就像夢境，夢境裡的景象實際上不存在，不是真的，不能夠成立，可是在夢境裡，眼睛還是看得到，耳朵還是聽得到，和這道理完全相同，所顯的各種各類的景象出現，僅僅只是一個迷惑錯亂而已，在迷惑錯亂的情況下，實際上不能夠成立，但是眼睛可以看得到，耳朵可以聽得到。現在所看到所聽到的這一切迷惑錯亂所顯，在未來證悟法性實相時，就會發現：「哦！原來這一切像夢境一樣，只是迷惑所顯而已，實際上不能夠成立。」雖然實際上它不能夠成立，它是一個迷惑所顯，不過仍然在無遮的情況下可以出現，就好像夢境一樣，實際上不能夠成立，但在夢境裡還是看得到、聽得到，所以無遮而顯現出來。以四個句子說明：

བྱང་ཆུབ་སེམས་ནི་སྣང་དང་མི་སྣང་ལས།	འཁོར་འདས་ཕྱི་ནང་ཆོས་སུ་མེད་ན་ཡང་།
菩提心者由其顯未顯	雖無輪迴涅槃外內法
དེ་ཡི་རྩལ་ལས་གཡོས་པའི་རང་བཞིན་གྱིས།	སྣང་སྲིད་འཁོར་འདས་སྣ་ཚོགས་རོལ་པར་ཤར།
由彼力道搖動之自性	顯有輪涅種種現遊戲

　　菩提心的本質沒有顯和不顯，但由於它力道搖動的性質之下，顯有輪涅外內的法，各種各類就像遊戲一樣仍然會出現，這是指菩

提心內心的實相，能不能說內心的實相只顯現這些所顯，不會顯現那些所顯？不能！內心的實相沒有這種本質，沒有只顯現這種狀況不顯現那種狀況，沒有固定的顯或不顯的這種本質，因此，輪迴和涅槃的法全部都能顯現出來，這些輪迴和涅槃的法，即使它不能夠成立，還是顯現出來了；外內諸法即使實際上不能夠成立，還是顯現出來了。

　　如果自性不成立，那如何顯現出來呢？就像我們前面談到的夢境，睡覺時，睡夢有一個它的力量存在，在這個力量存在的情況下，夢境當然就會出現了，所以這些迷惑所顯出現時，有一個它的能力存在，只要這個能力還沒有窮盡，這些迷惑的景象都會出現；清淨的所顯出現時，也有一個能力存在，只要這個能力還存在，還沒有消失，那清淨所顯的景象仍然都會出現。輪迴和涅槃所顯的各種各類景象，任何所顯都是這個樣子。

　　譬如水晶透明清澈，沒有顏色，當然不能說水晶是這種顏色、那種顏色，就像內心實相不能說這個所顯那個所顯一樣，但是在水晶下面放藍色的布，水晶就是藍色，放紅色的布，水晶就是紅色，放黃色的布，水晶就是黃色……，所顯現的景象和這種情況完全一樣，實際上不能夠成立，就像水晶不能說它是哪一種顏色，任何顏色都不能成立，但是在它下面放什麼顏色它就顯現出什麼顏色。

第十三項

　　講說在內心實相中出現了各種各類的所顯，但它也不是真的，這一切全都是假象，根本就不存在。就它所顯現出來的這個部份，如果用理智好好地分析，發現它的出現，本身其實不能夠成立，自

性不能夠存在。有九個句子：

|ཁར་ཚལ་ཞིད་ནས་རང་བཞིན་སྟོང་པའི་གཟུགས།|
由僅唯現自性空之色

|སྐྱེ་བ་མེད་ལས་སྐྱེ་བར་སྣང་བ་སྟེ།|
由無生而顯爲有生也

|སྣང་དུས་ཞིད་ནས་སྐྱེ་པ་འགའ་ཡང་མེད།|
由其顯時任皆無已生

|འགགས་པ་མེད་པ་འགགས་པར་སྣང་ན་ཡང་།|
雖然無滅然而顯爲滅

|འགག་པ་མེད་དེ་སྒྱུ་མ་སྟོང་པའི་གཟུགས།|
爲無滅矣如幻空之色

|གནས་པ་ཞིད་ནས་གནས་པའི་ཆོས་མེད་དེ།|
由其安住無安住法也

|གནས་མཁན་གཞི་མེད་འགྲོ་འོང་མེད་པའི་དང་།|
住者無基無來無去況

|ཇི་ལྟར་སྣང་བ་དེ་ལྟར་མ་གྲུབ་པས།|
如何所顯如彼不成故

|རང་བཞིན་མེད་ཅེས་བཏགས་པ་ཙམ་དུ་ཟད།|
謂無自性唯僅爲施設

　　所顯現的這一切，它的自性不能夠成立，因此是空性，也就是《心經》談到的「色即是空」的意思，所顯現出來的各種形色，仍然是空性，自性不能夠成立。

　　其次，一切的所顯也不生，但顯現成爲有生的樣子；一切所顯也不滅，但顯現成爲有滅的樣子，關於不生不滅的這個部份，在《入中論》還有《根本慧論》這些書裡都詳細做了分析，例如外道主張生，萬法如何產生呢？事事物物如何產生呢？由自己而產生，在四生之中外道主張由自己而產生，這是數論派的主張；外道的裸形派則主張自生、他生、二生都存在；如果是內道的聲聞，大乘裡的唯識，還有自續派，也主張生，但是主張他生，他生是綠苗和種子爲其他者而產生，由一個其他者的種子產生一個其他者的綠苗，

所以主張他生；另外，外道有一個順世派，是主張無因生，沒有任何原因而產生。

在顯教乘門中，見地最爲頂端的是應成派，應成派主張不做理智分析的情況下，生可以存在，但是若要問是自生、他生、二生還是無因生？這是指理智分析，在理智分析的情況下，四生都不能夠成立，因爲生本身就不能夠成立，前面主張可以有生，可以成立，是因爲不做理智分析、不去思惟的情況下，可以這樣承認。

數論派的主張及菩提心如來藏的這些主張，在不分析的情況下，我們會發現其實有些類似。一般這種情況也有，外道的宗義和密咒乘的教法，其實也有一些類似，就是諸佛對菩薩進行開示時，有時爲了去攝受鈍根的外道，因此向他們解釋不同的宗義，雖然在密咒裡也有這些宗義，看起來和外道也類似，不過外道的論點沒有那麼容易，外道有一些論點其實非常深奧，深奧的原因是因爲外道進入甚深的安止之中，由安止之中產生了神通，然後寫下了許多書籍，這類書籍理論都深奧難懂。因此，在古代我們可以看到外道和內道徒經常辯經，有時內道徒辯輸了，外道徒勝利了，這些記載有很多。

這些萬法實際上是在原因上面果就已經存在了，因爲如果原因的階段沒有果，那它不可能產生果，譬如沙子本身不含油，我們把沙子放到機器裡怎麼擠都不會產生油，因爲它在原因的階段沒有果；芝麻本身就含油，油是果，芝麻是因，油在原因的階段就已經存在了，所以把芝麻放到機器裡擠，一定會擠出芝麻油。內心的功德也是早就已經存在了，假設內心的功德不存在原來因的階段，那後面所證得的佛果也不會是正果。

大圓滿的教法這樣開示時，西藏古代有些博士就說大圓滿的教

法有一些過失，他們主張，如果按照寧瑪派的傳統來講，一個罪大惡極者，最後他投生地獄，那可以得到一個結論說佛也投生在地獄，為什麼？因為罪大惡極者也是佛嘛，所以導致這麼一個毛病，針對這個說法，寧瑪派的博士回答：「就你的主張而言，一切萬法都是空性的話，那這個罪大惡極者死亡時，表示空性也投生在地獄裡去囉。」

　　這個雙方面互相的辯論，就寧瑪派的主張而言，其實沒有過失，一個罪大惡極者死亡時投生在地獄，佛當然不會投生在地獄，因為投生在地獄一定有它的原因，不會說沒有地獄的因反而投生在地獄，罪大惡極者是因為他累積惡業，造作了投生地獄的因，所以死亡後會投生在地獄，佛不會投生地獄是因為佛沒有造作投生在地獄的因，如果佛沒有造作投生地獄的因，卻又會投生在地獄，那我們就不需要行善去惡了，表示按照善惡取捨去做也沒有意義啊！

　　罪大惡極者死亡後投生在地獄，他所看到的地獄景象，實際上只是他的迷惑錯亂所顯，這迷惑錯亂所顯現的這個部份當然不是佛，實相才是佛，這個情況就和做夢不做夢的差別一樣，在夢境裡各種景象都可以顯現，但當這個人醒過來時（醒過來的人還是做夢的那個人），我們就不必很堅持告訴他：「你做了一個惡夢，這個惡夢的景象多麼恐怖，你現在應該還要感到非常害怕。」需不需要呢？不需要！前面是做夢的時候，現在已經醒過來了。

　　如果說萬法是空性，罪大惡極者也是空性，那罪大惡極者死了投生在地獄，就是空性在地獄嗎？不對！罪大惡極者是有法，空性是法性，有法當然可以投生在地獄，他是擁有者，主體，惡業造罪當然會投生在地獄，但是即使有法投生在地獄，也不代表法性投生

在地獄，有法和法性各自分開，應該從這點來了解。

　　因此，萬法顯現出來，雖然顯現看起來像生的樣子，但是生不能夠成立；顯現成為滅，但是滅不能夠成立，就好像魔術師變化出的各種假象，實際上沒有，但變出來各種形形色色，眼睛可以看得到，耳朵也可以聽得到，和這個完全一樣，沒有生的法，也沒有滅的法，也沒有安住的法，但是萬法顯現出來時，顯現成它生出來了，顯現成它滅掉了，顯現成它安住了，也顯現成它來了、去了。

　　其實沒有來也沒有去，在《入中論》和《根本慧論》裡對來和去做了很多分析。就來而言，怎麼解釋呢？《入中論》裡分析走過來的意思就是用腳走過來，如果你說用腳走過來，那就是用腳走一步、二步、三步，走了好幾步過來，那什麼叫做一步呢？是指腳提起來算一步還是腳放下去算一步？如果是腳放下去算一步，放下去的那個腳是腳趾頭的部份還是腳後跟的部份呢？哪個部位著地時算一步呢？這樣去分析，會發現「走」這件事根本不存在，實際上不能夠成立，這是中觀所做的抉擇，中觀用了很多細膩的邏輯推理，詳細分析，實際上這些萬法，來、去、生、住、滅等，自性都不能夠成立，但在自性不能夠成立的情況之下，它們也會顯現成為各種各樣。

　　雖然自性不成立，但一切都可以顯現出來，因此我們會說：「這是色法，這是聲音，這是香，這是味，這是……。」我們都會這樣講，但這僅僅只是給它取一個名稱，給它施設出一個名字而已。就像我們剛從媽媽肚子生出來時，沒有名字，後來才取一個名字，實際上名字當然不會是我，但我們會執著名字就是我，有了這種執著，如果聽到有人喊名字，我們就東張西望，當叫到我名字

時，內心就非常重視，因為名字就是我，由於有這種執著，之後產生很多的迷惑錯亂，產生了我們現在所看到的輪迴之中的各種所顯，萬事萬物都是如此形成、出現。

　　所以，一切萬法沒有生住滅、沒有來去，但顯現成為生住滅、來去，我們給它施設取名，之後就執著它生、它滅、它安住、它有來、它有去，變成這種情況。

第十四項

　　本項總結第三品的要義：任何所顯現的一切都無自性。

　　就我們內心而言，會出現快樂不快樂等，這些靠著外境而形成的快樂不快樂等一切所顯，雖然靠著外境形成，但本身沒有自性，自己不能夠成立。這個內容有七個句子：

|ཐུང་བ་དེ་ཡང་རྩལ་ལས་རང་ཤར་བས།| |རྟེན་འབྲེལ་ཞིང་ཆེས་རང་བཞིན་བདུ་ཙམ་བརྫོད།|

　　彼所顯亦力道自現故　　　謂為緣起唯示詮自性

|རྩལ་ལས་ཤར་བར་ཐུང་བའི་རང་དུས་ནས།| |ཤར་དང་མ་ཤར་ཕྱོགས་དང་རིས་མེད་པས།|

　　由力道現於所顯已時　　　現與不現方偏皆無故

|རྩལ་ཡང་བདྡ་ཙམ་ཏོ་བོ་འཆན་མེད་པ།| |ཁམས་ཅད་རྟག་ཏུ་འཕོ་འགྱུར་མེད་པའི་ངང་།|

　　力道唯示無些許本質　　　一切恆常無邊無變況

|བྱ་རྩུབ་སེམས་ལས་གཡོས་པ་རྫུལ་ཙམ་མེད།|

　　毫無塵許動離菩提心

　　一切所顯一定要依靠力道才能夠出現，雖然實際上它自性不能夠成立，可是依於這個力道，它就會顯現出來。什麼力道呢？緣起

之故。

緣起的意思是指互相依靠而形成，譬如依於長才有短，依於大才有小，依於好才有壞，一定是彼此互相依靠而形成。若不依靠其它者，某個東西能不能說它大呢？不能！因為和比它大的東西比起來，它還算小呢，只有和比它小的東西比起來，才能說它大；又如某個物品，能不能說它長呢？不能！和比它長的物品比起來，它是短，只有和比它短的物品比起來，它才是長。所以緣起就是由很多互相依靠所形成。

又譬如我們的身體，意識所安住之處，靠很多條件因素聚集而形成的這個整體，我們稱為身體，就一個身體而言，它的本質存在不存在呢？不存在！因為它要靠很多支分、很多要素聚集之後才會形成，因此意識才安住在其中，雖然這些我們給它一個名稱來稱呼它，實際上並不能夠成立。

因此，由緣起而顯現出來的一切萬法，說它有或無，在東邊出現或在西邊出現，根本都沒有這些差別，因為它是由緣起凝聚，依於這個力道而出現，而不管是講緣起或講力道，也只是個名稱而已，它們的本質都不能夠成立。

所以，內心實相是不是無常，是不是會改變呢？不是！在不是無常、沒有任何改變的情況下，一切所顯現的景象仍然顯現出來，這些所顯現的景象是不是超出了內心實相的範圍？不是！一切都在內心實相上面，都包括於內心實相。但是包括於內心實相的意思並不等於是內心實相，譬如，白雲烏雲都在天空這個範圍裡出現，不會超出範圍之外，那意思是白雲等於天空嗎？烏雲等於天空嗎？都不是！因為雲朵本身的自性也不能夠成立。

4
述菩提心自性品

第三品用比喻的方式說明內心的實相基如來藏菩提心，但它的
自性是什麼？爲了要了悟它的自性，第四品就做了開示，共十項。

第一項

說明菩提心內心實相基如來藏的自性，七個句子：

|ཀུན་འདུས་བྱང་ཆུབ་སེམས་ཀྱི་རང་བཞིན་ནི།　　 སྣང་བ་མ་ཡིན་སྣང་བའི་ཆོས་ལས་འདས།
　　總集菩提心之自性者　　　　　　非所顯且越離所顯法

|སྟོང་པ་མ་ཡིན་སྟོང་པའི་ཆོས་ལས་འདས།　　ཡོད་པ་མ་ཡིན་དངོས་པོ་མཚན་མ་མེད།
　　非爲空且越離空之法　　　　　　非爲有且無實有表相

|མེད་པ་མ་ཡིན་འཁོར་འདས་ཀུན་ལ་ཁྱབ།　　ཡོད་མེད་མ་ཡིན་མཉམ་མཉམ་གདོད་མའི་དབྱིངས།
　　非爲無且盡週遍輪涅　　　　　　非有無且自等本然界

|ཕྱོགས་དང་རིས་མེད་གཞི་རྩ་དངོས་པོ་མེད།
　　　　無方無偏無根基實有

「總集」就是都包括一切萬法的意思。如果用顯教乘門的方式
來講「總集」這個詞，就是「從色法到佛的一切相智之間」，也等
於是包括了一切萬法的意思。如果用密咒乘門的方式就會說「輪迴
以及涅槃的一切法」，同樣也是一切萬法都包括的意思，因爲不可
能有一個法超出輪迴及涅槃的範圍之外。

一切萬法的總集就是菩提心的自性，意思是指一切萬法就包括
在內心的實相菩提心裡，如果這樣，所顯現的一切色、聲、香、
味、觸都包括在裡面，那菩提心是不是色法的本質呢？不是！如果
菩提心是色法的本質，那應當要講它是眼識所看到的對境，耳識所

聽到的對境，鼻識、舌識、身識所了解的對境，但是，菩提心內心實相超越了六識所能夠了解的對境，透過六識也不能去了知它，這是基如來藏，因此可以了解，基如來藏不是所顯之法。

如果它不是所顯現的法，那是不是空性法性的這個法呢？也不是！就世俗形象而言的這些法，應當怎麼解釋它是空性呢？舉例而言好像一個器皿，如果器皿裡沒有放東西，我們就說它是空的，如果它裡面有放東西，我們就說它不是空的，我們會運用名言這樣解釋。

從這個比喻可以了解，在顯教乘門裡，談到勝義諦的量時，一定要透過一個有法來了悟，譬如，我們說身體為空時，是以身體當有法，所以《心經》提到「無色聲香味觸法，無眼耳鼻舌身意」，都是靠著這個有法、那個有法而去解釋空性，透過這個有法、那個有法做為所顯，之後去了解空性，以這個方式討論空性；就其所顯而言，不能夠成立，即是其之空性，是以這個方式來抉擇空性的。

那基如來藏能不能如此討論呢？不能！因為在基如來藏上，有法不能夠成立，所顯也不能夠成立，就此而言，不能說：「所顯有法，它的本質為空性。」就基如來藏而言，超越了空的本質，它的本質既不是所顯的有法，也不是所顯的法性、空性的部分。既然如此，那它是有還是沒有呢？如果說它有，凡是談到有，那一定是現量可以了解的對象，或比量可以了解的對象，否則不能稱它是有，如果現量、比量不能了解，那必須是教言量，是依佛陀的教言而可以了解的對象，佛陀教言裡曾經說過有，我們根據佛陀的教言，就可以說那它也是有。

以這種方式來看，能不能說如來藏是有呢？如來藏不是現量所

緣取的對境，也不是比量所緣取的對境，那是不是佛陀的教言曾經授記預言過說有呢？佛陀確實曾經開示「一切眾生都有如來藏」，可是開示之後，如來藏的本質是什麼？這部分就沒解釋了，所以只能說如來藏超越了內心的思維，如來藏本身不是屬於實有法的本質。

如果如來藏本身不是屬於實有法的本質，那是不是說根本就沒有如來藏，完全不存在呢？不能夠這樣講！因為輪迴和涅槃的這一切都是如來藏所遍及，輪迴的眾生也有如來藏，涅槃的佛也有如來藏，因此，如來藏超越了有邊和無邊，超越了二無這一邊，也超越了二有這一邊，既不是有，也不是無，超越了任何一邊。

超越了任何一邊的基如來藏，它本來就已經形成了，在它形成的同時它的功德也已經存在了，因此它不是一個實有法的性質，只能說它是本然界。

既然基如來藏是本來已經形成，功德已經有，是一個本然界，那基如來藏本身就不能再進行任何區分，不能把它區分成東邊或西邊，也不能把它區分成輪迴的法或涅槃的法。不能進行任何區分的原因是：它不是屬於實有法的本質。

譬如大海，我們可以說屬於台灣的大海、屬於印度的大海，把大海區分成這一塊那一塊，因為大海是一個實有法，可以進行區分，但是基如來藏本身不是實有法，因此不能再做任何區分。

第二項

就如來藏而言，它是自性清淨，在清淨法性中它的本質已經圓滿了，煩惱障和所知障二者本來就不能夠成立，本來也就沒有，所

以基如來藏原來就沒有任何污垢沾染。這個本來就沒有任何污垢沾染，原來純淨的本質遍及輪迴和涅槃，因此，佛的三身功德在基如來藏中已經完全圓滿具足。這方面有五個句子：

|རྒྱུན་ཆད་མེད་པའི་རིག་པ་བྱང་ཆུབ་ཀློང༌། 　　|འགྲོ་དང་འགྱུར་མེད་མཁའ་དབྱིངས་ཡེ་ནས་གདལ།
不中斷之覺性菩提內　　　　無邊無變本然遍空界

|རང་བྱུང་ཡེ་ཤེས་ཡེ་ནྲ་མེད་པའི་དོན། 　　|མི་སྐྱེའི་མི་འགག་ཐིག་ལེ་གཅིག་ཏུ་འདུས།
天然本智本然無伴義　　　　未生未滅攝於一明點

| མ་ངེས་ཀུན་ཁྱབ་ཕྱོགས་མཐའ་ཡོངས་ཀྱི་མེད།
不定總遍無墮方與邊

「不中斷」，就基如來藏而言，能不能說在眾生階段沒有，直到佛陀階段才新產生出來？不能！在眾生那個階段不能說它是無，在佛陀那個階段也不能說它是無，基如來藏從來就不曾中斷過，沒有一個階段它是沒有的。

舉個例子，有些家庭在父母時代大富大貴，等到下一代財產敗光；有些家庭是在子女時代沒有任何財富，等到後來子女變成父母，家庭慢慢富有了，這些都是改變的情形。基如來藏有沒有這種情況呢？完全沒有！基如來藏本來就遍及佛和一切眾生，不會在眾生的時候沒有，到佛的時候才新形成；也不會在眾生的階段不清淨，到了佛的階段才轉變成清淨。

譬如天空，不管有沒有雲朵，天空自己的本質沒有任何改變，有雲朵時天空的空分的這個部分是如此，沒有雲朵時天空的空分的部分仍然是這樣，沒有任何改變。基如來藏也是如此，在有煩惱的

階段，基如來藏的本質是純淨的，在沒有煩惱的階段，基如來藏的本質仍然是完全純淨的。

前面對基如來藏做了很多描述，這是順著不同段落用不同的解釋，在有些段落用一個比喻講基如來藏像天空一樣、像太陽一樣，是指在那個段落裡，為了使所調伏的眾生容易了悟，因此用天空、用太陽做比喻。

有時候談到基如來藏遠離任何比喻，沒有任何比喻可以去描述它，在這種情況下，是要說明任何和基如來藏相類似者根本不存在，如果和它相類似者都不存在，那當然沒辦法做比喻。

有時候又說基如來藏不能說是有，也不能說是無，是指實有不清淨的事物才能夠肯定的說有和無，也就是說能夠非常明確肯定是有還是無的，都是不清淨的萬事萬物，但是基如來藏不是一個實有的事物，不是一個不清淨的事物，因此我們不能說它是有，也不能說它是無。

有時候又說一切眾生都擁有如來藏，如來藏是擁有三身功德，又這樣解釋如來藏，這種情況也是為了使所調伏的弟子容易明白，用這樣的方式而解釋說明。

有時候說基如來藏本身是不生的，既然它不生當然也就不滅，講到不生不滅就是指它超越實有法的性質，因為實有法是無常的性質，無常實有法才能說它有生還有滅，如果超越了生和滅，既不生也不滅，那就說明它不是一個實有法的性質。因此就如來藏而言，能不能說佛的心中或者說眾生的心中有如來藏呢？也不能夠如此肯定的，因為，不能夠很明確地描述如來藏是有還是無。

前面談了這麼多，有或無，常或無常，乾淨或不乾淨，這些都

只是一些名言，實際上如來藏超越了一切名言的描述，雖然如來藏超越了一切名言的描述，但是遍及輪迴和涅槃一切處所；雖然遍及輪迴和涅槃一切處所，但也不能夠說如來藏墮入於偏頗，偏向於輪迴這邊或者是偏向於涅槃這邊，也不能夠說它是屬於東西南北某一個方向。

第三項

　　在法界遍及一切的情況下，只有少數有緣者能夠了解這個是基如來藏。雖然內心的實相六道眾生都有，但不是六道眾生都可以了悟內心基如來藏這個實相，只有少數有緣人才能夠得到這個了悟。

|སྐྱེན་ མ་ཤ་ མི་ གཡོ་ རྡོ་ རྗེ་ སྙིང་ པོའི་ གནད།| |འདུ་ འབྲལ་ མེད་ པའི་ དབྱིངས་ མཚོ་ རབ་ འབྱམས་ འདི།|
自等未動金剛心要胤　　無即無離勝界浩瀚此

|ཚིག་ གིས་ མཚོན་ པའི་ སྤྱོད་ ཡུལ་ མ་ ཡིན་ ཏེ།| |ཤེས་ རབ་ རྟོགས་ རྫོལ་ སོ་ སོ་ རང་ རིག་ ཡུལ།|
非是言詞所表行境也　　勝慧徹悟各各覺己境

|བསམ་ བརྗོད་ སྤྲོས་ དང་ བྲལ་ བའི་ རྣལ་ འབྱོར་ པས།| |མཚོན་ དང་ མི་ མཚོན་ མེད་ པར་ ཐག་ བཅད་ དེ།|
離思離詮離戲瑜珈士　　決定俱無表與未表也

|སྒོམ་ དང་ བསྒོམ་ པར་ བྱ་ བ་ མི་ རྙེད་ པས།| |བྱིང་ མོད་ རྣམ་ རྟོག་ དག་ པོ་ བསད་ མི་ དགོས།|
俱皆不得修與所修故　　不需殺滅沉掉妄念敵

　　「自等」是指這一切的功德原來自然形成，而且在自然形成時，一切就齊備具足了，不會後面再形成，所以稱爲自等，功德是平等。

　　「未動」是指超越實有無常法，因爲實有無常法才會有常和無

常等的改變，基如來藏本身則是未動，所以它是超越了實有無常法。

「金剛心要胤」，胤是後代的意思，整句就是指金剛精華的後代，也就是佛陀的家族，譬如我們說王子是國王的後代，是屬於國王的家族，國王屬於無常法，他的後代當然也屬於無常法，但是基如來藏是屬於佛陀家族，不可能中斷，不會消失不見，是指這個意思。

「無即無離勝界浩瀚此」，因此這個基如來藏，它的功德會不會前面沒有、後面才新出現呢？不會！或者說基如來藏，它原來就已經形成、存在一些功德，到後來這些功德因為無常的變化，消失不見了或減少了，會不會發生這種情況？也不會！所以，基如來藏是功德原來自成，遍及一切，超越了有、無、二有、二無等這一切的邊，因為它不是這些詞句所可以描寫的對境。

如果不是這些詞句所可以描寫的對境，那意思就是指它也不是內心所能夠思維的對境。如果不是這樣，那怎麼知道誰去了悟如來藏呢？有啊！有人去了悟如來藏，後面就要講各各覺知自己對境的勝慧，能夠徹底了悟如來藏。

現在我們廣大地積聚資糧、消除罪障，不斷地實修，到了將來某一天如來藏現前呈現出來了，稱為「覺己本智」，覺己本智就會了悟如來藏。

覺己本智能夠了悟如來藏，眾生怙主龍樹在《根本慧論》談到了這個部份：「不生不滅虛空本質性，各各覺己本智所行境」，這就是龍欽巴尊者在這裡所提到的。那誰去了悟這個如來藏呢？勝慧能夠去了悟它，各各覺悟自己的本智能夠去了悟它。前面講了，如

來藏不是言語詞句描述的對象，也不是內心能夠思維的對象，但是覺性本智能夠了悟。既然是覺性本智所了悟的對境，就不是我們現在用內心去把它想出來，也不是我們用言語詞句去描述它是什麼樣子，因為有或無、常或無常，這些都是屬於戲論，內心實相基如來藏超越了這一切的戲論。

就一個了悟的瑜伽士而言，他用超越內心思維的方式去了悟基如來藏，當瑜伽士證悟了基如來藏時，他會不會說明：「喔！我所了悟的基如來藏它是這樣、是那樣，它的比喻用這個、用那個。」能不能這樣說明呢？不能夠！

這個情況就好像啞巴吃甘蔗，甘蔗是甜的，啞巴吃了甘蔗之後，品嚐到甜滋味，能不能夠向別人說明甘蔗是甜的呢？不能夠！因為他是啞巴。

所以如來藏是自己的天然本智、覺性本智所能夠了知的對境，既然是天然本智才能夠了知的對境，那它就不是內心所可以了知的對象了。

那本智可以了知的對象又是什麼意思呢？本智可以了知的對象和內心所了知的對象完全不一樣。就本智所了解的對境而言，譬如，能觀修者、所觀修者，或者是色法、形狀、形體等任何一個，本質都不能夠成立，都不能夠去描述它。所以，它是不可思議，超越了內心思維，因為超越內心思維，才稱為「各各覺己境」，各各覺知自己的本智所了悟的對境。

內心去了解對象，是有境去了知對境，如果是各各覺己本智所了悟的對境，那不是用有境去了悟對境的這種方式來進行。所以如果能夠了悟內心如來藏的時候，就不會發生內心陷入昏沉，或者是

不能夠安住在對境上變成渙散等的情況。

就一個初基行者而言，剛開始觀修時，非常害怕妄念，因為妄念會對禪修造成影響，造成昏沉睡眠，或造成心思渙散，讓自己不能做好實修，所以把妄念當做是敵人。可是如果證悟了內心實相，妄念根本不存在，那還要去消滅什麼敵人呢？也不會去懷疑自己觀修的不好，因為再也不會發生妄念產生的情況了。

譬如游泳，一個剛開始學游泳的人，如果在大海裡游泳，海浪來時非常恐懼，因為可能被海浪捲走，但如果是一個游泳高手，浪來了根本不怕，還非常快樂，因為大浪能讓游泳速度加快。

這裡談到基如來藏內心實相遍及一切眾生，但是怎麼知道它有而存在呢？那就只有少數有緣者能夠了知。這些少數的有緣者是指誰呢？有兩種類型：愚笨具信者和精通善巧者。有些人對經教乘門和密咒乘門的道路非常專精，因此證悟了如來藏，這種是精通善巧者；有些人沒學習過密咒乘門或顯教乘門的道路，但是對於上師對於教法完全相信，信心堅固，絲毫不動搖，這種是愚笨具信者。只有這兩種有緣的人能夠了悟內心的如來藏。

第四項

講說顯有存在於佛的國土之中，因此沒有或取或捨、清淨不清淨的差別。

顯有的萬法一切都是純淨的，都是屬於佛的國土，要把它區分成「輪迴的部分要捨棄，涅槃的部分要取得」的情況根本不能夠成立。說明這內容有三個句子：

|ཡེ་ནས་སྟེ་སྒྲུབས་གནས་པའི་ཆོས་ཉིད་ལ། 　|བདག་དང་གཞན་དུ་རྟོག་པའི་མི་མང་བས།

本然住於總灌之法性　未有妄爲自與他者故

|ཁམས་གསུམ་འདི་ཉིད་རང་བཞིན་མཉམ་པའི་ཞིང་།

此三界者自性平等刹

「本然」指最初的意思，一開始，本來就是這個樣子；「總」是全部，是指功德的總體；「灌」是具足，功德的總體全部都容納在這個地方，完全都齊備了。內心的實相，本來一切功德都存在於這個地方，因此，把它執著爲「這是自己，這是其他者」這種妄念根本就不存在。

一般而言，不清淨的輪迴，它所有痛苦的根源何在？就是自、他的執著，執著自、執著他，因此產生痛苦。在基如來藏之中，一切輪迴痛苦的根源、自他的這種執著根本不能夠成立，因此「此三界者自性平等刹」，三界是欲界、色界和無色界，本來全部都是佛國淨土，而且一切眾生本然就是佛的自性。

這裡雖如此開示，但佛陀初轉法輪的開示以五蘊、十二處、十八界爲重點，所要講的是所顯、有法的部分，而且還談到人無我，此外沒有進一步開示空性。

在中轉法輪，就把初轉法輪所開示的所顯、有法的那個部分重新再說明，說它的本質不能夠成立，是空性，也就是說在初轉法輪所開示的所顯、有法等一切全部都是空性。但是中轉法輪僅僅只是如此開示，並沒有進一步說明內心實相。

到了末轉法輪，才說明內心實相基如來藏本來具足三身功德，而且是不變、恆常存在、自性之城，這個是末轉法輪所開示的重點。

　　因此，在顯教乘門那個段落裡，沒有講解過對境本身是清淨的自性的這個部份，但是雖然這個部分沒有特別開示，不過也有一些事蹟偶爾做了說明。

　　當釋迦牟尼佛安住印度菩提伽耶時，天神長髮梵志來了，說他所看到的佛所度化眾生的地方，是一個清淨的淨土，但是舍利子說佛陀度化眾生的地方是一個不清淨的國土，兩人看法不同，因此請問釋迦牟尼佛到底是清淨還是不清淨呢？佛陀說這個世界是純淨的，和長髮梵志所看到的完全一樣。

　　這個故事在顯教乘門裡曾經談到過，到密咒乘門裡，把這個部份詳細地做了解釋，五蘊就是五方佛，五大種就是五方佛母，把蘊、處、界一切的對境屬於清淨面貌的這個部份，詳細做了開示。

　　色蘊的性質本身是大日如來，想蘊是金剛薩埵，行蘊是寶生佛，識蘊是阿彌陀佛，受蘊是不空成就佛，因此五蘊本身的自性是五方佛。不僅如此，地大種是佛眼母，水大種是瑪瑪姬，火大種是白衣佛母，風大種是誓言度母，虛空大種是法界母，因此五大種的性質也是屬於五方佛母。這是密咒乘門裡談到的。

　　龍欽巴尊者曾經說「一切眾生都是佛的自性」，這是就眾生都有基如來藏內心的實相這個部分而言，釋迦牟尼佛也有如來藏，不清淨的眾生也有如來藏，從內心如來藏這個部份來講，他們當然完全相同，因此，說眾生就是佛。如果我們把基如來藏這個部份排除掉，就不能如此主張了。

　　前面談到釋迦牟尼佛利益眾生的這個世界，長髮梵志看到的是一個清淨的國土，釋迦牟尼佛看到的也是一個清淨的國土，這是從實相的角度來看，因此是清淨的，從長髮梵志和釋迦牟尼佛二者所

講的教言裡，我們也可以相信釋迦牟尼佛利益眾生的這個國土是一個清淨的國土。

但是，是不是我所見也是清淨呢？不是！我們所看到的這個國土不是清淨的面貌，因為我們內心不清淨的緣故，佛陀利益眾生的這個世界，對我們則會顯現為不清淨的國土。同時，五蘊和五大種是五方佛、是五方佛母，也不是對我顯現出來是這個樣子，而是就其實相來討論，就五蘊的實相而言，是五方佛，就五大種的實相而言，是五方佛母。如果不就實相的部分來討論，就顯相的部分來討論，能不能承認五蘊是五方佛？五大種是五方佛母？不能！因為我們內心不清淨之故，針對我們顯現出來的，都是不清淨的形相。

第五項

講說輪迴本來即是佛，是覺性自己的顯現；涅槃也是佛本身清淨的自性，並非其他者。

就我們現在所處在的輪迴而言，譬如五蘊裡的色蘊，還有地水火風四大種，或是五大種，輪迴一定是屬於這個範圍，不會超出範圍之外。地獄、鬼道、動物道、人類、阿修羅和天界等六道眾生所處在的地方，一定有色蘊，一定有五大種；就外在的器物世界而言，不管任何一個地方，都不會超出色蘊和五大種的範圍。就這一切而言，五大種都是屬於五方佛母的性質，五蘊都是屬於五方佛的性質，既然輪迴一定是包括在五蘊和五大種之中，而五蘊五大種是清淨之故，當然地獄也是清淨的。

不過要分辨清楚，「地獄是清淨的」是就基如來藏內心實相的自顯而言；如果就地獄眾生自己來講，或者就鬼道、動物道、人道、

修羅道、天神等六道眾生自己所看到的景象而言，那就不清淨了。

　　因此，就佛陀的自顯而言，三身功德完全具足、本然清淨。但如果就所調伏的弟子而言，能不能顯現出本然清淨、三身功德齊備呢？不能！譬如佛陀的時代，弟子舍利子、目犍連等看到佛陀的頂髻非常美，光彩燦爛，有威嚴，如果是外道，只會看到佛陀的頭頂長了一顆顆肉瘤，坑坑洞洞，這是因為外道業力不清淨的緣故。一樣的道理，輪迴和涅槃這一切的法，就內心實相自顯的這部分而言，它才是清淨的，要從這個角度來看。說明這個內容有五個句子：

|དུས་གསུམ་རྒྱལ་བ་རང་སྣང་དག་པ་སྟེ། | |སྤང་བླང་མེད་པར་ཐམས་ཅད་ཕྱམ་གཞག་པས། |

三時勝者自顯清淨也　　　　　無取無捨一切均等故

|གཞན་ནས་ཐོབ་པར་བྱ་བ་རྡུལ་ཙམ་མེད། | |ཆོས་ཀུན་སེམས་ཉིད་ཀློང་ཆེན་དེར་གསལ་ལ། |

所謂由他而得毫塵無　　　　　萬法於彼心性大界明

|མཉམ་པའི་དོན་ལས་གཡོས་པ་ཅུང་ཟད་མེད། |

絲毫無動離於平等義

　　「三時勝者」，三時指過去、現在、未來，勝利者指佛陀，佛陀的三身功德不可思議，完全清淨，這是就佛陀自己自顯而言，若針對弟子所顯現出來的，就不會是如此了。如果就佛陀的自顯而言，三身功德不可思議，一切都是淨土，那就不會有「比較好的部分應當要取得，比較不好的部分應當要丟掉」這種差別。所以，萬法對佛陀自己顯現出來的樣子像什麼呢？一切唯是清淨浩瀚，是這樣的一個本智，萬法都是如此。

　　佛陀的這種自顯，一切唯是清淨浩瀚，這個功德從何而來呢？

從內心實相，佛陀的這一切的功德，全部都只是內心實相的現前。因此，一切萬法可以說都包括在內心實相之中，不會超出內心實相的意義之外，不會在內心實相外面竟然還有所能夠得到的清淨的法。

佛陀曾說：「我未開示片言隻字，我沒有講說萬法。」但是就眾生而言顯現出萬法，就眾生而言聽到教法。小乘弟子聽到佛陀開示小乘的法，大乘弟子聽到佛陀開示大乘的法。眾生的根器類型非常多，在《普賢菩薩行願品》裡就有這麼一句話，佛陀說：「我以天神的語言、龍的語言、人類的語言、用所有眾生的語言開示教法。」意思是指眾生有多少種類型，佛陀開示教法的法音就有多少種類型，完全是順著眾生的情況而開示。

因此，有時候佛陀說我沒有開示任何教法，有時候又說這個教法遍及一切眾生，普遍對一切眾生都開示教法。為什麼有時這樣講、有時那樣講呢？就佛陀自己的角度來看，其實沒有講說萬法，沒有開示教法；不過就所調伏的眾生弟子的角度來看，佛陀開示了一切的法。也就是說，從眾生的他顯而言，佛陀有講說教法，從佛陀的自顯而言，佛陀沒有講說教法。

佛安住在法身不動搖的情況之下，示現各種各類的化現，就佛陀而言，所呈現出來的部份沒有清淨的涅槃和不清淨的輪迴之差別，所以佛陀安住在無取無捨沒有任何改變動搖的法界之中。

但是，針對不清淨的輪迴六道眾生，譬如就人類而言，佛陀由以前行菩薩道時的願力，對人類示現成為獵人、鋼琴家、歌妓的模樣，這些化現是他顯，是因為以佛陀行菩薩道的願力針對眾生而示現的他顯，因此出現這種情況，但是就佛陀自己而言，安住在如如不動的法界之中。

我們前面所談到的清淨或不清淨，佛或眾生，仔細分析一下，可以從自顯或他顯兩方面去了解，就佛陀自顯這方面而言，沒有講說教法、也沒有任何化現，但是就眾生的角度而言，聽到了一切萬法，又見到佛有各種各類的化現，就眾生的角度來講，業力有清淨和不清淨的差別，顯現出涅槃和輪迴的樣子。

所以，前面討論到的內容，如果把它區分成兩方面來看，譬如自顯或他顯，譬如弟子本身業力清淨還是不清淨，就會很容易了解，如果不把它區分成兩個類型，那就沒有辦法了解書裡到底在講什麼。

第六項

講說若能認識自己的覺性本貌，那錯亂蓋障的部份自然就會完全去除掉。

我們前面解釋說明的內心實相，它不是屬於內心所能夠了解的對境，超越了語言的描述，也超越了各種名詞的描述，但是為了讓所調伏眾能夠了悟，有時就把內心的實相稱為如來藏，有時稱為法界實相，有時稱為法身的本質，有時又用菩提心這名稱，有時又用勝義這名稱，這都是為了使所調伏的弟子能夠了悟，因此用不同的名相去描述。如果能夠去了悟內心實相的本貌，那這些錯亂、蓋障的部份，不需要辛苦勞累，自自然然地就能去除掉。

ཁྱི་དང་ནང་མེད་འཆར་ཐུན་རྩོག་པ་མེད། ｜མཐའ་ཡི་མུན་སེལ་ཆ་བ་བྱང་ཆུབ་སེམས།

無外無內無出沒雜質 除邊黑暗根本菩提心

｜གང་ཡང་མ་སྤངས་གོལ་ས་ཤུགས་ལ་ཆོད།

任皆不捨間接斷歧路

「內」是就內心的實相而言，它圓滿具足三身性質，因此它並不是屬於外在事物實有法。就它的本質而言，也不是屬於內心的性質。

外在的實有法、無常法的事物，性質會改變，例如我們會說：早上太陽出來了，晚上太陽下山看不到了。但是內心實相不會某個時候出現了，某個時候消失了，某個時候有，某個時候又沒有。

又譬如水，有時候清澈，有時候污濁，會有各種變化，我們可以看得到，但是內心實相有沒有這種情況呢？沒有！內心實相不會有「在眾生輪迴的階段裡比較不乾淨，到了成就佛果後就轉變成清淨」的情況。

又譬如土地，台灣的區域，範圍從某個界線開始，到了某個界線後不屬於台灣，那內心實相有沒有這樣的情況呢？這個範圍屬於內心實相，超出了這個範圍就不屬於內心實相，有沒有這種情況？沒有！

又譬如房子，房子裡是黑暗的，我點燃一盞油燈，或陽光照進來，把黑暗除去了，所以屋裡會出現有時候黑暗、有時候光亮的情況，但是內心實相有沒有這種情況呢？譬如現在內心實相裡有愚癡，使它形成了黑暗，未來內心實相裡生出本智，把愚癡的黑暗消滅掉，變成光亮，所以內心實相由愚癡的黑暗轉為本智的光明，有沒有這種情況呢？沒有！

內心實相的根本之處就是菩提心，這菩提心指的就是內心的實相，如果了悟了內心實相，那在實修道路上可以去除掉一切的錯亂。一般而言，討論到實修時，主要就是見地、觀修和行持三個段落，如果了悟自己的覺性本貌之後，在見地、觀修、行持當中所會發生的錯亂的部份，自然地就去除掉了。

第七項

講說在覺性之中的任何所顯，都不會離開內心實相。

這裡要說明的是，就覺性本身，就內心實相而言，清淨的所顯由此而出現，不淨的所顯也由此而出現，但是不管出現清淨或不淨所顯，法界本身絲毫沒有動搖，不是在法界實相的外面而出現。

譬如鏡子裡出現的影像，無論是美麗還是不美麗的影像，都在鏡子裡顯現出來，不會超出鏡子範圍，就鏡子本身而言，是屬於美麗的影像呢？還是屬於不美麗的影像呢？都不是！內心實相也是如此，輪迴不清淨的所顯景象是由內心實相而出現，涅槃清淨的所顯景象也是由內心的實相而出現，無論是輪迴還是涅槃所顯景象，都不會超出內心實相的範圍；就內心實相而言，它是屬於不淨的輪迴所顯景象嗎？不是！是屬於清淨的涅槃所顯景象嗎？也不是！

འགྲོ་བའི་སྣང་ཚུལ་སྣ་ཚོགས་འཇིག་རྟེན་དང་།	|དག་པའི་སངས་རྒྱས་སྐུ་དང་ཡེ་ཤེས་ཀྱང་།
眾生種種顯相世間界	以及清淨佛陀身本智
རྟོགས་དང་མ་རྟོགས་རྩལ་ལས་ཤར་བ་ཡེ།	རོལ་པ་མ་འགགས་ནས་མཁའི་དབྱིངས་ཁྱབ་ཀྱང་།
亦係悟與不悟力道現	遊戲不滅雖遍虛空界
ཆོས་དབྱིངས་དང་ལས་རྟོགས་དང་མ་རྟོགས་ཚོགས།	རྟོགས་པས་བདེ་གཤེགས་དག་པའི་སྣང་བ་དང་།
法界狀況唯悟與不悟	悟故善逝清淨之所顯
མ་རྟོགས་མ་རིག་གཟུང་འཛིན་བག་ཆགས་ལས།	སྣ་ཚོགས་སྣང་ཡང་དབྱིངས་ལས་གཡོས་པ་མེད།
不悟無明取執之習氣	雖顯種種無動離法界

「眾生種種顯相世間界」主要是指六道各種各類所顯現出來的景象，譬如我們現在人道，所出現的景象非常多，身體的外形有各

種各類，內心胡思亂想的妄念也是各種各類，因此顯現出來這是我的敵人、這是我的朋友、這是父母、這是子女……，都是眾生所呈現出來的，包括不清淨輪迴的各種各類的世間景象。

接著，清淨的景象是指佛身和本智的景象，譬如釋迦牟尼佛出現世間，有他自己身體的形相，但對眾生所示現出來的佛的身體的形相不同，看起來更加雄偉魁梧，而且針對共通的弟子所示現出來的形相，眉心還能放出毫光，這個毫光是一個伸臂量，兩隻手臂張開這麼大的量，眾生都能夠看到，這是清淨的佛的身體的形相，除此之外眾生不能夠看到。

佛陀的本智，佛陀的功德不可思議，無量無邊非常多，但是這一切又是從何而來呢？都是從圓滿包括三身性質的內心實相而來，如果沒有證悟內心實相，那所呈現出來的景象就是不清淨的六道輪迴的所顯景象，如果了悟了內心的實相、三身的性質這個部份，那所顯現出來的就是清淨的佛身和本智的景象，所以這一切都是內心實相本身的力道，由這個力道而出現。

「遊戲不滅」，遊戲是指色、聲、香、味、觸等各種各類所顯現出來的景象，有清淨所顯和不淨所顯。總而言之，這一切都是針對內心實相，如果沒有了悟內心實相，那麼不淨的所顯景象不會遮滅，遍及整個虛空界；如果已經了悟內心實相，那這些清淨的色、聲、香、味、觸的這些遊戲，所顯的景象也不會遮滅，也是遍及整個虛空界。不論清淨或者是不淨所顯，都是遍及虛空界。它的關鍵要點在什麼地方呢？在這個法界，「法界狀況」就是指內心的實相，關鍵要點就是對於法界，對於內心的實相，到底是證悟還是不證悟。

如果證悟了，那就清淨所顯，佛身、佛本智呈現出來，遍佈虛空界；如果不曾證悟，那就六道輪迴各自的景象，無量無邊遍佈虛空界而呈現出來；如果證悟了，那五蘊呈現出來的樣子就是五方佛，五大種呈現出來的樣子就是五方佛母，這是如來的清淨所顯，佛的身體還有佛的無量宮的所顯景象；如果不證悟，「不悟無明取執之習氣」，由於內心愚癡無明的習氣，各種不淨所顯就會呈現出來。

這個習氣是指我們這輩子呈現出能所二執：能執之心和所取對境，所顯各種各類的景象會呈現出來，靠的是什麼呢？靠的是上輩子的習氣，因此出現各種各類的景象。

但是下一輩子是會形成地獄道的能所二執？還是鬼道的能所二執？動物的能所二執？人類的能所二執？阿修羅的能所二執？天界的能所二執？那就看這輩子造作善業還是不善業的習氣，哪一項的力量比較強大。譬如這輩子造作了不善業，而且力量非常強大，那下輩子就會形成地獄眾生能執之心和它所取的對境；如果這輩子所造作的善業是有漏的善業，力量稍微強大，那下輩子就會形成天界的能執之心和天界的所取之對境。所以這一切的能執所取的情況，景象全部都是靠習氣而呈現出來，由於習氣的力量，各種各類的所顯景象全部呈現出來。不過這一切所顯仍然是在基如來藏的範圍裡，不會超出基如來藏的範圍而在外面顯現，就像前面提到的鏡子，各種影像，不管美還是不美，都是在鏡子的範圍裡顯現，不會跑到鏡子外面。

第八項

講說覺性是明而且空，是不遮滅的。

內容是說清淨或不清淨的所顯各種各類都會出現，這些所顯景象的基礎是內心實相，就內心實相的本質而言，是空的，是明晰的，而且不管在什麼時候都不會遮滅，是這樣的一個性質。

|ཁྱད་ཆུབ་སེམས་ཅན་ཀུན་གྱི་དངོས་གནས་ཏེ།　|མཚན་ཉིད་མ་འགགས་སྣ་ཚོགས་ཅིར་ཡང་ཡང།
具菩提心眾其正行也　　　性相不滅任雖種種現
|རང་གསལ་ཆོས་ཉིད་དག་པའི་དབྱིངས་སུ་གསལ།　|དབྱེ་བསལ་མེད་དོ་རྒྱ་ཡན་རིག་པའི་འགྲོས།
自明法性清淨法界明　　　無區分矣廣泛覺性範

「菩提心」指的是內心的實相，就內心實相而言，不清淨的輪迴以及清淨的涅槃，二者所顯現的各種景象，能夠顯現出來的基礎就是內心的實相。就內心實相自己的本質而言，不管在什麼時候都是不生不滅，但是靠著不生不滅的內心實相，卻能夠顯現出生生滅滅的輪迴不清淨的法，在這個輪迴裡，色、聲、香、味、觸等一切法都是生生滅滅的，這些生生滅滅的法都是由內心實相而出現，但是內心實相自己本身不生也不滅。

由不生不滅的內心實相顯現出的生滅之法，也不會蓋障、染污內心實相本身，內心實相因為沒有被任何蓋障蓋住，所以它本來就非常明晰；而且就內心實相的法性自然的狀態而言，煩惱障和所知障兩種蓋障也本來就是清淨的。

例如鏡子，鏡子裡照出一張臉，若這張臉充滿污垢，鏡子所照出來的臉雖然也充滿污垢，但鏡子本身卻是乾淨的；若這張臉非常乾淨，絲毫沒有沾染污垢，那鏡子本身仍然是乾淨的；若鏡子所照出來的臉是美麗的臉，鏡子本身仍然是乾淨的；即使鏡子所照出來

的臉是醜陋的，鏡子自己本身也仍然是乾淨的。

　　同樣的道理，如果內心實相的清淨所顯，譬如佛身、佛本智顯現出來，就內心實相自己而言，仍然本然清淨，沒有絲毫蓋障；如果內心實相顯現出各種不清淨的輪迴所顯，內心實相自己仍然是清淨的。

　　就此而言，能不能把內心實相進一步區分成某些部份屬於輪迴，某些部份屬於涅槃？不能夠！所以「無區分矣」，這是指內心實相自己本身而言。

　　在不清淨的輪迴眾生的階段，內心的實相裡會不會包括了煩惱，因此要把這個煩惱消滅掉去除掉呢？這種情況不能夠成立。

　　內心實相的範圍沒有邊際，最為廣大，一切都包括在它的範圍裡，原因何在呢？通常談到萬法可以區分成輪迴和涅槃兩項，意思就是指不包括在輪迴和涅槃兩項的法絲毫不會存在，一個法不是屬於涅槃就是屬於輪迴，而輪迴和涅槃二者又屬於內心實相所包括，二者都是內心實相所顯現出來的一個景象，內心實相沒有邊際，最為廣大，因此，輪迴和涅槃可以說非常廣大，包括了一切的法。

第九項

　　把第八項的內容再做一個詳細的說明。有六個句子：

通澈本智天然界寬廣　　不蓋無外無內光明故

本覺心之寶鏡光燦爛　　滿願寶珠珍寶之法界

།བཅལ་བ་མེད་པ་ཐམས་ཅད་རང་བྱུང་བས། །རང་བྱུང་ཡེ་ཤེས་འདོད་དགུར་འབྱུང་བའི་དཔལ།
無須尋求一切天然故　天然本智能出所求祥

內心的實相，不管是任何東西都不能遮蓋它，不能擋住它。譬如物質體，彼此會遮住、覆蓋對方，這是色法，但是內心實相本身不是色法，不會有遮蓋擋住的情況，所以把它稱爲「通澈」。

內心實相，也是本智，也是天然；天然是指不需要靠因緣條件和合產生出來，其次，又遍及輪迴和涅槃，因此「界寬廣」，範圍非常廣大。

但是如此的內心實相，就它自己的本質而言，「不蓋無外無內」，沒有受到煩惱的遮蓋，也不能區分成「某個區域屬於內，某個區域屬於外」，這種外和內的差別不會存在。

譬如白天有陽光時，屋裡比較黑暗，屋外有太陽，比較光亮，可以很明顯的區分出內和外。又譬如一個碗，裡面裝滿了水，就可以說碗裡有水，外面沒有水，從碗的外面看不到裡面，所以可以區分出外面和裡面的差別。這種內外的差別屬於實有的無常法，萬事萬物實有的無常法才可以區分出外和內，但是內心實相不是屬於實有的無常法，不能夠把它區分出內和外，不會有某個區域屬於內，某個區域屬於外，沒有這種差別存在，所以沒有外也沒有內。

而且內心實相是一個本智，前面講的通澈本智，因此，內心實相本身的本智之功德通澈遍及，所以是「光明」。

而且內心實相不管在什麼段落裡，無論如何討論內心實相，覺性和實有無常法絲毫都不相似，完全不能夠相提並論，譬如鏡子，不管是美麗的臉或是不美麗的臉，都能夠在鏡子裡呈現出來，一樣

的道理，就內心實相而言，不清淨的輪迴景象和清淨的涅槃景象都呈現出來了，所以自己的覺性就像是一面鏡子一樣。

前面把覺性內心實相用鏡子比喻，所以是「心之寶鏡」，像一個寶鏡一樣。其次「光燦爛」是用太陽作比喻，內心實相的本智之光又好像是太陽一樣，光彩燦爛，遍及一切。

再用一個比喻，內心實相就像滿願的如意寶珠一樣，古代有很多如意寶珠的故事，譬如，印度的因陀羅菩提國王沒有小孩，就拜訪一切外道和內道的上師，請求如何做才會有小孩？這些上師都教導他要廣大布施，國王就開始廣大布施，最後國家的財富全部窮盡了，倉庫沒有財富之後，因陀羅菩提國王就想要去取如意寶珠，以前沒有財富的人，只要找到滿願的如意寶珠，對寶珠誠懇祈請發願，所求心願全部都能實現。因陀羅菩提國王爲了再度得到財富，就到大海找如意寶珠，到了西南邊界，有個湖叫達那果夏海，在那裡看到了蓮花生大師，於是把蓮花生大師迎回皇宮成爲王子。這是以前的一段歷史。

如果證悟內心實相，那自己所需要的功德，所追求的功德，全部都由內心實相而產生，一切功德全部都可以出現，就此而言，它像如意寶珠一樣，所以內心實相這個法界是「滿願寶珠珍寶之法界」。

不需到外面去尋求，就算在身體上下各處去尋找，也找不到，就算用科學儀器放大鏡去尋求，也不可能找到，「無須尋求一切天然故」，因爲它的本質是屬於天然本智，自己自然地就存在了，不需要靠任何的因緣條件。所以如果了悟了這個天然本智，了悟了內心實相，自己所需要的一切功德全部都會產生，所以「能出所求祥」，一切自己所要追求的一切的功德，自然地就能由內心實相產生出來。

第十項

要講說覺性菩提心廣大無邊、至為殊勝的性質。

|ཆེ་བའི་ཡོན་ཏན་རྣམས་གྲངས་ཇི་སྙེད་པ། |དབྱིངས་ལས་དབྱིངས་བྱུང་ཐབས་མཆོག་མ་འགགས་ཤར།
特勝功德盡所有品類　　由界界出勝方不滅現

|ཐམས་ཅད་སྐྱེ་མེད་དབྱིངས་སུ་ལྷུན་རྫོགས་པས། |དངོས་པོ་ཟིལ་གནོན་སྟོང་ཉིད་བྱང་ཆུབ་སློང་།
一切無生於界自圓故　　鎮伏實有空性菩提界

|སྟོང་པ་ཟིལ་གནོན་བྱང་ཆུབ་རང་རིག་སློང་།
鎮伏空分菩提本覺界

「特勝功德盡所有品類」是指佛的廣大無邊的功德，三十二相、八十種好、十力、四無畏、十八不共法，這都是屬於佛陀特別殊勝的功德，它的品類項目非常多。這一切各種各類的佛陀的功德，全部都是由內心的實相法界而呈現出來。

由法界內心的實相之故，因此能成就佛果，成就佛果之後，為了利益所調伏的弟子，因此有殊勝的方便法門，例如小乘的道路、大乘的道路，這些乘門的項目無量無邊，佛陀做了廣大開示，但是所開示的這一切，其實在無生的法界、內心的實相本質之中早就已經包括了，而且原來就不必靠因緣和合的方式，已經具足圓滿包括了。

所以，這樣的內心實相能夠鎮伏實有法，那內心實相本身是不是實有法呢？不是！它不是生滅無常的法，因為它有空性的性質，所以它比生滅無常的實有法還要更加殊勝，能夠壓過它們、勝過它們。

　　那內心的實相是不是就是空性呢？也不是！內心的實相有比空性還要更加殊勝的部份，那就是覺性的部份，覺性的部份包括三身的性質，如果講空分的話，那就不是三身的性質。所以內心實相是空性的菩提界和覺性的菩提界。

　　舉個比喻，就像天空一樣，天空不生不滅，在虛空之中出現生生滅滅的萬事萬物，但是虛空自己則不生不滅，一樣的道理，由內心的實相出現了生生滅滅的各種各類的形相，各種各類的所顯都是由內心的實相而出現，但是內心實相自己則是沒有生滅，雖然內心實相自己沒有生沒有滅，不過由內心實相會顯現出各種生滅的形相，全部都由內心的實相而出現，所以各種各類的淨和不淨所顯都是屬於內心實相的範圍，不會超出這個範圍之外。

第十一項

　　最後要把以上十個項目做個簡略的總結，指出第四品所討論的內容，意義廣大無邊，就像天空一樣。在這方面，有七個句子：

|ཁྱབ་ཆུབ་སེམས་ལ་སྣང་སྟོང་ཡེ་ནས་མེད། |　　　　|གཉིས་མེད་མ་ཞེན་བསམ་ཡས་ཆོ་འཕྲུལ་འབྱུང་། |

菩提心者本然無顯空　　　　無二不耽出難思神變

|དུས་གསུམ་དུས་མེད་སྐྱེ་མེད་ཆོས་ཀྱི་དབྱིངས། |　　　　|མི་འགྱུར་མི་ཕྱེད་འདུས་མ་བྱས་པའི་ཀློང་། |

三時無時無生之法界　　　　未變未能分割無為界

|དུས་གསུམ་སངས་རྒྱས་རིག་པའི་ཡེ་ཤེས་དབྱིངས། |　　　　|གཟུང་འཛིན་ཟིལ་གནོན་རང་རིག་བྱང་ཆུབ་ཀློང་། |

三時佛陀覺性本智界　　　　鎮伏取執本覺菩提界

|ཕྱི་དང་ནང་མེད་ཆོས་ཉིད་ཀློན་ཡངས་སོ། |

無外無內法性自廣矣

　　就菩提心內心的實相而言，自己是屬於所顯嗎？這個本質也不能夠成立，不能夠把菩提心內心實相劃分在所顯這個項目裡。所顯的本質不能夠成立，原因何在呢？現在對我們所顯現出來的這些法，應當說它是屬於眼識、耳識、鼻識、舌識、身識、意識的對境，凡是任何一種屬於六識所能夠緣取到的對境，都稱為「所顯」，就是針對六識而顯現出來。但是內心實相無論如何不會針對六識而顯現出來，它不是六識能夠緣取到的對境，因此它不是屬於所顯的性質。

　　若內心的實相的性質不是屬於所顯，那它是屬於空性嗎？說它是空性，也不能夠成立，所以「無顯空」。不能說它是顯，也不能說它是空，說它是顯也不能夠成立，空也不能夠成立。

　　空不能夠成立的原因，就我們上次所講過的，所謂的「空性」一定要靠一個有法才能討論，譬如我們談到無的比喻，經常用的就是龜毛、兔角、天空的花朵、石女之子。兔子頭上只有長長的耳朵，會不會還長出一對犄角呢？不會！如果兔子沒有犄角，那我們能不能說兔子的犄角是空性呢？不能！因為犄角本身不存在，它本來就是無，有法不成立，所以不能夠去討論犄角是不是空性。

　　其次石女之子，佛經經常講石女，石女是指不能生育的女性，一個不能生育的女性所生出來的小孩是不是空性呢？這個問題也不能討論！為什麼？因為小孩根本不存在，有法不成立，若有法不成立，就不能去討論是不是空性。

　　天空的花朵是不是空性？也不能討論！因為花朵必須是從泥土長出來，從水裡長出來，能不能討論從天空之中生出的一朵花是不是空性？不能夠！因為空中之花不存在，有法本身不成立，如果有

法不成立，就不能夠去討論這個有法本身是不是空性。

因此，就內心實相而言，把它劃分在所顯有法這個部分不能夠成立的話，那它是屬於法性空性這個部份也就不能夠討論了，也不能夠把內心實相本身列入所顯的這個範圍，也不能列入空性這個範圍；所顯的部分不能夠成立，空性的部份也不能夠成立。因此，就會說這個內心實相實際上是本智的對境，本智所能夠了解的對境，若就此而言產生貪戀耽著，這也不應該，也不要產生這樣一個耽著，所以「無二不耽」。就內心實相本身而言，一切的煩惱全部都不存在，它是空性。

這裡討論到空性，就寧瑪派和噶舉派的主張而言，歷來對空性的解釋都分成自空和他空兩種。噶舉派有許多大博士都主張內心的實相如來藏的部分是他空，不清淨的輪迴的萬法地水火風等則是屬於自空。但是就寧瑪派的主張而言，一般來講雖然是屬於他空，但是寧瑪派所主張的他空不是正式的他空，因爲還要比他空更加殊勝更加超越。正式的他空是指：煩惱的這個部分是空的，但是自己的本質則不空，這是他空派的主張。

其次，格魯派則是主張地水火風等的法本質不空，可是在它的上面有一個諦實成立的法，這個諦實成立的法這個部分則是空的，所以這是屬於他空派。

不僅如此，在小乘、聲聞、獨覺裡所討論的空性，也都是屬於他空派，聲聞還有獨覺小乘，認爲五蘊、十二處、十八界都是有，但是在上面所施設安立的人我，它是空的，不存在，所以是屬於他空派，以上是他空派的一個主張。

總而言之，不管是把內心的實相當做空性，還是把它當做所

顯，都不要產生這二種執著，內心的實相不是我們思維能夠了解的一個對境，但雖然不是思維能夠了解的對境，卻是輪迴和涅槃一切景象能夠顯現出來的一個基礎，輪迴和涅槃所顯的各種景象，都是由內心的實相變化形成，不可思議，不能夠了解。

「三時無時無生之法界」，就內心的實相而言，也不能夠用三時的理論去描述，為什麼呢？屬於實有無常法才有三時的理論，不屬於實有無常法就不會有三時的理論。這個三時的意思是指過去的時候還不存在，以前還沒有，那是過去的時間；之後它出現了，已經存在的這個段落，它是現在；將來它又會消失不見了，未來它還會沒有，那是未來，所以有過去、現在、未來這三種變化。如果討論到某一個法，它有過去、現在、未來這三種變化，這個法一定是屬於實有無常法。

但是基如來藏本身的性質不生不滅，如果它是不生不滅，那中間安住的段落也不會存在，所以沒有過去，沒有現在，也沒有未來，沒有這種三時的差別，由於內心的實相法界不變之故，所以不能講它有過去、有現在、有未來，不能用三時的理論去描述，因此寧瑪派的教法就提出「第四時」這個名詞。

所謂第四時是指，因為過去、現在、未來這三者只能去描述實有無常法，而佛果或是如來藏不能夠用三時的理論去描述，它超越了三時的理論，因此說它是不可思議的時間，或者是一個無時的時間，或者是第四時的時間，稱它為「不可思議的時間」和「無時的時間」，意思是指沒有過去、現在、未來這三時，稱它為「第四時」，意思是表示沒有生、住、滅的變化，不能用三時的理論去描述它。

簡單來講，內心的實相不是我們內心思維所能夠了解的對境，

它本身的本質始終就沒有任何變化，所以也不能夠說有過去、現在和未來，而且因為它是無為法，不是靠因緣和合，所以任何條件任何方式不能夠再對它造成任何傷害，因此內心實相是過去、現在、未來三時諸佛的實相，是三時諸佛本智的基礎，而且也超越了二執，超越了能執和所取二執，它的本質也不能夠區分成外在的部分和內在的部份，它又是遍及輪迴和涅槃一切的萬法，因此當然是非常地廣大。

5
越離勤修因果品

　　第五品要說明在第四品之中所談到的內心實相的部分，實際上超越了勞力的造作、因、果等一切的法，共有十六項大綱。

第一項

　　講說菩提心之自性超越勞力、因果。在這方面，有七個句子：

|ཤེས་ཉིད་བྱང་ཆུབ་སེམས་ཀྱི་ངོ་བོ་ལ། |ལྟ་བ་བསྒོམ་མེད་སྤྱོད་པ་སྦྱད་དུ་མེད།
即於心性菩提心本質　　無見無修無行於行持

|འབྲས་བུ་བསྒྲུབ་མེད་ས་ལམ་བགྲོད་དུ་མེད། |དཀྱིལ་འཁོར་བསྐྱེད་མེད་བཟླས་བརྗོད་རྫོགས་རིམ་མེད།
無成果位無晉登地道　　無生壇城無唸誦圓次

|དབང་ལ་བསྐུར་མེད་དམ་ཚིག་བསྲུང་དུ་མེད། |ཡེ་ནས་ལྷུན་གྲུབ་དག་པའི་ཆོས་ཉིད་ལ།
無授灌頂無守護誓言　　本然自成清淨之法性

|བློ་བྱུང་རིས་ཆལ་རྒྱུ་འབྲས་ཆོས་ལས་འདས།
越離偶然漸勤因果法

　　就內心實相基如來藏的本質而言，見地方面也不能夠成立。一般談到所謂的見地，是指佛與後代博士所寫的論典裡所討論到的法義，自己經由邏輯推理作細膩分析之後，內心所得到的一種定解，這種堅固的定解稱為「見地」。

　　但是就大圓滿裡所討論到的基如來藏這部份而言，認為「定解」還是屬於內心的妄念，而基如來藏的性質超越了一切的妄念，因此就基如來藏而言，見地這個部分不能夠成立。如果見地不能夠成立，那觀修也不能夠成立，因為觀修是根據見地的意義來進行。若見地、觀修二者都不能夠成立，後面陪伴而來的是行持，所謂

好的行持、壞的行持、聲聞的行持、菩薩的行持、密咒乘門的行持等，這一切行持也都不能夠成立。

就如來藏而言，本來三身已經成立，因此，所要追求、所要成就的果位當然也不存在。一般而言，顯教乘門談到先證悟初地，之後積聚資糧、消除罪障得到二地，再積聚資糧、消除罪障又得到三地、四地，這樣逐漸得到從初地到十地，這種情形在基如來藏裡有沒有呢？沒有！因爲基如來藏的本質本然已經清淨，功德完全平等，證悟也就證悟了，並不需要逐漸地進步、提升。

因此，基如來藏內心實相在進行實修時，需不需要設置壇城，擺設本尊畫像、唐卡或佛像，之後才來觀修生起次第呢？不需要！生起次第主要是觀想本尊形相、顏色、形狀等，但是如來藏超越了形狀和顏色，所以不需要生起次第的觀修。

那圓滿次第的觀修呢？也不需要！圓滿次第裡的有相圓滿次第是氣脈方面的觀修，無相圓滿次第是觀想身體裡有中脈四個輪，之後進行明點的觀修，這些都屬於身體的造作，而且是形狀、顏色等的觀想，基如來藏超越了這一切。因此，就基如來藏的本質而言，圓滿次第的觀修這個部分也不需要。

如來藏的本質，佛身、佛智、佛功德已經形成了，因此，現在重新來進行灌頂，讓功德重新產生，需不需要如此呢？不需要！沒有灌頂，也就沒有由灌頂所產生的誓言要去守護它的部分了。在基如來藏的實相本質當中，這些都不存在。就如來藏的本質而言，佛身、佛智、佛功德本然自成，絲毫都沒有沾染到煩惱這部分的法，因此是本然清淨的法性。

前面所談到的見地、觀修、行持等，還有地道的進步，或者觀

修生起次第、圓滿次第等，這一切都是偶然形成的法，不僅是偶然形成的法，而且是屬於身體和語言方面的勞力造作，就如來藏而言，是超越了身體和語言勞力造作的法，不需要由身體和語言來勞力造作，而且如來藏的本質超越了因，超越了果，超越了內心的思維，也不能夠用什麼方式去把它比擬出來。

第二項

前面提到，不管在不清淨的眾生階段或是在清淨的佛陀階段，如來藏都遠離了勞累的造作，遠離了取捨，也遠離因果，接著要進一步用比喻來解釋說明，有三個句子：

།འདི་དག་བྱང་ཆུབ་སེམས་ཀྱི་ངོ་བོ་སྟེ།
此等皆為菩提心本質

།ཉི་མ་སྒྲིབ་དང་མུན་པས་མ་བསྒྲིབས་ལ།　　།གློ་བུར་མ་བྱས་དབྱིངས་ན་རང་གིས་གསལ།
雲朵黑暗不覆蓋旭日　　偶然不作於界自然明

內心實相如來藏在清淨的佛陀階段存在，在不清淨的眾生階段也存在，不管在什麼時候都離開勞累的造作，這種情形就像天空的太陽，太陽早上從東方出現了，中午到了天空正中，晚上時又沉沒下去了，當早上太陽出來時，太陽自己的本質沒有沾染到雲朵，也沒有沾染到黑暗；日正當中時，太陽自己的本質也沒有沾染到黑暗，也沒有沾染到雲朵；黃昏日落西山後，太陽自己本身的本質仍然沒有沾染到雲朵，也沒有沾染到黑暗。

為什麼呢？因為就太陽而言，雲朵和黑暗只能算是後天偶然形

成，在最初太陽形成時，太陽自己的本質就是明晰的，雲朵黑暗等是後來才出現，是屬於偶然出現的法，因此雲朵和黑暗出現的時間就不固定了，當然不能夠遮蓋住太陽。

同樣的道理，偶爾出現的煩惱也不能夠遮蓋住本來就存在的如來藏本身，不管在什麼時候，如來藏都非常明晰，絲毫沒有遮蓋，就像太陽不管在什麼時候都是明亮的，沒有任何遮蓋。不過就世俗的說法，會說：太陽被雲朵遮住了或太陽沒有被雲朵遮住；電視天氣預報也會說明天是下雨天或陰天，太陽被遮住了。世間的說法是這樣，不過若我們仔細分析，這種說法實際上是錯誤的，雲朵也好，黑暗也好，其實都不可能遮住太陽，看起來好像雲朵把太陽遮住了，但是就太陽自己本身而言，無論何時都不會有黑暗。

同樣的道理，在顯教乘門、密咒乘門開示到內心的實相本來完全清淨，偶爾所形成的蓋障煩惱這個部分，要靠積聚資糧、消除罪障，把它去除掉，使它和如來藏分開，會這樣開示。不過如果我們用邏輯推理仔細分析，這個說法其實是錯誤的，因為基如來藏內心的實相不管在什麼時候在什麼段落，始終和偶然的煩惱是分開的，偶然的煩惱根本都沒有蓋住如來藏。

第三項

內心的實相雖然如此，不過對鈍根者仍然要講說十種自性的法，但阿底瑜伽的行者應當瞭解，其實這些內容是錯誤的，它是一種阻礙。

覺性的本質，前面用太陽做比喻，就太陽自己的本質，沒有黑暗也沒有雲朵去遮蓋它，相同的道理，內心的實相也沒有業力煩惱

去把它遮蓋住，覺性的本質當然是這個樣子。不過針對鈍根器的所調伏眾，為了令他證悟內心實相，因此佛陀開示十種法教的內容，這些內容對於淺慧者、末等根器者有很大的用處，除此之外，對於上等根器、利根行者、阿底瑜伽的弟子所調伏眾而言，就要了解這十種法教實際上是錯誤的方式，也是一種阻礙的方式。針對這個內容有五個句子：

|ཚུལ་ཞེན་སྒྲུབ་པའི་ཆོས་བཅུ་གང་བསྟན་པ། || རྩལ་ལས་སྒྲོ་འཕེལ་འཁྲུལ་རྟོར་གསུངས་པ་ཞིག |

任示十種勤力實修法　　力道所成偶惑方面宣

|རིམ་ཚུལ་དབང་པོའི་རིམ་ལས་འཇུག་པའི་ཐབས། ||ཨ་ཏི་ཡོ་ག་རྡོ་རྗེ་སྙིང་པོའི་དོན། |

漸勤根器漸次趨入方　　阿底瑜珈金剛心要義

|རྗེ་བཞིན་རྣལ་དུ་འབྱོར་ལ་བསྟན་པ་མིན། |

非於如理平穩者開示

身體和語言方面勞力造作的十種法教，見地第一項，觀修第二項，行持第三項，成就果位第四項，地道的功德第五項，壇城的設置第六項，生起次第的觀修第七項，圓滿次第的觀修第八項，請求灌頂第九項，守護誓言第十項。這十種實修方式都是屬於身體和語言方面的勤勞造作，所以這十種法教算是偶然的法，是為了引導鈍根淺慧的所調伏眾，他們不能夠直接趨入阿底瑜伽的教法，不能夠直接了悟阿底瑜伽的意義，因此產生了迷惑錯亂很多誤解，在這種情況下，佛陀為了利益他們，就對他們開示見地是這樣、觀修要如此、行持要怎樣做、果位是什麼、如何晉登地道、如何設置壇城、如何觀想生起次第、如何觀想圓滿次第……。

實修者的根器當然有許多類型，有些類型是一步一步按照次第而實修，有些是直接進入阿底瑜伽做實修。十種法教的內容是指按照次第趨入阿底瑜伽的這種實修者而言，按照次第逐漸進步，因此開示十種法教內容，引導他們進入阿底瑜伽。如果是就阿底瑜伽金剛心要的意義而言，對能夠直接了悟內心實相的一個行者，佛陀不會、也不必去開示這十種法教的內容。

第四項

本段落要談九乘次第的區分類型及觀修方式。由於鈍根所調伏眾不能夠直接證悟內心實相，佛陀爲了利益這些弟子，不僅開示了十種法教，也開示了九乘次第的內容，首先要講前六個乘門。針對這個內容，有六個句子：

།རིམ་འཇུག་རྩོལ་བ་ཅན་གྱི་གང་ཟག་རྣམས། །ཆོས་ཉིད་གདོད་མའི་དབྱིངས་སུ་དྲང་བའི་ཕྱིར།
漸趨具勤力之士夫眾　引入法性本然界之故

།ཉན་ཐོས་རང་རྒྱལ་བྱང་ཆུབ་སེམས་དཔའི་ཐེག །ཆུང་ངུ་གསུམ་ལ་བསྟན་པའི་རིམ་པ་སྟེ།
聲聞獨覺菩薩之乘門　於三低乘講述次第也

།ཀྲི་ཡ་ཨུ་པ་ཡོ་ག་རྣམ་པ་གསུམ། །འབྲིང་པོ་གསུམ་ལ་རང་བཞིན་བབས་ཀྱིས་གྲུབ།
吉雅鄔巴瑜珈三種類　三種中乘落於自性成

「漸趨」指按照順序來趨入而做實修。如果要實修證悟佛果，當然有遠的道路和近的道路，遠的道路成就佛果要經過非常久遠的時間，譬如小乘的道路和大乘的道路，以小乘的道路而言，首先要按照順序逐漸地實修，這輩子證得羅漢果位，然後在涅槃之中要安

住非常長久的時間，才進入大乘的資糧道，然後又按照順序逐漸地做實修，再經過非常長久的時間，之後成就了佛果，這是小乘的道路；如果是顯教乘門中的大乘，先聞思修大乘的教法，這輩子得到了資糧道，之後逐漸進步，也要經過非常久遠之後才能成就佛果。

小乘和顯教乘門的大乘道路，都是一個遙遠的道路，其中小乘的道路還要更加遙遠，就顯教的大乘而言，比起小乘的道路當然算是近的道路，但是整體而言，仍然是屬於一個遙遠的道路。

一般來講，密咒乘門是近的道路，是快速的道路，但是即使是近的道路裡，有些道路也要經過十六輩子才能夠成就佛果，有些道路七輩子能夠成就佛果，有些道路三輩子能夠成就佛果，有些道路這輩子、這一個身體就能夠成就佛果，仍然有這些差別存在。

總而言之，九乘教法裡，前面的八個乘門目標都是放在為了要證悟阿底瑜伽的意義而開示，開示的目的是引導弟子按照順序逐漸進來，最終指向證悟阿底瑜伽的意義，因此開示前面八個乘門是非常有必要的。

在八個乘門之中，聲聞、獨覺和菩薩乘門這三個是屬於顯教經教性相乘門，這經教性相乘門裡，聲聞和獨覺所觀修的內容最主要是四聖諦。佛陀最初開示教法時，講述四聖諦的內容，其中苦諦和集諦兩項，應當把它當作仇敵一樣，要斷除掉，如果不能夠滅掉苦諦和集諦，那絲毫不可能得到安樂，所以，對於苦諦和集諦，執著這是所應斷而實修。

然後對於道諦和滅諦，滅諦的性質屬於快樂，如果要得到這一個究竟的安樂，靠的方法就是道諦，所以，這個是能得者，把道諦和滅諦當作是能得者。但又產生一個執著，是我需要的、是好的，因此

有取和捨，在取和捨的想法下觀修這個道路。所以，相對基如來藏而言，佛陀所開示的這個方式其實是一個錯誤、迷惑錯亂的道路。

　　其次，就所調伏弟子的根器而言，也分成鈍根、中根和利根。針對鈍根裡的鈍根，佛陀開示聲聞的教法，針對鈍根裡的中根，開示獨覺的教法，針對鈍根裡的利根，講述菩薩乘門的教法，這個是屬於鈍根的三種乘門。

　　針對中等根器的弟子，開示了什麼內容呢？又分成三種，針對中等根器裡的鈍根開示了事續，針對中等根器裡的中根開示了行續，針對中等根器裡的利根開示了瑜伽續的教法，事續、行續和瑜伽續是屬於中等根器的三種乘門。

　　事續的實修方式，在觀想生起次第時，本尊至為殊勝像國王一樣，如此緣想之後再觀想自己，自己是屬於低劣者，緣想自己是凡夫俗子，隨後進行實修，因此有好壞高低之別。這種實修方式對如來藏而言，也是錯誤、迷惑錯亂的方式。

　　佛陀所開示的行續的內容，是實修者把本尊和自己當作像兄弟一樣，沒有高低的差別，只有一點點差別，以這種緣想，隨後進行實修。就如來藏而言，這種觀修的方式仍然是錯誤、迷惑錯亂的道路。

　　瑜伽續的實修方式，見地和行續類似，都是緣想本尊和自己像兄弟一樣，沒有好壞高低的差別，以這種方式進行實修，緣取本尊和自己好壞差別幾乎不存在，比起行續而言要好一點點，但仍然出於貪戀執著而進行實修。就如來藏而言，瑜伽續的這個道路仍然是錯誤、迷惑錯亂的道路。

　　前面所說的這一切的乘門，實際上只是為了要朝向證悟阿底瑜伽的實相，在前面先做一個準備，為了這個原因而開示。

第五項

　　九乘教法前面講了六個乘門，接著要講說內密咒三個乘門的內容。密咒乘門分成外密咒乘門和內密咒乘門兩種類型，內密咒乘門就是瑪哈瑜伽、阿努瑜伽、阿底瑜伽。針對這個內容，有四個句子：

མ་ནུ་ཨ་ཏི་རྣམ་པ་གསུམ།	ཆེན་པོ་གསུམ་ལ་གདོད་ནས་སྣང་བ་སྟེ།
瑪哈阿努阿底三種類	三種大乘本然所顯也
རྒྱུ་འབྲས་ཐེག་པའི་ཆོས་ཀྱི་སྒོ་དབྱེ་བས།	སྐལ་ལྡན་འགྲོ་བ་བྱང་ཆུབ་གསུམ་ལ་འདྲེན།
開啓因果乘門法門故	引導有緣眾入三菩提

　　瑪哈瑜伽、阿努瑜伽及阿底瑜伽這三個乘門是針對銳利根器所開示的教法，但利根之中也分成三種，針對利根裡的鈍根弟子講述瑪哈瑜伽，針對利根裡的中根弟子開示阿努瑜伽，針對利根裡的利根弟子開示阿底瑜伽的教法。

　　在阿底瑜伽前面所談到的這些教法這些乘門，都沒有超越因果理論，都是由因果的本質可以成立的這樣子的法教，根據因果的理論，具有緣分者，順著各自的緣分，按照前面乘門的內容去做實修，因此能夠引導有緣眾得到各自乘門有緣分的果位。

　　譬如聲聞種姓的弟子，他有緣的道路是小乘的道路，按照小乘的道路實修，因此得到自己有緣份的小乘的菩提果位；如果是大乘種姓，和自己有緣份的道路是大乘的道路，順著大乘道路實修的內容，例如六度、五道、十地等逐漸地進步，之後就得到自己緣分的大乘的菩提果位；密咒乘門也一樣，密咒乘門有緣份的弟子，順著自己的緣分實修密咒乘門，走密咒乘門的道路，得到密咒乘門的果位。

其中，小乘的果位是屬於暫時的果位，不是究竟的果位。顯教的大乘乘門所得到的果位和密咒乘門所得到的果位，兩者之間並沒有差別，但得到佛果時間的快慢就有很大的差別，大乘顯教要得到果位必需經過非常長久的時間，密咒乘門要得到果位只要很短暫的時間。

總而言之，瑪哈瑜伽的教法仍然是屬於身體和語言方面的勞累，勤勞的造作，屬於勤作實修的一個乘門；阿努瑜伽主要是實修圓滿次第，觀想身體內三脈四輪的情況，實修方式仍然是屬於身體語言方面的勤勞造作。因此，從大圓滿阿底瑜伽的教法來看，瑪哈瑜伽和阿努瑜伽仍然是屬於一個小小的迷惑錯亂的道路，仍然和前面小乘、顯教乘門的大乘，或者是事續、行續、瑜珈續一樣，都是屬於按照順序逐漸實修的道路，屬於迷惑錯亂的性質。

第六項

從聲聞乘門到阿努瑜伽這八個乘門，都是爲了要證悟阿底瑜伽的見地而做的開示，可以說是爲了要趨入金剛心要乘門做一個準備，是金剛心要乘門的入門，而金剛心要的乘門就是阿底瑜伽。針對這個內容，有四個句子：

ཀུན་ཀྱང་མཐར་ཕྱུག་རྡོ་རྗེ་སྙིང་པོའི་དོན།	ཁམས་ཆེན་རབ་ཏུ་བྱུང་འདིར་འཇུག་དགོས་པས།
諸亦究竟金剛心要義	需趨入此希有大密故
ཀུན་གྱི་རྗེ་མོ་འོད་གསལ་མ་ཚོག་མི་འགྱུར།	མཚོན་པར་བྱང་ཆུབ་སྙིང་པོའི་ཐེག་པར་གྲགས།
一切之頂勝光明未變	名傳現證菩提心要乘

「諸」是指前面第一個乘門到第八個乘門的意思，這些都只是暫時方面所做的開示，為什麼要做這些暫時的開示呢？這一切都是為了要趨入究竟金剛心要的意義，趨入阿底瑜伽這個稀有大密的教法之故，所以前面要講述八乘教法。

阿底瑜伽的教法可以說是一切乘門的最頂端，超越了因果，超越了勤勞造作的方式。就內心實相的本質而言，本然自成，它是本然的光明，它是本智，因此超越了常和無常二邊，不管在什麼時候絲毫都不會改變，這是阿底瑜伽的教法所要講的內容。就阿底瑜伽的教法而言，可以說是現證菩提，現證菩提是佛果，菩提已經現證出現了，所以說是佛果，要得到現證佛果的這個果位，主要靠的就是阿底瑜伽的教法。

第七項

於此二者中，講說勤作之次第；在兩種類型裡，首先要說明勤作的次第。

兩種類型是指什麼呢？從聲聞乘門到阿努瑜伽八個乘門，是屬於因果勤作的乘門，經由因果的理論來進行勞累造作實修的乘門，這是針對鈍根淺慧者而開示的教法，這是第一種。第二種是阿底瑜伽的教法，是超越因果勤作乘門，針對上根利根者而開示的教法。阿底瑜伽前面的乘門可說是屬於身體和語言方面都勤勞造作的乘門，是屬於迷惑錯亂的乘門，而阿底瑜伽的教法不屬於勞累造作，它是沒有迷惑錯亂的乘門。

ཆོས་ཀྱང་གཉིས་ལས་བླང་དོར་རྩོལ་ཅན།　རྩལ་ལས་རོལ་པར་ཤར་བའི་རང་བཞིན་གྱི།

法亦由二具取捨勤作　　　　力道出現遊戲之自性

སེམས་དང་སེམས་བྱུང་བག་ཆགས་སྦྱང་ཕྱིར་བསྟན།　དེ་དག་སེམས་ལས་ཡེ་ཤེས་དག་པར་འདོད།

淨心心所習氣故開示　　　　承許彼等離心淨本智

　　「二具取捨勤作」就是把乘門分成取捨勤作的乘門和超越取捨
勤作的乘門兩種。首先第一種取捨勤作的乘門是指「力道出現遊
戲」，這個力道是指妄念，剎那顯現、剎那一閃而逝，因此，才會
出現五根、五境等，這些就是屬於遊戲，從眼識、耳識、鼻識，一直
到意識，是屬於心王，另外就是信心、悲心等屬於善的心所，除此之
外，還有不善的心所，好和壞的心所合在一起，共有五十五種心所。

　　前面的八個乘門、取捨勤作的乘門，認為心王和心所是煩惱雜
染在一起，是屬於煩惱的性質，因此要使它淨化，為了使它淨化，
做各種修心的實修，慢慢地把心滅掉，之後會得到清淨的本智，如
此主張，這是屬於下乘門。

第八項

　　前面第七項講的是取捨勤作的乘門，第八項就要講說超越了因
果勤作的乘門是什麼內容？也就是講說阿底瑜伽的本質。

བྱང་དོར་བྱ་རྩོལ་མེད་པའི་ཆོས་ཆེན་ནི།

無有取捨勤作大法者

རང་བྱུང་ཡེ་ཤེས་བྱང་ཆུབ་སེམས་ཉིད་ཀྱི།　དྷོ་བོ་བཏད་དྲང་དང་ལས་མ་གཡོས་པར།

天然本智菩提心性之　　　　本質端正狀態不曾動

|མཚོན་དུ་བྱེད་པས་གཞན་དུ་ཚོལ་མི་དགོས། །རང་ལ་བཞག་ནས་གཞན་དུ་འཚོལ་མི་བྱེད།
　　現實證得故未需他勤　　置於自己而未需他尋

　　首先就阿底瑜伽的教法而言，也沒有說要取得的功德是什麼，應斷的煩惱是什麼，因此沒有成立有取、有捨兩方面的情況，也沒有說因和果的理論。

　　阿底瑜伽本身屬於天然本智，天然本智就是菩提心，也就是內心的實相。因此，只要安住在自己的本質上，安住在內心實相上，那超出這個範圍之外的身體也不存在、語言也不存在、心意也不存在。所以，只要安住在內心實相，就能夠現證內心實相，如果現證內心實相，那就不需要去尋找在內心實相之外的佛，也不需要去尋找在內心實相之外的果位。

　　實際上，佛以及果位這一切原來就在內心實相上，所以安住在內心實相上，現證內心實相也就足夠了，不必離開內心實相到別的地方去尋找佛、尋找果位。所以在金剛心要的意義裡，佛身、佛智、佛功德這一切早就已經自然形成了，因為自然形成，所以並不是像因和果的理論一樣，累積了因之後才能形成果，得到一個果位，也不是我透過身體和語言的勞累造作之後才能得到它，使它形成。

第九項

　　要講說二者的差別。二者是指因果勤作的乘門和超越因果勤作的乘門，小乘到阿努瑜伽之間屬於第一種類型，是因果勤作的乘門；阿底瑜伽屬於第二種類型，是超越因果勤作的乘門。兩者的差別是什麼？講說這內容，有五個句子：

།འདི་ནི་ཉི་མའི་ངོ་བོ་དེ་ཉིད་དོན། 　　།རང་གསལ་འོད་གསལ་མི་གཡོ་གནས་པར་འདོད།

此者日之本質眞性義　　　許爲置己光明未動住

།གཞན་ནི་སྤྲིན་དང་མུན་སེལ་རྩལ་སྦྱར་གྱིས། 　　།ཉི་མ་གདོང་སྤྲུག་ཕྱེད་དང་མཚུངས་པར་བཤད།

他者除雲與闇以勤修　　　述其同於方才成旭日

།དེས་ན་འདི་གཉིས་ཁྱད་པར་གནམ་ས་བཞིན།

彼故此二差別天地般

　　阿底瑜伽是超越因果勤作的乘門，用個比喻來講就好像是太陽，就太陽自己的本質而言，最初形成時光亮就已經存在了，而且這個光亮不管在什麼時候始終都不曾改變，可不可能太陽存在但沒有光亮？不可能！相同的道理，就阿底瑜伽而言，內心實相存在時，佛身、佛智、佛功德同時存在。

　　從小乘乘門到阿努瑜伽屬於因果勤作的乘門，他們的主張就不是如此，他們主張太陽的光會被烏雲遮蓋住，把烏雲和黑暗去除掉之後，太陽的光才會出現。簡單來講，就是主張內心實相沒有佛身、佛智、佛功德，必須靠著把業力煩惱消滅掉之後，才形成佛身、佛智、佛功德。

　　不過要了解這些都是執著，這個執著有粗細之別，小乘和顯教乘門主張內心的實相沒有佛身、佛智、佛功德，這個方面的執著很粗糙很大；外密咒和內密咒裡，有一些主張內心的實相雖然有佛身、佛智、佛功德，不過必須把煩惱滅掉之後它才呈現出來，這個執著是比較細分的執著。雖然八個乘門內部各自的主張有很大的不同，不過從他們都有執著的角度來看，把他們當作全部都一樣。

第十項

　　講說不能夠區分「天然本智」和「他生妄念聚」二者的愚昧無知。講說這內容，有六個句子：

།དེང་སང་ཨ་ཏིར་རྩོམ་པའི་གླང་ཆེན་དག།　　།འབུ་འཕྲོའི་ཏོག་ཚོགས་བྱང་ཆུབ་སེམས་ཡིན་ལོ།
　　　近代自詡阿底大象眾　　　　　　下浮妄聚云爲菩提心

།རྨོངས་པ་འདི་ཀུན་མུན་པའི་ཁྱོན་ཉིད་དང་།　　།རང་བཞིན་རྫོགས་པ་ཆེན་པོའི་དོན་ལ་རིང་།
　　　此諸愚蒙黑暗界即與　　　　　　自性大圓滿義實遙遠

།རྩལ་དང་རྩལ་ལས་ཤར་བའང་མི་ཤེས་ན།　　།བྱང་ཆུབ་སེམས་ཀྱི་ངོ་བོ་སྨོས་ཅི་དགོས།
　　　如若未知力與由力現　　　　　　何遑論及菩提心本質

　　若不能夠區分天然本智以及他生妄念聚，便是一種愚昧，就大遍智龍欽巴尊者而言，天然本智指的是內心的實相，他生妄念聚指的是內心，不是內心的實相，兩者是有區別的。就內心而言不是天然，內心是屬於他生，爲什麼說內心屬於他生呢？因爲必須依靠對境才能夠產生，假設沒有對境存在，就不會產生內心，因此內心是他生，而且「下浮妄聚云爲菩提心」，聚是很多的意思，內心它是各種各類的妄念浮動。

　　「近代自詡阿底大象眾」，近代就是大遍智的時代，那個時代有很多上師，這些上師說自己做大圓滿的實修，開示大圓滿的教法，做大圓滿的指導，但實際上很多都是錯誤的講解，這種上師就像大象一樣。

　　爲什麼用大象作比喻？因爲在沒有飛機沒有汽車的古代，國王出去時，最好最有威嚴的就是騎乘大象，國王所騎乘的大象當然披

著珍貴的綾羅綢緞，戴上金銀珠寶裝飾品，打扮得非常美麗，但是無論如何牠還是動物，仍然愚笨無知。

近代開示大圓滿的上師也像這樣，外表穿著上師衣服，戴著上師帽子，坐在高高法座上看似威嚴，非常美麗，不過當他開示教法時，卻說內心實相和內心二者一樣，他不能夠區分清楚天然本智以及他生內心二者，所以他和大象一樣，外表莊嚴華麗，內心愚昧無知。

這些像大象的上師開示說，就內心妄念而言，它僅僅只是浮現出來，所浮現出來的這些妄念和內心實相一樣，但實際上根本不是如此，當然在一些書裡也會做這種講解，說「五毒煩惱這個內心它的本質是內心實相」，但事實上，在這種段落裡討論到內心五毒煩惱時，不能直接從字面來了解，必須從它的背景來了解，如果把內心五毒煩惱直接解釋成內心實相，這樣開示大圓滿的道路，那是愚笨無知，這種情況不能夠了悟大圓滿的見地，僅僅只是進入黑暗之中。

而且這些像大象的上師，也不能夠區分清楚「力道」和「力道所現」，由力道所呈現出的就是遊戲，如果只是力道，不會造業，因為力道就是妄念浮現，僅僅只是偶爾浮現、暫時出現而已，這種情況稱為「力道」，所顯也是如此，因為力道是妄念偶爾浮現，因此形成所顯，所以所顯也僅僅只是偶爾浮現、暫時出現而已，這種偶爾出現的力道或者是所顯，根本不會造業。

帝若巴曾經對那若巴說：「兒子，所顯不會束縛，執著才會束縛，應當要斷除執著。」所顯現的這些景象根本不會造成輪迴的束縛，讓我們束縛在輪迴裡的力量是執著，顯現的景象出現時，覺得這個景象非常好，我要得到，或是覺得這個景象非常壞，我要丟

掉、要離開，把所顯執著成好壞高低，這種執著很多後就會形成
輪迴的束縛，所以力道是指內心的妄念偶爾浮現，一點一點浮現，
這種情況不會造業，僅僅只是出現而已，若對所出現的部份產生貪
執，才會造業，對於所顯的妄念，對於力道浮現的部份，已經形
成執著、形成貪執的那個時候稱為「力道所現」，力道所現就稱為
「遊戲」。

第十一項

天然本智是什麼？要詳細地做一個解釋。

前面談到把內心與內心實相當做是相同的一個，那是愚昧無
知，應當要避免。內心和內心實相不一樣，所謂的「心」都是指妄
念，不是內心實相。既然心不是內心實相，那內心實相是什麼？在
這裡要再做一個詳細說明，有九個句子：

此處本然清淨菩提心	勝義法界法性眞諦者
離言絕思勝慧到彼岸	自然未動自性光明刹
本然已離下浮之戲論	謂本質矣如日精華般
彼力道者現理不遮滅	覺性通澈已離尋伺二

朗朗明晰亦無取無執

　　內心的實相在前面解釋了很多，主要是因爲它非常重要，可以說，我們一切所要了解的內容，所要最重視、最強烈追求的就是內心實相，因此，才會一直討論，再三說明，現在又要解釋了。

　　內心實相到底是什麼呢？內心實相是本然清淨菩提心，本來最初的時候，它就是自然形成，它就是清淨的，所以本然清淨的菩提心就是內心實相。這個本然清淨的菩提心、內心實相，不能夠用任何名字去說明它，也不能夠用我們的心去思維它，可是爲了使所調伏眾能夠了悟，仍然用很多名字去說明，把內心實相稱爲菩提心，稱爲勝義諦，稱爲法界，稱爲法性，稱爲眞諦，稱爲離言思詮，有各種不同的名詞，都是去描述說明內心實相。

　　在《根本慧論》談到：「離言思詮勝慧到彼岸，不生不滅虛空本質性。各各覺己本智所行境，頂禮三時勝利者之母。」就用「勝慧到彼岸」來講內心實相，所以頂禮三時勝利者之母，頂禮內心實相。

　　不過不管怎麼講解、怎麼描述，「自性光明刹」，實際上內心實相自己本身仍然絲毫沒有動搖，沒有改變，所謂的動搖改變是指無常法，無常法刹那壞滅，不斷地在改變，但是內心實相則絲毫沒有改變，沒有任何動搖，不管用什麼名字去描述它，它本身仍然沒有任何改變，這就是內心實相，也就是本智，也就是光明。

　　就內心實相而言，當然也浮現出很多的妄念，或者說把妄念收攝回來，當然有很多這種現象，不過這些都是戲論，即使有出現這麼多的戲論，就內心的實相而言，本來早就遠離這些戲論，本來自然就沒有沾染到這些戲論，像這樣的一個內心實相，不能用任何言語去解釋它，可是爲了讓所調伏眾了解，還是要用比喻去說明，所用的比喻，「如日精華」，爲什麼像太陽一樣？這在前面也做了

許多解釋，當太陽形成時，它的光明就已經存在了，太陽的光一直有，不會有時候有，有時候沒有，只有雲朵的有和無，會形成光出現還是不出現，這個部分有差別，可是就太陽自己而言，有時候有光有時候沒有光的這種差別不會出現，永遠都有光存在。

內心的實相也是如此，內心的實相，佛身、佛智、佛功德已經完全齊備，圓滿具足，本然存在，永遠存在，「有時候有，有時候沒有」的情況根本不會出現，不過因業力煩惱的蓋障之故，佛身、佛智、佛功德能出現還是不能出現，這個部份有區別。

「彼力道者」，因為有內心實相才有力道，只要力道存在，「現理不遮滅」，現理的部份是妄念，由力道呈現出來的部分，妄念不會遮滅，一定會自然的出現。

我們從早上醒來到晚上睡覺之間，除了睡覺時不醒人事之外，從早上到晚上，內心的妄念一分一秒都沒有中斷過，可見妄念非常地多，因此妄念的浮現其實根本不會遮滅掉。但是，就內心的實相而言，本質絲毫都沒有沾染到這個業力煩惱的這些妄念，所以「覺性通澈已離尋伺二」，因此內心的實相就是覺性，覺性自己的本質通澈，已離尋伺這二者。尋思和伺察都是屬於妄念，但是有所差別，為什麼稱之為二者？因為出現了差別，對於某一個法粗略的進行執取，稱為「尋思」，對於已經粗略去執取的這個法，再進一步地做一個比較細緻的執取，認為它是新的，它是舊的，它是好的，它是壞的……，稱為「伺察」。所以尋思是粗分的部份，伺察是比較細分的部份，二者都是屬於妄念。

就內心實相而言，內心實相自己不沾染到任何妄念，當然也沒有尋思跟伺察這二者，早就已經遠離了，所以，內心實相本身是自

性光明，不會有所取境和能執心存在，已經遠離了能所二執這二者，如果有能所二執存在，就稱爲「內心」，內心一定是能執之心和所取之境；如果遠離能所二執，沒有能執之心和所取之境，才稱爲「內心實相」。

第十二項

針對「大悲的力道」和「取執的妄念」二者的區分，做一個解釋。

就內心的實相而言，三身的本質原來已經完全齊備具足，齊備的情形像什麼樣子呢？內心的實相空分的部份是法身的性質，明分的部份是報身的性質，大悲力道的部份是化身的性質，不過在這裡所要說明的不是三身的部份，是指就大悲力道化身的部份解釋，這個大悲的力道和取執的妄念（執是指能執之心，取是指所取的對境）還是有區別存在的，區別的情形是什麼呢？有七個句子說明：

|ཆལ་ལས་ཁར་བའི་རིག་པ་རྩོལ་པའི་ཁྲོ།

力道出現覺性戲論知

|དེས་བཀྱེད་གཟུང་འཛིན་བག་ཆགས་སྣ་ཚོགས་ཅན།

彼生種種取執之習氣

|ཡུལ་མེད་ཡུལ་དུ་གཟུང་བའི་ཡུལ་ལྔ་དང་།

無境取爲對境五對境

|བདག་མེད་བདག་ཏུ་འཛིན་པའི་ཉོན་མོངས་ལྔ།

無我執爲有我五煩惱

|ཕྱི་ནང་སྣོད་བཅུད་འཁྲུལ་སྣང་དེ་སྙེད་དེ།

外內情器盡所有惑顯

|འཁོར་བར་སྣང་བ་ཆལ་ལས་ཡང་ཡར་བ།

顯爲輪迴亦由力道現

|མ་རྟོགས་ལོག་པར་གཟུང་བའི་སྣང་བ་ཞེད།

不悟顛倒所取之所顯

　　有時候有些人打坐或是修安止入定的時候，自自然然地內心明分突然間浮現出來，這個明分浮現出來時，不依於任何對境而出現，這是偶爾而且非常短暫的情形，如果自己不是經常做實修，不是經常打坐入定，那這個偶爾內心明分自然出現的這個部份，出現是出現了，但是不能夠認識。如果內心偶爾自然狀態之下，這個明分出現時，能夠執取這個明分，能夠在這個明分的狀態之中入定，那這個能夠持續的部份，就是內心的實相。

　　不過，當這個自然的明分出現時，以這個明分就會對事物進行執著，因此會變成取執的妄念，能所二執的妄念，這時會由這個對境因此而產生內心。這個內心，會認為這個對境是好的，那個對境是壞的；這個事物是我要得到的，那個事物是我要丟掉的，由這些執著會形成很多習氣，由這些習氣之故，因此緣取對境，沒有色法執著為有色法，沒有聲音執著為有聲音，沒有氣味執著有氣味存在，沒有智慧執著為有智慧存在，沒有觸覺執著為有觸覺存在，沒有對境卻執取為有這個對境存在，因此形成了色、聲、香、味、觸，五種對境。

　　其次，沒有我但是執著有我存在，因為執著有我存在，逐漸就形成五毒煩惱，一般藏文裡談到的五種煩惱是貪戀、瞋恨、愚癡、傲慢和嫉妒，不過大乘的教法裡，大多數所談到的五種煩惱是貪戀、瞋恨、愚癡、傲慢和懷疑，嫉妒和懷疑不一樣，有一點差別。

　　由這些執著之故，因此外內情器世界，外在整個的世界，內在六道輪迴的所有眾生，這些迷惑錯亂的所顯，其實都是由力道所呈現出來的，不過力道本身卻是內心裡化身的性質。但對這一點不知道，或者是顛倒的了解，以為我所執取的對境就是這個樣子，因此

針對所執取的對境有一個了知的識去認知這個對境，所以就會形成能所的二執，這種情況就是沒有了悟對境本來的實相是什麼，認為有一個執取認知的識，它能夠去執取這個對境，對對境有所了解，這種能所二執的情況之下，其實對對境的實相沒有了解，是顛倒的了解。

現在這種取執的認知，其實產生非常的多，譬如鏡子沒有任何污垢，非常乾淨，這是比喻基如來藏，力道就是指這個很乾淨的鏡子本身，它有能夠讓各種各類的影像顯現出來的能力，這個能力稱為「力道」，因為鏡子有這個能力，各種各類的形相才能夠在鏡子裡呈現出來，由於鏡子裡所呈現出來的影像，我才知道我的臉哪裡有污垢，哪裡太胖，要怎麼去改變它，才有這種想法出現。這種產生的執著，稱為「遊戲」，之後執著會越來越強烈，想法越來越多，想要調整改變它，做的事情也越來越多，這種情況就稱為「莊嚴」。

總而言之，前面我們所談到的力道，是指覺性本身明明白白的了解的這種能力，這種明白了解的覺性，當然偶爾出現，但是它所出現的時候並不需要依賴於對境，這種偶爾出現的這個明白了解的能力，稱為「力道」，大遍智龍欽巴尊者在這裡要說明力道和能所二執有所差別。

有一些人也許因為前世積聚資糧、消除罪障的緣份不存在，對於這一點不能夠了解，譬如大實修士薩哈拉就曾經講過，動物就是動物，牠不能像人如此了解，那也是沒辦法了。

第十三項

講說對證悟的瑜伽士而言，對境所顯的這些景象都只是一個虛

幻的玩笑而已，不會有絲毫的沾染。

就已經了悟內心實相的瑜伽士而言，如果內心的一個想法偶爾出現，它僅僅只是出現，力量不是非常強大，這個時候稱為「浮現」出來的妄念，但是如果妄念出現的時候對於對境已經有了一個強烈的執著，這種妄念稱為「放射」。

浮現出來的妄念也好，放射出來的妄念也好，這個時候所執取的對境，所顯現的這些景象，其實都像是魔術師用小木片、小石頭，唸唸咒語，變出美女、變出牛羊馬等等，觀眾看得非常高興，魔術師以這個緣故就得到很多錢財，表演完畢之後，有沒有觀眾會去分析牛羊馬跑到哪裡去了？美女跑到哪裡去了？觀眾會不會這樣去分析？不會！因為觀眾都知道這些只是魔術師變出來的，觀眾在眼花撩亂的情況下所看到的景象而已，其實根本不存在。

同樣的道理，對了悟了大圓滿見地的瑜伽士而言，色聲香味觸所顯現出來的五種對境，其實和魔術師所變出來的幻相一模一樣，因此對它不會有強烈的貪戀執取，把它當做只是開開玩笑，一場娛樂而已，僅僅只是這種想法，就像觀眾看變魔術一樣去看它而已。表示這個內容，有五個句子：

不由何來不往何處去　未住何處於法性大界

悟則謂為三界盡解意　阿底自成金剛心要之

口傳普賢廣大界中現

　　當內心的妄念偶爾出現，譬如貪瞋癡傲妒等想法在內心偶爾浮現出來時，僅僅只是偶爾出現，對於偶爾出現的這些妄念，仔細分析，妄念從什麼地方來呢？其實它不會長久停留，在不會長久停留的情況下，它消失了，消失之後它又跑到什麼地方去呢？消失時，是誰使它消失的呢？

　　我們曾實修〈嗡啊吽〉，觀想六道種子字，之後唸吥使六道種子字掉落到腳底位置，之後再唸吥，使六道種子字所凝聚的投生在輪迴的業力、煩惱、習氣等全部集中在六個字上面，從腳底下排到外面去，這樣觀想實修時，有弟子會問：「那我的罪障從腳底下流出後，會不會對其他眾生造成傷害呢？」不會！因為這些罪障它其實只是一個偶爾的法，偶爾的事物，就像天空的雲朵一樣。

　　譬如在台灣天空出現的雲朵，慢慢移動後不見了，會不會有人這樣想：「台灣的雲朵跑到別國去，把別國的雲朵消滅了？」不會！雲朵消失了，跑到什麼地方去呢？沒有它跑去的地方；雲朵停留的時候，停留在什麼地方呢？也沒有它停留的地方。

　　我們內心裡偶爾浮現一些妄念、貪戀、瞋恨、愚癡等也像這種情況，但是我們並不了解內心這些浮現像雲朵一樣，偶爾出現，沒有它要去的地方，沒有它停留的地方，對這點我們不了解，因此會執著這些妄念是自性存在的，是固定不變的，是長久存在的。因為有這種執著，導致自己遇到很多困難，也許造成一個月、二個月的困難，造成一年、二年的困難，甚至有些人因為這些困難而自殺，這些都是對於這些妄念其實只是一個偶然出現的法，對於這點不了解而造成的。

　　內心貪瞋癡這些煩惱出現時，在內心也許停留一天，也許停留

一個月，不管它停留多久，我們分析一下，它是停留在我身體的哪裡？上面這個位置？下面這個位置？仔細從上、中、下任何一個區域去尋找，發現根本找不到，根本就不會存在貪瞋癡這些妄念。所以說，「未住何處於法性大界」，法性大界就是法性實相。

「悟則謂爲三界盡解意」，盡就是一切、全部的意思，業力煩惱不是只有一個兩個，如果了悟法性實相，那業力煩惱，還有不清淨的三界六道輪迴的所有眾生，所有一切的處所，對這一切全部都是完全解脫的，解脫的意思就是指它一切都是佛的性質，對這一點也能夠了解。

「阿底自成金剛心要之」，九乘次第裡的阿底瑜伽自己本身的思想開示說明了，內心的實相具足了佛身、佛智、佛功德，我們就要靠開示的教法典籍才能夠了悟這一點。

總而言之，不清淨的輪迴所顯以及清淨的涅槃所顯，這些所顯的景象在內心實相而言不會成立，但是即使不會成立，它仍然能夠出現，出現之後，由於進一步對它產生貪戀執著之故，形成了輪迴，所以我們現在才持續在輪迴之中不斷地流轉，在輪迴之中很多的迷惑錯亂。

譬如鏡子能夠出現美麗的臉和不美麗的臉，這些影像對鏡子而言，都完全能夠出現，當這些影像出現時，我們就會執著好或是壞，產生各種各類的執著，輪迴和涅槃也是這種情況，在內心實相上絲毫不能夠成立，但是它能夠出現，在出現的情況之下，因爲我們的執著因此才會形成輪迴。

第十四項

講說覺性的本質超越對境，就好像是天空一樣。

這個比喻的意思是，譬如世間之人都會說：「哦！我看到天空了。」不過即使口中說有天空存在，說眼睛看到天空，實際上對於天空了知的這個識根本不存在，了知的識不存在的原因怎麼講呢？

譬如天空，假設是用眼睛看到天空，那天空必須是色法，眼睛才能夠看到，但是天空不是色法，所以不能說眼睛看到天空；假設說我耳朵聽到天空，那耳朵耳識的對境必須是聲音，但是天空不屬於聲音，依此類推，天空不是氣味也不是滋味也不是所感觸到的，色聲香味觸都不是的話，那意思就是說天空是意識所了解的對境嗎？有人會這樣講，不過就意識所了解的對境而言，這個根門識不知道的部份由意識去了解它，根門識不知道的部分在意識偶爾短暫出現而已，意識不能夠直接去執取對境。

舉例說明，現在我們在這裡，中國是什麼樣子，印度是什麼樣子，這個時候根門識沒有看到它，可是中國是什麼樣子，在內心裡會出現，印度是什麼樣子，在內心裡也會出現，現在這個時候眼睛看不到耳朵聽不到，但是意識會出現：哦，中國就是這個樣子，印度就是那個樣子。這是在根門識不能夠執取的情況之下，在意識裡偶爾浮現出來，那就表示意識不能夠直接去執取對境，譬如中國的情況這樣，印度的情況那樣，都只是在意識上偶爾浮現出來，這個時候眼耳鼻舌身有沒有去執取對境呢？沒有！意識也不能夠去執取對境。

所以書上有這樣的比喻，意識是一個沒有眼睛的伶牙利嘴者，

我們心裡都會這樣想：哦，中國的情形是這樣那樣，印度的情況是如何如何，這就好像伶牙利嘴者講了很多，但他只是個沒有眼睛的伶牙利嘴者，其實他自己也沒有看到，所以意識自己不能夠去執取對境。

同樣的道理，內心實相本身超越了五根門識，而且也超越了對境，所以就好像是天空一樣，這個內容有六個句子：

|ཟེམ་དག་བྱང་ཆུབ་སེམས་ཀྱི་ངོ་བོ་ལ། |ལྟ་བའི་ཡུལ་མེད་ལྟ་བའི་ཆོས་སུ་མེད།
純淨菩提心之本質者   無所見境亦無能見法

|བལྟ་བར་བྱ་དང་བྱེད་པ་རྡུལ་ཙམ་མེད། |སྒོམ་པའི་བློ་མེད་བསྒོམ་བྱའི་ཆོས་ཀྱང་མེད།
皆無毫塵所見與能見   無能修心亦無所修法

|སྤྱོད་དང་སྤྱོད་པ་གཉིས་མེད་ལྷུན་གྲུབ་པས། |བསྒྲུབ་པར་བྱ་བའི་འབྲས་བུ་རྡུལ་ཙམ་མེད།
無行行持二者以自成   故無毫塵將成就之果

就純淨的菩提心（內心實相）的本質而言，超越了能見者，超越了能見的識，超越了所看到的對象，連「看到」這個行為本身，在內心實相之中也都不能夠成立。

其次，就內心的實相而言，能夠觀修的這個心不能夠成立，所觀修的對象也不能夠成立。或者說內心的實相，身體語言方面的這些行為不成立，身體語言方面的受用也不成立。所以內心的實相可以說沒有能見者也沒有所見的法，沒有能修的心也沒有所修的對象，這些都不能夠成立，因為內心實相本身的功德本然自成而存在。

因此，針對我們內心的實相，有沒有「我要經過我的身口心三門，非常辛苦努力做各種觀想實修後，才形成我內心實相的功德」這種情況呢？沒有！就內心的實相而言，它自己就是它自己，本質

只有一個，如果它自己的本質只有一個，那它到底是屬於對境還是屬於有境？如果它的本質是屬於對境，那它就不是有境，如果它的本質是屬於有境，那就不會是對境，因為它的本質只有一個，因此，對境也好，有境也好，在內心實相上根本不能夠成立；如果內心的實相它本質只有一個，它是所觀修者，那就是我們所觀想的本尊的形相、顏色等，那能修者又是誰呢？那就不是內心的實相了；如果內心的實相是屬於能修之心，那所觀修的本尊的形色，這些部分又到哪裡去了呢？因為只有能觀修的內心存在而已，因此，內心的實相它既不是能見者，也不是所見的對境，也不是能觀修之內心，也不是所觀修的對象，這些在內心的實相上全都不能夠成立。

第十五項

前面談到內心的實相就像天空一樣，但是進一步應當要了解：現在我積聚資糧、消除罪障，在五道裡慢慢提昇，在十地裡慢慢進步，之後就得到像天空一樣的內心實相，若有這種想法、這種執著也不對，因為不是由五道、十地等的提昇進步去逐漸得到它的。說明這一點，有十一個句子：

མེད་པའི་ཆོས་ལ་བགྲོད་པའི་ས་མེད་པས།	ཕྱིན་པར་བྱ་བའི་ལམ་ཡང་ཡེ་ནས་མེད།
於無之法無晉登地故	本然即無所應達之道
འོད་གསལ་ཐིག་ལེ་ཆེན་པོར་གྲུབ་ཟིན་པས།	རྣམ་རྟོག་འཕྲོ་འདུ་བསྐྱེད་པའི་དཀྱིལ་འཁོར་དང་།
光明大明點已成就故	妄念射收生起之壇城
སྔགས་དང་ཁ་ཏོན་དབང་དང་དམ་ཚིག་མེད།	རིམ་སྦྱོར་ལ་སོགས་མི་དམིགས་རྫོགས་རིམ་མེད།
咒語課誦灌頂誓言無	未緣漸攝等等無圓次

|ཡེ་ནས་གྲུབ་ཅིན་སྐུ་དང་ཡེ་ཤེས་ལས། |འདུས་བྱས་གློ་བུར་རྒྱུན་བྱུང་རྒྱུ་འབྲས་མེད།
本然已成而於身本智　　　　　有爲偶然緣生因果無

|འདི་དག་ཡོད་ན་རང་བྱུང་ཡེ་ཤེས་མིན། |འདུས་བྱས་ཞེན་ཕྱིར་འཇིག་པ་ཞིན་དང་ནི།
此等若有非天然本智　　　　　謂曰有爲之故壞以及

|རྒྱུན་གྲུབ་འདུས་མ་བྱས་ཞེས་གང་སྣང་མཚོན།
自成無爲矣也故表示

　　就萬法不能夠成立之故，因此並沒有說我要如何從五道一個段
落一個段落慢慢地進步，沒有這種情況，「本然即無所應達之道」，
本來已經是佛，因此我要得到佛果的這個道路，五道就不會存在。

　　所謂的道路是指我要到某一個目的地去，能夠到達某一個目標
的那個路，我們把它稱爲「道」，只要走在這道上就可以到達我的
目標，因此，在我本然不是佛的情況下，我要走一個道路之後去成
佛，這個時候才需要道路，如果本質上已經是佛，那要成佛的那個
道路還需不需要呢？不需要！因爲本來就已經是佛了，成佛的道路
當然也就不需要了。

　　譬如我已經在這個房間裡，還需不需要走在道路上呢？不需
要！若是現在我人在外面，要到這個房間裡，那就需要道路了。

　　就內心的實相而言，它是本然的光明，它的本質只有一個，因
爲本質只有一個，這些好壞高低善惡，這些戲論、這些妄念等絲毫
不存在，早就已經除去了。因爲這些妄念都已經除去，所以譬如我
們觀修壇城、觀想本尊，要用這個妄念射收，妄念出現之後，觀想
本尊的形相如何，壇城的形相如何，還要念誦咒語的課誦，百遍千
遍萬遍，還要去請求灌頂，還要去守護誓言，這些都不能夠成立。

而且我觀想本尊壇城，內容很多形成了之後，這些本尊壇城的形相還要按照次第逐漸地收攝，這是圓滿次第，這也是不能夠成立。

如果所討論到的這些都不能夠成立，那能夠成立的到底是什麼呢？內心的實相上，能夠成立的就是佛身、佛本智等功德，早就已經形成而且能夠成立。

因此，內心實相不是一個有為法，不是一個無常法，不是因緣所生而形成。如果內心實相它不是有為法，不是由因緣和合所形成，因此它也不是偶爾出現的法；如果它是一個有為法，是偶然而出現的法，是由因緣所形成，那就不能說內心實相它是天然本智。

假設內心實相不是天然本智，首先，就佛陀所說的佛經而言，就違背了第三法輪裡所講的內容；其次就博士的論點而言，慈氏彌勒在《寶性論》裡也開示很多「內心實相是天然本智」，那也違背了這個部分；還有在中轉法輪時，佛陀曾經開示「心者內心不存在，心之自性為光明」，那和這個教法也相違背了；還有，在大圓滿的教法裡很多開示「內心實相就是天然本智」，那這也和教法相違背了。

假設內心實相不是天然本智，這樣講的話，那佛就會變成無常法，如果佛變成有為法、無常法，那表示究竟的果位也是無常法、有為法，不能夠堅固穩定，因此也不能夠信賴究竟的果位，就不能夠產生「哦，這是一個究竟的安樂，它絲毫都不會改變，這是我要追求的目標」這種想法了，會變成這樣的一個情況。

一般來講，不能夠信賴有為法，就是因為它剎那在毀壞，經常在改變，不是堅固穩定的，所以我們不能夠信賴它。可能早上存在晚上就沒有了，今天存在明天就沒有了，這個月存在下個月就沒有了，既然它經常在改變，不是穩定的，那不能夠信賴它；如果它是

絲毫不會改變，那它就不會是無常法了。

其次，內心的實相也不是因緣和合所形成，如果它是因緣和合所生成，那它會毀壞、會消失不見，因緣聚集它存在，因緣不聚集它就不見了。如果是這樣，那我爲什麼要辛辛苦苦非常勞累，歷經無數劫的時間去得到佛果呢？不需要如此精進努力啊！因爲當我得到佛果，過不久之後，因緣消失佛果就不見了，那我歷經無數劫的辛苦努力去得到它，就沒有意義了，就不需要了。

所以，一定要承認、一定要主張，佛果本身它是不會毀壞的，它是一個無爲法；而且必須要主張，在不清淨的輪迴眾生時就已經有了。假設是輪迴眾生的時候沒有，後來才形成的話，那是由因緣凝聚所形成，那它就是一個無常法。既然它不是一個無常法，它是一個不會毀壞、永恆不變的一個無爲法，就應當在輪迴眾生不清淨的階段已經存在，它是恆常存在，永恆而不會改變的，應當這樣主張。

因此，內心的實相它是佛果，這個佛果本身是自成而無爲，在很多書裡都曾經談到過，如果內心的實相不是天然本智，那和前面所談到的這些內容，全部都相違背了。

第十六項

將前面所有內容做個總結，就內心實相而言，它超越了原因的性質，超越了果的性質，也超越了任何的勤勞造作的性質，超越了這一切，有四個句子：

དེ་ཕྱིར་དོན་དམ་དབྱིངས་ཀྱི་ངོ་བོ་ལ། ｜ རྒྱུ་འབྲས་ལས་འདས་རང་བཞིན་རྣམ་བཅུ་མེད།

是故勝義法界之本質　　越離因果無十類自性

།ཚུལ་དང་སྒྲུབ་མེད་སེམས་ཉིད་རྣལ་མའི་དོན། ཡོད་མེད་སྤྲོས་ཀུན་ཞི་བར་མཐིན་འཚལ་ལོ།

無勤無修心性平穩義　有無戲論止息請通達

「是故」是指因此之故，因爲前面講了很多，所以可以這樣講，歸納總結：就勝義法界之本質（內心實相）而言，它超越了原因的本質，超越了果的本質，爲什麼呢？因爲內心的實相是一個無爲法，既然是無爲法，就超越了因、超越了果。而且沒有見地、觀修、行持、果位、地道、壇城、生起次地、圓滿次地、灌頂、誓言這十個項目，換句話說，這十個個項目也不能夠成立。

所以內心實相的本質超越了因，超越了果，超越了勤勞造作，超越了十種項目的性質，超越了有無二邊，也超越了一切的戲論，這樣的一個內心的實相，希望大家好好地去通達了解，這是龍欽巴尊者對我們的鼓勵之詞。

一般而言，在九乘次第之中，最頂端的乘門是阿底瑜伽，阿底瑜伽最主要的核心思想是口訣部的部分，就阿底瑜伽教法的內容，這個內心實相的意義而言，如果能了解一半已經非常好了，假設聽聞之後，對這些意義完全不能了解，僅僅只是聽聞，也已經就有廣大的利益，這種事蹟也很多。

以前文殊菩薩對小乘行者講解空性的意義，小乘行者完全不能夠了解，不僅不能夠了解，對於空性的意義和教法還信心退轉產生邪見，口吐鮮血而亡，之後因爲對空性教法產生邪見立刻墮入地獄，但是在地獄的時間非常短，一剎那就離開了，立刻投生，出現在文殊菩薩前面聽聞大乘教法，聽聞時內心喜悅，因爲以前曾經聽到過，成爲大乘的弟子，像這種事蹟在佛經之中記載很多。

　　現在大家的情況也是如此，對於大圓滿是極爲殊勝、極爲特別的這樣的一個法，而且是一輩子就能夠成就佛果的法，大家都有勝解的信心，因此來聽聞大圓滿教法，就算是聽聞後，對這些法義的內容完全不了解，仍然會有廣大利益，這就像佛經裡所講的很多事蹟一樣的道理。

　　不過對於我們這裡所談到的大圓滿口訣部的思想，它的意義，簡單來講是這個意思，「內心爲道」和「本智爲道」這二者要把它區分清楚，「內心爲道」是顯教乘門的道路，「本智爲道」是大圓滿的道路。

　　「內心爲道」的意思就是指以內心做爲實修的道路，所以內心有能修之心與我所觀修的對境，也有我所要念誦的咒語，而且身體和語言也有很多的罪障存在，這些罪障可以淨化去除掉，而且還有佛果可以得到。在這些想法之下，在內心這些執著的情況之下，我努力、熱切地積聚資糧，消除罪障，之後得到了佛果，這個是顯教乘門的道路，稱爲「內心爲道」。

　　「本智爲道」的方式是指：在我的內心實相之中，所要得到的究竟果位本來已經形成、已經存在了，不是離此之外。但是爲了使它現前呈現出來，因此我念誦咒語、觀想本尊，身體和語言做各種實修，積聚資糧、消除罪障等等，也還是要精進努力去做，但是就算去做，它的道理還是和前面講的情況完全不相同。

　　所以，「內心爲道」是顯教乘門的道路，「本智爲道」是大圓滿的道路；「以因爲道」是顯教乘門的道路，「以果爲道」是大圓滿的道路。

　　「以因爲道」的意思是指：我要得到的果位是佛果，既然它是

果的話應當有因，透過這個因，我就可以得到這個果，而得到佛果的因是這個、是那個，我把這些因，精進努力去做，例如六度波羅蜜等，逐漸學習，慢慢進步，最後我就得到了佛果，這種情況是重視因，對成就佛果的因是什麼的這個部份非常重視，而且靠這個部分實修，去得到果位，所以稱為「以因為道」，把原因做為實修的道路，這是顯教乘門的方式。

「以果為道」的方式是指：大圓滿以果為道，所要得到的果位，現在已經有了，已經存在了，譬如太陽的光已經存在了，太陽只是被雲朵遮住或沒遮住有差別，當太陽被雲朵遮住時我要怎樣把雲朵去除掉，讓太陽光出現呢？同理，所要得到的究竟佛果現在已經有了，已經存在了，但是我要怎樣把偶然出現的蓋障去除掉，讓果位顯現出來呢？為了把蓋障去除掉，因此我努力地積聚資糧、消除罪障，精進地實修。

因此，這裡談到，沒有生起次第，沒有圓滿次第，沒有灌頂，沒有所守護的誓言，這是指內心的實相。不過我如果要使內心實相現前呈現出來，那就有生起次第，也有圓滿次第，也要請求灌頂，也要守護誓言，也要做各種各類的觀修，這些都非常有必要，這個部份的差別一定要好好地理解，才不會有所誤解。

大家能夠廣大地聽聞和思維，非常的好，精進努力一定有希望，將來一定會了悟內心實相，就算這輩子聽聞之後努力精進，還是沒有了悟內心實相，但下輩子在了悟內心實相上就不必非常辛苦勞累，稍微地實修也有可能就了悟內心的實相了，因為善緣已經形成之故，對這點大家應當要如此相信。

6
述一切攝於菩提心品

　　第五品討論到萬法不是離開自己內心的實相，不是在內心實相的外面，第六品就要進一步講說一切皆包含於菩提心（內心的實相）之中，分成十一項大綱。

第一項

　　雖然法性真如性是不生，但一切仍然可以出現，就有法而言是各種各類，這一切的有法雖然顯現出來各種各類，但是它的法性卻完全相同，那法性又是什麼呢？法性並非是靠因緣和合而形成的實有法、無常法，一般靠因緣和合而形成的實有法是無常的性質，法性並不是如此，因此在法性之中可以包括一切的法。

ཉི་མའི་སྙིང་པོར་འོད་རྣམས་འདུས་པ་ལྟར།	ཆོས་ཀུན་རྩ་བ་བྱང་ཆུབ་སེམས་སུ་འདུས།
猶如眾光攝於日精般	萬法根本攝於菩提心
སྣང་སྲིད་སྐྱོན་བཅུད་མ་དག་འཁྲུལ་པ་ཡང་།	གང་བྱུང་རྗེན་དང་གནས་པའི་དབྱིངས་བརྟགས་པས།
顯有情器雖不淨迷惑	觀察何出依住法界故
གཞི་མེད་ཡེ་གྲོལ་སེམས་ཀྱི་དང་དུ་འདུས།	ཆོས་ཉིད་ཡེ་ཀློང་ཡངས་པ་ཆེན་པོའི་ངང་།
無依攝於本解心自況	法性本界寬廣大狀態

འཁྲུལ་དང་མ་འཁྲུལ་མེད་པོན་འདས་པར་འདུས།
攝於越離惑不惑名義

　　「猶如眾光攝於日精般」是一個比喻，這個比喻的內容很容易了解，「日精」是太陽，太陽能夠去除黑暗，具有這種能力存在，而去除黑暗的能力當然就是光亮，如果問：「是什麼把世界的黑暗去除掉呢？」是光亮；那光亮又是誰所擁有呢？是太陽，因此去除

黑暗的光和太陽二者不能夠分開。

　　這是一個比喻，實際上要說明的是，輪迴和涅槃的一切萬法，在自己內心實相的眞如性中，就已經完全包括了，雖然有輪迴和涅槃兩種類型，不過這兩種類型都不會超出自己內心實相如來藏的範圍之外。

　　「顯有情器雖不淨迷惑」，顯現存有的這些情器世界，雖然是不清淨迷惑的樣子，不過這是因爲我們現在的內心（有境的內心）迷惑不清淨，因此所顯現出來的對境都不清淨，這是六道眾生、六道有情不清淨的景象。就其不清淨的顯現而言，如果我們把它做一個分析，實際上的情況是什麼樣子呢？「觀察何出依住法界故，無依攝於本解心自況」，如果我們把六道有情不清淨的景象，好好地做一個觀察分析，實際上都不會存在的。爲什麼不會存在呢？六道有情的最初從什麼地方產生？中間安住在什麼地方？最後又消失在什麼地方？最初階段來，中間階段安住，最後階段去，把它的來、住、去，三個階段仔細地做個分析，會發現六道有情沒有存在的基礎，六道有情的根本、依靠之處不能夠成立，所以叫做「無依」，沒有基礎根本依靠之處。

　　就我們現在而言，總是想到三惡道非常恐怖，希望不要投生在三惡道，就實際的情況而言，三惡道原來就是解脫的，所以叫做「本解心自況」，我們現在會想到天道、人道、修羅道，是比較好的三善道，要投生在這個地方，實際上這三道仍然原來就是解脫的，因爲這一切全部包括在內心實相裡，而內心實相是什麼呢？內心實相就是一切萬法的法性，就萬法的法性這部份而言，原來早就已經形成了，內心的實相廣大無比。

　　現在我們都會這樣想，不清淨、迷惑的階段是屬於眾生，到了清淨、不迷惑的階段那就是佛，把它分成兩種類型，有了清淨和不清淨，迷惑和不迷惑，實際上這種劃分根本就不存在，為什麼呢？「攝於越離惑不惑名義」，實際上已經超越了，根本就不存在了，因為它僅僅只是唯名施設而已，就這一切而言，在最初的時候其實迷惑根本就不存在，如果迷惑不能夠成立，那不迷惑又在什麼地方呢？迷惑和不迷惑一定是互相依賴而形成的，凡是互相依賴的法，缺少一個項目，另外一個項目就不會存在，譬如沒有長就不可能有短，沒有大就不可能有小，因此，所謂的迷惑或不迷惑，實際上根本就不能夠成立，它僅僅只是個名稱而已。

第二項

　　一切的有法不管它顯現成什麼，就好像是夢境，包括在覺性裡；就有法顯現出來的景象而言，清淨和不清淨各種各類，這些我們可以看到，但無論如何，不包括在內心實相的狀態之中的有法所顯現的景象，其實不會存在。

　　譬如睡覺做夢，夢有各種各類，美夢惡夢，無論如何就是一場夢，當夢醒後，美夢也不存在，惡夢也不存在，做夢的時候無論好壞，各種各類都可以出現，但是無論如何，就僅僅只是夢境而已。在這方面，有六個句子：

|དག་པའི་རང་སྣང་སྐུ་དང་ཞིང་ཁམས་དང་། | ཡེ་ཤེས་སྤྲིན་ལས་རོལ་མཚར་རོལ་པ་ཡང་། |
|清淨自顯尊身與剎土 | 本智雲出希有遊戲亦 |

|རང་བྱུང་རང་ལས་འདད་འཕྲལ་མེད་པར་འདུས། ||སྣང་སྲིད་འཁོར་འདས་ཀུན་འདུས་བྱང་ཆུབ་སེམས།
攝於不即不離天然狀　　顯有輪涅總集菩提心

|ཉི་མཁའ་བཞིན་དུ་སྟོང་གསལ་འདུས་མ་བྱས། ||གདོད་ནས་རང་བྱུང་ཡེ་ཀློང་ཡངས་པ་ཡིན།
猶如日空空明且無爲　　本來天然本界極廣大

　　當我們內心清淨時，會出現清淨自顯的景象，譬如清淨的佛身，清淨的佛刹土，清淨的佛的本智，清淨的佛的事業，這些都非常殊勝奇特，當我們內心清淨時，就能看到，能夠顯現出來。如果是因爲我們內心清淨才可以顯現出來，那就證明這些清淨所顯不是在內心實相的範圍之外，仍然包括在內心的實相裡，因此，這些清淨自顯的景象，不管在什麼時候，根本就沒有離開內心實相，都包括在內心實相裡，不僅如此，不清淨的顯有、輪迴也不會超出內心實相。

　　用兩個比喻來說明，第一個比喻是太陽，「猶如日空空明而無爲」，就是太陽所放射出來的毫光，無量無邊不能夠計算，不能夠窮盡，但是不管它有多少，全都屬於太陽。一樣的道理，清淨還有不清淨的所顯，各種各類不管有多少，全部都屬於內心實相，不可能超出內心實相的範圍之外。

　　第二個比喻是天空，通常都會說今天的天空非常好，沒有雲朵；今天的天空不好，有很多雲朵。大家經常談到天空，但實際上天空是什麼呢？如果仔細分析，不能夠認定天空是一個物質體，不能夠講天空有心識，有明白而理解的能力，也不能夠說天空有形狀，也不能夠說天空有顏色，所以所謂的「天空」是什麼呢？天空根本就不能夠成立，根本就不存在，天空其實就是空性，天空不是

由因緣和合而形成，是屬於無爲法。就像這種情況，一切的有法即使有各種各類的形相，也都全部包括在內心實相裡。

那內心實相又是什麼呢？內心實相就像天空，不能說是屬於實有法的性質，也不能說是非實有法的性質，也不能說是內心的自性，也不能說有這種形狀、那種顏色等，內心的實相並非由因緣和合所形成，本來就已經形成了，因此就把它稱爲「天然」，意思就是不需要靠因緣和合所形成；如果它不需要靠因緣和合所形成，是天然的，那就要說明它本來就是清淨的；既然它本來清淨，原本就已經形成，那一定要遍及輪迴和涅槃，每一個部份都有它的存在；因爲遍及輪迴和涅槃，每一個部份都有它的存在，才把它稱爲「極廣大」。

第三項

講說內心的自性極爲廣大，遍及輪迴和涅槃。在這方面，有六個句子：

|ཤེས་ཉིད་ཀློང་ཆེན་འགྱུར་མེད་ནམ་མཁའི་དང་། ｜
心性大界無變虛空狀

｜རོལ་པ་ངེས་མེད་བྱང་ཆུབ་སེམས་ཀྱི་རྩལ། ｜
遊戲無定菩提心力道

｜འཁོར་འདས་ཐེག་པ་ཀུན་ལ་དབང་བསྒྱུར་བའི། ｜
自在輪涅一切乘門之

｜བྱར་མེད་གཅིག་གིས་ཐམས་ཅད་ཟིལ་གྱིས་མནན། ｜
唯一無作能鎭伏一切

｜མཐའ་རུ་གྱུར་པའི་ཡུལ་གཞན་ལོགས་ན་མེད། ｜
另外則無成爲邊他境

｜ཆོས་ཉིད་བྱང་ཆུབ་སེམས་ལས་གཡར་མ་གཡོས། ｜
任不動離法性菩提心

就內心的實相而言，遍及一切輪迴和涅槃，因此稱爲「大

界」，非常廣大的內心實相，如果以一個比喻來說明，那就好像是
天空，「無變虛空狀」，就天空的空分而言，遍及一切，根本就不
存在它不遍及之處。

　　但是就算天空的空分遍及一切地方，它自己有沒有絲毫的改變
呢？沒有！天空的空分不可能有絲毫改變。相同的情況，內心的實
相遍及輪迴和涅槃，不固定清淨和不淨所顯，任何者都可以出現，
當內心的實相之中，煩惱還存在的時候，所看到的都是不清淨的景
象，當內心實相裡的煩惱滅掉不存在時，所看到的都是清淨的景
象。

　　就好像天空，天空本身確實不會有任何變化，不過天空卻可以
出現各種各類的雲朵，沒有固定哪一種類型，白雲可以出現，烏雲
也可以出現，各種顏色的雲朵都可以出現。同理，內心的實相遍及
輪迴和涅槃，輪迴和涅槃的法沒有一項超出內心的實相範圍之外，
因此，我們現在為了追求脫離輪迴得到解脫，所走的道路有九乘次
第的理論，這九乘理論實際上就包括在內心實相裡，因此內心實相
就它自己而言，「唯一無作能鎮伏一切」，不需要有任何勞力的造
作，在不需要任何勞力造作的情況之下，內心實相不必花費任何力
氣，仍然統帥壓伏所有的法，統帥輪迴和涅槃的一切。

　　舉例而言，世界上有國王存在，國王只要安坐在皇宮中，他不
必上戰場與敵人打仗，朝廷各種大小事務也不必去管，但是他仍然
統帥一切，老百姓仍然由他來管理。一樣的道理，在內心的實相裡
不會存在所不能夠包括的涅槃的法，也不會存在所不能夠包括的輪
迴的法；輪迴和涅槃的一切法，全部包括在內心的實相裡，不會超
出內心實相的範圍，不過就算輪迴和涅槃的一切法都是屬於內心的

實相，內心的實相自己仍然不會有任何的改變。

第四項

要說明一切皆包括在內心實相中，但內心實相自己絲毫沒有任何搖動。

就內心實相的本質而言，遍及輪迴和涅槃一切的法，全部集攝包括在內心實相裡。如果這樣，那內心實相自己是不是屬於輪迴的法呢？不是！是不是屬於涅槃的法呢？也不是！這個部份意義是如此，用一個比喻來說明，共有五個句子：

|ཐམས་ཅད་ཀུན་བཟང་སྒྱུན་གྲུབ་གཅིག་ཤར་བས།| |ཨ་ལུས་ཀུན་འདུས་འཕན་རྣ་ཕུལ་བའི་མཚོན།|
一切普賢自成一現故　　　不餘總集殊勝無敵對

|ཆེ་བའི་ཆེ་བ་ཀུན་བཟང་ཆོས་ཀྱི་དབྱིངས།| |རྒྱལ་པོ་ལྟ་བུར་ཐམས་ཅད་ཀུན་འདུས་པས།|
勝中特勝普賢之法界　　　猶如國王總集一切故

|འཁོར་འདས་ཀུན་ལ་དབང་བསྒྱུར་གར་མ་གཡོས།|
自在於諸輪涅任不動

「一切普賢自成一現故」，我們現在的情況認為有輪迴和涅槃，認為當眾生在迷惑的時候出現了輪迴，不迷惑的時候出現了涅槃，可見輪迴和涅槃是不同的，是各自分開的，我們現在看法都是這樣。實際上輪迴和涅槃也不能夠成立，一切都是清淨的，就一切都是純粹清淨而言，把它稱為普賢，因為涅槃根本就不能夠成立，而且這一切清淨的性質而言，實際上不是人工把它製造出來的，它本來就是這個樣子，原來就已經形成了，如果這樣，有天然的性

質，那它必定是清淨的，因此稱爲「一切普賢」，這一切清淨的部份，一切清淨的性質，實際上就是內心實相的性質，內心實相本來就是如此，因此，「不餘總集殊勝無敵對」，內心實相不可能有一個和它相匹比，和它相抗衡者，根本就不存在和它一樣者，所以內心實相可以說是：殊勝中最爲殊勝，偉大之中最爲偉大。

就世間人做個比喻，有人聰明，有人愚笨，有人長得美麗，有人長得不好看，有人強壯，有人瘦弱，各種各樣的人都有，其中最偉大殊勝的，一般來講都說是國王，特別是在古代時，普通人都會說我是這個國王的百姓，我是那個國王的百姓，當然現在不會這樣講，現代人都講我是這個國家的百姓，我是那個國家的百姓，古代都說是這個國王的人民，那個國王的人民，因此內心實相就好像國王，能夠統帥一切。

就一個國家而言，百姓分成男和女，國王統帥了男百姓，也統帥了女百姓，那國王自己是屬於男百姓裡嗎？還是屬於女百姓呢？都不是！假設國王他屬於男百姓，那他不能管理統帥女百姓這邊，如果國王他屬於女百姓，那他不能管理統帥男百姓這邊，所以不屬於任一部分。

一樣的道理，內心實相遍及輪迴和涅槃，統帥輪迴和涅槃，那內心實相是屬於輪迴法嗎？不是！屬於涅槃法嗎？不是！它既不屬於輪迴也不屬於涅槃，它自己單獨一個，所以稱爲唯一，一切普賢自成，而且是屬於唯一的性質，如果能夠了解內心實相是唯一的性質，能夠證悟這點，那就能夠統帥輪迴一切的法，也能夠統帥涅槃一切的法。

我們現在偶爾一切都是順境，快樂的景象出現了，這些其實是

依靠於內心的實相而出現；偶爾我們也遇到痛苦、困境、傷心難過，這些情況仍然要依靠內心實相才會出現；這一切苦樂所見的景象都是靠內心的實相而出現，不是只有大圓滿教法才談到，也不是只有密咒乘門的教法才談到，在顯教乘門裡，佛陀早就已經開示過了。

佛陀在顯教乘門裡談到，一切法的根基之處都是自己的內心，如果不能夠了解一切的根基在內心，那這個人不管在什麼時候都不會快樂，因為不能夠掌握自己的內心，在顯教乘門談到自己內心這個部份，只有談到內心的本質為空，只有這樣去解釋自己的內心，但是大圓滿密咒乘門解釋內心的時候，還要更進一步去解釋，講解內心的實相，內心的本質，還有佛陀的本智，還有佛身，還有佛的無量無邊的功德，全部都在內心實相裡早就已經存在了，顯密的解釋只有這樣的一個差別，除此之外，要調伏自己的內心，一切苦樂純粹依賴於自己的內心而形成，這個部份的開示，顯教乘門裡也談到了，密咒乘門裡也談到了，大圓滿乘門裡也談到了，這一點毫無差別。

第五項

講說一切萬法皆自性平等，因此沒有所謂的好壞或勞累。

有法各種各類，非常多，但實際上它的法性是什麼樣子呢？法性只有一個，如果法性只有一個，那它就不可能有這種那種的分別，因為法性唯一，既然法性唯一，能不能說它是好還是壞呢？不能！因為只有唯一，唯一怎麼會有好又有壞呢？那需不需要再勞累的工作呢？不需要！表示這個意義，有四個句子：

|ཐམས་ཅད་ཀུན་བཟང་མི་བཟང་གཅིག་མེད་པས། |བཟང་ངན་མེད་པར་ཀུན་ཏུ་བཟང་པོར་གཅིག

一切普賢無一未賢故   無賢無劣於普賢唯一

|གྲུབ་དང་མ་གྲུབ་ཐམས་ཅད་དབྱིངས་གཅིག་པས། |ཐམས་ཅད་ལྷུན་གྲུབ་མི་གཡོ་མཉམ་པར་གཅིག

成與不成一切一界故   一切自成未動平等一

　　內心的實相本然清淨，這我們前面解釋過了，假設了悟了內心的實相本然清淨，那所見到的輪迴也是清淨的自性，所見到的涅槃也是清淨的自性，輪迴和涅槃一切全部都是好的，不賢善、不清淨的所顯景象，一絲一毫都不會存在，換句話說，如果證悟了內心實相原來清淨，那會不會這部分是好的，那部份是壞的，會不會有這種分別的情況存在呢？不會！

　　我們現在的情況是這樣，因為內心還不夠清淨，因此，都會有「這是一個好人，那是一個壞人」等好壞對立的想法，有了這種分別之心存在，對境顯現出來時，就會顯現成為一個好人，或顯現成為一個壞人；當好人顯現出來時，我們就會執著對境本身就是一個好人，把好人歸於對境，對境本身就是好；當壞人顯現出來時，把壞人歸屬於對境，執著對境本身就是壞，而不能夠去了解，實際上好與壞完全是依於內心而顯現出來，因為對這點不了解，不知道好壞是由內心顯現，而把它執著是屬於對境，執著這個對境是好的，執著那個對境是壞的，把好壞歸納在對境上，因此內心的貪戀瞋恨會越來越強烈，當內心的貪戀瞋恨越來越強烈的情況之下，想要離開輪迴得到解脫，就完全沒有機會了。

　　實際上所顯現出來的好或壞這一切，全部都是依於內心而顯現，這點無論如何一定要了解，不是靠著內心而顯現出來的那個部

份根本不可能存在，假設好與壞一切全部都是依於自己的內心而顯現，那我們就不會去執著對境是好是壞，不可能有這種執著，因為好壞是屬於自己內心的顯現，而不是存在於對境。

因此，帝若巴對那若巴講了一個重要的口訣，帝若巴說：「兒子，所顯不會束縛我們在輪迴，執著才會束縛我們在輪迴，所以要砍斷的不是所顯，而是要砍斷執著。」這是帝若巴對那若巴所開示非常重要的觀修的口訣。

因此，內心的實相不會墮入在輪迴這邊，也不會墮入在涅槃這邊，所以不能夠說，這個已經成立了，那個不能夠成立；這個是好，那個是壞，這種分別本來就不存在，本來不存在的原因，是因為一切萬法的究竟實相只有一個，如果只有唯一，再把它區分為兩個，那根本不可能，所以「有好與壞的差別，有清淨與不清淨的差別，有迷惑與不迷惑的差別，有成立與不成立的差別」，這種差別可不可能存在呢？不可能！為什麼？因為一切唯一。

第六項

法界雖然顯現出各種各類，但是顯現出的各種各類，其實超越一切的勞累和辛苦，就有法而言，當然好壞各種各類都會出現，但這一切都是由內心實相中顯現出來，並不需要有各種勞累工作使它出現，實際上已經超越了、離開了勞累造作的性質。表示這個意義，有四個句子：

|གཅིག་ལས་ཀུན་ཤར་མ་ལུས་ཆོས་ཀྱི་དབྱིངས།	|ཁྱར་མེད་རང་ལ་སྒྲུབ་མེད་བཙལ་དུ་མེད།
一現一切不餘之法界　　無作狀況無修無須尋

ཚུལ་བསྒྲུབ་རང་གི་དབྱིངས་ལས་གཞན་མེད་པས།　།གང་ལས་ཚུལ་ཞིང་གང་དུ་བསྒྲུབ་པར་བྱེད།

勤修己之法界無他故　　由何勤力爲何而實修

　　「一」指內心實相，由內心實相會出現輪迴六道不清淨的各種各類景象，由內心實相也會出現清淨涅槃、五方佛淨土、五方佛形相等，所以種種清淨不清淨的所顯都會出現。「不餘之法界」，這一切清淨不清淨全部都由內心實相而出現，不是超出內心實相的範圍之外。

　　因爲一切都是由內心實相所顯現出來，所以當出現涅槃的景象，我們就會認爲這是好的，這是我要去追求的，努力的去達成它；若是出現六道眾生輪迴的景象，我們就會認爲這是不好的，我要把它去除掉，我要躲避它；無論是追求還是躲避，都要勞累工作，這些需不需要呢？不需要！身口心三門的勞累工作，這一切在內心的實相之中並不需要；或是我要實修這個方法，靠著這個方式我可以成就果位，需不需要如此呢？不需要！

　　譬如晚上睡在床上，因爲有心事，會做各種各類的夢，也會做好的夢，也會做壞的夢，夢見自己跑到房子外面去，遍地黃金鑽石，勞累辛苦地搬啊搬，全搬進自己家裡，等到醒過來時，有沒有？沒有！一顆鑽石也沒有。或者睡覺時，夢見自己跑到國家公園，到處欣賞，景色非常美麗，醒來時，自己還是在床上，一步也沒有離開過，這些勞累，實際上根本就不能夠成立。

　　在迷惑的情形之下，認爲這個我要追求，那個我要離開，這種勞累辛苦的努力，實際上根本就不能夠成立；就好的部份、涅槃的部份我要去追求，壞的部分、輪迴的部份我要離開，無論離開或追

求都是勞累的工作，這些勞累的工作不必要的原因，是因爲一切都屬於內心的實相，涅槃也好，輪迴也好，全部都由內心實相而出現，都歸納在內心實相的上面，既然一切都歸納在內心的實相上，由內心的實相而顯現出來，那所有辛苦勞累去追求或去避開，就都不需要了。

第七項

講說這一切超越了因和果，還有勤勞的造作。內心的實相沒有因也沒有果，也不需要花力氣，也不必造作，超越了這一切。表示這些，有四個句子：

|ཚོལ་བས་ཡུལ་མེད་བསྒོམས་པས་མཐོང་བ་མེད། 　　|བསྐྱབ་པའི་གཉེན་མེད་གཞན་ནས་འོང་བ་མེད།
尋故無境修故無所見　　　　無所修要且無由他來

|འགྲོ་འོང་མེད་པས་མཉམ་ཉིད་ཆོས་ཀྱི་སྐུ 　　|ཕྱུན་ཚོགས་ཐིག་ལེ་ཆེན་པོའི་དབྱིངས་སུ་འདུས།
無來去故平等性法身　　　　攝於自圓大明點界中

內心的實相如此重要，因此我們思維分析一下，內心的實相到底是什麼呢？希望能夠找到它，但是找不到它的。爲什麼？因爲內心實相不屬於對境，既然不屬於對境，「尋故無境」，如果要尋求它，它不是一個存在的對境，不是我去找就可以把它找到的。

假如不是屬於對境，那是屬於有境嗎？能不能夠透過觀修來看到呢？也不能夠！如果內心的實相能夠成立爲某一個性質，那我去實修可以找得到，實際上也沒有，無當修之處，沒有我們去實修的處所；或者說去發現它，由實修的某一個處所之後去形成，那也不

可能；或者說，內心的實相既然不是在這裡，那我從淨土那邊把它拿過來、借過來，也不是的！亦不由他處而來，那會不會說我現在沒有內心的實相，因為它離開我了，到淨土去了？那也不可能！不會來也不會離開。

　　簡單講，內心的實相就是法身，屬於法身的性質，因為內心的實相是法身的性質，所以一切所有的功德本然就存在，而且不必靠因緣和合，就以自然形成的方式存在；因為一切的功德自然形成，原來就已存在，所以它是唯一；因為唯一，就稱之為大明點，在唯一大明點之中，一切功德都自然集攝，完全存在了，因此，輪迴和涅槃的一切法全部都包括在之中，屬於它，所以是「自圓大明點」。

第八項

　　九乘的內容，首先要說明初級的三種乘門，聲聞、獨覺和大乘裡的菩薩乘門，這三個乘門其實都集攝在內心的實相裡。表示這一點，有七個句子：

|ཉན་ཐོས་རང་རྒྱལ་བྱང་ཆུབ་སེམས་དཔའི་ལུང་།
聲聞獨覺菩薩之經文

|བདག་དང་བདག་གི་མེད་པར་ཐག་བཅད་ནས།
確定無我與無我所已

|སྤྲོས་བྲལ་ནམ་མཁའ་འདྲ་བར་དགོངས་དོན་གཅིག
離戲猶如虛空宗旨一

|ཨ་ཏི་མཆོག་གསང་རྣལ་འབྱོར་ཆེན་པོའི་ལུང་།
阿底勝密大瑜珈經文

|བདག་གཞན་དབྱེར་མེད་ཡངས་པའི་ནམ་མཁའ་ལ།
自他無別寬廣虛空處

|རང་བྱུང་ཡེ་ཤེས་ཇི་བཞིན་རྣམ་འཇོག་པས།
天然本智如實置彼故

|དགོངས་དོན་དེ་ཀུན་སྙིང་པོའི་མཆོག་འདིར་འདུས།
彼諸宗旨攝此勝心要

佛陀最初開示教法，開示了聲聞的教法、獨覺的教法及大乘之中顯教乘門的教法，其中，聲聞乘門的見地是什麼呢？補特伽羅我不能夠成立，補特伽羅我實際上是空的，這是空性，這個是聲聞所要觀修的空性。

其次，獨覺的見地是什麼呢？補特伽羅的我當然是空的，不僅如此，在這個基礎之上，還要加上法的我也是空的，但是法我空的這個部分，獨覺只有了悟了一半，這是獨覺的見地。

菩薩乘門的時候，就開示補特伽羅我和法我二者全都是空的，二者都是唯空的空性，這個是屬於菩薩乘門的見地。因此，就菩薩乘門的見地而言，一切萬法遠離戲論，得到了這種了悟。

但是我們現在討論內心實相的這個部分，是屬於大圓滿阿底瑜伽的口訣，那大圓滿阿底瑜伽的口訣裡，又怎麼講這些見地呢？自他都不能夠成立，因此像虛空一樣的空性。這個見地裡，小乘聲聞的見地、獨覺的見地、大乘中菩薩乘門的見地，全部都包括在大圓滿阿底瑜伽的見地之中，一切都已經包括了，所以「彼諸宗旨攝此勝心要」，這些「彼諸宗旨」，聲聞、獨覺和菩薩乘門，他們的思想，在「勝心要」大圓滿阿底瑜伽裡已經都包括了。

第九項

第九項講說中級的三種乘門也包括在大圓滿阿底瑜伽之中，中級的三種乘門是事續、行續及瑜伽續。表示這一點，有七個句子：

|ཀྱེ་ཡ་ཀྱུ་པ་ཡོ་ག་རིགས་གསུམ་ཡང་། |བདག་དང་ལྷ་དང་ཏིང་འཛིན་མཆོད་སྤྲིན་ལས།

吉雅鄔巴瑜珈三類亦　　我與天尊等持供養雲

ཁྲོ་གསུམ་རྣམ་དག་དངོས་གྲུབ་འདོད་པར་གཅིག　　རྡོ་རྗེ་རྩེ་མོ་གསང་རྒྱལ་གསང་བ་ཡང་།

三門純淨欲求成就同　　金剛之頂秘密經王亦

སྣང་གྲགས་རིག་པ་རྣམ་དག་ཡེ་ནས་ལྷ།　　ཁྲོ་གསུམ་རྣམ་དག་དངོས་གྲུབ་མངོན་གྱུར་པས།

顯聲覺性純淨本然天　　三門純淨成就現前故

དགོངས་པ་དེ་ཀུན་སྙིང་པོའི་མཆོག་འདིར་འདུས།

彼諸宗旨攝此勝心要

　　中等的三種乘門裡，「吉雅」是事續，就事續的見地而言，我比較低劣，天尊比較高尚，像國王一樣，以這種道理來進行實修。「鄔巴」是行續，行續的看法，我和天尊是兄弟、朋友，按照這個道理來進行實修。瑜伽續的看法認為我和天尊沒有差別，所以獻供養、懺罪，淨化三門的罪障，以求得成就。這些都要做，但是實際上彼此之間並沒有什麼差別存在。

　　「金剛之頂秘密經王亦」指的是大圓滿阿底瑜伽的開示，所顯現的一切景象都是本尊，所發出來的一切聲音都是咒語，自己內心的覺性就是諸佛本尊的本智，大圓滿阿底瑜伽裡成立如此的見地。在這個見地裡，事續、行續及瑜伽續的見地，其實都包括在裡面了。「三門純淨成就現前故」，就大圓滿阿底瑜伽而言，以這個方式使自己的身口心三門罪障自然清淨去除掉，佛陀的身語意三門的成就自然就能夠得到，所以這個部分相同，就是前面談到事續、行續及瑜伽續，目標也是放在三門清淨，我能夠得到佛的成就，但是大圓滿阿底瑜伽裡談到，「顯聲覺性純淨本然天」，靠著這個堅定的抉擇，也是一樣的，三門清淨成就現前，也是可以得到的，這一點是相同的。

　　因此，中等的三種乘門，它的思想內容的主張，其實就包括在大圓滿阿底瑜伽殊勝的心要裡，包括的情形就是我們剛剛談到的中等三種乘門的見地，其實在「金剛之頂秘密經王亦」裡所抉擇的「顯聲覺性純淨本然天」這裡面已經包括了，因為可以達到自己的三門清淨，可以現實得到佛的身語意三門成就。

第十項

　　講說上等的三種乘門也包括在口訣部阿底瑜伽裡。上等的三種乘門，指瑪哈瑜伽、阿努瑜伽及阿底瑜伽。表示這一點，有十個句子：

|ཨ་དུ་ཨ་ནུ་ཨ་ཏི་རྣམ་གསུམ་ཡང་།　|སྣང་སྲིད་སྣོད་བཅུད་ལྷ་དང་ལྷ་མོའི་ཞིང་།
瑪哈阿努阿底三類亦　　　　　　顯有情器天與天女剎

|དབྱིངས་དང་ཡེ་ཤེས་རྣམ་དག་དབྱེར་མེད་པས།　|ཆོས་ཉིད་མི་གཡོ་རང་བྱུང་ཡེ་ཤེས་འདོད།
界與本智純淨無別故　　　　　　許為法性未動天然智

|མཆོག་གསང་རབ་འདིར་ཐམས་ཅད་རྣམ་དག་པས།　|ཁ་བྱས་གཞལ་ཡས་ཡེ་སྐྱོང་བདེ་བའི་ཞིང་།
於此勝密一切純淨故　　　　　　不作越量本界安樂剎

|ཕྱི་དང་ནང་མེད་ཀུན་ཁྱབ་གདལ་བ་ལ།　|བླང་དོར་བྱ་རྩོལ་མཚན་མའི་ཆོས་མེད་པར།
無外無內周遍流布處　　　　　　取捨造作表相法皆無

|ཐམས་ཅད་ཡེ་འབྱམས་ཆོས་སྐུའི་ཀློང་དུ་གྲོལ།　|དགོངས་པ་དེ་ཀུན་གསང་ཆེན་སྙིང་པོར་འདུས།
一切本瀚法身界解脫　　　　　　彼諸心意攝大密心要

　　上等的三種乘門，瑪哈瑜伽、阿努瑜伽及阿底瑜伽，阿底瑜伽裡還要分成三種類型：心部、界部和口訣部。就這三種類型裡，阿底瑜伽心部的見地、界部的見地，其實也包括在口訣部裡，所以，

口訣阿底其實包括了一切。

　　總而言之，瑪哈、阿努、阿底這三者的見地全部包括在口訣阿底之中。

　　那麼，瑪哈、阿努、阿底的見地是什麼呢？就要做一個說明了，「顯有情器天與天女刹」，顯現而存有的，以及情器世界這一切全部都是，舉例而言，五大種是五方佛母的性質，五蘊是五方佛的性質，一切所顯現的對境都是男女菩薩的性質，總而言之，所顯現的一切全部都是佛的性質，因此「界與本智純淨無別故」。

　　法界空性還有明分的本智，本智是明分，淨的是空分，法界空性和明分本智這二者毫無差別，雙運而存在，因此，就法性而言，它是無為，就本智而言，也不是因緣和合所形成，它是本來就已經存在，這是瑪哈、阿努、阿底三者的見地，這些見地其實就包括在勝密口訣阿底之中了。「於此勝密一切純淨故」，勝密就是口訣阿底，那口訣阿底的見地又是什麼呢？口訣阿底的見地是：就內心的實相而言，一切都不是靠因緣和合所形成，它本然就像天空一樣，外的性質也不能夠成立，內的性質也不能夠成立，沒有外、內的區別存在，遍及一切，「不作越量本界安樂刹，無外無內周遍流布處」，不靠因緣和合、本然清淨的部份遍及一切之處，因此並沒有「這部份是好的，我要取得，這部份是壞的，我要丟掉」的執著，這種執著根本就不存在；之所以不存在，是因為一切純粹都是佛身、佛本智的性質，全部都是這個樣子，這是口訣阿底的見地。

　　就口訣阿底的見地而言，瑪哈、阿努、阿底這三種見地，全部包括在大圓滿口訣阿底的見地之中。

第十一項

總結一切九乘教法的內容，核心思想在內心實相（菩提心）裡就已經集攝、已經包括了，本項把第六品所有內容做個總結歸納，二個句子：

།ཁྱབ་ཆགས་ཀུན་ཚོགས་ཆོས་ཀུན་འདུས་པའི་ངང་།　ཡེ་བབས་རང་གསལ་ལྷུན་གྲུབ་ཆེན་པོར་འདུས།

　　　一圓眾圓萬法攝集界　　攝於本停自明大自成

大圓滿口訣阿底的部分，所要討論的內容是內心實相，就內心實相而言，一個功德也包括在裡面，各種各類的功德也包括在裡面，總之所有的功德全部都包括在內心的實相之中。因此，輪迴的法也包括在內心實相裡，涅槃的法也包括在內心實相裡，內心實相原來就是這個樣子，本智明分的部份也存在了，空性的部分沒有形狀、沒有顏色，因此佛身、佛智、佛功德這一切並不需要靠因緣條件和合，在內心實相之中早就形成，原來就已經自然形成，這一切都在內心實相裡已經包括了。

這是把第六品的幾個大綱意義，全部再做一個歸納總結。

接著要附帶做一個解釋說明，佛陀開示教法一定是按照次第轉動法輪，最初開示的是小乘的教法，在開示小乘教法時，沒有解釋大乘的見地，為什麼呢？因為對象是小乘所調伏眾，小乘所調伏眾不可能了悟大乘的見地，所以對大乘見地、觀修、行持等部份，佛陀在對小乘弟子講說教法時都沒有開示，因為沒有開示，後來小乘產生了一個疑問，就是大乘的教法到底是不是佛陀所說呢？是純正還是不純正呢？這種疑問很多，而且產生誤解。之所以會有這種情

況發生，是因爲佛陀針對小乘弟子開示教法時，只有開示小乘，沒有講解大乘見地、觀修、行持的內容，因此，小乘就認爲我所實修的法是佛陀所開示，這個法裡沒有大乘的見地、觀修、行持，因此大乘的見地、觀修、行持大概不是佛陀所說吧！可能不是純正的教法吧！這種誤解自然而然就會產生。

　　一樣的道理，在顯教大乘之中，佛陀也沒有開示密咒乘的見地、觀修、行持，因此，顯教大乘後來也發生疑問，到底密咒乘門是不是佛陀所開示呢？是純正還是不純正呢？這種誤解也產生了，產生的原因和前面的狀況一樣，因爲佛陀針對顯教大乘所調伏眾開示時，只有開示顯教大乘的教法，因爲對象不是適當的器皿，不會開示密咒乘門的的見地、觀修、行持。

　　一樣的道理，在密咒乘門瑪哈、阿努階段也沒有講述大圓滿阿底的教法，因此在西藏許多密咒乘的行者，他自然也會發生疑問，就是大圓滿阿底口訣這個部份，到底是不是佛陀所說的教法呢？是不是純正呢？這種疑問產生的根本原因，就在於佛陀針對下下乘門的所調伏眾開示時，不會談到上上乘門的見地、觀修、行持，因此下下乘門聽聞教法之後，自然就會產生這些疑問。可是在上上乘門之中，一定會包括下下乘門的見地、觀修、行持，所以上上乘門的行者對於下下乘門的見地、觀修、行持，會不會發生疑問呢？會不會認爲那不是佛陀所開示？那些教法純正不純正呢？這種疑問根本就不會存在！因爲在上上乘門的教法裡已經包括了下下乘門的見地、觀修、行持，所以誤解根本就不可能存在。因此，應當要了解，爲什麼這些誤解會產生，原因是這種情況的。

　　另外就是顯教大乘的行者去學習密咒乘教法時，對密咒乘門也

產生一個誤解，什麼誤解呢？因爲密咒乘裡開示過，學習密咒乘門的教法就像一條蛇被放到一個鐵管裡一樣，這豎立的鐵管只有上面和底下兩個開口，要嘛就向上，要嘛就掉下來，所以如果實修密咒乘的教法，要嘛就一生成就佛果，要嘛就向下掉落到地獄裡去，沒有第三個地方。

在密咒乘裡講到這點時，都沒有明白解釋，以致後來學習的人產生了誤解，有人會這樣想：「我實修密咒乘的教法大概非常危險，因爲憑我這個程度，我實修密咒乘門大概不可能即身成佛，那表示我會掉到地獄去嗎？因爲不是沒有第三個地方嗎？」，想一想還是不要去碰密咒乘門教法比較安全，還是不要去學習好了。就會產生以上這種誤解了。

密咒乘門裡確實是這樣開示，前面已經談到，但其實這句話不是這樣解釋的，那是什麼意思呢？是指如果我們實修密咒乘門的教法，非常努力精進，殊勝無比，像密勒日巴一樣勇猛精進的話，那靠著密咒乘門的教法即身成佛，絕對可以做到，可是如果沒有這種精進的程度，之後對於上師、法友，對於密咒乘的教法，誓言毀壞破損，產生邪見，然後對這個毀壞破損的部分也沒有進行懺罪，在這種情況之下，只會墮入地獄，應當是如此來了解。

除此之外，是不是說我去請求密咒乘門的灌頂，之後我去實修密咒乘門的教法，不是成佛就是墮入地獄，沒有其它第三條路？不是的！沒有第三條路的意思是指如果你學習密咒乘門的教法，非常勇猛精進，你會即身成佛就像密勒日巴，但是假設誓言破損非常嚴重，又不進行懺罪，那一定會墮入地獄，此外不可能有其它的道路，這句話應當這樣做解釋。

也就是說，如果我去請求灌頂，也實修密咒乘門的教法，可是我沒有像密勒日巴一樣勇猛精進，但是我的誓言也沒有破損，衰損的部份我也做了懺罪，那這種情況就是第三者，因為在灌頂的時候，不是談到很多功德利益嗎？功德利益裡談到，如果你得到這個灌頂，但是這輩子不能勇猛精進像密勒日巴一樣，那至少十六輩子之後，不需要怎麼樣辛苦勞累，很容易就證悟萬法的實相，立刻就會成就佛果，這在灌頂的功德利益裡都曾經談到，這就是第三者了。

　　第三者的存在還有一個證明，那就是西藏不是有很多轉世祖古嗎？這些轉世祖古一定是密咒乘門的行者，首先他沒有成就佛果，因為他沒有成就佛果，他才會成為轉世祖古，其次他也沒有墮到地獄去，因為沒有墮到地獄，才會成為轉世祖古，假設不是成就佛果就是墮入地獄兩種路，除此沒有第三者的話，那這轉世祖古從什麼地方而來呢？所以當然他就是第三者，第三種情況了。所以千萬不要有誤解，這是非常重要的，要好好了解。

　　我們講解《法界寶庫》時，談到清淨、不清淨，迷惑、不迷惑等這些全部都不能夠成立，對這個見地也千萬不要誤解，很多人學習大圓滿的教法，產生一個誤解，就是大圓滿一切都不能夠成立，所以不必做任何實修，我只要每天坐著，不久我就會成佛了，這是對大圓滿教法很容易產生的誤解。

　　《法界寶庫》是大圓滿口訣的部分，裡面只有針對內心實相這個部分討論，一切的苦樂、輪迴涅槃所顯的一切，都是由內心而來，既然由內心而來，我只要掌握住我內心實相這項，我只要了悟這項，不必要去做其它辛苦勞累的實修，我就能夠成就佛果，

確實是這樣，這就好像「擒賊先擒王」的道理，如果兩個國家發生戰爭，我只要把國王捉住了，其他大臣百姓根本不用管他，這個國家也就投降了，因此稱為「擒賊先擒王」，大圓滿口訣的實修方式就像這種情況，直接去捉住對方的國王，而小乘乘門還有顯教大乘的方式，是按照次第，先把小兵捉住，之後慢慢捉大兵，之後慢慢捉小官員，之後慢慢捉大官員，最後才面對國王打仗，這種情況是一個辛苦勞累的道路，因為你要一步一步慢慢過去；如果擒賊先擒王，只要先捉住國王，那捉小兵、大兵、大臣的勞累根本不必做，所以不必那麼辛苦勞累，這就是大圓滿的道路。

　　但是我們也要想一想，捉國王是不是比捉小兵容易呢？那顯然也不是，雖然說大圓滿的教法不必辛苦勞累，但是一開始不是捉小兵，而是捉國王，辛苦勞累也可想而知，但是只要在一開始就捉住了國王，那其他捉住小兵、捉住大臣的那些辛苦勞累就完全不必再做了，所以大圓滿的教法不必辛苦勞累是指這個意思，是指如果證悟內心實相，其它按照次第實修的辛苦勞累就不必去做了，不是說捉國王也不必辛苦勞累，難道國王會自動向你投降嗎？根本不可能！所以對這個部份千萬不要誤解。

7

述一切於菩提心本然自成品

　　第六品談到輪迴和涅槃一切萬法都可以包括在內心實相基如來藏之中，第七品要講說一切萬法不僅包括在菩提心之中，而且本然自成。分成十二項說明。

第一項

　　一切萬法都包括在菩提心之中，但這並不是說一切萬法由因緣和合所形成，並不是這種方式，而是本然自成而形成。第一項要解釋這個部份。

||རང་བཞིན་ལྷུན་གྲུབ་བྱང་ཆུབ་སེམས་ཀྱི་ལུང་།　　|ས་ཐྲས་དོན་གྲུབ་རི་རྒྱལ་རྩེ་མོ་ནི།

自性自成菩提心山谷　　不作義成山王之頂者

|ཀུན་ལས་འཕགས་སོ་ཐེག་མཆོག་རྒྱལ་པོ་ཆེ།

勝一切矣勝乘大國王

　　內心的實相基如來藏裡包括了佛身、佛智、佛功德這一切，完整毫無遺漏，本然而形成。這本然而形成的部分，和我們現在所接觸的法不一樣，我們現在所接觸的法屬於實有無常法，實有無常法一定要靠眾多的因緣和合才能形成，除此之外不可能形成，但就內心實相佛身、佛智、佛功德而言，並不是靠眾多因緣聚集在一起而形成，它原來就自然而形成了，原來自成的這個內心的實相，主要就是大圓滿阿底瑜珈裡所要說明解釋的內容。因此，解釋內心實相的阿底瑜伽可以說是一切乘門之中最頂端、最殊勝的乘門。

　　舉個例子而言，就像這個世界高山雖然非常多，但是最高的山就是須彌山，那須彌山就是阿底瑜伽，或者說在這個世界上，一個

國家裡百姓當然非常多，可是百姓之中最高貴、權勢最大的就是國王，那國王也就是阿底瑜伽。

第二項

講說諸乘之頂的譬喻。

一切乘門的頂端就是阿底瑜伽，如果了悟阿底瑜伽的見地，當然也能夠了悟下下乘門的見地；但如果只了悟下下乘門的見地，則不能夠了悟上上乘門的見地，在這裡用了須彌山作比喻，有七個句子：

|ཇི་ལྟར་རི་རྒྱལ་རྩེ་མོར་ཕྱིན་པ་ན།　　།དམན་པའི་ལུང་རྣམས་དུས་གཅིག་མཐོང་བ་ལྟེ།

猶如已達山王頂之時　　同時能見低處諸山谷

།ལུང་གི་རྩེ་མོའི་རང་བཞིན་མཐོང་དང་བྲལ།　　།དེ་བཞིན་ཨ་ཏི་རྡོ་རྗེ་སྙིང་པོ་ནི།

山谷之頂自性則離見　　同理阿底金剛心要者

།ཐེག་པའི་ཡང་རྩེ་དོན་ཀུན་གསལ་བར་མཐོང་།　　།འོག་མའི་ཐེག་པས་འདི་དོན་མཐོང་བ་མེད།

乘門最頂明見一切義　　下乘門者無能見此義

།དེ་ཕྱིར་ལྷུན་གྲུབ་རྩེ་མོར་གྱུར་པའི་ཆེ།

彼故自成成為頂中頂

舉例而言，如果到達了須彌山的最頂端，放眼看去，其它低的山都可以看得清清楚楚，如果是到達比較矮的山的山頂，那能不能看到須彌山山頂的情況呢？當然不能！

這是一個比喻，意思就是說：如果我們了悟了大圓滿阿底瑜伽的見地，那下下乘門的見地全部包括在裡面了，所以也就了悟了下

達賴喇嘛講
三主要道
宗喀巴大師的精華教授

作者／達賴喇嘛（Dalai Lama）
譯者／拉多格西、黃盛璟
定價／360元

《三主要道》是道次第教授精髓的總攝
達賴喇嘛尊者的重新闡釋

宗喀巴大師將博大精深的義理，收攝為十四個言簡意賅的偈頌，此偈頌將所
有修行要義統攝為三主要道，是文殊菩薩直接傳給宗大師非常殊勝的指示，
也是其教義之精髓。出離心、菩提心和空正見，這三種素質被視為三主要
道，是因為從輪迴中獲得解脫的主要方法是出離心，證悟成佛的主要方法是
菩提心，此二者皆因空正見變得更強而有力。

延伸閱讀

達賴喇嘛 禪修地圖
定價／320元

平心靜氣：
達賴喇嘛講《入菩薩行論》
〈安忍品〉
定價／380元

達賴喇嘛禪思365
定價／400元

橡樹林全書系書目

橡樹林好書分享

橡樹林

畫出你的
生命之花

自我療癒的能量藝術

作者／柳婷 Tina Liu
定價／450元

靜心覺察、平衡左右腦、激發創造力

生命之花是19個圓互相交疊而成的幾何圖案，象徵著宇宙創造的起源，這古老神祕的圖騰，不僅存在於有形無形的萬事萬物中，也隱藏在你我身體細胞裡。

繪製一幅生命之花，除了感受到完成作品帶來的成就與喜悅，還能在藝術靜心的過程中往內覺察自己，得到抒壓。其特殊的作畫過程可以啟發我們左右腦的平衡運用。這些神聖幾何的親自體驗，也一定會讓人對生命哲理有更深入之領悟，這就是改變的開始！

延伸閱讀

能量曼陀羅：
彩繪內在寧靜小宇宙
定價／380元

法國清新舒壓著色畫50：
療癒曼陀羅
定價／300元

法國清新舒壓著色畫50：
幸福懷舊
定價／300元

下乘門的見地；如果我們只有了悟下下乘門的見地，那能不能夠了悟阿底瑜伽的見地呢？不能！這種情況就像前面的比喻，如果一個人已經到達須彌山的山頂，那當然，其它山的山頂都能看得清清楚楚，若是只到達其它山的山頂，就不能夠看到須彌山的山頂了。

第三項

講說上上乘門和下下乘門的差別及其它功德。

ཇི་ལྟར་ཡིད་བཞིན་ནོར་བུ་ཆེན་པོ་ལ།	གསོལ་བ་བཏབ་ན་འདོད་དགུ་རང་གིས་འབྱུང་།
如何而於大如意寶珠	若行祈請自然出所求
ཁལ་པའི་རྡོས་ལ་དེ་ལྟ་མ་ཡིན་ནོ།	རྡོ་རྗེ་སྙིང་པོ་སྐུ་གསུམ་ལྷུན་གྲུབ་པས།
普通實有則非如彼矣	金剛心要三身自成故
རང་གཞག་དབྱིངས་ལས་སངས་རྒྱས་རང་ལ་འགྲུབ།	རྩོལ་ཞིན་སྒྲུབ་མེད་ཆེ་བ་དེ་ཉིད་དོ།
置己由界佛陀於己成	無勤無修即彼特勝矣
འོག་མའི་ཐེག་པས་སྒྲང་དོར་འབད་བྱས་ཀྱང་།	བསྐལ་པར་མི་འགྲུབ་ཚོ་ཆད་ནད་དུ་ཆེ།
下乘門者雖勤行取捨	歷劫未成沮喪大過失

這也是用一個比喻，古代有所謂的如意寶珠，如果誠懇祈請如意寶珠，發願獻上供養，那自己所請求的事情、心願，都能夠實現，所以稱爲「如意寶珠」。現代沒有如意寶珠，現代最爲貴重的是鑽石，如果自己有了一顆很珍貴的鑽石，把它賣掉了，可以得到很多錢財，自己的心願也可以實現；如果是一顆普通的石頭，能不能賣掉得到錢財呢？不能！所以阿底瑜伽一切乘門之頂，就好像鑽石一樣，非常珍貴，而其它的乘門就像普通的石頭一樣。

其次，靠著阿底瑜伽的教法並不需要非常辛苦勞累，只要一輩子、這個身體就能夠成就佛果。但是如果靠著下下乘門的實修，能不能一輩子一個身體就成就佛果呢？不能！之所以不能，是因為「金剛心要三身自成故」，在阿底瑜伽裡面抉擇，三身本然自成，佛果的性質本然自成，自己就已經存在了，這一個本然自成的部份，不需要靠其它眾多的因緣條件製造出來，它是自然形成的，在阿底瑜伽的見地上做如此的抉擇，因為有如此的見地，所以不需要身體和語言等方面的辛苦勞累，就能夠得到究竟的成就。

那這樣的一個特色，下下乘門有沒有呢？沒有！「下乘門者雖勤行取捨，歷劫未成沮喪大過失」，下下乘門的方式是靠應該做的部份要去做，不應該做的部份不要去做，分成兩種類型，然後經過很多的辛苦勞累，除此之外有沒有像阿底瑜伽這種辦法呢？沒有！

第四項

前面所談到的情況，是在阿底瑜伽的見地上抉擇，三身的功德原來自己就已經形成，而且是自然形成的，這是前面談到的「金剛心要三身自成故」，三身（法身、報身和化身）在內心實相之中形成的情況是什麼樣子呢？從第四項起要做一個解釋說明。

首先是法身，法身在內心實相中形成的情況如何呢？五個句子：

|ཨེ་ནས་ལྷུན་མཉམ་རིག་པ་བྱང་ཆུབ་སེམས།| |ཇི་བཞིན་རང་བབས་ཆོས་ཉིད་ཡངས་པ་ནི།|
本然自等覺性菩提心　　　　如實自停法性寬廣者

|རང་བཞིན་ཆོས་སྐུ་མཉམ་ཉིད་གདོད་མའི་ཀློང་།| |ཀུན་ལ་ཡོད་དེ་སྐལ་ལྡན་འགའ་ཡི་ཡུལ།|
自性法身等性本然界　　　　眾皆有也些者有緣境

ཇི་བཞིན་བཞག་ན་རང་དེར་བབས་ཀྱིས་འགྲུབ།
若如實置停於彼況成

「本然自等覺性菩提心」，本然就是原來的那個樣子，原來就有的，在原來的那個樣子裡，這個法身的功德形成的時候，和內心實相形成的時候，沒有前後的差別，所以稱為「自等」，自自然然的同時存在。因此就內心的實相本質而言，遍及輪迴和涅槃這二者，所以叫做法性廣大。因為它遍及輪迴和涅槃這兩方面，這種廣大的性質就是法身，所以是自性法身。

這裡就法身而言，是從本質空分來討論，本質空分的這個部分就是法身的性質，但是法身的這個部分，內心實相本質空分的這個部分，六道一切眾生全部都有，雖然六道一切眾生全部都有，但是能不能了悟這個性質呢？不能！一切眾生都沒有了悟。那誰了悟它呢？「些者有緣境」，一些有緣份的人，他能夠了悟這個對象，了悟自己所擁有的內心實相，原來就存在了法身的性質。

其次，了悟的方法是什麼？是「若如實置停於彼況成」，自己內心實相裡法身的性質，這個部份前面談到只有一些有緣份的人能了悟，那如何去了悟它呢？不要受到任何一丁點執著、貪戀的控制，在自然放鬆、自然停留的狀態之中，法身的性質就會呈現出來，除此之外，如果用其它方式，執取什麼或捨棄什麼，如何努力丟掉或努力追求，用這種方式去修的話，那法身的本質就不可能呈現出來了。

第五項

講說報身的自性也在內心實相之中齊備的情況是什麼？

ཁྱབ་གདལ་རང་གསལ་ལྷུན་གྲུབ་ལོངས་སྤྱོད་རྫོགས། ཀུན་ལ་ཡོད་ཀྱང་མཐོང་བ་འགའ་ཡི་ཡུལ།

流遍自明自成受用圓　　眾雖亦有見則些者境

ཁྱད་སྣང་རང་གཞག་བྱ་རྩོལ་བྲལ་ན་མངོན།

任顯置己若離作勤現

主要而言，報身是指功德之中，明分的那個部分稱為報身，明分的功德它遍及一切所有的眾生，就明分的自性而言，不是由許多因緣條件和合而製造出來，原來就已經自然形成了，而原來就已經自然形成的這個明分的功德就是報身。

一樣的道理，六道一切眾生，報身的這個部分在內心實相之中原來就已經存在了，但是只有少數證悟內心實相的人，他也就證悟了報身的性質，除此之外如果是沒有了悟內心實相，當然也不可能證悟報身的性質，那這樣的一個報身如何去證悟呢？

一般而言，在六識（眼識、耳識、鼻識、舌識、身識、意識）緣取對境的時候，各種各類的所顯景象全部都會出現，好的、壞的，我喜歡的、我討厭的，各種對境非常多，對於所顯現出來的這些對境，我產生了貪戀、執著、追求，心留連忘返，受到對境的控制，流失在對境上面。

舉例而言，譬如所顯現的對境如果是一個悅意美好的對境，我心裡就產生喜歡，捨不得離開，這樣的情況就是貪戀執著在對境上，這個貪戀執著就會形成投生在輪迴的因。

其次，不悅意的所顯景象顯現出來時，心裡產生憤怒，覺得這個非常壞，因此心耽著於所顯之上，這種耽著也是投生在輪迴的因。

因此，在所顯的對境顯現出來的時候，無論是好是壞，顯現出來時內心完全沒有耽著，在無所耽著的狀態之中，安放、安置在自己的內心實相上，那報身的性質就可以呈現出來了。

第六項

講說化身自性也是在內心的實相之中已經包括、已經齊備了。

|ཨ་འགགས་རོལ་པ་སྤྲུལ་སྐུ་གདལ་བའི་ཀློང་།|　|ཀུན་ལ་ཡོད་དེ་འཆར་བའི་དུས་ན་གསལ།|
　　不滅遊戲化身流布界　　　　眾皆有也出現時則明

|ཡིད་བཞིན་ཡོན་ཏན་ཕྲིན་ལས་ཆོ་འཕྲུལ་ཡང་།|　|གཞན་ན་མེད་དེ་རང་རིག་དག་པའི་ཀློང་།|
　　如意功德事業神變亦　　　　他處無也本覺清淨界

|ཆུ་དང་རྙོག་བཞིན་རང་དྭངས་བཞག་ན་གསལ།|
　　　　如水與濁置自清則明

就化身而言，其實在我們的內心裡所顯現的各種各類的景象，它不會遮滅而出現，這個不會遮滅而出現的部分，就是化身的性質。但是所顯景象不會遮滅而出現的這個性質，六道一切眾生內心裡全部都有，只是大家對於內心實相裡化身的性質這個部分沒有了悟。

要如何去了悟它，什麼時候去了悟呢？把內心上面的一切蓋障全部去除掉時，化身的自性就會呈現出來了，這種情況就好像太陽，如果太陽被雲朵遮蓋住，看不到陽光，當這個雲朵離開時，陽

光就呈現出來了。一樣的道理，內心實相裡化身的性質早已存在，如果把蓋障移開，那化身的性質當然就現前呈現出來了。

化身的性質又好像是如意寶珠，如意寶珠就是一切的功德事業都完全齊備，絲毫沒有遺漏，就功德事業齊備絲毫沒有遺漏這部分而言，也是化身的性質，所以這個功德事業完全齊備，不可能離開內心實相之外，這個性質包括在內心實相之中，這個部分也是化身性質。因此，內心實相就自己的自性而言，實際上本然清淨，這樣的一個化身的性質，用什麼方式去了悟它呢？不要有任何的執著，在沒有任何執著的狀況之中停留安置時，化身的自性，化身的性質，就會呈現出來。

「如水與濁置自清則明」，譬如我們把一個小東西放進碗裡，碗裡的水非常混濁，之後我們一直想要看清楚水裡的東西是什麼？把碗搖來搖去，東看西看，怎麼看都看不到，因為水非常混濁；如果放著不要去動這個碗，水裡的混濁物慢慢沈澱，之後就可以清清楚楚看到裡面的東西了。

一樣的道理，我們的內心有各種各類的貪求及執著，想這個，想那個，這種情況只會把內心實相之中化身的性質遮蓋住，根本不可能看到，如果沒有任何執著，沒有任何執取，在這種狀態之中安放停留時，內心實相之中化身的自性就會呈現出來。

第七項

講說如此三身成為超越勤事之唯一本質。

就我們現在而言，大家皈依時皈依佛寶、法寶、僧寶，這佛寶本身，法、報、化三身的性質也都完全齊備了，因此我要求取救

度，去皈依他，把去皈依的我自己當做比較低，按照這種方式而皈依，這是顯教乘門的思想。

但是就我們前面談到的，自己內心實相之中三身的性質都已經包括了，因此，我自己內心實相之中三身的性質和皈依的對象佛陀所擁有的三身性質，無二無別，在了悟這點之下進行皈依，這是密咒乘門的思想。

內心的實相之中，三身的自性已經存在，那這三身是如何存在的呢？是不是靠著很多勤勞辛苦的工作之後形成的呢？不是！超越了勞累辛苦的部分，因爲三身的性質是自然形成的。解釋這點，五個句子：

བཚལ་བས་མི་རྙེད་གདོད་ནས་དག་པའི་ཆོས།	སངས་རྒྱས་བྱང་ཆུབ་རང་བྱུང་ཀློང་ན་གསལ།
尋故未得本然清淨法	佛陀菩提天然界中明
སྔར་གྲུབ་ཆེན་པས་ད་གཟོད་བསྒྲུབ་མི་དགོས།	ཞེ་བ་རང་གནས་དགོངས་པ་ཆོས་ཉིད་ཀློང་།
昔已成故莫須現下修	特勝住己尊意法性界

|མི་འགྱུར་ལྷུན་གྱིས་གྲུབ་ལ་ཚོལ་མི་བྱེད།|
| 於之未變自成莫勤力 |

內心的實相之中三身的性質已經存在，就這個部分，舉例而言，我們眼睛所不能夠看到的微細東西，可以用科學儀器看的清清楚楚，如果我們也用科學儀器去尋找內心實相裡三身的性質，能不能找到呢？找不到！用科學儀器連內心都找不到，內心的實相那就更不用說了，因此說「尋故未得」。

就內心的實相而言，本來就已經形成，原來就已經存在了，因

爲它本然形成早就存在，所以在它形成的時候，實際上是離開了煩惱障和所知障兩種蓋障，一切蓋障根本就不存在，因此它的本質完全純淨，所以說「本然清淨法」。

而且「佛陀菩提天然界中明」，佛寶、法寶、僧寶等，法報化三身，實際上在內心的實相之中早就已經存在，已經形成，我們總是會說我要積聚資糧修什麼法，消除罪障修什麼法，經過長久時間之後，我才能成就三寶的果位。可是，實際上不是這樣的，「昔已成故莫需現下修」，三寶也好，三身也好，實際上早就已經存在了，不需要再辛苦勞累，做這個、做那個讓它形成。

不過雖然早已存在，但是卻沒有出現，爲什麼沒有出現呢？因爲有阻礙遮蓋住，蓋住的力量就是煩惱障和所知障，把它遮蓋住，所以它沒有呈現出來，若要把這兩種蓋障去除掉，那就需要辛苦勞累了，除此之外，在三身三寶這個部分，要讓它形成需不需要辛苦勞累呢？完全不需要！因爲它早就已經形成，早就已經存在了，因此「未變自然而成未作勤」，三身三寶的性質根本就不會改變，原來就已經形成，而且不會再有任何的變化，既然不會再有任何變化，那當然不必再辛苦勞累使它形成，所以用任何的辛苦勞累去形成三身三寶的這個部份，根本就不需要做了，所以「未作勤」。

第八項

講說唯僅自安住於覺性之中。

內心的實相裡，三身的性質部份，它的本質唯有一個，僅僅只是一個。說明這個方面，有九個句子：

|ཡེ་གཞི་བབས་གཞི་བྱང་ཆུབ་སྙིང་པོའི་གཞི། |རང་བཞིན་གནས་ལས་གཡོས་པར་འགག་མེད་པས།
本基停基菩提心要基　　　　　**自性狀況無略搖動故**

|ཀློང་གསལ་རིག་པའི་དོན་ལས་མ་གཡོ་ཞིག |ཐམས་ཅད་བཞག་པས་འགྲུབ་པའི་རྒྱུ་མཚན་ཡང་།
界明覺性義中不動處　　　　　**置一切故成就之因亦**

|མི་འགྱུར་ཀུན་འགྲོ་ཁྱབ་བདག་ཡེ་ཤེས་ལྔ། |སྐུ་ལྔ་གསུང་ལྔ་ཐུགས་ལྔ་ཡོན་ཏན་ལྔ།
未變遍行遍主五本智　　　　　**五身五語五意五功德**

|ཕྲིན་ལས་ལྔ་སྟེ་དང་པོའི་སངས་རྒྱས་ཀྱང་། |ཐོག་མཐའ་མེད་པའི་ཀློང་འདིར་ལྷུན་གྲུབ་པས།
五事業者最初佛陀亦　　　　　**無始無終此界自成故**

|གཞན་དུ་མ་འཚོལ་རང་བཞིན་ཡེ་ནས་གྲུབ།
莫尋他處自性本然成

　　「本基」本然的基礎，內心的實相，三身的性質原來就已經形成了。「停基」是它原來就已經存在，停留在這個地方。「菩提心要基」，內心的實相功德原來就存在的這個部份，也是一切佛陀的基礎，這個一切佛陀的基礎，裡面的三身的性質、三寶的性質，能不能說什麼時候有？什麼時候沒有呢？不能！這個三身的性質、三寶的性質，不離開內心的實相，不是在內心的實相之外，而是它從來就沒有離開過，恆時存在，從來就沒有消失過，所以「界明覺性義中不動處」，界是法界空分，明是明分，「界明覺性」就是指空分和明分結合在一起的內心的覺性，內心的實相，因此在明空雙運這個性質本身，就是三身的功德、三寶的功德，若說離開明空雙運性質的這個內心的覺性之外，還有三身的功德、三寶的功德，那根本就不可能。

　　明空雙運的覺性、內心的實相裡三身的功德、三寶的功德已經

存在，這個部份需不需靠著我自己身口心三門辛苦勞累觀想實修，用很多方式使它出現呢？不需要！「一切置故成就之因亦」，應當在內心的實相上安住在等持之中，不要有任何執取，這樣的話，成就之原因，三身的性質自然就會顯現出來。

「未變遍行遍主五本智」，內心的實相裡，五智已經存在，這五智的本質從來就沒有絲毫的改變，而且遍及一切眾生，不僅如此，五身也從來沒有改變過，而且也遍及一切眾生；五語也從來沒有改變過，而且也遍及一切眾生；五種心意、五種功德和五種事業也從來沒有改變過，而且也遍及一切眾生。因此，會不會有一些眾生內心實相裡擁有，有些眾生內心實相裡沒有呢？不可能！

這裡談到的五智、五身、五語、五意、五功德、五事業，五智是法界體性智、平等性智、成所做智、妙觀察智和大圓鏡智；五身指不變金剛身、現證菩提身，再加上一般講的法、報、化三身；五語是五身向眷屬指示教法時用的語言：無生勝義語、尊意指示語、言說詞句語、無別金剛語、現證菩提語；前面講的五身，一個一個身有它各自各自的心意，所以有五種心意：大未妄念意、大平等意、救度有情意、未分金剛意、現證菩提意；一個一個身有各自的功德，所以有五種功德：純淨剎土、無量宮殿、明淨毫光、殊勝寶座、歡樂受用；一個一個身有各自的事業：止息事業、增廣事業、懷攝事業、威猛事業、自成事業。

五種身、語、意、事業、功德，又被稱為「果位廿五法」。

後面要講「無始無終此界自成故」，前面提到的這一切圓滿的功德，最初開始如何形成？什麼時候形成？這問題超越我們內心思維的範圍，它是無始的；或者說，最後這些佛的功德會不會消失沒

有了，有沒有終點呢？沒有！這些功德原來就已經自然形成，早就存在了，而且這些早就自然形成、存在的功德，也不會超出我們的內心實相之外。既然不會超出我們的內心實相之外，那需不需要辛苦勞累到處尋找，或辛苦勞累使這些功德形成呢？不需要！

　　在這個段落裡要講到，我們都有內心，只要內心存在就有內心實相，只要有內心實相，那內心實相所包括的這個功德、那個功德，所有一切的功德就都已經存在了，只是了悟和不了悟有所差別而已，但不管了悟還是不了悟，內心實相擁有一切的功德，圓滿齊備，絲毫沒有遺漏，這一點完全沒有差別。

　　因此，大家都擁有一切的功德，這部份是非常肯定的，如果不是擁有這些功德，那我們不需要花這麼多的時間和內容去討論，沒有必要；如果這些功德本來就不存在，再怎麼討論、怎麼說明，也不可能得到。

第九項

　　講說輪迴和涅槃存在於覺性之中，除了心性之外沒有其他的法身存在。

　　輪迴和涅槃並不是離開內心的實相之外，不僅如此，究竟的果位是法身，法身也不是離開內心實相之外。在這個方面，有四個句子：

|ས྅ངས་རྒྱས་ཀུན་གྱི་ཆོས་སྐུ་བྱང་ཆུབ་ཀྱང་| |མི་འགྱུར་མཉམ་པའི་དོན་ལས་གཞན་དུ་མེད|
一切佛陀法身菩提亦　　　未變平等義外無他者

|དེ་ཡང་རང་བྱུང་དང་འདིར་སྐྱུན་གྲུབ་པས| |མ་ཚོལ་མ་བསྒྲུབས་རེ་དོགས་རྐྱུན་གྱིས་ཞིག|
彼亦天然此況自成故　　　不尋不成期疑自然除

　　究竟的果位就是佛陀的法身菩提，就法身的性質而言，是指恆常不變，這個性質就是法身，在內心實相之中，法身早就存在了。假設在內心實相之中沒有法身存在，那內心實相就不會擁有永恆不變的性質。因此，法身不是在內心實相的外面，就究竟的果位法身而言，它是天然，而且在內心實相之中已經自然形成、存在了。因為它自然存在，那需不需要用我的身體、言語和內心，辛苦勞累的到處去尋找呢？不需要！就算到處去尋找也找不到，那需不需要用我的身體、言語和心意去觀想、去實修把它形成呢？也不需要！因為即使用這個方式也不可能把它形成。

　　因此，說我要去證悟佛果，佛果是究竟的果位，這個部份我要得到，內心產生強烈的期望，這種期望也不需要。或者懷疑我可能會掉到輪迴裡，掉到地獄裡，受到很多痛苦，這種懷疑也不需要存在。

　　為什麼呢？因為在內心的實相之中，三身的性質早就存在，既然三身的性質早就存在，並不需要把期望寄託在內心實相之外的其他者。其次，內心的實相既然已經包括了三身的性質，也不要忐忑不安，懷疑三身的性質會不會掉到地獄裡，受到地獄的痛苦，這些懷疑也不需要存在。

　　因此，在把懷疑和期望自然去除掉，在沒有任何執著的狀態之中等持靜坐，只要這樣做就可以了。

第十項

　　講說輪迴之心性即是法身，因此不必把它捨棄掉。

　　輪迴之心指貪戀、瞋恨、愚癡、傲慢、嫉妒等五毒煩惱的心，此外，經常提到有境、對境，有境、對境的心也是屬於輪迴的心，

就輪迴的心而言，實際上它的本質也是法身，因此，並不需要特別把輪迴的心丟掉或消滅掉，有三個句子：

། སེམས་ཅན་ཀུན་གྱི་རང་བྱུང་ཡེ་ཤེས་ཀྱང་། ། །མ་བྱས་མ་བཙལ་ཆོས་སྐུའམ་ལྷུན་གྲུབ་པས། །

雖諸眾生天然本智亦　莫作莫尋法身自成故

།སྤང་བླང་མ་འཛིན་ཆོས་དབྱིངས་རང་འདིར་ཞོག །

莫執取捨置此法界況

　一般而言，講到輪迴的心，都是指五毒煩惱，情況有點像天空各種各類的雲朵，如果仔細去分析天空的雲朵，雲朵本身也屬於天空，會不會說天空的雲朵是離開天空，在天空外面呢？不會！因此，若說把天空的雲朵丟掉，排除在天空之外，不要讓它在天空裡面，需不需這樣做呢？不需要！因為雲朵在天空之中出現，也在天空之中消失，出現和消失之處都是在天空，一樣的道理，五毒煩惱由內心實相之中出現，之後也沉沒消失在內心實相之中，所以並不需要特別把它趕到內心實相外面。

　「雖諸眾生天然本智亦」，一切眾生都有內心實相，內心的實相就是本智，就內心實相本智而言，「莫作莫尋法身自成故」，內心實相本智不需要靠因緣和合製造作出來，內心的實相裡，法身的性質自然形成，早就已經存在了，也不需要到別的地方尋找。

　「莫執取捨置此法界況」，就眾生內心的實相而言，需不需要說這個部份不好我要把它丟掉，那法身比較好，我要去取得，需不需這樣做呢？不需要！因為法身自成，且眾生內心裡已經有了，如果法身是應當取，應當要得到，那內心實相也是應當取，應當要得

到，如果法身是應當捨棄，那內心的實相也應當要捨棄，因為內心實相之中，法身已經自然存在，二者是同一個基礎，如果一個要取得，兩個都應當要取得，如果一個要捨棄掉，那兩個都應當要捨棄掉，因為性質是一樣的，所以「莫執取捨置此法界況」。

第十一項

講說覺性本身的性質超越一切的勞累造作，有二個句子：

|མི་གཡོ་མི་བསམ་ལྷུན་མཉམ་ངོ་བོ་ལ། | མ་བྱས་དོན་གྲུབ་གཞི་ཀློང་ཡངས་པ་ཡིན།
未動未思自等之本質   不作義成基界極廣大

就內心的實相而言，並不會墮入到輪迴的部份，也不會墮入到涅槃的部份，內心的實相也不是我們內心思維能夠想出來的，也不是我們用語言能夠去說明的，當它存在時，佛身、佛智、佛功德同時都存在，絲毫沒有遺漏，早就已經形成。那內心實相這麼多的功德，是不是靠因緣條件和合而形成的呢？不是！它是自性自成，這種自性自成的內心實相，功德圓滿齊備，會不會某些特別的眾生才有，其他眾生都沒有？不會！一切眾生的內心的實相，完全都是一模一樣，佛身、佛智、佛功德，遍及所有一切眾生，所以稱為「極廣大」。

第十二項

歸納第七品所有的意義。

　　當我們在學習密咒乘門時，總是要求取許多灌頂，修本尊，每一尊本尊都有各自的灌頂，這所有的灌頂的功德，實際上在內心實相裡已經包括、已經齊備了，假設內心實相裡沒有包括任何一項灌頂的功德，那麼即使我們去學習密咒乘門教法，請求上師灌頂，也不可能再得到新的灌頂的功德。

|མི་འགྱུར་ཀུན་འགྲོ་སྐུ་དང་ཡེ་ཤེས་བདག　　|རྒྱལ་ཐབས་སྤྱི་བླུགས་རང་བྱུང་ཆེན་པོའི་དབང་|
　未變遍行身與本智主　　　　　　王權總灌天然大灌頂

|སྣང་སྲིད་སྟོང་བཅུད་ཡེ་གྲོལ་ལྷུན་གྲུབ་པས་　　|བྱ་རྩོལ་མི་དགོས་རང་བཞིན་ལྷུན་གྱིས་གྲུབ་|
　顯有情器本解自成故　　　　　　未須作勤自性自然成

|ཐམས་ཅད་ཀུན་གྲུབ་ལྷུན་གྲུབ་ཆེན་པོར་རྒྱས་|
　　　一切皆成印於大自成

　　用大河流來比喻，灌頂就好像大河流一樣，河流非常大的話，在河流裡洗衣服可以洗乾淨，洗碗筷也可以洗乾淨，洗身體的污垢也可以洗乾淨，灌頂就像大河流能夠清淨我們身體的污垢，語言的污垢，心意的污垢，可以洗淨一切的污垢。

　　「未變遍行身與本智主」，指內心實相的本質恆常不會改變，而且遍及一切的眾生，不僅如此，在不變、遍及一切眾生的內心實相裡，佛身、佛本智早就已經存在，已經形成了，因此，灌頂的所有功德也全部在內心的實相之中已經存在了，如果內心的實相不包括這個或那個灌頂的功德，那請求上師做灌頂，能不能得到灌頂的功德呢？不能夠！

　　針對這個部份，密咒乘門裡經常用一個比喻來說明，譬如沙

子，不管你累積了多少沙子，用多麼厲害的機器去擠壓，會不會得到油呢？不會！因為沙子本身沒有油，當然擠不出油來；若是芝麻，只要一點點，用個簡單的機器擠一擠，油就擠出來了，為什麼呢？因為芝麻本身就含有油。

同樣的道理，在眾生內心的實相裡，所有的灌頂功德早就已經形成，早就已經存在了，當拜見上師，上師傳授本尊的身灌頂、語灌頂、意灌頂，加持就進入內心之中，因為本尊身語意三門的功德，在我們內心的實相之中，早就已經齊備，早就已經存在了，上師傳授灌頂，加持才會進入內心之中，而且此後加持還會逐漸增長增廣，使蓋障逐漸清淨，到最後三身的功德會完整的顯現出來。

如果對石頭、木頭進行灌頂，它們會不會得到功德呢？不會！加持也不會進入它們之中，為什麼？因為石頭、木頭本身沒有存在這些功德。

灌頂之後要修生起次第、圓滿次第，修生起次第的時候，顯現存有的這一切都是本尊天神天女，都是無量宮，如此觀想，實際上這些情況在內心實相裡也都已經存在，而且不是由因緣和合所製造出來，是自然形成的。

總而言之，就大圓滿的見地而言，內心的實相不能說它是什麼形狀，也不能說它是什麼顏色，也不能說它屬於任何的本質，也不能說它屬於某一項，舉例而言，內心實相就像天空，這點一定要非常的肯定，在天空之中，各種雲朵都會出現，還有七彩的彩虹也可以顯現出來，相同的道理，就內心的實相而言，本質任何者皆不能夠成立，不能夠說內心實相本質是屬於這個，是屬於那個，但是在這種情況之下，任何的妄念全部都可以出現，好的念頭，壞的

念頭，都可以在內心的實相之中呈現出來，就各種念頭都可以出現
的這個部份而言，稱為「明分」，就內心的實相像天空一樣，不能
夠成立為任何本質的這個部份而言，就是「空分」。明分和空分二
者，本質是兩個嗎？不是！明分和空分的本質只有一個，這一點也
要非常的明白肯定。

　　講到經教乘門的見地時，最重要的部份都會討論到空分，空分
並不是指一切都無，好像眼睛閉起來，空空洞洞什麼都沒有，就把
它稱為空分，不是的。雖然是空分，但是一切都可以顯現出來，就
一切都可以顯現出來的這個部份，稱為明分，就顯現出來的這個部
份，我們如果用邏輯推理，仔細做個分析，是不是存在，能不能成
立呢？不能夠成立！所以仍然是空性，因為是空性之故，就不應當
有任何的執著，不要去執著是好的，壞的，我喜歡，我討厭……等
等，這些執著都應當去除掉。

　　所以就所顯而言，僅為所顯，所顯現的部份不是實體成立的，
它就僅僅只是所顯而已，它不能夠成立，所顯僅為所顯，它是空
性，對它不要有任何的貪戀執著，而且就空性而言，也不是空空洞
洞，什麼都沒有，這個是密咒乘門大圓滿的教法如此談到，在顯教
乘門也是如此談到，所以這是共通的見地，這個部份一定要肯定，
一定要了解。

8

述菩提心無二品

第八品的內容大綱共分爲十一項。

第一項

講說如此自成的自性，它是清淨的，本質也是只有一個，不會有不同的兩個、三個，是由一個法界所出現的自成功德，與本來面目也沒有差別。

|ཐམས་ཅད་དབྱིངས་གཅིག་རང་བྱུང་ཡེ་ཤེས་ལ།
一切一界天然之本智

|གཉིས་སུ་མེད་པ་རྡོ་རྗེའི་འདུག་ཚུལ་ཏེ།
爲無二矣本質存在理

|གཉིས་སྣང་མ་འགགས་རྩལ་ལས་རོལ་པར་ཤར།
二顯不滅力道現遊戲

|སྣང་བདག་གཉིས་མེད་བྱང་ཆུབ་སེམས་ཞེས་བྱ།
顯施無二稱爲菩提心

無論是清淨的佛國淨土，還是不清淨的眾生輪迴，這一切都是由內心的實相，一個天然本智之中所出現，不會各自分開。不清淨的所顯顯現出來時，一定會顯現成爲有境和對境兩方面，成爲二顯的情況，這二顯雖然顯現出來，就原來的情況而言其實是不生，因爲不生當然也就不滅，而且都是由內心實相的力道之中顯現出對境所顯，這些部份顯現出來時，我們會給它取一個名字，施設而稱爲地、水、火、風等，這些都只是名稱而已，因此就內心實相力道所顯現的對境而言，所顯不能夠成立，所施設的名稱也不能夠成立。

這個部分用三個比喻、四個平等來說明。

第一個比喻是鏡子裡的影像，鏡子裡出現任何美麗不美麗的影像，能不能說鏡子裡所出現的影像和鏡子分開、各自不同？不能！同樣道理，內心的實相出現清淨的所顯、不清淨的所顯，能不能說

這些清淨所顯、不淨所顯和內心實相各個分開、各自不同呢？也不能這樣講！

第二個比喻是做夢，睡覺時做了一個夢，不管是好夢、是惡夢，任何所出現的夢境，是不是離開睡覺那個時候的意識之外，和睡覺那個時候的意識各自不相同呢？當然也不是！

第三個比喻是水，大海裡的任何浪花不管是大、是小、是任何樣子，一切的浪花和海水都沒有差別。

總而言之，要說明的是內心實相裡會出現清淨所顯、不淨所顯，任何所顯出現時，是不是這些所顯景象和內心實相各自分開、完全不相同呢？不是！

一切法，清淨的法本質不能夠成立，不清淨的法本質也不能夠成立，就它本質不能夠成立這部份而言，完全平等。

因為它的本質不能夠成立，本質不生之故，當然也就不滅，就顯現出來的這些法，不管它是好或是壞，就它不滅的這部分而言是相同的，這也是一個平等。

就好壞所顯的這些景象而言，本質也是一樣，好的所顯也好，壞的所顯也好，實際上都是所顯，從所顯這個角度來看，也是一樣平等，都是所顯。

好壞的這一切法顯現出來時，一定是由因緣和合形成才會顯現出來，因此，從因緣和合而顯現出來的角度來看，都是一樣的，這也是一個平等。

以上便是用三個比喻來說明一切法；從四個平等來了解、抉擇一切法。

第二項

　　講說由天然本智所顯現出來的這一切的法都沒有偏頗，以大平等的方式而存在，瑜伽士能將它看得清清楚楚，是空而顯現出來的形相，因此這種證悟就值得讚歎。

　　就內心實相而言，輪迴的法會顯現出來，當其顯現出來時，當然不能夠成立；涅槃的法也會顯現出來，當其顯現出來時，當然也不能夠成立。輪涅的這些萬法顯現出來時，會不會說輪迴的法不成立，涅槃的法才成立呢？或是說輪迴的法成立，涅槃的法不成立呢？不會！二者都不能夠成立。

　　就二者都不能夠成立而言，大圓滿的實修者瑜伽士，當各種各類的法顯現出來時，他能夠了悟不管是好或是壞的法，都不能夠成立；可是在不能夠成立的情況下，萬法仍然能夠顯現出來，因此，出現了各種各類的形狀、顏色及情況等，實際上這些的本質都是空，但就算本質是空，仍然可以顯現出形形色色，所以，就「本質為空可是還能夠顯現出形形色色」而言，這是非常上等的了悟，這種了悟非常值得稱讚。

|अर्बो्·འགྱུར·མེད·པའི·རིག·པ·བྱང·ཆུབ·ལ| |སྣང·སྟོབ·མེད·པའི·རུང·སྲིད·འརཁོར·འདས·ཧར|
無邊無變覺性之菩提　　　　　現無斷得之顯有輪涅

|གཟུང·འརཛིན·མེད·པའི·རྣལ·འབྱོར·པོ·ཁ·ལ| |མེད·ལ·སྣང·འདི·ཡ·མཚན·དགོད·པོ·འཚར|
無取無執瑜珈士面前　　　　　此無而顯希奇啞然笑

　　就內心的實相而言，並非靠因緣和合所形成，因為不是靠因緣和合所形成，不會有變化、消失、變好、變壞這些情況。在內心的

實相裡，「輪迴的這個法不好，應該要去除掉」，這種情形不能夠成立；「涅槃的法是好的，我要去追求它、得到它」，這種情形也不能夠成立。

但是，就算輪迴和涅槃的法都不能夠成立，但它們還是可以顯現出來，對於輪迴涅槃的法顯現出來的這些景象，一個大圓滿的實修者瑜伽士不會執著：「這個部份是我所緣取的對境」或「這個部分是能執的有境」，這些執著都不會存在。那到底在他面前這些法出現為什麼樣子呢？就瑜伽士而言，這些法雖然一樣出現，但卻是「空」而且不能夠成立，在自己實際上不能夠成立的方式之下而顯現出來。

這種情況就好像在一個小房間裡睡覺，做了一個夢，夢裡雷火交加，出現各種毒蛇猛獸，實際上，小屋子裡既沒有雷火交加，也沒有毒蛇猛獸，房間就這麼小；但是即使房間這麼小，這一切在夢境裡仍然全部都可以出現，雖然是無，但是它還是可以顯現。

就大圓滿的瑜伽士而言，會很自然地看著這一切好壞所顯、各種各類的景象，所顯景象雖然本質不能夠成立，為空、為無，還是可以顯現出來，因此，他就會啞然失笑，自自然然地看著這些所顯景象，產生大悲之心。

譬如古代的魔術師，用木頭、石頭加上咒語，變出駿馬、美女去騙觀眾，觀眾看得入迷，花了大把銀子向魔術師買了駿馬，實際上，不管馬多麼雄偉，還是這個魔術師唸咒語變出來的，僅僅只是這個樣子。如果這時在場有個內行的魔術師看到了，變化出來的馬還可以賣給觀眾，他就會啞然失笑，也會產生大悲之心：「哎呀，這個人他不知道這馬是魔術變出來的，被騙了，等下馬消失不見了，他找不到自己買的馬，多麼可憐啊，花了這麼多銀兩。」

因此，他自自然然就會對這個買假馬的人流露出悲心，也會勸告買馬的人：「你不要買啊，這是那魔術師變出來的，你千萬不要買啊！」但是買馬的人會不會聽呢？不會聽的！因為買馬的人會認為這匹馬我可以看得到，摸得到，明明就是一匹真實的馬，怎麼可能是假馬呢？他不聽勸告，還是買回去了，這時內行的魔術師會不會生氣呢？不會！他只會覺得這個人好可憐啊，花了大把銀子買了一匹假馬，不久馬就會消失了。

大圓滿的瑜伽士就像這種情況一樣，實修時，往往會遇到順緣或逆緣，在逆緣或順緣出現時，他心裡也會啞然失笑，很客觀的看一看這些順緣、逆緣，發現它們本質不能夠成立，在本質為空、不能夠成立的情況下，它們還能夠顯現出順境或逆境的樣子，實在是非常好笑。除此之外，瑜伽士實修者會不會勃然大怒呢？不會！而且有時候看到一些人在諦實成立的執著之下，彼此之間各執己見爭吵，非常憤怒，大圓滿的瑜伽士看到了之後也只是會啞然失笑，心想：「一切萬法諦實不能夠成立，對於諦實不能夠成立、像虛假一樣的法啊，他們在毫無意義的情況之下，各執己見產生傲慢、紛爭、生氣、打架，多麼地可憐！」就像前面講的觀眾裡那位內行的魔術師一樣，自自然然地產生悲心。

總而言之，就一個行者而言，對於一切的法不能夠有執著，不能夠有貪戀，內心要自然地流露出悲心，這些都是必要的。

第三項

講說法身顯現時是無而顯現，因此只是空的色法、空的影像而已。

　　一般而言，法身是怎樣顯現出來呢？本質為空的一切萬法都是法身，法身是本質為空的法，那本質為空的法是什麼呢？本質為空的法不在別的地方，就在眼前我們所看到的一切，全部都是本質為空。那本質為空為什麼我們還看到有呢？本質為空但是仍然可以顯現出來，雖然顯現出形形色色，但是仍然是無，仍然本質不能夠成立，一般就把各種各類的所顯稱為「空色」，是空性所顯現出來的色法。那空色的比喻是什麼呢？鏡子裡的影像，雖然空，但是可以顯現出任何影像。說明這一點，有五個句子：

|ཤང་བར་མེད་ལ་སྣ་ཚོགས་སྣང་བར་ཤར།　　|སྟོང་པར་མེད་ལ་མཐའ་དབུས་ཁྱབ་པར་གདལ།

雖顯而無現種種所顯　　　雖空為無均遍邊與中

|གཟུང་འཛིན་མེད་ལ་ང་བདག་སོ་སོར་ཞེན།　　|གཞི་རྩ་མེད་ལ་ཚེ་རབས་བརྒྱུད་མར་སྣང་།

雖無取執耽各各己我　　　無基無根顯代代相傳

|དགག་སྒྲུབ་མེད་ལ་བདེ་སྡུག་སྤང་དོར་བྱེད།

無破無立作苦樂取捨

　　不清淨輪迴的一切所顯是無，清淨涅槃的一切所顯也是無，我們所看到的形形色色的所顯，實際上都是無、都是空。但就算是所顯現的這一切都是無、都是空，仍然可以顯現出來，顯現出來之後，因為我們內心迷惑錯亂，就把所顯現的形形色色執著是這個樣子、是那個樣子。

　　如果從各種原因仔細分析，說空性為有，其實也找不到任何原因，因為空性本身也不能夠成立。但就算空性本身不能夠成立，空性仍然遍及一切所有的萬法，因此並沒有所取的對境，也沒有能執

的自己的內心，可是我們在迷惑錯亂的情況之下，仍然成立能執之心，想著這是我啊、我啊；仍然成立所取的對境，說這是我的，這是我所擁有的，這是我要得到的……，就會有這樣的想法，因此產生了各種貪戀執著。

實際上不論是能執之心或所取的對境，這一切成立的基礎，根本就不能夠存在。不過就算成立的基礎不能夠存在，也會顯現出歷代傳承不斷的景象，譬如自己有父母親，父母親有他的父母親，任何一個家族的傳承都歷經很久，仍然會形成這個樣子。

其次，就所應當破除、所應當斷掉的部分而言，還有相對的所要得到、所要成立的部分而言，也都不能夠成立。但是就算不能夠成立，由於我們內心有迷惑錯亂，在迷惑錯亂的心的顯現之中，我們執著這些部分是快樂的，是要得到的；執著這些部分是痛苦的，是要消滅掉的，我們還是會產生種種執著，這種情形就像是一場夢，譬如自己在夢中和敵人發生爭吵，實際上自己也好、敵人也好，雙方都是在夢境之中，即使是在自己個人的夢境之中，也顯現出自己和其他人，但實際上，自他兩方面都不能夠成立。

不僅如此，作夢時也會夢到美好的夢、兇惡的夢、恐怖的夢，或夢到自己發財了或破產了，或夢到自己去到一個美麗的地方或恐怖凶險的地方，或夢到已經過世多年的父母……，這一切各種各類的情況，在夢境裡都可以出現，但是就算在夢境裡出現了，實際上好的夢也不能夠成立，壞的夢也不能夠成立，會不會我作夢醒來後，夢境裡的那些情況還都會存在呢？不會！不管是美夢、是惡夢，實際上全部都不能夠成立。

第四項

講說外在的法和內在的法本然都不生，像虛空一樣平等、清淨，應當證悟這樣的一個情況。

外內一切的法，外是指外在的對境，內是指內心，外內的法雙方面其實本質不能成立，本質都不生，是爲空，要做這一個抉擇。

首先對外境做一個抉擇，抉擇外境所顯的一切是離基、虛幻，是空色。外在的法是指外在的色、聲、香、味、觸等，本質爲空，由因緣和合所形成，因緣和合即是自性不生，因爲因緣和合而不生，所以離開它所成立之基，就好像魔術師變出來一個幻影，它本身也是空色。

།ཕར་བལྟས་སྐྱེ་འགྲོའི་སྣང་བ་མཚར་རེ་ཆེ།   ཨེ་བདེན་བདེན་པར་ཞེན་པས་བདེན་བདེན་འད།
看彼眾生所顯實稀奇   無諦耽著諦實似諦諦

།མ་འཁྲུལ་འཁྲུལ་པར་ཞེན་པས་འཁྲུལ་འཁྲུལ་འད།   ཇེས་མེད་ངེས་པར་བཟུང་བས་ངེས་ངེས་འད།
無惑耽著迷惑似惑惑   無定執爲確定似定定

།ཡིན་མིན་ཡིན་པར་བཟུང་བས་ཡིན་ཡིན་འད།   ཨི་འཐད་འཐད་པར་བཟུང་བས་འཐད་འཐད་འད།
非是取之爲是如是是   無理取爲合理似理理

།སྣ་ཚོགས་ཚོལ་ཆུང་ཁྱུལ་གྱིས་སེམས་ཁྲིད་ནས།   དོན་མེད་རིག་པ་སྐད་ཅིག་བརྒྱུད་མར་མཐུད།
種種無聊對境掛心已   無義了解刹那連持續

།ཞིན་ཞག་ཟླ་བ་ལོ་དང་མི་ཚེ་འདས།   །གཉིས་མེད་གཉིས་སུ་བཟུང་བས་འགྲོ་བ་བསླུས།
度過日夜月年與一生   無二取其爲二騙眾生

大圓滿的實修者，當他證悟之後，「看彼眾生」，看那些沒有實修大圓滿教法的眾生，或看那些有實修大圓滿教法但沒有證悟的

眾生時，會有什麼反應呢？他只會笑一笑而已，而且會產生悲心，僅僅只是如此而已。

為什麼？那些眾生的情況像是什麼樣子呢？

就眾生而言，「無諦耽著諦實似諦諦」，眾生並沒有證悟到一切萬法諦實不能夠成立，仍然執著萬法是諦實成立；而且「無惑耽著迷惑似惑惑」，實際上內心也沒有迷惑，但是眾生會執著我的內心迷惑錯亂，認為自己是在迷惑錯亂之中。

「無定執為確定似定定，非是取之為是如是是」，對於本來不能夠非常確定的法，眾生會把它執著為非常肯定，這是我的東西，這是我的父母親，這是……，那是……，內心非常肯定，肯定之後就會產生貪戀執著，認為一定是這個樣子、一定是那個樣子，認為所顯現出來的法確實是這樣、確實是那樣，把不定執著為確定，把不是執著為是。

「無理取為合理似理理」，別人說的一些話剛好合乎自己的心意和想法，自己就覺得他講得實在真好，非常合理！其實好與合理也不能夠成立，只是因為說中我們自己的內心，因此就執著他講的一切全部都非常合理。

前面所談到的種種對境顯現出來時，就眾生而言，內心在很狹隘、貪戀某些目標的情況之下，會選取某些目標去進行執著，執著這個是對境，這個是能夠執取的內心，形成了對境和有境，在這種情況之下欺騙了自己，因此內心的覺性本身就會產生無意義的能所二執，第一秒鐘、第一剎那是迷惑錯亂的，執著有能執之心、有所取之境，接下來持續到第二剎那、第三剎那，不斷地持續，慢慢變成一天、兩天，一年、兩年，十年、二十年，都不能證悟，假設一

個人能活到八十歲，八十年都是在能所二執的迷惑錯亂裡，如果能活到九十歲，九十年都在迷惑裡，或者只活四十歲、五十歲，那四十年、五十年的時間也全都在迷惑裡，總而言之，沒有實修佛法的人的一生全部都在迷惑錯亂之中。

迷惑錯亂的情形是什麼樣子呢？「無二取其爲二騙眾生」，實際上並不能夠說有所取的對境、有能執的內心存在，但是都會把它執著爲這個部分是能執的內心，那個部分是所取的對境，因此有「有境和對境」雙方面的差別，執著成兩種情況，在這種執著爲二的情形下度過了一生，被這種能所二執騙了一生。

第五項

當證悟了沒有外境、所取的部分，如虛空般清淨時，就能抉擇能執的內心也沒有成立的基礎，離開了所依靠之處。

我們現在都有對「能執的內心有境」和「所取的對境」之貪戀執著，如果了悟了沒有所取的對境存在，那等於就了悟了沒有有境存在，即使是有境本身也是像天空一樣，也是空的。如果了悟了能執的內心有境這個部分也是空的，那執著就不會存在，因爲執著就不會有依靠之處了，譬如壁畫，畫在牆壁上，非常美麗，如果牆壁壞掉，這個圖畫還能夠存在嗎？不能！爲什麼呢？因爲畫在牆壁上的圖畫要依靠牆壁，牆壁不存在了，當然壁畫也不可能存在。

一樣的道理，執著一定依於有境的內心本身，假設抉擇出有境的內心本身不能夠成立，那執著怎麼還會存在呢！這個方面，有六個句子：

།རྣལ་འབྱོར་དག་པའི་སེམས་ལ་ཆུལ་བལྟས་པས། ཏེན་གཞི་མེད་པའི་རིག་པ་མིང་དང་བྲལ།
瑜伽清淨之心看此故　無依無基覺性離於名

།མཚོན་བརྗོད་མ་མཐོང་ལྟ་སྒོམ་ཁྲིགས་ཆགས་བྲལ། ཕྱལ་བ་ལྷུག་པ་ཡངས་པ་ཕྱལ་གདབ་བས།
不見表詮離見修次序　平等悠閒寬寬平均故

།འཇམས་ལེན་མ་ཤེས་ཐུན་མཚམས་ཕྱོགས་རིས་མེད། །ཁམས་ཆད་རྒྱ་ཡན་ཕྱལ་ཕྱལ་བར་མཚམས་བྲལ།
不知修持座際無偏頗　一切放任平平無中際

　　就大圓滿的實修者瑜伽士而言，如果了悟了所取的對境不能夠成立，和對境相對立的就是有境，再仔細去分析有境的內心，發現內心存在的基礎也不能夠成立，所以有境的內心也不能夠成立。

　　我們稱為內心的這個部分，當然一定要有一個施設基，針對這個部分把它稱為「內心」，就施設基這個部分而言，其實它也是離開這個名稱的，因此，沒有辦法用任何比喻去形容它。

　　我們現在談到見地或是觀修，都是指有境內心，來描述我們內心的情況，如果內心不能夠成立，當然見地也不能夠成立，觀修也不能夠成立，即使它不能夠成立，它的本質都相同，那就是空性，就空性的本質而言，都是一樣的。

　　如果這一切都是空性的本質，那我如何進行實修呢？生起次第應當要如何觀想？圓滿次第應當要如何觀想？不管生起次第怎麼修，圓滿次第怎麼修，實際上一切都是空性，空性的話一切不能夠成立，一切都是一樣的。

　　舉例而言，閉關要上座實修，修三座或四座，這三座、四座裡要如何觀想呢？其實這一切也都不能夠成立。一天 24 小時，能不能說上座下座哪個時候是空性哪個時候不是空性？不可能！上座的

時候也是空性，下座的時候也是空性，既然一切都是空性，那就不能夠成立說：「這個是上座，這個是下座，兩者有所差別。」就內心的本質不能夠成立、本質爲空而言，這些都是一樣的。

第六項

要說明證悟能所二執皆無的覺性，實際上沒有偏向任何部分，是自然自成的，就是如此。

能執的內心不能夠成立，所取的對境也不能夠成立，如果這樣，那內心的實相又是什麼呢？這段主要講的是內心的實相，有三個句子。

|ལུས་དང་ཡུལ་དང་སྣང་བའི་གཏད་མེད་པར།
無身與境及所顯朝向

|ནམ་མཁའི་ཀློང་ཡངས་མཉམ་པར་ཕྱམ་གདལ་བས།　　|ཞེན་གྱི་ཆོས་ཞེས་བདག་ཏུ་འཛིན་པ་མེད།
虛空廣界平平等均故　　曰內法矣執爲我則無

我們經常談到身體，色蘊、受蘊、想蘊、行蘊、識蘊等五蘊聚集在一起的這個身體，其實也不能夠成立；五蘊所要享用的對境色、聲、香、味、觸等也不能夠成立，因爲不能夠成立，我們就不能夠特別緣取而朝向它說：「喔，這個是有境」，也不能夠特別緣取而朝向它說：「喔，這個是對境」，這一切法不能夠成立而說它是有境或對境，就好像是虛空一樣，虛空遍及一切。

但即使如此，我們現在的情況仍然針對身體執著「這是我啊」，執著「這個人是害我的，是敵人；這個人是幫助我的，是

好朋友」，我們內心都會有各種執著。無論執著是我、是幫助我的人、是害我的人，這些都只是內心的執著而已，實際上執著裡的這個我、他、害我者、助我者，這些都不能夠存在，因此，內心所執著的內在的這一切法，其實都不能夠成立。

特別是我們經常提到內心實相是明空雙運，就內心的本質而言，自己內心能夠去明白了知內心的本質，這些也都只是名言上的形容而已，實際上就內心的實相而言，能不能成立它是有境和對境兩種劃分之下的有境呢？不能！內心實相不是屬於有境，我們前面已經抉擇過了，有境和對境不能成立，因此不能說內心實相是屬於有境。那內心實相是不是屬於自、他兩種劃分裡的自己呢？也不是！因為我們也已經抉擇過了，自他二者實際上也不能夠存在。

就內心的實相而言，是不是屬於心的本質呢？當然也不是！談到心一定是心王和心所，內心的實相，也不是心王也不是心所。我們已經抉擇過了心王和心所，心王和心所也不能夠成立。

那要說內心的本質是空，或者說是明嗎？其實在大圓滿裡也抉擇了，空也不能夠成立，明也不能夠成立。但是針對所調伏的弟子，為了讓他能夠了悟這一點，我們就會仔細說明內心的實相，把它稱為自性大圓滿，或者稱為天然本智，或者稱為內心實相，有時候又稱為法身，有時候又稱為自成，有時候又稱為覺性自明，有時候又稱為明空雙運……，在做這些解釋時，其實都是針對弟子的情況，為了使初機實修的弟子能夠了悟，因此就講各種名稱，實際上這些只是為了使他了解，名言上做一個說明而已。在作了這種名言上的說明之後，弟子也許把它執著成：「那內心的實相，實際上指的就是有境和對境兩種劃分之下的有境。」如果產生了這種執著，

那純粹是唯識宗的見地，就不能說是大圓滿的見地了。

第七項

　　證悟能所二者如虛空般不能成立時，對瑜伽士而言，諸法變成無依靠處，全部解脫，因此沒有內在的能執，而外在所取也完全解脫了。

　　就學習大圓滿的教法而言，做廣大聽聞思維之後，逐漸證悟所取的對境不能夠成立、能執的內心也不能夠成立，這樣一個證悟大圓滿的瑜伽士，內心不會有寄託之處，也不會指向某一個地方，這種貪戀執著不會存在，在這種情況下，也就是說外在的對境不能夠成立，一切都不能夠成立，會得到這種了悟。在這個方面，有六個句子：

看彼外在所顯對境故	一切亮晃模糊而通澈
朦朧恍惚已離朝向法	顯聲憶了感受無同昔
何耶自性瘋子所顯乎	或如夢境自己啞然笑

「看彼外在所顯對境故」是指一個證悟了大圓滿教法的瑜伽士，看那外在一切所顯的對境像是什麼樣子呢？當外在所顯的對境，好的、壞的、仇敵、親友等各種各類顯現出來時，其實都像彩虹一樣，沒有一個可以寄託之處。

　　原因何在呢？因為所顯現的這些，一切的對境實際上都不能夠

成立，這裡談到亮晃、模糊、通澈、朦朧、恍惚等是指無論如何都不能夠成立，既然不能夠成立，內心朝向它、寄託在這個地方的這種能夠指向的法、能夠寄託信賴的法，完全沒有了，消失不見了，這個時候瑜伽士一定和以前不一樣，所顯現的這一切的法，或者是所聽到的各種聲音，或者是內心各種回憶，他的感受和以前一定完全不一樣，譬如顯現出來的親人，或者是仇敵；聽到好聽，或者是不好聽的聲音；回憶起以前順境，或者是困境時是怎麼樣，內心的感受一定和以前不一樣了。

就了悟者而言，面對這一切所顯景象的情況，不像以前那樣貪戀執著，他會覺得像什麼樣子呢？感覺會像說我大概是一個瘋子吧！或者想一想：自己對於所顯現的這一切沒有貪戀執著，可是別人又有強烈的貪戀執著，當去看別人的情況時，就會覺得大概這些人都是瘋子吧！因為實際上是不能夠成立，不能夠信賴寄託的法，但是他們會為這些無意義的法而這樣做、那樣做，所以想一想，實在是很好笑啊，因此只會啞然失笑，僅僅只是如此而已。

就我們現在的情況而言，大家聽聞大圓滿教法已經很多年了，應當和以前不一樣，也就是自己的內心在學習教法之後和學習之前一定要有不同，內心的執著貪戀應當要逐漸去除了。

在印度也好，在寺廟裡也好，在西藏也好，以前許多在家人出家了，聽法過了五、六年，就經常談到：「哎呀，我以前在家時，很容易生氣、瞋恨、傲慢、貪戀等，現在都沒有了，和以前都不一樣了。」很多人都會有這種情況。內心一定要有這些改變，不管是聽聞教法也好，打坐禪修也好，或者是閉關、參加八關齋戒、得到比丘的戒律等，總而言之，學法之後一定要和學法之前不一樣，比

起以前，煩惱逐漸減少、貪心逐漸減少、執著逐漸減少、傲慢之心
逐漸減少，假設學法後和學法前一樣，甚至煩惱更增加、貪心更增
加、執著更增加，那是以行者之名扯行者的後腿。

第八項

　　內心產生證悟時，所顯現的這一切就沒有差別存在了。

　　如果了悟對境不能夠成立，了悟能執的內心也不能夠成立，自
性不能夠成立，也會得到其它的許多證悟。在這個方面，有八個句
子：

|དགྲ་གཉེན་ཆགས་སྡང་ཉེ་རིང་འདུ་ཤེས་བྲལ།| |ཉིན་མཚན་རིས་མེད་མཉམ་པར་ཕྱུར་གཅིག་པས།|

　　　已離敵親貪瞋遠近想　　　　　　　日夜不偏平等唯一故

|དམིགས་གཏད་མཚན་མར་འཛིན་པའི་འཁོར་བ་སངས།| |རང་བྱུང་ཡེ་ཤེས་ངང་ཞེས་མི་ཚིག་པས།|

　　　緣向執為表相輪迴醒　　　　　　　謂為天然本智況未妄

|ཁྱད་དོར་སྤང་གཉེན་གཟེབ་ལས་འདས་པ་ཡིན།| |འདི་ལྟར་ཚོགས་ན་གཉིས་མེད་ཡེ་ཤེས་ཏེ།|

　　　故即越離取捨斷治籠　　　　　　　若如此悟即無二本智

|རང་བྱུང་ཀུན་ཏུ་བཟང་པོའི་དགོངས་པར་ཕྱིན།| |ཕྱོག་པའི་གནས་མེད་ཟད་པའི་སར་ཕྱིན་ཏེ།|

　　　已達天然普賢之尊意　　　　　　　無返回處已達窮盡地

　　當我們還沒有證悟萬法實相時，內心當然會有執著，執著這個
是敵人、這個是親人，如果執著這個是我討厭的敵人，就會產生瞋
恨之心；如果執著這個是我親密的親人，就會產生貪戀之心。或者
有人會說：「喔，這是我所要做的工作。」對這工作產生了執著，
工作累了要休息、睡覺等，又有這個執著。

假設了悟了內心實相、萬法實相的時候，就會知道，所謂的仇敵不能夠成立，仇敵不能夠成立的話，瞋恨之心也不能夠成立；所謂的親人不能夠成立，親人不能夠成立的話，對親人的貪愛之心當然也不能夠成立；所要做的事情不能夠成立，因此不做事的時候要休息、要睡覺這部分也不能夠成立。

總而言之，所緣取的對象，以及緣取之後對境是這個形相、是那個形相，這些都不能夠成立，如果這樣，那就是輪迴也不能夠成立，輪迴由此而清淨，就自然解脫了。

譬如太陽出來時，黑暗還會存在嗎？如果我們還沒有證悟天然本智的實相，當然執著有對境，如果對境是好的，又執著這是我要得到、要取得的；如果對境是壞的，又執著這是應當要遠離、要拋棄的；要斷掉、要滅掉，就有對治的法門，因此又有兩邊的執著，在這種執著之下就有很多的貪戀、瞋恨、傲慢、慳吝等各種各類都會出現，執著會越來越多，好像掉到縫隙裡，陷入黑暗之中，在各種執著覆蓋的黑暗之下，當然就不會有解脫，也沒有看到光明的機會。一旦了悟內心實相，敵人、親人、貪心、瞋恨、傲慢等這些執著都不存在時，就好像脫離了執著的縫隙一樣，脫離了執著的黑暗。

當證悟這種了悟時，就是無二本智出現的時候；當無二本智出現時就是普賢如來的果位，這時是證悟了普賢如來內心的心意，證悟了普賢如來身語意三門，這就是證悟了佛果；如果已經證悟了佛果，還會不會形成業力煩惱，由業力煩惱又形成輪迴，又墮入六道投生呢？不會！所以「無返回處已達窮盡地」，證悟普賢果位之後不會再轉變成其它情況，不會再墮入業力煩惱形成的輪迴之中。

第九項

講說應該要捨棄虛假般顯現的相似基。

這是指還沒有證悟大圓滿見地，但在一些類似的情況下，錯誤的認為自己已經證悟了，這種迷惑無論如何要把它去除掉。

རང་བྱུང་དང་ནས་མཉམ་ཉིད་མ་རྟོགས་པར།	|གཉིས་མེད་ཉིད་ཅེས་ཚིག་ལ་མངོན་ཞེན་ནས།
不悟由天然況平等性	口稱無二耽著於詞句
ཅི་ཡང་མི་དམིགས་ཡིད་དཔྱོད་གནད་འཆན་བ།	|ལོག་རྟོགས་ཉིད་དེ་མ་རིག་མུན་པའི་ཀློང་།
任未緣取伺察立把握	彼即倒妄無明黑暗中

「不悟由天然況平等性」，一個大圓滿教法的實修者，對天然內心萬法本然平等性這一點沒有了悟，在沒有了悟的情況之下，「口稱無二耽著於詞句」，對名相產生顛倒執著，口中說：「有境也不成立、對境也不成立、自己也不成立、他者也不成立、輪迴也不成立、涅槃也不成立、眾生也不成立、佛也不能夠成立。」其實自己還沒有證悟，但是因為這些名言聽了很多，知道是什麼樣子，因此就認為自己證悟了，若問他：「你證悟到什麼？」「喔，我證悟到了沒有眾生也沒有佛、沒有自己也沒有其他者、沒有輪迴也沒有涅槃、沒有有境也沒有對境。」實際上這些只是口中講出來的名言而已，真正的意義他有沒有證悟呢？沒有！

在這種情況下，自己的煩惱沒有減少，內心的功德也沒有增加，只是聽到這些名言，執著於這些名言，實際上根本沒有了悟，這是一種顛倒的妄念，墮入無明的黑暗界之中，僅僅只是如此而已。

總而言之，對於萬法的實相有沒有證悟，主要看對眾生的悲

心、菩提心有沒有增強；對於自他眾生的貪戀、瞋恨有沒有去除；對於大圓滿教法及自己根本上師的信心有沒有越來越強烈，如果三項都有，就表示走的道路是正確的，證悟是正確的，如果沒有，就表示走入顛倒的道路，證悟是錯誤的，就算有時候出現了一些神通變化的能力，能夠看到魔鬼邪祟現身，具有一些威力存在，以為自己證悟了，其實是錯誤的，「彼即倒妄無明黑暗界」，只是走入顛倒妄念的縫隙、無明的黑暗，僅僅只是如此而已。

第十項

對於平等圓滿的廣大基，有緣者應當要證得本來面貌，這是一個勸告。

|དེ་ཕྱིར་རང་བྱུང་འཕོ་འགྱུར་མེད་པ་ལ། | ཁམས་གསུམ་རྩོལ་གྲོལ་འཁོར་འདས་གཉིས་མེད་དོ། |

彼故天然無遷且無變　　思圓國王而修習無二

三界盡解輪涅無二義　　自性之內自現法身堡

如空純淨離譬喻而出

天然的內心實相並不是無常的實有法，它不會改變，這種不會改變、非無常的實有法的內心實相，不是內心所能夠思維，也不是語言所能夠詮釋；它的本質是佛的身語意三門功德完全圓滿齊備，絲毫沒有遺漏，可以說像一切功德都圓滿的國王，最為殊勝的國王。因此在不執著能執的有境，不執著所取的對境，在沒有二執的

情況之下學習、實修。

譬如我們現在講說大圓滿的教法和見地，在了解教法和見地內容之下，我做八關齋戒、閉關實修、修前行法、獻供養、供燈、頂禮，這一切全部都在自己所了解的大圓滿的見地之下進行，利益威力都特別強大。假設我聽了大圓滿的教法、見地，自認為已經都了解了，因此不用做八關齋戒、不必閉關、不必供養、不必供燈、不必做頂禮、不必累積前行法的次數，因為這些我都已經知道了，不必去做了，如果這樣想，那之前的學習、聽法、了解見地都完全浪費掉了，一點用處都沒有。

因此，應當運用自己所學的教法，運用所了解的大圓滿見地，貫穿在所有的實修當中，這樣如夢似幻的罪障也都會清淨去除，這是非常重要的。

如果這樣做，「三界盡解輪涅無二義」，三界本來自然的就解脫了，輪迴和涅槃本來無二，因為輪迴和涅槃都不能夠成立，所以當然也就無二。

顯教乘門的實修經常談到三輪體空，迴向以後做三輪體空，三輪體空的意思是指自己、所修的法、實修的活動，這三方面都不能夠成立，都是無所緣取，都是空性，應該要這樣。如果這樣進行實修，那不可能產生傲慢之心。

以我個人為例做個說明，在台灣這麼多年，遇到許多功德主贊助，因此貝瑪貴的寺廟蓋好了，廟裡有一、兩百位出家人實修佛法了，假設我自己對於大圓滿的教法和見地沒有好好了悟，那傲慢之心會強烈的不得了，因為會想到自己是數百位僧人的師父，他們都要靠我吃穿，我還有一個很大的寺廟，我是一個大寺廟的主人，那

如何不產生傲慢之心呢？如果這樣，那我以前所做的一切全部無意義，完全浪費掉了。

因此，應當要了解，自己聽聞了很多佛法，學習了很多佛法，做了很多實修，幫助了很多人，若因此傲慢之心強烈，那前面所做的事只不過是用來幫助煩惱、幫助傲慢之心，讓它們更加強烈而已，除此之外在消滅煩惱、消滅傲慢之心方面毫無用處，這就表示自己所學的法對自己沒有任何利益可言。

為什麼在顯教乘門、大圓滿的教法裡再三討論到空性，再三說明對有境和對境都不要執著，在沒有執著的情況之下再去修這個法修那個法、做閉關、做實修、八關齋戒、行各種善業等，為什麼呢？因為先有正確的見地再去做各種實修，就絲毫不會產生傲慢之心，假如對這點沒有了解，不知不覺傲慢之心一定會產生，所以見地非常重要，正確地學習佛法非常重要，這是每次開示都會再三談到、不斷提醒大家的原因。

第十一項

總括要義，講說沒有貪戀執著的證悟如同廣大虛空。

這是指無貪無執，這個一定要了悟，如果了悟這一點，那就是一切萬法都不能夠成立，這時內心的證悟就會如同廣大虛空，廣大開闊的見地也一定會在內心產生。以五個句子將第八品內容做一個歸納：

謂此與此直至各耽著　　住於二故自他迷惑際

།གང་ཚེ་འདི་ཞེས་ཐ་དད་རིས་མེད་ཅིང་།　།ཐམས་ཅད་ཕྱུམ་མཉམ་དམིགས་གཏད་མེད་པ་ན།
某時無謂此而相異偏　　一切平等無緣向之時

།གཞིས་མེད་རྡོགས་ཞེས་རྡོ་རྗེ་སེམས་དཔར་གསུངས།
金剛薩埵宣曰悟無二

「謂此與此」，就一個實修者而言，認為這個是好的、這個是
壞的，這個是幫助我、這個是害我，這個是輪迴、這個是涅槃，如
果自己內心有各種貪戀執著的情況，那就是陷入了自他二邊的迷惑
錯亂之中。

大遍智龍欽巴尊者的上師古瑪拉札曾經開示，到底有沒有了悟
法性實相，從他有沒有貪執對境就可以了解。如果執著有對境，那就
是還沒有了悟實相；如果都沒有執著任何對境，那就是了悟實相了。

我們大圓滿教法的實修者，要像古瑪拉札上師所開示的一樣，
應當把這些執著都去除掉，沒有敵人也沒有親人，沒有好也沒有
壞。當然了解這個人、那個人，了解這是什麼情況、那是什麼情
況，是有必要的，但是不會執著於這個是好、這個是壞，這個是敵
人、這個是親人，不會有這種貪戀執著。如果沒有任何執著，那就
是了悟了大圓滿無二的見地，這是金剛薩埵所開示的。

金剛薩埵所開示的，表示這是我們完全可以相信的。

假如做了一個夢，夢到金剛薩埵授記，預言自己已經得到大圓
滿的證悟了，但若是自己的貪戀執著仍然存在，那表示自己根本還
沒有證悟；假如自己對任何貪戀執著已經完全斷除，就算沒有夢到
金剛薩埵，沒有出現任何徵兆，自己仍然是證悟了，因此有沒有證
悟，要從有沒有貪戀執著來斷定，而非從夢境內容來斷定。

　　現代很多弟子也有類似情況，實際上這些都是自己修法上的障礙，譬如我們教〈嗡啊吽〉的實修，有弟子就問：「我修〈嗡啊吽〉時，耳朵聽到一個聲音告訴我不必修〈嗡啊吽〉，唸〈百字明〉的利益還要更加廣大，怎麼辦呢？」他會想是不是要捨棄〈嗡啊吽〉實修，只做〈百字明〉實修；還有弟子正在台北聽法，耳朵聽到聲音說：「你到台中去學習佛法，台中法緣非常好。」那是不是要捨棄台北改去台中聽法呢？

　　有時候甚至魔鬼也會化成本尊的形相，示現讓我們看到，所以這些都不是本尊的授記預言，這些都是魔鬼的授記預言。當我們專心一意學習某個法，在法上精進努力時，法的威力會逐漸發揮，這時，魔鬼就會出現來阻礙你，讓你不要那麼精進，誘使你捨棄這個法去學另一個法，如果你相信魔鬼的話，那魔鬼就很高興了，等到你改學另一個法後，逐漸精進，法的威力就要發揮出來時，魔鬼又會出現，又做授記預言，誘使你再把那個法丟掉，又去學別的法，兩次、三次，不斷地，這個法也丟掉、那個法也丟掉，到最後沒有一個法可以成就，終其一生，自己可以信賴寄託的法、有力量的法，一個也沒有，死亡時完全沒有信賴寄託之處。

　　因此，一個行者在做實修時，根本不要執著這些情況，不管耳朵聽到什麼預言授記，不管見到本尊出現多少次，應當要按照前面所講而分析，也就是依照自己內心對於法、對於上師的信心有沒有越來越強烈？對眾生的悲心有沒有越來越強烈？煩惱有沒有越來越減少？應當以這些方式做分析抉擇。

9
述萬法確定於菩提心界品

第九品的大綱共分爲二十六項。

第一項

斷定無二菩提心廣大如虛空一樣不可思議。

內心的實相不屬於輪迴的本質，也不屬於涅槃的本質，超越了這二者；內心的實相不是對境的本質，也不是有境的本質，也超越了這二者。內心實相像天空一樣，意思就是超越了內心的思維，我們口中經常提到天空如何如何，可是天空是什麼呢？講不出來，因爲天空不是實有、無常法的性質，天空沒有形狀、沒有顏色、超越內心思維，內心實相也是如此。

「斷定」就是確定肯定的意思，所謂的見地，一定要非常明白確定，因爲如果不能夠明白確定，那就是屬於懷疑；如果屬於懷疑，懷疑本身不能夠滅掉煩惱，懷疑本身也不能夠引發功德現前。所以要明白確定，菩提心就像虛空一樣，不可思議，超越內心思維的範圍。在這個方面，有七個句子：

རང་བཞིན་ཡངས་པ་ཆེན་པོའི་ཀློང་གཅིག་ལ།		མཁའ་མཉམ་བྱང་ཆུབ་སེམས་ཀྱི་གནས་གནེར་ནི།
自性極大寬廣唯一界		等空菩提心之天門者
གནད་དུ་དྲིལ་ཏེ་བཅུད་དུ་ཕྱུང་བ་ནི།		ཆེ་བའི་ཆེ་བ་ཀུན་བཟང་ཡངས་པའི་ཐུགས།
束爲關鍵引出精華者		勝中特勝普賢廣尊意
རང་གི་ངོ་བོས་སྟྱེ་རྒྱ་རྣམས་ཀྱིས་བཅད།		ཀློང་ཆེན་གཅིག་ལ་རྟོགས་དང་མ་རྟོགས་དང་།
由己本質大力斬總網		一大界中證不證以及

 གྲོལ་དང་མ་གྲོལ་གཉིས་མེད་མཉམ་པ་ཆེ།
解不解脫無二大平等

就內心實相而言，不能說它是什麼形狀、什麼顏色，因為它超越了形色的性質，因為它不是實有、無常法，所以形色等的性質當然不能夠成立；但是內心實相還是遍及輪迴和涅槃一切處所，因此稱為「大寬廣」。不過就算它遍及輪迴和涅槃，但它是屬於輪迴的性質嗎？不是！是屬於涅槃的性質嗎？也不是！不屬於這二者，它是唯一，因此叫「唯一界」。

這樣的內心實相像什麼呢？「等空菩提心之天門者」，就像是天空一樣廣大的菩提心，譬如遊牧民族搭一個非常大的帳篷，中間一定要有一根大柱子支撐，如果沒有中間這根大柱子，就算其它條件全部齊備，帳篷還是撐不起來，這根豎起整個帳篷的柱子就叫做「天門」；菩提心內心實相像虛空一樣廣大，不可思議，不過還是有關鍵要點，關鍵要點就像天門一樣，因此這裡要把全部關鍵要點濃縮再濃縮，把精華抓出來，如果能夠把精華抓出來，那這個精華就是大中之大、重要中之最重要的了，那是什麼呢？普賢如來的尊意。

所以，內心實相的本質遍及一切，不必依靠任何其它的因緣條件，就內心實相而言，也不能說我沒有了悟內心的實相，或者說我已經證悟了內心的實相，或者說內心實相是解脫，或者說它沒有解脫……，都不能夠這樣講，因為唯一的大界內心的實相，我證悟了或是沒有證悟，其實是無二，解脫和沒有解脫也是無二，都是平等的。

「由己本質大力斬總網」，在許多續部裡也曾經談到大圓滿的見地，對一切萬法應當了解，遠離妄念；對一切萬法應當了解，它是不滅；對一切萬法應當了解，任何狀況都可能顯現出來，任何所顯都可以出現；對一切萬法應當了解，它是不會改變的，它是不滅

的性質；對一切萬法應當了解，它不來也不去；對一切萬法應當要了解，它是明晰，而且遠離一切邊……，這都是大圓滿的見地，因此，要大力去證悟廣大內心實相的本質。

前面講述到大圓滿的見地，一般來講，直指見地有許多方法，有透過關鍵要點來直指見地，也有不透過關鍵要點來直指見地。不透過關鍵要點來直指見地的方式，就是不討論身體坐姿要怎麼坐，內心妄念要如何消滅等，只靠著全部放輕鬆的方式，也能夠獲得內心實相法身；透過關鍵要點的意思就是指身體要做金剛跏趺坐，內心三時的妄念要去除掉，絲毫不渙散等等，透過這些關鍵要點，也能夠了悟內心實相的本質；或者僅僅只是透過分析內心從什麼地方來，往什麼地方去，心停留在什麼地方，透過這個分析方式，也能夠證悟內心的實相，這種方法也有；或者是有時候僅僅靠上師猛烈的唸誦「呸」字，就在唸誦「呸」字的當下，把弟子內心的念頭完全驅散掉，內心實相一剎那突然顯露出來，這種方法也有。

因此，要大力證悟廣大內心實相，有時候透過外緣也可以證悟，有時候不必透過外緣也可以證悟，總之，各種方法很多。

第二項

講說如此證悟的瑜伽士，證悟像水流般持續，輪迴之名也不能夠存在。

大圓滿的瑜伽士如果證悟了內心實相，他的證悟就像長江大河，川流不息，永遠不會停止，他的證悟不會時有時無，如果這樣，輪迴的名字也不會存在，一切全部都是清淨所顯，持續而不中斷。在這個方面，有六個句子：

|སྒོ་ངའི་ནང་ནས་འདབ་གཤོག་རྒྱས་པའི་བྱ། |ཀྱུ་དང་ཐུལ་ནས་ནམ་མཁའི་ཀློང་ན་གནས།

於卵之內雙翅廣大鳥　　離羅網已安居虛空界

|ཀླུ་རྣམས་ཟིལ་གནོན་གཡང་ས་ཕུགས་ཀྱིས་ཚོན། |ཐེག་པའི་ཡང་རྩེ་རྡོ་རྗེ་སྙིང་པོ་ཡང་།

鎮伏眾龍大力離險崖　　乘門最頂金剛心要亦

|ཇི་བཞིན་རྟོགས་པའི་རྣལ་འབྱོར་སྐལ་བ་ཅན། |ཐེག་དམན་ཟིལ་གནོན་འཁོར་བའི་གཡང་ས་ཚོན།

如理證悟有緣瑜伽士　　鎮伏低乘離輪迴險崖

以前有所謂的大鵬金翅鳥，當牠還在蛋殼裡，羽毛、翅膀、肌肉就全部發育豐滿，當殼破掉時，金翅鳥飛出來，不僅立刻能在天空翱翔，而且所有龍對牠都非常害怕，牠能夠壓伏一切的龍。像大鵬金翅鳥這樣，翅膀這麼大，肌肉這麼健全，羽毛這麼豐滿，牠還會不會掉下來，掉到懸崖下呢？根本不可能！

這是一個比喻，要說明一個大圓滿的瑜伽士，一個有緣的實修者，如果徹底了悟大圓滿的見地，那對於下下乘門的見地宗義，當然都能夠鎮伏，而且不會有掉落到輪迴裡的危險存在。

就了悟大圓滿的見地而言，可能身體外表看起來沒什麼改變，可是內心功德就會像蛋殼裡的大鵬金翅鳥一樣，還沒有離開蛋殼前，羽毛、肌肉、翅膀就完全豐滿了，因此當我們在這個血肉不清淨的身體裡，佛的功德都已非常的完整圓滿、非常的廣大，等到某一天，血肉的身體壞掉，已經證悟佛的功德，就像大鵬金翅鳥破殼而出，飛翔在天空，那個時候，沖霄而起，能夠直接到各個佛國淨土，到了那個時候，當然是壓伏下下乘門，而且也沒有掉落到輪迴的危險了。

第三項

　　確定覺性的本質是越離因果。要講說內心的實相也不是因的本質，也不是果的本質，這點要非常明白確定，在這個方面，有三個句子：

|ཀུན་གྲོལ་མཉམ་པ་ཆེན་པོར་གནས་པ་དེ།　|རྒྱུ་འབྲས་རྩོལ་སྒྲུབ་ཅན་ལ་མི་རིགས་ཀྱང་།

安住遍解大平等彼者　　因果勤修者雖未合理

|ཐེག་མཆོག་མི་གཡོ་མཉམ་པའི་དོན་ལ་འཐད།

勝乘未動平等義合理

　　「遍解大平等」是指一切的煩惱實際上早就離開，因為本來就已經離開，脫離一切煩惱，因此完全平等，沒有任何煩惱存在，這些煩惱離開是本來就沒有，不是說我靠著因果勤勞實修的方式，把煩惱一個一個滅掉，最後得到平等，不是這樣。而「因果勤修者」下下乘門的方式是由因去得到果，在過程當中要非常地辛苦勞累，在道路上要勤快地做實修，透過因才能得到果，對他們而言，前面遍解大平等的方式，在下下乘門的見地裡沒有，也不合理；同樣地，因果勤修的這種方式，對大圓滿的實修見地而言，也不合理。

　　說要靠因才能去形成果，中間形成的過程要做很多勤勞的實修，非常辛苦勞累，還要經過長久時間辛苦來進行，用這種方式不可能了悟大圓滿的見地。如果這樣，那誰去了悟大圓滿的見地呢？「勝乘未動平等義合理」，最殊勝的乘門阿底瑜伽的乘門，本身不動，一切世俗和勝義諦也平等，因和果也平等，這些都合理，這種殊勝的乘門，阿底瑜伽才能夠了悟這個見地。

第四項

　　如果證悟如此超越因果勤作的覺性，它的果必定會有徵兆出現，這個是就內心實相的本質而言，不是屬於因也不是屬於果，法報化三身不需要經過身口心三門的勤勞努力實修，如果眞正了悟如此的內心實相，一定有徵兆會出現。在這個方面，有十二個句子：

|ཐམས་ཅད་བདེ་ཆེན་མཁའ་མཉམ་ཆོས་སྐུའི་ཀློང་། |ཆོས་སྐུའི་ཀློང་དུ་མ་གྲོལ་འགའ་ཡང་མེད།
一切大樂等空法身界　　　　　　法身界處略無不解脫

|ཆོས་ཉིད་རང་བཞིན་རྡོ་རྗེ་སྙིང་པོའི་སྐུ། |བག་ཆགས་ལུས་ལ་སྙིང་པོའི་རྩལ་རྫོགས་ཏེ།
法性己興金剛心要身　　　　　　習氣身中心要力道圓

|སྐྱེ་ཤི་བར་དོ་སྲིད་པའི་ལུས་ཕོར་ནས། |རིག་པ་གཅིག་པུ་ཀུན་དང་དབྱེར་མེད་ཅིང་།
丟棄生死中陰三有身　　　　　　唯一覺性與眾皆無別

|ཆྱུན་གྱུབ་ས་ལ་རྒྱལ་བའི་སྲིད་ཟིན་ནས། |ཕྱུ་ཆད་མེད་པར་སྤྲུལ་པ་འབྱུང་བ་དང་།
於自成地得勝者政已　　　　　　無偏頗而出化現以及

|ཐོགས་པ་མེད་པར་ཀུན་ལ་འཇུག་པ་ནི། |བྱར་མེད་རླུང་ཞོན་རྣལ་འབྱོར་སྐྱོང་ཡུལ་ཏེ།
無阻礙而趨入一切者　　　　　　無作乘氣瑜珈行境也

|དམན་པའི་ཐེག་པ་ཀུན་ལ་མི་རིགས་ཀྱང་། |ཨ་ཏི་རིག་པར་སྟོན་པ་འབྲས་བུའི་གནད།
於諸低乘雖然未合理　　　　　　阿底開示覺性果關鍵

　　一切都是大樂，像天空一樣廣大無邊，這是法身的性質。

　　就本然的這個法身的性質而言，如果證悟了，就算是現在在輪迴的處所，也看到就是佛的淨土，看到輪迴之中一切的眾生也都是清淨的佛，因此，本然就是解脫，沒有解脫的部份根本不存在。如果有這種情況，就表示是正確了悟了大圓滿的見地。

　　「法性已興金剛心要身」，在法性之中，金剛心要身，法身、報身、化身的性質已經現前存在了，不過「習氣身中心要力道圓」，我們現在的身體稱爲習氣身，就是靠以前的業力、煩惱的習氣所形成的這個身體，它是輪迴裡不清淨的身體。在習氣身裡，其實法身的本質已經現實存在，報身的本質也現實存在，化身的本質也現實存在，它存在的情況就像前面所談到的大鵬金翅鳥，還在蛋裡時，鳥本身羽毛已經完全豐滿，肌肉完全發育，翅膀力量非常強大，所以叫做「心要力道圓」，力道已經完全圓滿了。

　　但是就算是三身的力道已經完全圓滿，它什麼時候才會眞正出現呢？佛身的特色，例如三十二相、八十種好，在我們現在的習氣身都沒有，出現的時間是在中陰的身體裡，那就是在已經死亡的時候，在那時，因爲內在三身的功德都已經存在，外在三身的功德會顯現出來；三身功德顯現出來時，「唯一覺性與眾皆無別」，三身的功德其實就是唯一的覺性，就是內心的實相，除此之外，彼此之間沒有任何差別，也不是各自分開。

　　「於自成地得勝者政已」，政是指國王的意思，古代如果要變成國王，要發動很多戰爭，流血政變之後，當了國王，壓伏一切。所以，本然的功德自然圓滿形成，成就了佛果，就是說這個時候自成的功德已經完全顯現出來，好像變成國王一樣。如果已經到達這個階段，「無偏頗而出化現以及，無阻礙而趨入一切者」，這個時候不會有偏頗，也不會中斷，由於以前宿世願望的力量實現，因此針對各種各類有緣的眾生，不會偏頗，都能夠示現而去利益眾生；利益眾生的事業也不會有任何阻礙，不會中斷，自然地趨入眾生，不必造作，不必花任何力氣，不必做內心的思維，這樣子的一個成

就瑜伽士，能在天空之中自由來往，到達任何一個地方。

這種見地，還有這種果位，「於諸低乘雖然未合理」，就下下乘門而言，不可能證悟也不可能得到，覺得這些都不可思議，好像沒有道理。那誰能夠去證悟得到呢？「阿底開示覺性果關鍵」，阿底瑜伽的乘門就能夠得到這種證悟。

第五項

要說明覺性超越因緣的性質。

就內心的實相超越因與緣和合這個部份，前面講過很多次，在此特別要講這是殊勝的特色，比起下下乘門，就殊勝的特色而言，這是其中一項，有四個句子：

ཁྱེ་མེད་སྐྱེ་བའི་ཚུལ་འཕྲུལ་འབྱུང་བ་ལ། ｜ རྒྱུ་འབྲས་མཚོན་པར་འཛིན་པ་འཁྲུལ་པའི་བློ｜

對於無生而出諸神變　　執為因果表相心迷惑

ཨ་ཏིས་རྒྱུ་རྐྱེན་མེད་པར་བསྟན་པ་ནི། ｜ འོག་མ་རྣམས་ལ་མི་རིགས་རིགས་པའི་གནད།

阿底開示無因無緣者　　於諸下乘未理理關鍵

內心的實相其實不生，但是就算是不生的本質，仍然能夠形成生，所以產生神變，產生各種迷惑的顯現。這時候，下下乘門就會把它執著為：「喔，這個部份就是因，喔，這個部份就是果，就是由這裡所生出來的。」產生很多妄念和執著，這些妄念和執著會形成迷惑。但是就阿底瑜伽自己而言，已經抉擇過內心的實相超越了因和緣的條件，見地也超越了因和緣的條件，因此，自然能夠了悟無生之中能夠產生有生，所以不會迷惑，而下下乘門則對這些實相

沒有辦法了悟。

第六項

確定在覺性的本質當中，輪涅沒有差別，完全平等。以四個句子說明：

སངས་རྒྱས་སེམས་ཅན་དགོངས་སྤྱོད་དབྱེར་མེད་ལ།		འཁོར་འདས་གཉིས་སུ་འཛིན་པ་འཁྲུལ་པའི་སྐྱོན།
佛陀有情思行無差別		執爲輪涅二者心迷惑
ཨ་ཏིའི་གཉིས་སུ་མེད་པར་བསྟན་པ་དེ།		ཐེག་མ་རྣམས་ལ་མི་རིགས་རིགས་པའི་གནད།
阿底教法無二彼開示		於諸下乘未理理關鍵

輪迴的法及涅槃的法，二者在內心的實相之中毫無差別，這點要明白確定。

佛陀的內心實相是三身的性質，有情眾生的內心實相也是三身的性質，沒有差別存在。但是就沒有證悟的眾生而言，會執著有情眾生是屬於輪迴這一邊，又分成地獄道、鬼道、畜牲道、人道、修羅道、天道等六道，各自不同，這些都是屬於執著。不僅如此，也執著有涅槃這一邊，在涅槃這一邊也有很多的差別，譬如有五方佛的淨土，還有賢劫千佛各個不一樣的差別。不僅如此，即使是一尊佛也有差別，因爲有法身、報身和化身，而報身和化身也有差別，報身有寂靜尊的形相、忿怒尊的形相、男的形相、女的形相，化身也有寂靜尊的形相、忿怒尊的形相、男的形相、女的形相，執著有這種類型那種類型，這全都是執著，都是屬於迷惑的心。

實際上輪迴本身不能夠成立，就表示涅槃也不能夠成立，《金

剛經》：「若以色見我，以音聲求我，是人行邪道，不能見如來。」
因此，說佛是寂靜的形相或是忿怒的形相，是男的形相或是女的形
相，這些都是執著，執著於形相，不是眞正認識佛。就佛的功德而
言，超越各種各類的形相，如果把佛執著爲是這個樣子或是那個樣
子，這是對形相的執著，這都是屬於迷惑。

　　因此阿底瑜伽開示，輪迴和涅槃沒有差別，法、報、化三身也
沒有差別，寂靜尊和忿怒尊、男和女也沒有差別，這些差別根本不
存在，而無二差別的這個部份，只有阿底瑜伽才能夠開示，下下乘
門不能夠開示，下下乘門沒有辦法了解。

第七項

　　斷定沒有所謂的了悟和不了悟；了悟和不了悟沒有差別存在。
　　我們都認爲現在自己沒有證悟內心的實相，將來才能夠證悟內
心的實相，其實沒有這種差別，對這點一定要非常明白確定。在這
個方面，有四個句子：

ཚོགས་དང་མ་ཚོགས་མེད་པར་གྲོལ་བ་ལ།	ཚོགས་ནས་གྲོལ་བར་འདོད་པ་ཉམས་པའི་དགྲ།
無證及無不證而解脫	承許證而解脫衰敗敵
ཨ་ཏིས་མཉམ་ཉིད་གཅིག་ཏུ་བསྟན་པ་དེ།	འོག་མ་རྣམས་ལ་མི་རིགས་རིགས་པའི་གནད།
阿底唯一等性彼開示	於諸下乘未理理關鍵

　　就內心的實相而言，說我已經證悟了內心的實相，或說我還沒
有證悟內心的實相，這種差別根本就不會存在。因爲說我已經證悟
了內心實相，就算是已經證悟，內心的實相仍然本然解脫；說我還

沒有證悟內心的實相，即使在沒有證悟的情況下，內心的實相仍然本然解脫。

　　但是我們現在的看法都認為，現在我還沒有解脫，原因是什麼呢？因為我還沒有證悟內心的實相，所以我還沒有解脫。或者認為因為我努力實修，未來我會證悟內心的實相，未來我會解脫，那意思是說我要經由證悟才會得到解脫，如果有這種主張承許，這是妄念，這個妄念就像仇敵一樣，會讓我們的實修受到衰損，是實修的敵人，對實修絲毫沒有幫助。

　　如果內心的實相是本然解脫，那我已經證悟之後，會不會使內心的實相更加解脫呢？不會！它本來已經解脫了。如果內心的實相是本然就沒有解脫，那會不會因為我證悟了，而使它解脫呢？也不會！因為它既然是本然不解脫，那即使了悟，它也不會變成解脫。假設它本然沒有解脫，經由我證悟之後變成解脫，那就表示它是無常的性質，它會改變，那它就不能當做果，也不是究竟，就不值得我們去信賴，不值得我們去追求了。所以說我現在沒有證悟，未來我會證悟，這些都是內心迷惑錯亂的一種執著而已，這些執著會成為輪迴的束縛，這種想法不可能脫離輪迴得到解脫。

　　現在很多人也有這種想法，我要信心強烈努力實修，有一天上師內心喜悅，給我做心性直指，我靠著心性直指之後再努力實修，我就能夠證悟內心的實相，到那時我就會得到解脫。實際上，內心的實相不能夠透過心性直指而得到，所謂心性直指意思是直接指示，指示就必須用詞句來講解，或者是用一些象徵方式來指示，而內心的實相超越實際的範圍，也超越任何能指示的範圍，根本就不能夠去指出它。因此，內心的實相，證悟也好，不證悟也好，其實

沒有任何差別存在，這是阿底瑜伽的見地。而下下乘門能不能夠去
了悟這種見地呢？不能！

第八項

　　講說不需要依靠方便和勝慧的要點。

　　認爲我要透過方便的支分、勝慧的支分，才能夠去了悟內心的
實相，這種想法其實是一種執著，執著就是屬於妄念，如果是妄
念，就不可能了悟內心實相。

|མཚོན་བྱེད་ཐབས་ཀྱི་ཁྱད་པར་མ་བརྟེན་པར། 　　|བཅོད་མེད་རྟོགས་པར་མི་འདོད་བླུན་པོའི་སྒོ།
未許不依能表特方便　　　　　卻能證悟無詮心愚笨

|ཨ་ཏིས་དོན་དམ་དབྱེར་མེད་བསྟན་པ་དེ། 　　|འོག་མ་རྣམས་ལ་མི་རིགས་རིགས་པའི་གནད།
阿底勝義無別彼開示　　　　　於諸下乘未理理關鍵

　　就下下乘門的方式而言，如果要了悟下下乘門的見地，必須透
過四諦取捨的方便法門，苦諦應當要知道，集諦應當要滅掉，滅諦
應當要得到，道諦應當要實修，如果不做四諦取捨，不能夠了悟實
相，不能夠了悟下下乘門的見地。

　　就經教的大乘而言，要了悟實相要修六度，不實修六度的法
門，不可能證悟實相。

　　因此，不依靠任何方便法門，能夠證悟無法詮釋的、超越內心
實相的這種見地，下下乘門不可能主張，他們認爲不可能做到。但
是這種想法，其實是愚笨者的想法。以阿底瑜伽的方式而言，純正
的萬法實相不必依靠任何方便法門，因爲它已經現實存在了，這是

阿底瑜伽不共的口訣，但這種口訣，下下乘門完全不能夠理解。

第九項

講說內心實相超越了思維和邊際。

就純正的內心實相而言，超越了內心的思維，不墮入任何一邊，所以沒有邊；無邊也是一種執著，還超越了沒有邊際的這種執著。在這個方面，有四個句子：

|ॾॕॻऻख़ॆॺऻॺॎॻॸॖॸॱॺॺॺॺॕॺॖॱॸॱॺऻ|　|ख़ॗॻॺॱॸॱऻॺॗॸॱॼ॓ॺॱॾॆॸॺॱॺऻॼॗॺॱ ॕ॓ऻॶॖॸॱ|

大圓本均無底亦無邊　　云日無底盡矣心愚笨

|ॼॎॸ॓ॱॶॖॱॺॗॸॱॾॆॻॱॺॕॸॱॼॺॗॸॱ ॱॺॱ ॸ॓ऻ|　|ॕॕॻॱ ॺॼ॓ॱॺॕ ॗॖॺॱ ॺॗॱ ॸ॓ॻॺॱ ॸ॓ॻॺॱ ॺॼ॓ॱॻॺॸॖॱ|

阿底無邊萬應彼開示　　下乘知境未理理關鍵

內心的實相本然遍及一切的法，因為遍及一切的法，不會落入任何一邊，所以「大圓本均無底亦無邊」，能不能說它的底在哪裡？它的邊在哪裡？不能！就下下乘門而言，不落入任何一邊的這個部份，它也談到不能觸及，不能觸到任何一邊，就是不會落入任何一邊，無論是中觀的見地也好，小乘的見地也好，都談到無我，其實是落入了無的這一邊，這是一種執著。或者是菩薩乘門的見地談到遠離一切戲論，也是落入了無的這一邊，所以「云日無底盡矣心愚笨」，因為沒有，所以不能夠去碰觸到它，譬如遠離一切戲論，所以無，不能夠觸及，無我或是中觀的見地所討論到的，其實都是肯定為無，對於所確定的無產生一種執著，這都是愚笨者的想法。

如果是阿底瑜伽大圓滿的見地，在進行抉擇時，到底是有邊？還是無邊？還是二有？還是二無？任何一邊都不承認，因為超越了任何一邊，不落入任何一邊，「無邊」就能夠「萬應」。但如果執著於我的見地不落入任何一邊，對於不落入任何一邊也產生了執著，那就不是阿底瑜伽，就不是大圓滿究竟的見地了。

　　舉例而言，11 個人來參加法會，只寫了 10 個皈依的名字，那會有一個人沒有皈依的名字，因此，10 個人有皈依名，1 個人沒有皈依名，之後我們只要說「法會那一個沒有皈依名字的如何如何」，大家就會知道指的是誰，因為他已經來過了，大家看過了，或者說「沒有皈依名字的那個人請過來」，他也會過來，他自己也知道「我就是沒有皈依名字的那個人」，所以只要聽到別人喊「沒有皈依名字的那個人」時，他就會知道是講自己，「沒有皈依名字」變成他的名字了。

　　一樣的道理，說大圓滿的見地不執著任何一邊，不落入任何一邊，但若對不落入任何一邊產生執著，那就不是究竟、純正的見地了。這種說法，「無邊萬應」的這個部分，在下下乘門的內心思維裡，能不能夠了解呢？沒有辦法了解，這個部分是屬於阿底瑜伽不共口訣的見地。

第十項

　　講說將覺性唯一明點確定為赤裸法身。

　　在究竟上而言，內心實相唯一明點這一個項目即是法身，這點要非常的肯定。在這個方面，有六個句子：

|ཁྱག་ལེ་གཉིག་ལ་རྒྱུ་མཚན་གོ་བཟློག་པ་ས།| |འབྲས་བུ་རེ་དོགས་ཆོད་དེ་མཁའ་དང་མཉམ།|
於一明點原因反面故　　　斷除於果期疑等虛空

|ཡངས་པོ་ཆེའི་མཁའ་མཉམ་རྒྱལ་བའི་ཐུགས།| |སྤངས་ཐོབ་མེད་དེ་ཐིག་ལེ་གཉིག་གི་ཀློང་།|
廣矣大矣等空勝者意　　　無斷無得唯一明點界

|ཡེ་ནས་གྲོལ་ལོ་རྟོགས་དང་མ་རྟོགས་མེད།| |རྣལ་འབྱོར་མཁའ་མཉམ་བྱ་བྲལ་ལམ་དུ་བདེ།|
本然解矣無證無不證　　　瑜伽等空離作道安樂

「於一明點」指內心實相，內心實相僅僅只有這一個項目，就這一個項目而言，如果產生迷惑，在迷惑之下，就形成輪迴的因和果，也有涅槃的因和果。就輪迴而言，它是十二緣起支分，無明、行、識、名色、六處、觸、受、愛、取、有、生、老死，仔細分析十二緣起，「於一明點原因反面故」，如果把輪迴的原因從十二緣起順著看和逆著看，首先分析輪迴從何而來？從無明而來，無明後面形成行，之後識……，到最後老死這個項目；之後再逆向分析，老死是從何而來？從生，生又從有而來……，這樣逆向一直到最後，就追蹤到無明，所以就輪迴的原因十二個緣起支分來看，它的原因，不管從順的方式或從逆的方式來看，十一項的來源之處只有一項，那就是無明，如果把這個唯一的一項滅掉，那就可以把輪迴的原因滅掉了。

如果把涅槃的因和果，順著看和逆著看來做分析，了解它的過程，首先順著看涅槃的方向，從資糧道、加行道、見道、修道到無學道，得到涅槃；其次，逆著看，無學道從什麼地方來？從修道位，前面是見道位，再前面是加行道，再前面是資糧道，也就是從資糧道而來。

如果從大圓滿的角度來看，輪迴的法從何而來呢？從內心實相顯現出來；涅槃的法又是從何而來呢？從內心實相顯現出來，因此，就輪迴的因而言是內心實相，就涅槃的因而言也是內心實相，既然二者都是從內心實相而來，那需不需要說：涅槃是我要得到的，我要熱切去追求呢？不需要！或者是懷疑說：將來我會不會投生在輪迴之中受到輪迴的痛苦，這種懷疑需不需要呢？也不需要！

　　因為就內心實相而言，就像天空一樣，「斷除於果期疑等虛空」，「期疑」指期望和懷疑，內心實相等同於虛空，天空的性質，形狀也不能夠成立、顏色也不能夠成立，內心實相的情況也像這樣，不能夠去把它認明指出來，形狀也不能夠成立，顏色也不能夠成立，雖然如此，但是內心實相向下遍及輪迴一切處所，向上遍及涅槃，非常廣大，如此廣大遍及一切的內心實相，就是一切勝利者佛陀心意的本質。就一切佛陀心意的本質內心實相而言，本然住在一切眾生當中，一切眾生本來都有，因此，內心實相本來也沒有污垢，既然本來沒有污垢，就沒有所應斷掉的部分，也不需要熱切去追求、重新去得到，所以說「無斷無得」。

　　內心實相是所得的果位三身之中法身的本質，當釋迦牟尼佛成就佛果時，能不能說祂證悟了內心的實相呢？不能！因為內心實相本來就已經有了，原來就已經存在了。或者說我們現在處在迷惑的輪迴之中，那意思就是我們沒有證悟內心實相，可不可以這樣講呢？不可以！因為內心實相已經存在了，所以「本然解矣無證無不證」，內心實相本來就已經存在，原來就已經有了，如果原來就已經存在，那證悟和不證悟這種差別就不存在了。

　　譬如我們在輪迴之中投生時，生出來就已經有兩隻手兩隻腳，

能不能說他證悟了他有兩隻手兩隻腳，或者說他沒有證悟他有兩隻手兩隻腳，或者說等到五年、十年之後，他終於證悟了他有兩隻手兩隻腳……，能不能這樣講呢？不能！在輪迴之中投生，一出生就有兩隻手兩隻腳，原來就已經存在了。

「瑜伽等空離作道安樂」，如此實修大圓滿的瑜伽士等同於天空一樣，這是心胸廣大開闊的意思，等同於天空，會不會懷疑會掉入輪迴裡？不會！因為不想掉入輪迴，我要做這個做那個勤勞的實修，花很多力氣實修，這些也都不需要；對於成就佛果抱著強烈期望，這種期望也不存在；為了要成就佛果這個期望，在道路上作各種勞累的實修，這個部分也不需要，所以叫做「離作」，離開事情沒有任何所要做的，在這裡特別是指如果證悟了內心實相，當然這些勞累的造作就不需要了。

因此，已經證悟內心實相的瑜伽士就像天空，心胸非常廣大，下雨時天空也是這個樣子，萬里晴空時天空也是這個樣子，烏雲密佈時天空還是這個樣子，就算很多飛機飛翔在天空，天空也沒有什麼改變。

同理，大圓滿的瑜伽士也是這樣，「等空離作道安樂」，大圓滿的瑜伽士在遇到順緣、富貴榮華時，內心不會有絲毫改變；遇到逆緣、窮困潦倒時，內心也不會有絲毫改變；即使數十萬人稱讚他多麼厲害、多麼高明，內心還是不會有任何改變；即使數十萬人毀謗他、傷害他，內心還是不會有絲毫改變，因此叫做「等空離作道安樂」。

《普賢如來祈願文》有一句頌文：「三有雖壞無恐懼」，就算在我的眼前三有輪迴全部都壞掉了，我的內心也不會有任何恐懼發

生，這是大圓滿瑜伽士等空的行者，遇到任何情況內心都不會有絲毫恐懼，不過就我們初級實修者而言，現在還在聞思修的階段，這些內容其實不容易做到，但是一部分總是可以做到，逐漸地就會進步。

前輩聖者告誡弟子：「順緣時，行者看起來實修都非常好，有慈心有悲心，愛護大家，和睦相處；可是一遇到逆緣阻礙時，行者就勃然大怒，發脾氣，內心不高興，如果這樣，這位行者就和凡夫俗子沒有實修者一樣了。」所以行者一定要和凡夫俗子不一樣，行者遇到順境、逆境都不應該有任何改變，這是前輩聖者對初學習教法的弟子所作的重要開示。

第十一項

確定迷惑之名也不存在。

迷惑是指執著對境和有境為兩邊，是兩個項目。我們通常會這樣講，在輪迴之中一切都是迷惑，不過就算輪迴是迷惑，輪迴實際上也不能夠成立，只不過給它取一個名字叫做輪迴，因此執著有一個輪迴的名字存在，就像天空一樣，天空也不能夠成立，只是把它取一個名字叫做天空，我可以說天空如何如何，不過仔細去分析，天空的名字實際上也不能夠成立。

為什麼天空的名字也不能夠成立呢？譬如西藏人用藏文說天空，可是天空這個字有中文，有英文，世界各國都有不同的名稱，就算是同一個國家裡也還有南腔北調各種稱呼，假設天空的名字可以成立，那西藏人用的天空這名詞應該全世界都用一樣，因為它自性成立，但實際上不是，那就表示輪迴不能夠成立，連輪迴的名詞也不能夠成立。這點要明白地確定。在這個方面，有六個句子：

|ཡེ་ནས་རྒྱས་པའི་རིག་པ་ཁྱབ་མེད་འདི།　　　　　|འཁོར་བར་མི་འཁྱམས་འཁྱལ་གཞི་ཀུན་ལས་འདས།

本然即佛覺性無境此　　　　　不轉輪迴越離眾惑基

|སུ་ཡང་མ་འཁྲུལ་འཁྲུལ་བའི་གནས་མེད་དེ།　　　|ཐམས་ཅད་ཆོས་དབྱིངས་སྣང་གསལ་གཉིས་ཀྱི་ངང་།

誰亦不惑無迷惑處也　　　　　一切法界明界唯一況

|སྔ་ཕྱིར་རིས་མེད་མཁའ་མཉམ་ཡངས་པ་ཉིད།　　　|ཡེ་བབས་ལྷུན་གྲུབ་འཁོར་བ་གདོད་ནས་དག

無前後偏等空廣大性　　　　　本停自成輪迴本然淨

「本然即佛」，就本然即是佛這部分而言，它是本智，本智就沒有對境了。如果執著有所謂的「對境」和「有境」存在，這種執著就稱為「心」，不再執著有對境和有境存在，就稱為「本智」。

覺性本身就是本智，因此當然沒有對境存在，不過眾生仍然會去執著輪迴作為一個對境，如果把輪迴執著為一個對境，那就有更多對境，地獄也是對境，鬼道也是對境，畜牲道也是對境，人道也是對境，修羅道也是對境，天道也是對境。實際上就一切眾生內心的本智而言，沒有對境，沒有對境就不會持續在輪迴裡流轉，因為如果會在輪迴裡流轉必須是迷惑錯亂，由於迷惑才會流轉在輪迴裡，而內心實相的本質是本智，沒有迷惑，當然不會在輪迴裡流轉。

「越離眾惑基」，就內心的實相而言，不管眾生有多少，任何一位眾生都不曾迷惑過，因為迷惑的對象、迷惑的處所六道，實際上不能夠成立，實際上也不存在，所以沒有迷惑的基礎，「誰亦不惑無迷惑處也」。

就沒有迷惑的內心實相而言，是明空雙運的本質，就明空雙運的本質這部分而言，「無前後偏等空廣大性」，在前面眾生的階段是這個樣子，在後面成就佛果的階段也是這個樣子，毫無差別存

在。舉例而言，早上的天空和晚上的天空本質變成不一樣嗎？沒有！就內心的實相而言，佛身、佛智、佛功德這一切都本然存在，因此，輪迴的基本然清淨，輪迴的名字其實也是本然清淨，本然清淨的意思就是無。

又譬如在夢境中，夢到各種各類景象，夢境裡一切的景象全部都是睡覺那個時候的心識，沒睡覺時心識就沒有夢境出現，所以睡覺時所作夢境裡的五光十色全部都是心識，既然它是睡覺時的心識，那就表示不是離開內心實相之外。同樣道理，現在我們在輪迴之中好像迷惑錯亂，而且也有迷惑所顯，迷惑所顯現出來的各種景象，其實這些也是不會離開內心實相，因為也是由內心的實相而來。

又譬如有一百個人，睡覺時都夢到去美國，早上起來，每個人都說「我昨天作了一個夢，去了美國」，彼此交換心得講來講去，但就算有一百個人都作了這個夢，那到底有沒有一個人去了呢？沒有！就算有一千個人作了相同的夢，實際上也沒有一個人去了美國啊！

一樣的道理，眾生都說輪迴是迷惑，投生在輪迴之中這一切輪迴的心全部迷惑，其實這都只是口中說說而已，就內心的實相而言，任何一個眾生根本都沒有迷惑過，任何一個眾生從來就沒有輪迴過，這就好像一百個人一千個人作夢，夢到去美國，但實際上一個人都沒有去到美國一樣。

總而言之，我們都會說有迷惑的原因，迷惑的時間，現在在迷惑之中，迷惑裡有各種景象出現，有迷惑所顯，迷惑者就是我，前輩子我在迷惑錯亂之中，現在我還在迷惑裡，未來我也會還在輪迴裡流轉……，我們都會這樣講，但其實這只是我們的執著而已，實際上就眾生而言，前輩子也沒有迷惑過，這輩子也沒有迷惑過，下輩

子也沒有迷惑過，不管是過去、現在、未來，從來就沒有迷惑過。

第十二項

確定輪迴和涅槃爲無二。

這是指輪迴和涅槃成爲兩個的這種本質，實際上並不存在，並不能夠成立，這點要明白確定。舉例而言，在一個大鏡子前面，擺上紅色的布、黃色的布，鏡裡會顯現出來紅色的布、黃色的布，就它所顯現出來的那個樣子，我們在鏡子裡去尋找，紅色的布在哪裡？黃色的布在哪裡？能不能找得到呢？不能！一樣的道理，輪迴和涅槃不是兩邊。在這個方面，有七個句子：

།གྲོལ་བར་མི་འཇུག་མྱ་ངན་འདས་མི་ལེན། །མི་འགྱུར་ཀློང་ཆེན་འཁོར་འདས་ཡོད་མ་མྱོང་།
未趨解脫亦未取涅槃　　　　　　未變大界不曾有輪涅

།འདི་ལ་སྦྱངས་ཐོབ་རེ་དོགས་མི་དམིགས་ཤིང་། །གདོད་ནས་བྱང་ཆུབ་གཞི་ཀློང་ཡངས་པ་ཆེ།
於此未緣斷得期與疑　　　　　　本然菩提基界極廣大

།ཐམས་ཅད་མིང་ཙམ་དོན་ལ་མཚོན་བརྗོད་འདས། །གྲོལ་དང་འཁྲུལ་མེད་འཁོར་འདས་ལ་སྣང་བས།
一切唯名實則離表詮　　　　　　無解無惑現爲輪涅故

།སུ་ཡང་མ་རྩོལ་བཅོས་བསྒྱུར་མ་བྱེད་ཅིག
盼誰亦不勤力莫改造

因爲本來就已經是佛，就不需要爲了要得到佛果的目標，辛苦勞累，產生一個期望，而且對這個期望有很大的執著，這些全都不需要了，因爲本來已經是佛了，所以「未趨解脫」，不需要趨入解脫。

「亦未取涅槃，未變大界不曾有輪涅」，就內心的實相而言，

根本沒有改變過，因此本來即是佛，那當然輪迴就不能夠成立，而且離開內心實相之外的涅槃也根本不可能存在。

本來即是佛的這個自性遍及一切眾生，就輪迴而言，這是六道眾生，就涅槃而言，這是五方佛的國土，其實這一切全部僅僅只是名詞而已，實際上都不能夠成立；因為實際上不能夠成立，所以沒有解脫也沒有迷惑，輪迴及涅槃本來就不能夠成立，因此，不需要說：「我要非常辛苦勞累後，期望將來得到佛果」，也不需要懷疑：「可能有墮入輪迴這樣的疑問存在，因此擔心難過」，因為輪迴涅槃就像天空一樣，本來就不能夠成立，如果說這一切本來不能夠成立，之後說我要非常努力地去得到天空，或是說它不好我要趕快把它丟掉，這些都毫無意義，就一切眾生而言，誰也不曾迷惑過，沒有解脫也沒有迷惑，只是顯現成為輪迴和涅槃的樣子而已。

假設大家已聽過很多教法，對這裡所講的內容應該可以了解一點點，如果沒有聽過很多教法，是一個初機學習的新弟子，這些內容談到：根本就沒有迷惑過，輪迴根本就不能夠成立，涅槃根本就不能夠成立，那聽到這些內容只會引發內心很多懷疑、很多奇怪的想法而已。

一個人為什麼會非常小心謹慎？之所以小心謹慎是因為有利弊得失存在，譬如學生讀書非常小心謹慎，因為有及格不及格的情況存在，如果告訴學生沒有及格和不及格的差別，那學生就不必小心謹慎，也不會努力讀書了，因為及格和不及格沒有差別，都一樣，那為什麼要努力讀書呢？這就會發生危險。

這裡說輪迴不能夠成立，涅槃也不能夠成立，一切根本就沒有迷惑存在，這些內容都是從究竟實相的方向來看，如果從究竟實相

的方向來看，譬如我要成佛，一般都會產生一種期望一種渴求，期望本身是煩惱，既然是煩惱，當然帶來內心的不快樂；或者說懷疑會墮入輪迴，懷疑也是煩惱，當然也會造成內心的不快樂，所以如果說沒有期望也沒有懷疑，這些都是從究竟上來討論。

　　舉例而言，如果一個人欠很多債，他一定同時有期望也有懷疑，導致他內心不快樂，他可能會想：「我如果中了樂透，就把這些債務全部還光了。」所以期望非常大，有一個美景可以期待，但是他又會懷疑：「如果我沒有得到樂透，那債務不能夠償還，我還是過得非常辛苦。」所以有期待也有懷疑，不管什麼時候，只要有懷疑和有期望存在，內心一定不快樂。

　　當我們做夢，夢到非常凶險的噩夢，夢裡非常恐懼害怕，如果知道這僅僅只是夢，還會不會害怕恐懼呢？不會！因為它只是夢，夢境裡凶險的景象會消失不見，不需要恐懼害怕。又例如夢到自己中樂透發了一大筆財，或者自己為了要得到錢財，辛苦勞累努力工作，如果知道這都只是一個夢境，根本沒有得到財富，那還需要辛苦努力工作去擁有財富嗎？不需要！因為它只是一個夢境而已。因此，如果知道是做夢，夢境裡的恐懼或是辛苦勞累，自然地就會消失了。

　　我們現在為什麼講這些呢？講沒有迷惑、沒有輪迴、沒有涅槃，用意何在？因為我們現在總是會有一些擔心，將來死了之後有這個痛苦、有那個痛苦，如果告訴我們，這些僅僅只是迷惑錯亂，實際上根本不存在，那我們就會覺得將來死時，不會遇到這麼多的辛苦勞累，因為一切只是夢境，實際上並不存在。

　　或者我們會有很多的擔心懷疑，有這個勞累、有那個痛苦，現在說明了輪迴的這一切都是迷惑錯亂，如果我們知道它是一個假像

幻影，我們會覺得自己不會遇到這些痛苦。譬如我們認為有一個佛果可以得到，那我為了得到佛果，產生執著，要得到這個佛果，因此我就辛苦勞累去做，但是如果不需要有這種期望，那這些辛苦勞累就不必做了，因此這些勞累自然會消失掉。

所以，因為要把這些不快樂，或是辛苦勞累擔心，把它去除掉，在這個地方才要開示沒有迷惑、沒有輪迴、沒有涅槃，才要講這些內容，大家千萬不要發生誤解，一定要有正確的了解。

第十三項

確定邊解脫極其廣大。

就內心實相而言，在輪迴這邊也是解脫，在涅槃這邊也是解脫，在任何一邊都是解脫，因此極為廣大，這點一定要非常明白確定。在這個方面，有六個句子：

|ཡངས་དོག་མཐོ་དམན་མེད་པའི་རིག་པ་ལ། |རྒྱ་ཆད་ཕྱོགས་ལྷུང་མེད་ཀྱིས་དམིགས་གཏད་ཐོལ།
覺性並無寬窄與高低　　　不均偏頗無而捨緣向

|ཁ་བྱེད་འགྲོ་འོང་མེད་པའི་རིག་པ་ལ། |དུས་དང་གཉེན་པོ་མེད་ཀྱིས་འཛིན་རྩོལ་ཞིག
覺性並無事作與來去　　　盼以無時對治棄執勤

|ཆེད་དུ་དམིགས་པ་ཡོད་ན་འཆིང་བའི་རྒྱུ། |གང་ལའང་གཏད་འཛིན་མ་འཆའ་ཕྱམ་ལ་ཞོང་།
若有特別所緣束縛因　　　不立任何向執置平等

如果說內心的實相非常廣大，也不是；說內心的實相非常陝窄，也不是；說內心的實相非常高，也不是；說它非常低，也不是；說內心的實相只有輪迴的部分沒有涅槃的部分，這就是墮入偏

頗；說內心的實相唯有涅槃的部分沒有輪迴的部分，這也是墮入偏頗。總而言之，不應當有任何緣取，任何執著，這一切全都應該去除掉。

或者說內心的實相有什麼勤勞、造作、做這個做那個；或者說內心的實相從這裡來、住在這裡、往那裡去；或者說內心的實相何時形成、怎麼樣演變，這些關於勤作的理論、來去的理論、形成的理論，內心實相全部都沒有。不要說這些都沒有，在內心的實相裡，也沒有所應斷的理論，也沒有所應得的理論。如果認為內心的實相就是佛，這種執著是墮入輪迴的因；如果認為內心的實相就是煩惱，這種執著也是墮入輪迴的因。

舉例而言，譬如用黃金做成一條鎖鍊，把手腳綁住，當然走不動了；或者用鐵做成一個鐵鍊把手腳綁住，也走不動了，無論是用黃金還是用鐵做成鎖鍊，把手腳綁住後，必定走不動了，就走不動而言，金鍊和鐵鍊毫無差別。

因此，如果執著內心的實相是佛，因為有執著，這是輪迴的因；執著內心的實相是煩惱，因為有執著，這也是輪迴的因，總而言之，內心緣取、執著的這個部份一定要去除，執著這是輪迴、執著這是涅槃、執著這是迷惑、執著這是清淨、執著這是佛、執著這是眾生……等一切的執著，全部都要去除。

如果沒有去除執著會是什麼樣子呢？小孩子出生後，二歲、三歲、六歲、七歲，都非常快樂，他不會欺騙、也不會偷盜，本性善良，慢慢長大了，父母、家人、老師就會教導他：這個可以做、那個不可以做，這個你應當學習、那個你不要學習，這個一定要追求得到、那個要把它丟掉……，等他學了很多，慢慢長大後，內心就

染污了，有可能開始偷盜、殺生、欺騙等，十不善業愈來愈嚴重。爲什麼會變成這種情況呢？因爲內心產生的執著愈來愈多，作錯的事也愈來愈多。

慈氏怙主在《現觀莊嚴論》談到：「我要得到、我要證悟佛果的這種想法仍然是貪戀之心，是屬於微細的貪戀之心，因此也應當斷除掉。」同樣的道理，譬如菩提心之中，願菩提心只有在暫時階段需要，暫時上我要去產生、我要去學習，而在究竟上，我要成就佛果的這種願菩提心也是貪戀之心，要捨棄掉，如果這種貪戀之心不斷掉，不可能成就佛果。

第十四項

確定當本性顯現出來時，萬法窮盡，不可思議。

這個是指當內心被煩惱蓋住時，就好像雲朵蓋住了太陽，沒有光亮只有黑暗，當雲朵消失，黑暗也不見了，那黑暗跑到什麼地方去呢？不可想像。同理，當煩惱離開後，內心實相顯現出來，在內心之中所出現的各種所顯也會消失不見。在這個方面，有四個句子：

|ཆོས་ཀུན་ཡེ་ནས་གྲོལ་རུང་མ་གྲོལ་རུང༌།　|གནས་ལུགས་རང་བཞིན་དག་རུང་མ་དག་རུང༌།
萬法本解可矣不解可　　　　實相自性淨可不淨可

|སེམས་ཉིད་སྤྲོས་དང་བྲལ་རུང་མ་བྲལ་རུང༌།　|གདུག་པའི་གཤིས་ལ་གྲུབ་རུང་མ་གྲུབ་རུང༌།
心性戲論離可不離可　　　　本然本性成可不成可

一切萬法說它本然是解脫也可以，說它本然沒有解脫也可以；就實相而言，說它是自性清淨也可以，說它不清淨也可以；說它是

遠離戲論也可以，說它沒有遠離戲論也可以；就本然的性質而言，說它成立、存在也可以，說它根本不成立、不存在也可以。

　　總而言之，六道不能夠成立，因為一切本來都不能夠成立，既然不能夠成立，口中如何去說它，內心如何去思維它呢？因此輪迴和涅槃都不能夠成立，以言句去說明也不能夠，內心去思維也不能夠，因為超越了這一切的對境。

第十五項

　　講說如果對超越期望和懷疑證悟了，內心一定極為快樂。

　　通常內心會有一個期望，期望要成就佛果，或者內心有一個懷疑，懷疑會墮入輪迴，如果內心超越了期望和懷疑，非常肯定，就會很快樂，沒有任何的恐懼害怕，這種情況內心就非常廣大了。在這個方面，有四個句子：

འཁོར་འདས་རང་བཞིན་གཉིས་རུང་མི་གཉིས་རུང་།	བསམ་བརྗོད་ཀུན་ལས་འདས་རུང་མ་འདས་རུང་།
輪涅自性二可非二可	於諸思詮越可不越可

དགག་སྒྲུབ་འཁྲུལ་པ་ཞིག་རུང་མ་ཞིག་རུང་།	རྟོགས་པའི་ལྟ་བ་རྟོགས་རུང་མ་རྟོགས་རུང་།
破立迷惑毀可不毀可	證悟見地證可不證可

　　就輪迴和涅槃二者的性質而言，說它一樣也可以，說它不一樣也可以；就內心的實相而言，說是內心可以思維、口中可以解釋說明的也可以，說不是內心能思維、也不是口中能解釋說明的也可以；還有煩惱是所應破也可以，這個地道功德等是所應該成立的部分也可以；或者說還有迷惑存在也可以，迷惑不存在了我已經把它

破壞掉了也可以；或者說我已經證悟了內心實相、成就佛果了也可以，說還沒有證悟內心實相、還沒有了悟也可以。

　　前面講的都是兩個兩個相對的項目，就內心的實相而言，這些二者相對的部分，任何一個都不能夠成立。

第十六項

　　講說如果證悟了內心，則心意就無事了，一切本然窮盡，可以斷定超越了內心的緣想、還有放射、還有收攝等。

　　就我們內心心意，譬如我要追求涅槃，但是所要追求的涅槃不能夠成立；或者是我要斷掉輪迴，但是所要斷掉的輪迴又不能夠成立，這種情況之下，那內心就無事可做了，因為內心本來要做的事，這個也不能成立，那個也不能成立，那就是無事，那就一切都已經窮盡了；如果一切都已經窮盡，那我要修這個法，觀想這個內容，觀想怎麼收攝、放射等這一切，也全部都超越了。在這個方面，有四個句子：

|ཆོས་ཉིད་དོན་ལ་བསྒོམས་རུང་མ་བསྒོམས་རུང་། |བླང་དོར་མེད་པས་སྤྱད་རུང་མ་སྤྱད་རུང་།

　　法性之義修可不修可　　　無取捨故行可不行可

|གནས་ལུགས་འབྲས་བུ་གྲུབ་རུང་མ་གྲུབ་རུང་། |ས་དང་ལམ་རྣམས་བགྲོད་རུང་མ་བགྲོད་རུང་།

　　實相果位成可不成可　　　諸地道等晉可不晉可

　　為了要得到涅槃，我應當要觀修萬法實相的意義，觀修也可以，不觀修也可以；經常談到無取無捨的行持，這個無取捨的行持如此殊勝我要去做，做也可以，不做也可以；或者是說實相果位的

佛果，這個佛果我已經成就了也可以，我還沒有成就也可以；或者
有五道十地等的功德，我要逐漸地提升，說進步也可以，說沒有進
步也可以。

　　總而言之，前面談到的也是兩個兩個相對的理論，這些在內心
實相覺性的本質上面，一個也不能夠成立。

第十七項

　　如果證悟了赤裸覺性，那就遠離了離和得，也就是超越了離和
得，這是非常確定的。離就是離開煩惱，得是指得到本智，這些都
不能夠成立。在這個方面，有四個句子：

།ཁྱབ་པ་ཀུན་དང་བྲལ་རུང་མ་བྲལ་རུང་། ｜ ｜བསྐྱེད་རྫོགས་ཆོས་ཉིད་རྫོགས་རུང་མ་རྫོགས་རུང་།
諸蓋障等離可不離可　　　　生圓法性圓可不圓可

།ཐར་པའི་འབྲས་བུ་ཐོབ་རུང་མ་ཐོབ་རུང་། ｜ ｜འགྲོ་དྲུག་འཁོར་བར་འཁྱམས་རུང་མ་འཁྱམས་རུང་།
解脫果位得可不得可　　　　六道輪迴轉可不轉可

　　如果已經了悟赤裸的內心實相，說這些蓋障我已經離開了，或
說我還沒有離開，對內心實相來講都沒有差別；說我已經把生起次
第、圓滿次第，實修的徹底究竟了，或說還沒有實修的徹底究竟，
對內心實相而言還是沒有差別；說解脫果位我已經得到了，或說我
還沒有得到，對內心實相而言也沒有差別；說我墮到六道輪迴，流
轉在輪迴裡，或說我沒有流轉在六道輪迴裡，對內心實相來講也都
沒有差別。

　　總而言之，如果了悟赤裸的內心實相，這些兩個兩個相對的差

別法在內心實相上不存在，所以不會造成內心實相發生變化。譬如，我觀修生起次第、圓滿次第，徹底也好，不徹底也好；或者說要得到解脫的果位，得到也好，未得到也好，會不會造成內心實相有任何變化呢？絲毫沒有！

第十八項

講說窮盡解脫，如果證悟了，對於一切都不會看重，無拘無束。

「法性窮盡」是指我們前面談到的，內心所顯窮盡。內心所顯是什麼呢？有境和對境，內心裡顯現出有境、對境，這一切都窮盡了，就得到解脫，脫離了網，譬如鳥被網子罩住，那這鳥就不能動了，如果鳥脫離了羅網的束縛，就能夠飛走了。同理，有境對境所顯這些內心所顯的景象，會造成我們的束縛，當這一切都窮盡了，當然就遠離束縛得到了解脫。

所以，執著這個是輪迴我要離開，這個是涅槃我要取得，這種執著貪戀不會再發生，因此不會再重視這一切，好的、壞的、高的、低的等，這些都不會再看重，看重的意思是指我不喜歡的我就輕視遠離，我喜歡的我就特別重視。如果已經得到了悟，不會存在喜歡不喜歡的差別性，不會特別重視這個，或特別重視那個。在這個方面，有四個句子：

|རང་བཞིན་ལྷུན་གྱིས་གྲུབ་རུང་མ་གྲུབ་རུང་། | རྟག་ཆད་གཉིས་འཛིན་བཅིངས་རུང་མ་བཅིངས་རུང་། |
自性自然成可不成可　　　常斷二執縛可不縛可

|ཆོས་ཉིད་དགོངས་པར་སླེབ་རུང་མ་སླེབ་རུང་། |གོང་མའི་རྗེས་སུ་སྣོགས་རུང་མ་སྣོགས་རུང་། |
法性尊意達可不達可　　　前賢後塵隨可不隨可

如果已經證悟內心實相，你說內心實相佛身、佛智、佛功德自然形成，或說不是自然形成，都毫無差別。或者執著這個是常、這個是斷，都是內心的執著，內心執著的話都是束縛，所以有受到輪迴的束縛也好，沒有受到輪迴的束縛也好，若了悟內心的實相，這二者就沒有差別存在了。或者是，這是我要了悟的見地，我所要了悟的見地是法性，所以我現在所證悟的見地，到底符合法性還是不符合法性？說已經符合、已經到達法性也可以，或是說根本沒有趨入法性、不符合法性也可以。總之，認為自己的證悟和法性相符合或是不符合，都是內心的執著而已。

「前賢後塵隨可不隨可」，前賢包括直接根本上師，上師的上師，一直到諸佛菩薩，他們都有利益眾生身語意三門的行為，那我所做的行為有沒有追隨在他們的後塵，和他們一樣還是不一樣呢？一樣也好，不一樣也好，也都是內心的執著而已。

凡是內心所能夠想到的「是和不是」的這一切情況，全部都是內心的想法，因此，就見地、觀修、行持而言，說我要得到一個定解，說我內心要去觀想，如果這樣，全都屬於內心；如果一切都屬於內心，內心所出現的只會是迷惑所顯；如果是迷惑所顯，全都像鐵鍊一樣，只會造成束縛。

所以，如果說這是法性的意義，我要去思維法性的意義，我要去觀想法性的意義，如果這樣，只是內心的想法；或者說，法性的意義是這個詞句是那個詞句，這又是語言的部分；或者說，我能夠看到，或不能夠看到，這些也都是屬於內心，凡是屬於內心思維的部分，就是屬於輪迴的因。

總而言之，任何內心思維的部分都是內心，因此不能夠超越內

心；如果不能夠超越內心，那就是一些微細的煩惱執著，即使是在內心實相上也不能夠成立。

第十九項

要清楚地闡述證悟的性質。

能正確證悟大圓滿見地的瑜伽士，他內心的感受像什麼樣子呢？在本項要做個闡述說明，有六個句子：

གནས་ས་འཇིན་ཐོག་སྐྱང་བ་ཆེ་ཉར་ཡང་།	ཕྱལ་བ་ལྷུག་པ་གཞི་མེད་ཟང་ཀ་མ།
天翻地覆所顯任現亦	平等悠閒無基本直通
གཡེད་མེད་ཟང་ཟིང་བཏུན་ཕྱུང་ཆལ་མ་ཆོལ།	རེ་དོགས་གཞིས་མེད་སྨྱོན་པའི་ངང་ཆུལ་ཅན།
無向凌亂依稀而恍惚	無期無疑瘋狂狀況者
ལྟ་སྒོམ་རེས་མེད་ཆད་འཇིན་འདོད་བློ་ཞིག	ཞི་འདོད་འཁྲིས་མེད་འདི་ཞེས་ཆོལ་སྒྲུབ་མེད།
見修無偏盼壞特執求	無貪糾葛無曰此勤修

輪迴本然不能夠成立，涅槃也本然不能夠成立；不清淨的眾生本然不能夠成立，清淨的佛陀本然也不能夠成立。對於這些如果完全了悟了，這樣的一個瑜伽士，無論他遇到任何逆緣，嚴重地像天翻地覆，內心也不會有絲毫的恐懼和痛苦，原因何在呢？因為一切萬法本然不能夠成立，對於這些內外的阻礙，實際上就感受者自己也本然不能夠成立，這是指內心實相的證悟者而言。

當天翻地覆時，一般人會想：怎麼辦呢？應當要做什麼呢？手足無措，十分驚慌恐懼，但是就大圓滿的瑜伽士而言，一切所出現的景象像霧一樣，朦朦朧朧，像鏡子裡的影像一樣，依稀恍惚，看

起來是這個樣子，但是實際上並不存在，因此，就談不上喜歡或是恐懼害怕。

這種情況就像是一個瘋狂的人，如果是一個瘋子，會隨便大聲叫喊，衣服脫光，大街小巷亂走，瘋子當然不會有任何的期望想要追求什麼，也沒有任何的懷疑，而大圓滿的瑜伽士證悟的時候，也是沒有任何的期望，也是沒有任何的懷疑，只不過他並不是一個瘋子。

密勒日巴生存的時代，世間人都說他是一個瘋子，但是密勒日巴說世俗之人都是瘋子，所以行者和世間人內心的想法、做事的方式，完全不相同，世俗之人所做的事，內心的喜歡、快樂的想法，行者不會這樣做；行者所做的事，內心喜歡、快樂的想法，世俗人也不會這樣做，因此行者和世俗人互看對方都是瘋子。

佛陀薄伽梵原本是個王子，29歲出家時，把王子的綾羅綢緞、錦衣華服送給乞丐，換穿乞丐衣服，頭髮也剃掉了，在印度當時就有人這樣講：「悉達多太子已經發瘋了，王子的行為不會這樣，這是瘋子的行為。」但是其實佛陀薄伽梵是一切智者，他事先早就準備好了。印度時代，在和敵人作戰時所需的刀箭、槍矛技術，騎乘在大象上如何作戰等技巧，佛陀薄伽梵在當王子時都學會了，如果不會這些技術，那世俗人就會說：「啊，這個悉達多太子因為能力不足，只好出家了。」佛陀事先了解這點，因此精通這些世俗的技術，不落人口實。或者有人可能也會這樣傳言：「悉達多太子因為他不能生育，感到羞恥之後出家了。」為了不落人口實，去除世俗人的懷疑，因此悉達多太子和王妃也生了一位太子，所以當時雖然有些人傳言悉達多太子已經瘋狂了，批評他，對他有所懷

疑，但是仔細想一想，也找不到他任何的毛病。

古魯仁波切到北印度措貝瑪時，薩霍國公主曼達拉娃也在那個地方，古魯仁波切在深山岩洞閉關，公主對他非常有信心，前來求法，國王就聽到謠言說公主愛上一個瘋子，和瘋子結婚了，很多人都看到了，因此國王把曼達拉娃公主關起來，用了很多油和木材，把蓮花生大士圍起來，放火燒。

所以修法的行者和世俗人的想法截然不同，彼此都會認為對方是一個瘋子，因此「見修無偏盼壞特執求」，見地和觀修方面沒有任何的偏頗，沒有一定是在哪個方面有別的執著主張，沒有任何的承許是這個、是那個，這些全部都沒有，因此「無貪糾葛無日此勤修」，內心沒有任何的貪戀和執著，沒有一定要做這個或一定要做那個，完全離開了任何的辛苦勞累方式。

第二十項

由內心深處產生證悟的瑜伽士，不論出現什麼，都不會進行選擇，在法性之中解脫。

如果正確證悟內心實相，了悟的實相在內心出現了，如此的瑜伽士就不會選擇這個是好的，我要去追求，這個是壞的，我要丟掉；根本不會存在有這種對於好和壞的選擇，也就是沒有貪戀執著。為什麼沒有貪戀執著呢？因為一切萬法，法性平等而相同。在這個方面，有四個句子：

།གང་བྱུང་བྱུང་ལ་གང་སྐྱེས་སྐྱེས་དུ་ཆུག　།གང་ཤར་ཤར་ལ་གང་ཡིན་ཡིན་དུ་ཆུག
任出而出任顯令其顯　　任現而現任是令其是

|ཁྱད་ཡང་ཡིན་ལ་ཁྱང་ཡང་མིན་དུ་ཆུག　|ཀུན་སྤྱོད་ངེས་མེད་རིག་པ་ཟོད་རྒྱལ་དང་།

任皆亦是任皆令不是　行持無定覺性頓超況

輪迴的所顯景象出現也好，涅槃的所顯景象出現也好，父母親的影像出現也好，仇敵冤家的影像出現也好，任何所顯景象出現，就好像鏡子裡的影像，端正坐著的影像在鏡子裡可以出現，手舞足蹈的影像在鏡子裡也可以出現，痛哭流涕的模樣在鏡子裡也可以出現，微笑歡樂的樣子在鏡子裡也可以出現……，就鏡子而言，各種各類的景象全都可以出現，任何不同的影像對鏡子來講，絲毫沒有差別，譬如一個人錦衣華服在鏡子裡出現，僅是一個影像，一個人衣不蔽體在鏡子裡出現，也僅是一個影像，就這兩種影像在鏡子裡出現而言，都只是影像，沒有差別，只不過形相不同而已。

因此，輪迴也好，涅槃也好，好、壞、順、逆任何景象，由我們內心的能力顯現出來，但是就其顯現出來成為一個景象而言，對境本身並不能夠成立，所以好的情況出現也好，壞的情況出現也好；有也可以，無也可以；一切都是清淨的顯現也可以，一切都是不清淨的顯現也可以，就內心的實相而言，這些各種各類的顯現，僅僅只是所顯，既然是所顯，就沒有任何好和不好的差別存在。

又譬如兩個人，一個穿衣服，一個沒穿衣服，在鏡子裡出現了兩個影像，影像外形當然不同，但是就影像而言，有沒有任何差別呢？沒有！會不會因為有穿衣服，鏡子裡的影像覺得很熱？沒穿衣服的影像覺得很冷？不會！因為對境本身不能夠成立，所以一個證悟的瑜伽士，見到一切萬法都是如此，一切萬法就宛如鏡中影像。

第二十一項

　　講說證悟無朝向處，完全解脫的瑜伽士無固定的行為，而且會出現和凡夫一樣的行為。

　　這是指證悟的瑜伽士已經完全解脫了，完全脫離了內心朝向某一個地方，對它產生貪戀執著這種情況也沒有了，因此，外表顯現出來，身體的行為和言語的行為不固定，各種各類，且大多時候和世俗人看起來都一樣，沒有什麼差別。

|ཆོས་དང་ཆོས་མིན་རྩིས་གཞི་འགའང་མེད་པས། |གཏད་མེད་ཟང་ཀ་གྲུབ་མཐའི་གཟེབ་ལས་འདས།
法與非法認基略無故　　　　　**無向直通越離宗義隙**

|ཟ་འཆག་ཉལ་འདུག་ཉིན་ཞག་ཕྱིར་གཉལ་བས། |རང་བཞིན་ཆོས་ཉིད་མཉམ་པའི་ངང་ཉིད་དེ།
食行臥坐日夜均等故　　　　　**自性法性平等況彼者**

|མཆོད་པའི་ལྷ་མེད་བཏང་བའི་འདྲེ་ཡང་མེད། |སྒོམ་པའི་ཆོས་མེད་ཐ་མལ་རང་དགའི་ངང་།
無所供天亦無所擊魔　　　　　**無所修法平常普通況**

|མ་བཅོས་རྒྱལ་པོ་སྙེམས་མེད་ཕྱིར་གཅིག་པས། |ཕྱལ་བ་ལྷུག་པ་ལྷུན་གྲུབ་གཅིག་པུ་ཉིད།
無造國王無傲均一故　　　　　**平等悠閒自成唯一性**

|མ་བྱུས་ཡེ་ཟིན་ཆོལ་སྒྲུབ་བྲལ་བས་བདེ།
不作本達離勤修故樂

　　就證悟的大瑜伽士而言，身體和言語方面的行為是什麼樣子呢？不固定，而且和世俗人看起來也一樣，不過他的內心已經超越了世俗人的內心。這樣的瑜伽士不會去認定這是正法，我要去追求，也不會去認定這不是純正的法，對它產生輕視，這種情況都不會存在。為什麼呢？因為就證悟的瑜伽士而言，內心朝向某一個

法，執取這個法，要特別好好地思維，這種執取分析根本不會存在，因此「越離宗義隙」，他已經跳出了窠臼，跳出一個窄小的範圍。不過就算內心的證悟和佛陀完全相同，外表卻和世俗人一樣，也要吃飯，也要睡覺，也要走路……。

譬如中國的大成就者濟公和尚，也是和世俗人一樣，有時也喝酒，有時也吃肉，有時讀佛經，有時飛天入地，有時禪坐……，衣食住行看起來和凡夫俗子沒有很大的差別。

如果已經證悟內心實相，就沒有所需要供養的本尊諸佛菩薩，也沒有魔鬼邪祟會來傷害我，因為已經了悟內心實相，一切法本然純淨，不會說這是清淨的諸佛菩薩，這是不清淨的魔鬼邪祟，這種分別不會存在。

通常在獻供養時，自己是比較低層，所供養的對象非常純淨殊勝，比教高層，如果一切萬法本然清淨，就不會有哪些法比較殊勝，我特別要對它獻供養；也不會有哪些法比較不純淨，要來傷害我，這種魔鬼邪祟當然也不會存在。

所以，如果已經證悟內心實相，沒有任何需要再觀修的法，但是外表的行為看起來和凡夫沒有什麼差別，譬如密勒日巴雖然是一個大成就者，外表看起來和世俗凡夫差別也不大，無論是中國、西藏或印度的大成就者，大部份也都是這樣，譬如印度的八十大成就者，外表普通，和世俗凡夫一樣，並沒有因為是大成就者，看起來高高在上，這種情況少之又少。

「無造國王無傲均一故，平等悠閒自成唯一性」，如果這時了悟內心實相的本質，就證悟了內心實相本然存在，不需要任何調整改造，不是由因緣和合製造出來，也不是由各種勞累技巧把它作出

來，它自己原來就已經形成了。

第二十二項

　　講述無見地、無觀修的對境，了悟實相就非常地廣大了。

　　大圓滿教法的實修者了悟了實相，這樣的一個人，不存在見地
的對境，觀修的對境也不存在，因為超越了見地和觀修二者的對
境，所以極為廣大。在這個方面，有四個句子：

ཀ་བའི་གཞི་མེད་སྒོམ་པའི་རང་མེད་ལ།	སྤྱོད་པའི་ཚོས་མེད་བསྒྲུབ་འདོད་འབྲས་བུ་མེད།
無見地基且無禪修況	無行持法無求所修果
ཁམས་ཅད་རིས་མེད་མཉམ་པར་ཕྱུག་གདལ་བས།	བྱ་རྩོལ་མ་དགོས་ཡངས་དོག་མེད་པར་བདེ།
一切無偏平等均勻故	不需勤作無寬窄而樂

　　就顯教乘門的見地而言，是遠離戲論；小乘的見地說人無我，
大乘的見地談到兩種無我，講到空性，講到遠離戲論，這些是就對
境而言；如果就了悟者主體來講，就心識而言，則是在執著有境和
對境的情況之下去證悟見地，都不是正確的見地，人無我、空性、
兩種無我或者是離戲，這些都是見地所執取的對境，這種對境其實
都是沒有的。

　　就觀修而言，小乘的觀修不淨觀，大乘的觀修四念住，密咒乘
門的觀修生起次第、圓滿次第，這一切實際上都不能夠成立。就安
止的觀修、不淨的觀修而言，是在有境和對境兩種劃分的情況下進
行觀修，這種觀修基本上是由內心進行；就四念住而言，這個觀修
當然也是應用內心進行；就密咒乘而言，修生起次第、圓滿次第的

觀修，也是應用內心進行觀修；就大圓滿阿底瑜伽觀修而言，無論何時都不是應用內心進行觀修。

就行持而言，小乘的行持是十二頭陀行，大乘的行持是六度波羅蜜，密咒乘的行持是在屍陀林之中進行，戴著頭蓋骨，拿著卡章嘎，還有手搖鼓，還要拿著腿簫，這些都是外表身體和語言的行為，就這些行持而言，實際上也沒有。

就果位而言，小乘有有餘涅槃和無餘涅槃羅漢果位；大乘經過三個無數劫的時間所成就的佛果；密咒乘門說十六輩子或七輩子或三輩子能夠成就佛果，實際上這些也都無，原因是就果而言，果只有本然內心實相，除了本然內心實相之外，到外面別的地方所尋找的果、所能夠得到的果根本沒有。

「一切無偏平等均勻故」，一切是指見地、觀修、行持、果位，說這個就是見地、這個就是觀修、這個就是行持、這個就是果位……，說「這是什麼、那是什麼，各自各自分開」的這一切情況，根本就沒有。沒有的原因是因為一切的本質唯一，僅僅只有一個。既然是一切的本質都是唯一，那就超越了勤勞造作，因此並沒有說這個見地我了悟了，或者說我還沒有了悟；這個行持是大或是小……等，這些差別完全沒有。

第二十三項

講說盡解廣大，一切萬法完全解脫，極為廣大。

這是指一切萬法完全已經解脫了，就全部解脫而言，遍及一切的法，非常地廣大。在這個方面，有四個句子：

།སྨོན་པ་མེད་པས་སྐྱབ་བློའི་ཆོས་ཟད་དེ། ｜སྤང་བྱ་མེད་པས་གཉེན་པོའི་འཆིང་ཞེན་འདས།
無願求故心修法盡也　　　無所應斷越離對治縛

｜གང་ཡིན་ཀུན་ཡིན་ཡིན་མིན་འགའ་མེད་པས། ｜གང་སྣང་གང་འཆར་འདེམ་ཀ་མེད་པར་གྲོལ།
任是皆是略無是非故　　　任顯任現無擇而解脫

　　就願求之心而言，大圓滿的瑜伽士會不會發願追求，說我要得
到這個東西或那個東西呢？不會！不會存在這種願求之心，譬如我們
提到顯教乘門有願菩提心，願菩提心的意思就是內心產生一個渴求，
為了利益遍滿虛空的眾生，我渴求成就佛果，我渴求聽聞教法，我渴
求把善根迴向給一切眾生……，內心的思維總指向一個對象，但就大
圓滿的瑜伽士而言，這種情況已經不存在，因為一切已經解脫了。

　　一切已經解脫的比喻，古代經常用的是「金銀島」，如果已經
到達金銀島，會不會說這個很好我要，這個不好我要丟掉？不可能
有這種情況存在。因此內心無所願求，不會說為了要有某個願求，
我要做這件事我要做那件事，我要修這個法我要修那個法，這種想
法完全不存在。所以，一個證悟內心實相的大瑜伽士，也就「無所
應斷」，也沒有對治存在，無所應斷，所應斷是指煩惱，因為煩惱
根本不能夠成立。

　　譬如當天空出現太陽時，本來就沒有雲朵，需不需要去想雲朵
什麼時候消失不見呢？不需要！本來就沒有雲朵，因此無所應斷，
那我是不是要依靠什麼對治方法，把所應斷的煩惱滅掉呢？不需
要！因為本來就沒有所應斷，因此所要應用的對治也不需要，這種
執著某一個對治，去對付某一個所應斷的情況，就大圓滿的瑜伽士
而言根本也不存在。

　　因此，就證悟內心實相而言，就好像到了金銀島，眼睛所見之處，手觸摸之處，腳所踩之處，到處都是黃金，在這種情況下，可不可能說這個比較珍貴我要，那個比較不珍貴我不要？不可能！

　　就大圓滿的瑜伽士而言，這個比較好，那個比較壞，這種好壞的理論根本不會存在，因為一切盡解，一切都是完全解脫，那就是說一切唯是清淨浩瀚，在一切唯是清淨浩瀚的情況下，需不需要做出任何選擇？不需要！如果已經了悟了一切，本然都不成立，那如何需做一個選擇呢？

　　假設鏡子裡出現了很多水果，若認為水果那麼多，多麼好，用手拚命去抓鏡子裡的水果，只會把鏡子弄破，手被刺流血，僅僅只是如此而已，因為鏡子裡根本就沒有水果，只是一個影像而已，所以如果了悟了鏡子裡雖然出現水果，但它就只是影像，不是水果，就算所出現的水果再多，也不會產生對水果的貪求之心。或者說鏡子裡沒有任何影像，什麼水果也沒有，會不會說，這個鏡子很差，我要把它丟掉，會不會這樣想呢？不會！一個真正的了悟者不會有這種情況，也不會進行這種選擇。對於一切萬法，不會再進行任何選擇的原因，是因為一切萬法唯是清淨浩瀚之故。

第二十四項

　　講說確定一切諸法皆不成立，等同虛空。

　　就輪迴的法而言，本然不能夠成立，這一點一定要明白確定。

|ཨ་གྲོལ་མི་འགྲོལ་རང་གྲོལ་ཆོས་མེད་པས།　|ཕྱམ་གཅིག་གཏད་མེད་ལ་བརྫའི་ཆོས་ལས་འདས།

不解未解自解法無故　　均一無向越離確定法

現在是還沒有解脫的眾生，這種情況不能夠成立，或者說現在是已經解脫的佛，這種情況也不能夠成立，因為根本就沒有所謂解脫這件事，為什麼呢？因為所謂解脫，首先要受到煩惱的束縛，之後我把煩惱滅掉了，才能說我已經打敗了煩惱，脫離了煩惱，我得到了解脫，假設本來就沒有束縛存在，何來解脫呢？所以所謂的解脫根本就不存在，因為內心的實相本然就沒有輪迴，也沒有煩惱的束縛。

有一些書談到「本解」這個名詞，但是和這裡所談到的意義並不一樣。其次，內心實相也沒有自解這件事，自己解脫的意思是在自他兩種對立的情況下，自己是解脫的，假設沒有自他兩種對立的情況，沒有「此為自，彼為他」，那這個自己已經解脫，如何而有？沒有！因為沒有自他兩種對立的情況，那當然也沒有自己。

「均一無向越離確定法」，一切萬法的實相只有一個，完全平等，因此，一定是超越自他任何一個對境，這個自己、他；或者是這個樣子、那個樣子，這一切的對境，就內心實相而言，完全超越。

第二十五項

總括整品內容，歸納為無作、義成。

這是指內心的實相不是由因緣和合製造出來，就它的本質而言，已經形成了，在這個方面做個解釋說明。

ཁྱོང་ཡངས་ཀློང་ཡངས་ཀློང་ཆེན་ཡངས་པའི་དང་།

廣界廣界大界寬廣況

།ཀློང་ཆེན་རབ་འབྱམས་ཀློང་གསལ་ཀློང་འབྱམས་པས། ཀློང་གཅིག་གཉིས་མེད་པའི་ཀློང་འཁྱིལ་ལ་ནི།

大界浩瀚界明界浩大　一界無二樂界漩漩繞

།སྣ་ཚོགས་རང་གྲོལ་ཆོས་ཉིད་ཟད་སར་ཕྱིན། མི་འགྱུར་ལྷུན་གྲུབ་འདུན་མ་ལེགས་པའི་རྩེ།

種種自解達法性盡地　未變自成善所求之頂

內心的實相不是由因緣和合所形成，而是本然已經形成，那當然是非常地廣大，「大界浩瀚」是龍欽巴尊者的名號，大圓滿非常廣大的這個見地，遍智龍欽巴尊者已經完全證悟了，本質只有一個，不是兩個、三個，唯一的本質是什麼呢？本然大樂遍及一切。

在這裡我們有時會談到沒有佛，沒有安樂，沒有輪迴，沒有痛苦，沒有涅槃，沒有證悟，這是從究竟的實相來討論；有時會說有佛，有眾生，有了悟，有煩惱，有痛苦也有快樂，有對治也有所應斷，這是從暫時的方面來討論，二者不要混淆，有時候說有，有時候說無，都是不同的考慮，在不同的情況之下來討論，設定的背景和講說的段落並不一樣，所以大家不要內心錯亂，不明白為什麼有時說有，有時說無，要把它各個各個分開來，要看它在講的段落是什麼，才會那樣講說。

就煩惱不清淨的法，這一切在內心的實相之中早已經解脫了，所以「種種自解」，內心實相自己解脫，這是暫時的說法；內心實相不能說它自己解脫，這是從究竟上而言。因為自己解脫，因此法性就窮盡了，法性窮盡的話，這個是已經到達究竟之處，究竟之處的話不能改變，不會有一絲一毫的變化，所以，在不會有任何改變的究竟之處中，佛陀的三身功德當然本然自成，而且它的本質不會有絲毫變化，這種情況就是「未變自成善所求之頂」，就究竟的境

界而言，不會改變，裡面佛身、佛智、佛功德，本然自成，這個部份就是「善所求之頂」，頂就是最殊勝、最高，不能再超越它了，是我們所追求、所要達到的最好的目標，它已經到達究竟之處，是最好的了。

第二十六項

針對如同我一般之有緣追隨者的開示。

龍欽巴尊者對有緣者說，他自己對大圓滿的教法，首先依止上師，中間做實修，最後了悟了一切萬法的實相。同樣道理，針對未來對大圓滿法有信心並做實修的有緣弟子，龍欽巴尊者做了這個教誡開示：

|བདག་གཞན་རྗེས་སུ་འཇུག་པའི་འགྲོ་རྣམས་ཀྱང་། ཱ|འདི་བཞིན་ཡེ་འབྱམས་ཀློང་ཆེན་གཅིག་ཏུ་དྲིལ།
自他以及隨行眾亦且　　如此本瀚大界集爲一

|ཀུན་བཟང་ས་ལ་གཏན་སྲིད་ཟིན་པ་ཡིན།
於普賢地已得永有政

未來對大圓滿有信心、想要依止上師而做實修的有緣弟子，希望能和我自己一樣，也能夠得到了悟，「本瀚」指本來就是浩瀚廣大無邊，也就是沒有好和壞的差別，因爲心能夠遍及一切，如果能夠遍及一切，那當然沒有好壞的阻礙，「大界集爲一」，內心實相集攝所有的一切法，全部集中在一起。

「於普賢地已得永有政」，「普賢地」指內心的實相，前面所言，心能夠遍及一切，而且萬法本然就集中在一個內心實相上，關

於這一點，希望未來的弟子都能夠證悟，所證悟的部份就是普賢地，也就是內心的實相。如果證悟內心實相，「已得永有政」，對於自己的內心，都能夠自由自主的控制。

這個是指未來有緣的弟子實修者，如果他希望能夠證悟，對大圓滿教法有信心，那龍欽巴尊者開示，他要傳授給後代弟子關於大圓滿教法的教導，將來弟子依止上師，請求大圓滿的教法，請求口訣，請求口傳，應當把龍欽巴尊者所流傳下來的大圓滿法內容好好聽聞思維，好好做禪修，那一定能夠證悟內心的實相，內心的實相就能完全操控自如，完全的自由自主。

所以，龍欽巴尊者所留下的最殊勝最偉大的教誡是什麼呢？就是大圓滿法類，未來大圓滿的實修者應當把他所寫的大圓滿法類再三閱讀再三實修，最後一定能了悟內心的實相。

這是對第九品內容的關鍵要點做一個總結歸納，同時還留給後代弟子諄諄教誡。

10
述尊意法性未動品

就內心實相而言，就是大圓滿的見地，這是第一品到第九品所開示的內容。到了第十品要講解什麼呢？就算已經證悟了前面開示的內心實相，已經了悟了大圓滿的見地，但是用處仍然不大，因為還要繼續進行修持，修持的方式是什麼？第十品就要做一個講解，共有四十三項大綱。

第一項

確定實相的本質之後，即應以自然無造作的禪定來進行修持。

首先，就整體而言，修持的方式應該怎樣進行呢？先做一個抉擇。

རང་བཞིན་གདོད་ནས་དག་པའི་བྱང་ཆུབ་སེམས།		བཏང་གཞག་འགྲོ་འོང་མེད་པའི་ཆོས་ཉིད་ལ།
自性本然清淨菩提心		於無放置來去之法性
བཙལ་བས་མི་འགྲུབ་ཆོས་ཉིད་ནམ་མཁའི་ཀློང་།		རང་བཞིན་བཞག་པས་འོད་གསལ་ཉི་ཟླ་འཆར།
尋故未立法性虛空界		置自性故現光明日月

內心實相的自性是什麼呢？本來都沒有這一切煩惱障、所知障，是本然清淨的本質；就內心實相而言，沒有放、沒有置、沒有來、沒有去，沒有把它放出去的情況，也沒有安置在裡面的情況，沒有向外走出去，或從外面走回來的情況；或者說如果我們去尋找內心的實相，其實也找不到。所謂尋找是怎麼樣找呢？最初它從什麼地方來？中間停留在什麼地方？最後又去到什麼地方？用這個方式去尋找，但是就沒有來、住、去的本質而言，當然我們就找不到了。

它的比喻就像天空的性質，雖然我們口中都會講天空如何如

何，不過仔細分析，真正的天空是什麼呢？了不可得，找不到。如果天空中沒有雲朵遮蓋，日月的光芒就自然地出現；如果天空被雲、煙霧遮蓋，日月的光芒就不會浮現。

內心實相也是如此，我們的內心被很多妄念、執著、耽著、貪戀遮蓋住了，內心實相就不會出現。當這一切都完全除去，在自然放置而安住時，內心實相自然就會浮現出來了。

總體而言，觀修的方式有兩種：「所緣無依觀修」和「所緣有依觀修」。

所緣有依觀修指有依賴的觀修方式，例如生起次第、觀想本尊身、無量宮，這是有所緣取的對象、有所依靠的觀修。

所緣無依觀修又分有相和無相的觀修方式。有相的觀修方式，自己身體之中觀想中脈、血脈、經脈，脈裡還有住脈文字安住，譬如我們教授＜嗡啊吽＞第二階段的觀想，身體裡有六道種子字，還要觀想佛的身語意三門的種子字，這種觀想是有相的觀修方式；而大圓滿不共的觀修方式是無相觀修方式，身體毗盧七支坐法，眼睛看向天空，不緣取任何形相、任何執著而進行觀修。

第二項

講說如何修持這種特別的道路，大圓滿不共的道路比起其它道路而言要更加殊勝，那這殊勝的道路要如何修持，修持的方法是什麼呢？

|ཁྱལ་ཀྱང་མི་དགག་སེམས་ཀྱང་མི་གཟུང་བར། ｜རང་བཞིན་ལྷུན་གྲུབ་དང་ལས་མི་གཡོ་ན།
亦未滅境亦未取內心　　自性自成狀況若未動

།ཀུན་བཟང་ཡངས་པ་ཆེན་པོའི་དགོངས་པའི་ཕྱིན།
已達普賢廣大之尊意

外在所顯的對境，色、聲、香、味、觸等等，不必特別要把它滅除掉；內在眼識、耳識，直到意識，也不必特別要把六識取過來。

換句話說，不需要特別去消滅外在的對境，也不需要特別去重視內心的識這個部分，只要內在自自然然不進行任何調整、不做任何改變，如此安放，那這個就是到達了普賢如來廣大的心意了，「已達普賢廣大之尊意」，意思就是能夠到達、證悟內心實相究竟之處。

第三項

講說大海直定。

前面談過四種直定，這裡則正式說明修持的方式就是四種直定。一般講四種直定，第一是高山直定，第二是大海直定，第三是覺性直定，第四是所顯直定，不過這裡的順序是從大海直定開始講起，這方面有四個句子：

།མི་སྤྲོ་མི་བསྡུ་རང་དྭངས་སང་ངེ་བ། ।དྭངས་པའི་རྒྱ་མཚོ་མི་གཡོ་མཉམ་པ་བཞིན།
未放未攝自清亮晃晃　　清澈大海未動平等般

།ཆོས་ཉིད་གཏིང་གསལ་རང་བྱུང་ཡེ་ཤེས་དང་། །འབྱུང་འཇུག་རེ་དྒོས་བྲལ་བར་གནས་པ་ཡིན།
法性底明天然本智況　　遠離出入期疑而安住

首先，妄念本身要不要放射出去，追逐外在的對境呢？特別重

視某一個對境後去追逐它，妄念趨入於這個對境呢？這些都不需要！那是不是要花力氣將我們念頭集中起來，不要放射出去呢？也不需要！

就妄念而言，不必花力氣讓它去追逐外在的對境，也不必花力氣把它集中收攝於內在，在不花任何力氣的情況之下，自自然然地安住，這就是實修的方式。

譬如大海的海浪很多，我要不要花力氣很辛苦地把海浪消滅掉呢？不需要！那要不要親自去製造出新的海浪呢？也不需要！已經存在的海浪不必花力氣消滅掉，也不必想再製造出新的海浪，這些都不必做，不要有任何干擾，只要自自然然放著，海浪就自然地消失掉了。

同樣的道理，就妄念本身而言，不必特別重視外在的某個對境，特別放射到這個對境去追逐它，也不必花力氣不放射到外面的對境，而把它收攝集中起來，這些都不必做，自然放著，之後妄念自己就會自然消失，自然清澈。

「法性底明天然本智況」，前面提到大海的比喻，當大海絲毫不動搖時，海浪沒有了，大海變得非常清澈，海裡有什麼事物都能看得清清楚楚。

一樣的道理，內心的念頭不渙散到外面去，也不把它集中收攝起來，在不要花任何力氣的情況之下，內心的實相就會現前，功德就會出現。當內心實相現前時，會不會期望我有新的功德？會不會期望以前沒有的功德現在應該要得到？不會！或者是說我不能夠得到新的功德，我離開了這些新的功德，根本沒有得到？這種懷疑也不會存在，這時會在遠離期望和懷疑的情況之下而安住。

第四項

　　講說覺性直定，這方面有五個句子：

|ཚིག་གིས་མི་མཚོན་འཇུར་བུའི་སེམས་མེད་པར།|　|རང་བབས་ཀྱིན་འདང་བཅོས་བསྐྱད་མེད་པ་ནི།|

　詞句難表且無盤結心　　　自停平常無造無雜者

|སྒྲོང་ཤེས་ཆོས་ཉིད་མཚོན་མ་མེད་པ་སྟེ།|　|སྒོམ་དང་བསྒོམས་པར་བྱ་བའི་ཆོས་མེད་པས།|

　融界法性而無表相也　　　無修且無所修法之故

|ཁྱེད་ཆོད་རང་ཡན་རང་བྱུང་དགོངས་པར་ཤར།|

　　　　放任沉掉現天然尊意

　　就內心實相而言，能不能說它是什麼形狀？什麼顏色？多麼廣大？多麼小？它是如何的好？缺點又是如何？這些都沒有辦法去說明內心實相。

　　而且就我們現在而言，內心有很多念頭想法，這些偶然出現的念頭想法在內心實相上是根本不存在，根本不能夠成立的。內心實相不靠因緣，本然就已經形成了，能不能依賴某些因緣讓它變得更好？或依賴某些因緣又讓它變得更壞？不能！因為它沒有任何改變、沒有任何變遷，都是這個樣子，不受到任何的影響。

　　就內心這種不受任何影響、沒有任何改變的情況，可以說它的本質與空性無別。因為本質與空性無二無別，實相就無形無相，也不是耳朵可以聽到的法，也沒有任何的徵兆可以看得到。

　　就內心實相而言，也不是我們所觀想的對境，也不是能觀修的內心，已經超越了能觀想和所觀想的法，不是屬於這個範圍。

　　因此，內心實相是不是不要把念頭渙散到外面去，要把它收攝

在內心？這種情況也不能夠成立，因爲就內心實相而言，原來就已經存在，是本然天然的實相。

第五項

講說所顯直定，這方面有五個句子：

|ﾈﾄ·ﾗﾝﾐ·ﾐ·ﾈﾄ·ﾗﾝﾉ·ﾉﾝﾄﾝ·ﾗﾝﾄ·ﾗﾝﾄ·ﾑﾝﾄﾝ| ｜ﾝﾝﾝﾝﾝﾝﾝﾝﾝ·ﾝﾝﾝﾝﾝﾝﾝﾝ｜
未以斷斷遍妄覺性力　　　　法性狀況無分別偏故

|ﾗﾝﾈﾝ·ﾑﾝﾝﾈﾝ·ﾐ·ﾐﾗﾝﾈﾝﾝ·ﾈﾝﾈﾝ·ﾐﾝﾈﾝﾗﾝﾝﾝﾝ| |ﾝﾈﾝﾈﾝ·ﾐﾝﾝﾝﾈﾝﾝﾝﾝﾝﾝﾝﾝﾝﾝ｜
未以成成法界現法性　　　　不斷輪迴於天然本智

|ﾝﾝﾈﾝﾝﾈﾝﾝﾝﾈﾝﾝﾝﾈﾝﾝﾝﾝﾝﾝﾝﾈﾝﾝﾝﾝﾝﾝ|
大界力道瑜伽淨故見

就對境而言，認爲這是不好的對境，是我內心不喜歡的對境，是導致我內心痛苦的對境，因此，想著要把它消滅掉。就算有這種想法，實際上也不可能把對境消滅掉，爲什麼？因爲這個對境是令我受到痛苦的對境，這個對境是我內心不喜歡的對境，爲什麼它會成爲這個樣子呢？這是因爲我自己內心妄念的力量，經由內心妄念的力量，這些即顯現成爲使我受痛苦的對境，成爲使我內心不喜歡的對境。假設不能夠把妄念、不清淨的內心去除掉，這種不清淨的對境就不可能消滅掉。

因此，就法性的實相而言是空性，既然是空性，能不能將這些對境區分成這是好的對境、這是不好的對境？不能！這種區別根本不會存在。

　　而且內心和對境也不是相異而存在，能不能說我要特別的去成立一些好的對境？不能！因為假設內心不清淨，也不能夠成立出好的對境、清淨的對境。

　　那好的對境要怎樣出現呢？當內心清淨，在這種狀況下對境也會顯現成為清淨的對境，因為法性自然就是這個樣子。

　　因此，也就不必特別地去斷滅掉輪迴，因為實際上輪迴的自性是屬於本智，而且是男女菩薩一切諸佛的本質，所以「大界力道瑜伽淨故見」。輪迴是清淨的自性，是本智的自性，我如何能夠知道呢？這個是指能夠正確證悟內心實相、正確證悟大圓滿見地的一位瑜伽士，他就可以了悟輪迴的自性是清淨，輪迴的自性也是本智。

　　這段的內容我們在密咒乘的教法裡都有討論到。五蘊自性其實就是五方佛，五大種自性其實就是五方佛母，五毒的自性其實就是五種佛智。在密咒乘的教法裡也都如此開示。

　　同樣道理，在大圓滿的教法之中也談到，就算我們想要把輪迴與煩惱斷滅掉也不能夠，因為這一切的本質實際上都是清淨的。

　　輪迴、煩惱的本質極為清淨，我怎麼了悟呢？如果能夠正確了悟自己的內心實相，那就能夠證悟這一切的本質都是清淨的，都是本智，因此並不需要把它們斷滅掉。可以得到這種了悟。

第六項

　　講說高山直定，有六個句子：

|ཡི་ནས་རྣང་སེམས་རབ་བབས་ཆོས་ཉིད་དང་།　　|ཏིང་འཛིན་མི་གཡོ་ཆུ་བོའི་རྒྱུན་ཤར་བས།

本然顯心自停法性況　　等持未動水流續現故

ཀྲོ་རྗེ་རྩེ་མོ་ཀུན་བཟང་ཐུགས་ཀྱི་མཆོག　　ཡངས་པའི་ཆོས་མཆོག་ནམ་མཁའི་མཐའ་དང་མཉམ།

金剛之頂普賢勝尊意　　　　最勝廣法等同虛空際

དབྱེ་བསལ་མེད་པར་ཐམས་ཅད་སྒོམ་པའི་མཆོག　　ཡེ་འབྱམས་རྨད་བྱུང་རྒྱལ་པོ་ལྷུན་གྱིས་གྲུབ།

無區分而一切修中勝　　　　本瀚奇罕國王自然成

在大海直定、覺性直定、所顯直定等三種直定的後面，還要加
上高山直定。原因何在？因爲雄偉的高山不管東西南北吹大風，山
根本不會動搖。因此在三種直定修持完畢之後，再加上高山直定，
那前面的修持都會變得堅固、穩定。

這個本然所顯和內心，原來都停留在法性的狀態，所顯者是對
境，能執取對境者，就是自己內心，雙方面其實都是法性的狀態。

所顯現者，眞實的情況並不是我們現在所看到的樣子，我們現
在所看到的所顯是屬於迷惑所顯，實際上原來的面貌卻是法性。但
是如果要了悟這一點，必須自己的修持安住在等持上絲毫不動搖，
而且持續不中斷進行修持，就像大河的水流持續不中斷一般。

「金剛之頂普賢勝尊意」，就密咒乘門而言，一切乘門的頂端
就是大圓滿的教法。其中又分成心部、界部和口訣部，口訣部是大
圓滿教法的頂端，稱爲「金剛之頂」，《法界寶庫》即是屬於大圓
滿口訣部的教法。

下下乘門所不存在的見地，在口訣部的見地之中才有，因此它
最爲殊勝最爲廣大，就像廣闊沒有邊界的虛空，沒有任何其它者可
以比擬。

「無區分而一切修中勝」，就口訣部大圓滿的見地而言，不做
任何區別，這個是取，這個是捨，這個是好，這個是壞，這個是

高，這個是低，這種區分根本就不存在，因爲這一切都是可以觀修的法，這一切都是可以取得的法；不能夠觀修的法、不能夠取得的法、要捨棄的法等等，根本就不存在。

但是爲什麼沒有要丟掉的法，也沒有不能夠觀修的法，這種區分也不存在，原因何在？因爲一切廣大無邊的所顯，都是本然清淨而沒有邊際，稱爲「一切唯是清淨浩瀚」。如果一切唯是清淨浩瀚，怎麼會有取捨好壞的分別呢？當然沒有！

「本瀚奇罕國王自然成」，這個見地是一切見地之中最爲奇罕的，就像人這麼多，裡面最奇特最殊勝的是誰呢？是國王，國王最偉大。上下乘門的見地這麼多，其中最殊勝最奇特的見地是什麼呢？是大圓滿口訣部的見地。而大圓滿口訣部的見地是「一切唯是清淨浩瀚」，不需要靠因緣形成，它本來就是這樣，是自成的見地。

第七項

前面談的四種直定就是四種安心法，這是總體，接著要講支分。支分有三個等持，將分別於第七項、第九項、第十三項大綱中講說，首先講說大封印的等持。

ཡེ་ནས་སྤྱི་བླུགས་འོད་གསལ་རྒྱུ་བོའི་རྒྱུན། ｜བཏང་གཞག་མེད་པའི་ངང་འདིར་ལྷུན་གྲུབ་པས། ｜
本然總灌光明水流續　　無放無置此況自成故

འཁོར་འདས་རང་བཞིན་ཆོས་དབྱིངས་དགོངས་པའི་མཆོག ｜མི་གཡོ་བརྗོད་འདས་མཁའ་མཉམ་ཀློང་ཆེན་ཉིད། ｜
輪涅自性法界勝尊意　　未動離詮等空大界性

འགྲོ་བ་ཀུན་ལ་ཡེ་ནས་བབས་ཀྱིས་གྲུབ། ｜
於諸有情本然停而成

就等持的性質而言，當然是屬於安止，不僅打坐參禪會產生安止，一切眾生內心全部都存在著安止的自性，因此稱為「大封印的等持」。舉個例子，譬如器皿裡裝滿水，把水倒到另外一個器皿，如果這個器皿容量一樣，那水倒進去也會裝滿，完全一模一樣，光明的大等持就像這個樣子。

「本然總灌光明水流續」，本然存在的安止是一個光明的大等持，就像是總軌，或者說總灌，意思是指總體而言是這個樣子，傳到那個地方去也是這個樣子，絲毫不會缺少，這種情況就像長江大河的水源不會中斷。在不清淨的眾生階段，大等持也存在，沒有中斷過；在清淨不清淨的菩薩階段，大等持仍然存在，沒有中斷過；在清淨的佛果階段，大等持的本質也存在，沒有中斷過。

所謂清淨、不清淨是這個意思，眾生煩惱障和所知障兩種蓋障都沒有淨化，所以是不清淨的階段；清淨和不清淨的階段是指煩惱障已經滅掉，所知障仍然存在，這是指菩薩；煩惱障、所知障徹底滅掉，則是清淨的佛果階段。

因此，等持的本質就像水流的持續一樣，去年、今年、明年都是這個樣子，始終都是這個樣子。

那這個大等持的情況，有沒有說不安住在等持裡，妄念心產生之後它就渙散掉了？沒有這種情況！或者是我把妄念滅掉了，又重新回到等持的狀態裡？也沒有這種情況！因為這個等持是原來就已經存在，本然而自成，而且原來就已經遍及輪迴和涅槃一切地方，不管何時絲毫不曾改變過。

眾生都擁有這種等持的本質，遍及一切眾生。不過雖然這樣，但沒有辦法用語言去做一個解釋說明，我們現在內心也覺得好像沒

有遍及、好像沒有的樣子，這是因為我們沒有證悟的緣故，也是因為我們迷惑錯亂的緣故。所以現在我們打坐參禪，得到了安止，得到了等持，好像是原來沒有、現在新得到了，其實不是。這個等持安止的情況本來就已經存在，在內心實相上已經有了，現在透過打坐參禪，讓內心實相已經存在的等持顯現出來，僅僅只是如此而已。

第八項

　　講說去除險關，意指在修持大封印等持時，有許多疑問或毛病出現了，要如何去除險關。這方面有五個句子：

|བདག་ལས་གཞན་དུ་སྣང་བ་འཁྲུལ་པའི་སེམས།
顯為離我他者心迷惑

|བསྒོམ་དང་རྩོལ་བར་འདོད་པ་འཁྲུལ་པའི་སེམས།
欲求觀修勤力心迷惑

|འཁྲུལ་པ་ཆོས་ཉིད་དང་བཞག་མཉམ་པའི་ཞིང་།
迷惑置法性況平等刹

|མི་གཡོ་གདོད་ནས་དག་པའི་རང་བཞིན་སྐྱོང་།
未動本然清淨自性界

|བྱ་དང་རྩོལ་མེད་གཞག་དང་མ་བཞག་མེད།
無作無勤無置無不置

　　進行觀修時，像前面所講的，有兩種方式：有所依靠的實修和無所依靠的實修方式。其中有所依靠的實修裡又分有相的實修和無相的實修，大封印等持的實修屬於無相的實修方式，具足毗盧七支坐法，朝向天空，內心一念不生，沒有任何執著，平坦寬鬆的放著。

　　在這樣實修的狀況之下，會產生「我是實修者」的執著，這種執著是一種迷惑錯亂，依於這種「有我」的執著就會執著有一個

「他」存在，如果執著有他存在，這也是迷惑。

在禪修大封印等持的時候，也會想到我要好好地做這個禪修，因此身體語言要花費許多力氣去做，這種想法本身就是迷惑。

在禪修大封印等持的時候，不能夠產生妄念，任何妄念都是迷惑錯亂，這些迷惑只要不對它進行執著，無執無取，自自然然地放輕鬆，在法性實相之中，這些迷惑錯亂自然會逐漸消散得無影無蹤，而且迷惑也不會再新生、再出現，因為迷惑本身本然清淨，本來也不能夠成立。

如果說認定這是一個迷惑的法，因此我要把它斷滅掉，花許多力氣；或者說我怕它重新復生，又花很多力氣壓制它，不讓它出現；這些勞累所做的方式本身也是迷惑錯亂。

因此，任何調整造作，這些勞累根本都不需要，只要寬寬鬆鬆的放著，迷惑自然慢慢地就消散得無影無蹤。這種方法是在禪修大封印等持的狀況裡，當妄念出現時，如法把毛病去除掉的方式。

第九項

第二個是大住己等持，住在自己的等持。大住己等持超越了見、修、行、果。就大住己等持而言，不是屬於見地的對象，也不是觀修的對象，也不是行持的對象，也不是果位的對象，超越了這一切。

不過雖然超越了見地的對象，仍然取名為見；超越了觀修的對象，仍然取名為觀；超越了行持的對象，仍然取名為行持；超越了果的對象，仍然取名為果。換句話說，雖然超越了這四個項目的對境，仍然方便善巧也用這四個名字，所以在大住己等持裡就要討論

見、修、行、果，將分別於第九項到第十二項共四個大綱中說明。

首先，說明見地的本質，有四個句子：

|ཨེ་འགྱུར་ལྷུན་གྱིས་གྲུབ་པའི་ཆོས་ཉིད་ལ།　|དྲན་མེད་བསམ་ཚོལ་ཁྲོ་ཐུབ་པའི་རང་རིག་གིས།

於此不變自成之法性　　　遠離緣思尋怒之本覺

|ཡང་ཡང་བལྟས་ན་བལྟ་དུ་མེད་པ་མཐོང་།　|བལྟར་མེད་རིག་པ་སྤྱི་བླུགས་ཁྱ་བ་ཡིན།

再再看已即見無所見　　　無見即是覺性總灌見

內心的實相也好，或是佛果也好，本質必然不會改變、不能夠改變，因此它超越了無常。如果有改變存在就是無常，但是就佛的果位，就內心實相而言，不能夠有任何的改變，它一定是超越無常的性質。而且就它的本質而言，也不靠因緣和合，它是自然形成的，這種本然自成的法性就是內心實相、佛陀的果位。

那本然自成的法性、內心的實相，是不是我的內心所能夠緣取的對象？不是！是不是我的內心去思維就能夠得到的對象？也不是！「遠離緣思尋怒之本覺」，本覺就是覺性，覺性就是佛果，這個自己的覺性、內心的實相、佛果，是不是我用內心去緣取，內心放射出去，去思考去思維，在外面就能夠得到呢？得不到！

那怎麼去得到它呢？「再再看已即見無所見，無見即是覺性總灌見」，好好地、再三地去看著內心實相，看它是什麼顏色、什麼形狀，當發現它的本質不是色、聲、香、味、觸任何一種時，就是看到了覺性的本質，這時候把它取名叫做「見」。

一般世俗的見是指有境去執取對境本身，所以說我看到了某個物體、我看了什麼戲劇。一定有一個有境本身，之後它一定會執取

一個對境，有有境和對境的存在，之後就說看到了。

　　但是大圓滿所謂的見地不是這個意思，大圓滿的見地是指：當透過邏輯推理仔細分析，發現還是不能夠找得到內心實相，而且也不是內心安住之後能夠得到它，用任何方式都了不可得，這個時候就是見地。這個是「無見之見」，是爲最勝見，這就是大圓滿的「見地」。

第十項

　　其次是觀修，觀修也一樣，超越了觀修的對象，但是也把它取名爲「觀修」。

| མ་བསྒོམས་རིག་པ་བཏང་གཞག་ཐལ་བ་ལ།　|ཡང་ཡང་བསྒོམས་ན་བསྒོམ་དུ་མེད་པ་མཐོང་།

不修覺性遠離放與置　　再再修已即見無所修

|སྒོམ་མེད་རིག་པ་སྤྱི་བླུགས་སྒོམ་པ་ཡིན།

無修即是覺性總灌修

　　談到觀想時，一般說：你在觀想什麼？噢，我觀想了寂靜尊，我觀想了忿怒尊，我觀想了身體裡有中脈……，這些觀想的內容都是有所緣取，指向某一個對境來做觀想。

　　實際上究竟的實相，本質不是寂靜尊的形相，也不是忿怒尊的形相。因此當我在觀修寂靜尊時，不能說我在觀修究竟實相，因爲究竟實相不是寂靜尊的本質，無論是說我觀想忿怒尊或觀想身體裡的中脈或觀想頂輪大樂輪、喉嚨受用輪等，也都不能說我在觀想究竟實相，因爲佛果或是究竟實相的本質不屬於色法也不屬於聲音，

不屬於香、味、觸，任何一個性質都不能夠成立。而觀修寂靜尊、觀想忿怒尊、觀想身體中脈等都是色法形相的性質；觀想四輪或五輪仍然是屬於色法形相的性質，因此不能說是究竟的實相、佛果的本質。

　　就大圓滿的觀修而言，應當是超越了色、聲、香、味、觸這一切的對境而做的觀修，不應該是觀想色、聲、香、味、觸任何一個本質，若就某一個法某一個本質上做觀修，那就不對了，所以所觀修的對境不屬於色、聲、香、味、觸任何一個本質；那就無修了，就沒有觀修了。

　　在沒有觀修的情況之下，覺性本身沒有放射專注到某一個對象上去做觀修，也不是安置停留來做觀修。總而言之，不追逐形體、色法，色、聲、香、味、觸；不追逐某一個對象去做觀修，這樣就可以了。

　　「再再修已即見無所修」，僅僅只是看著覺性、內心的實相，安住在覺性、內心的實相中，覺性本身無形無相，內心實相自己本身沒有任何形相，本質任何都不能夠成立，在這種情況之下，沒有任何觀修的對象，這個就是覺性的觀修方式。因為沒有色、聲、香、味、觸任何一個觀修的對境存在，當然也就遠離了觀修的對境，可是還是為此取一個名字叫做「觀修」。

第十一項

　　行持，法性廣際的行持，無取無捨的行持，因為行持本身不能夠成立取捨，因此無取無捨的行持超越了行持的對象，但是也取一個名字叫「行持」。

|གཉིས་མེད་སྤང་དོར་བྲལ་བའི་གནས་ལུགས་ལ། |ཡང་ཡང་སྤྱད་ནས་སྤྱོད་དུ་མེད་པ་མཐོང་།

於之無二離取捨實相　　再再行已即見無所行

|སྤྱོད་མེད་རིག་པ་སྤྱི་ཁྲུགས་སྤྱོད་པ་ཡིན།

無行即是覺性總灌行

　　在《分別解脫戒經》裡，或者在分別解脫律儀、菩薩律儀和密
咒乘律儀這三種律儀裡，通常一定提到取捨，各自分成兩項。行持
的意思是指好的部分是什麼，我應當去做；要捨棄的、不可以做的部
份，則要避免，不要做。按照這兩項去做，就把它稱爲「行持」。

　　就行持而言，分成外在身體的行持和語言的行持兩種類型，就
身體的行持而言，譬如穿衣服，形狀顏色如何，哪些可以哪些不可
以，行爲要止息調伏，不能夠憤怒。語言的行持，善的、好的語言
可以講，不善的、不好的語言不可以講。總而言之，身體的行持也
好，語言的行持也好，談到行持一定是分成兩個範圍，好的、可以
做的，不好的、不可以做的，一定要做一些區分，然後按照區分所
訂的規矩去做，這些行爲我們就把它稱爲行持，在下下乘門裡都是
如此解釋。

　　但就大圓滿而言，首先好壞本身本質不能夠成立，因此不能夠
以二分法區分成好和壞。前面提到了不做任何的區別，如果不能夠
區分成好壞，好壞本質不能夠成立，那能不能說這個是好的、對
的，我應當要做、應當要取得？這個是壞的、不對的，我應該要捨
棄？不能！在大圓滿裡根本就沒有這種見地。

　　所以就自己身體方面的行持、語言方面的行持而言，實際上沒
有說這個部分是應當取得的、應該做的，這個部份是要捨棄的、不

應該做的，因爲兩邊都不能夠成立。

如果這樣，我們前面講了，行持是按照兩種方法來做，那現在好壞取捨的本質不能夠成立，應當如何來行持呢？所以身無行持，語無行持，身應該要做的是不做取和捨的區分，沒有這種行持，要按照這個來做；語言的行持也是無行持，也不應該區分成好和壞、按照好和壞取捨來做，不應該如此，應當按照沒有好壞的區分這樣的行持來做。

總而言之，下下乘門裡所謂行持這個名詞是用在要把好壞區分清楚，按照這個規矩去做，這樣的一個行爲，稱爲行持；大圓滿也是用行持這個名詞，但意思是指不要區分這個是好的我應該做，這個是不好的我不應該做，在不區分好壞的狀況之下來進行，大圓滿裡把這種「無行持」取一個名字也稱爲「行持」。

第十二項

講說果，不成而自然形成之果。

|ཡེ་ཉིན་རེ་དྭགས་བྲལ་བའི་ཕྱུན་གྲུབ་ལ།　|ཡང་ཡང་བསྐྱངས་ན་བསྐྱང་དུ་མེད་པ་མཐོང་།
於之本達離期疑自成　　再再觀已即見無所觀

|བསྐྱང་མེད་རིག་པ་སྤྱི་བླུགས་འབྲས་བུ་ཡིན།
無觀即是覺性總灌果

按照下下乘門的傳統來看，果位的意思是指：既然有果一定有因存在。所以在因上我就努力地行六度波羅蜜，之後一定可以得到果，因爲因已經存在，當然果就出現。意思就是前面沒有這個果，

可是我聚集它的因，因此我就得到一個新的果，這是下下乘門的主張。

　　大圓滿的見地不是這樣，就大圓滿而言，果不是由因緣聚集和合所形成。那果是怎麼來的呢？原來已經到達果位，原來早就已經存在，早就形成的法。就原來已經形成、已經存在的法，取一個名字，稱爲「果」。

　　譬如世間的農夫，稻苗種下去後，將來稻麥會不會發芽、收穫呢？他內心有很多懷疑、很多期望，如果不下雨，綠苗無法發育生長，不會有收成；如果將來要收成時大雨氾濫，果又收成不到。

　　爲什麼有這種期望和懷疑呢？因爲這個果不是本來已經形成的，是要靠種下綠苗、灌漑，最後果才能夠形成，靠因緣和合。既然果不是本來已經存在，必須靠條件使它形成，那當然可能得到也可能失去，所以有期望也有懷疑。

　　大圓滿的見地不是這樣，佛果已經形成了，既然已經形成，原來就已經存在，我需不需要新得到它？這種期望不需要存在；我會不會懷疑將來無法得到它，會失去它呢？這種懷疑也不需要存在。

　　因此，需不需要再三地實修，用很勞累的方式去得到一個果？因爲以前佛果不存在，現在我要重新得到果？這些都不需要，不需要的原因是因爲就果而言，它原來就已經存在了，本來就存在了，只是給它取一個名字稱爲果，並不是指新得到的，其實原來就已經存在了。

第十三項

　　第三個等持是大霹靂的等持，指突然之間直接擊中內心，所以

是大霹靂的等持，這方面有八個句子：

|མཉམ་ཉིད་རང་ལས་ཡུལ་དུ་མི་རྟོག་ཅིང་།
由等性況於境未妄思

|ཡུལ་སེམས་མཉམ་པའི་རང་དོར་གནས་པ་ནི།
安住於彼境心等況者

|མཚན་མའི་ཡུལ་ལ་ཡུལ་མེད་ཕྱི་བླུགས་གནས།
於表相境無境總灌住

|འཁོར་འདས་དབྱེར་མེད་རྫོགས་པ་ཆེན་པོའི་རང་།
輪涅無別大圓滿狀況

|སེམས་སུ་མི་འཛིན་རེ་དོགས་འབྱུང་འཇུག་ཞི།
未執於心期疑出入息

|ཆོས་ཉིད་ཀློང་ལས་རང་གིས་གཡོས་པ་མེད།
於法性界自然已無動

|ཡེ་ནས་གཉིས་མེད་རིག་པ་སྤྱི་བླུགས་པས།
本然無二覺性總灌故

|ཐམས་ཅད་བླང་དོར་མེད་པར་ཕྱམ་གདལ་ལོ།
一切無取無捨均等矣

就內心實相而言，並不需要去執取某一個對境和執取我的內心；或者說我修安止，有一個期望，期望我的安止能夠修得很好，這種期望也不需要有；或者說我修安止，心不能夠安住，這種懷疑也不需要存在。

總而言之，內心的安住或者是放射，或者是出或者是入，都要止息。內心入、安住，沒有任何妄念出現，或者是內心產生妄念希望我的心能夠安住不要放射出去；或者是內心有一個妄念已經放射出去，我要收回來，這種想法都不需要有，這些妄念全部去除，使它們止息，因為境心無別，應當安住在對境和內心毫無差別、完全平等的狀況裡。

對境和內心其實並沒有差別存在，不要把它區分成這邊是屬於對境，這邊是屬於內心。安住在對境內心無二差別的情況之中，就等於是安住在法性上面，這樣做就不會離開法性，絲毫沒有任何的

動搖。

　　而且當我們在實修安止時，「於表相境無境總灘住」，當我們在修安止時，經常有一個所依靠的對象來做實修，譬如觀想本尊身，這是有相對境的實修方式，不要用這種有依靠的方式，應當以無相的方式來進行安止的觀修。

　　無相方式觀修安止，應該怎麼做呢？眼睛好好地看著虛空，內心的入住出完全停頓，內心也沒有停留在什麼地方，或消失在什麼地方，或放射到什麼對境去，這些完全停掉，在這個方式之下觀修安止。

　　如果這樣做，安止和自己無二無別，因為自己本來就已經有安止存在了。就安止而言，會不會在輪迴的眾生階段並不存在安止，到了成就佛果時才存在，會不會有這種情況？不會！因為輪迴和涅槃無二差別，在輪迴眾生的那個時候，安止的性質也存在，在涅槃佛果的那個時候，安止的性質也存在，這一切都無取無捨，安止的性質完全存在。

　　會不會在輪迴眾生的時候缺少安止，安止並不存在？不會！會不會涅槃佛果的時候，安止才形成、才存在？也不會！輪迴和涅槃，或者說眾生和佛果，實際上無取無捨，沒有差別，因為安止的性質完全遍及，同時都存在，所以說是「一切無取無捨均等矣」。

第十四項

　　住己和置己，住己是安住在自己內心的實相上；而當迷惑錯亂出現時，則應當放置在迷惑錯亂的實相上面，這個是放置在自己。這兩種情況沒有什麼差別，以十二個句子說明沒有差別的原因。

|དངོས་དང་དངོས་མེད་དབྱིངས་སུ་མཉམ་པ་དང་། 　| སངས་རྒྱས་སེམས་ཅན་དབྱིངས་སུ་མཉམ་པ་དང་།

實與無實於界已平等　　　　　佛陀眾生於界已平等

|ཀུན་རྫོབ་དོན་དམ་དབྱིངས་སུ་མཉམ་པ་དང་། 　|སྐྱོན་དང་ཡོན་ཏན་དབྱིངས་སུ་མཉམ་པ་དང་།

世俗勝義於界已平等　　　　　過與功德於界已平等

|མཐོ་དམན་ཕྱོགས་མཚམས་དབྱིངས་སུ་མཉམ་པའི་ཕྱིར། 　|རང་བྱུང་དང་ལས་རོལ་པ་ཅི་ཞར་ཡང་།

高低方隅於界已平等　　　　　由天然況雖任現遊戲

|ཤར་བའི་དུས་ན་མཉམ་ཤར་བཟང་ངན་མེད། 　|དེ་ལ་སྤང་དགོ་གཉེན་པོས་བཅོས་ཅི་དགོས།

即於現時等現無賢劣　　　　　於彼何需取捨對治整

|གནས་པའི་ཚེ་ན་མཉམ་གནས་བཟང་ངན་མེད། 　|ད་ལྟ་སེམས་ལས་གང་བྱུང་རང་ཞིར་ཀློད།

於安住時等住無賢劣　　　　　當下由心何出自息鬆

|གྲོལ་བའི་ཚེ་ན་མཉམ་གྲོལ་བཟང་ངན་མེད། 　|དྲན་པའི་རྗེས་ལ་དགག་སྒྲུབ་འཕྲོ་མ་མཐུད།

於解脫時等解無賢劣　　　　　憶念之後不繼續破立

　　實有法是無常的法、會改變的法，非實有法是恆常不改變的法，這些實有法和非實有法的差別，在實相上根本不能夠存在。迷惑的時候是眾生，不迷惑而證悟實相的時候是佛果，這二者在實相上也沒有差別。

　　偶爾迷惑錯亂出現的世俗法，或者是證悟實相所了悟的勝義諦的法，在實相上也沒有差別。在究竟上而言，偶然形成的布施，或者是本然已經存在的功德，這些情況在實相上也沒有差別。或者是說比較高的涅槃、比較低的輪迴，這些高低的差別在實相上也沒有。就內心而言，任何偶然所顯現的法，出現時也是平等出現，沒有好壞的差別。

　　不過就我們現在而言，好壞念頭出現後，我們會繼續執著這個

是好、那個是壞。執著好壞後，就會再進行執著這個應取、那個應捨，就應捨棄的部分而言，又要修這個對治、修那個對治，因此很多勞累的工作；就應取得的部分而言，應當做這個、應當做那個，也很勞累。這些取捨還有很多勞累，都是迷惑。

在內心上面，好壞的念頭一起出現一起安住，消失的時候也一起消失，不會存在。譬如當內心的念頭出現時，這個是悲心，是好的；這個是瞋恨的念頭，是壞的。其實，就算出現的時候兩個一起出現，好壞的本質也不能夠成立；現在我的內心出現悲心，就算悲心出現了，但是對悲心無執無取，自然而安放。其次，瞋恨心出現，對瞋恨心無執無取，也自然安放。那悲心在自然安放之下也消失，瞋恨心在自然安放之下也消失，就消失而言，沒有好壞的差別。因此，出現時沒有好壞的差別，停留時沒有好壞的差別，消失時也沒有好壞的差別。

「憶念之後不繼續破立」，瞋恨心產生時，首先它依賴於某些對境，因為對境存在，因此我對它產生了憤怒。之後離開對境，過了兩天、三天，就算這個對境不出現，可是我內心也會回憶起這個對境，之後內心還是產生了瞋恨。產生瞋恨之後，為了要消滅它，要幫助某一個人，又做了很多勞累的事情。

因此不要由這些回憶對境來產生內心的瞋恨或破或立等，由回憶產生的這些事情都不要做，因為或破或立都屬於妄念，這些都要去除掉。因此不需要再透過回憶產生這些妄念，不去回憶的話，妄念自然地就會消失不見了。

舉例而言，譬如大海，有些地方浪很大，有些地方可能沒有浪，無論是浪很大的地方，還是沒有浪的地方，都是海水，那就沒

有好壞的差別。例如天空，可能有雲朵把它遮住，或沒有雲朵把它遮住，雲朵遮住時，太陽光其實也沒有變化，雲朵沒遮住時，太陽光其實也沒有改變，無論雲朵遮住或不遮住，根本沒有好壞的差別。

　　因此，就我們現在而言，偶然出現的迷惑錯亂，或是迷惑錯亂已經消失去除了，無論迷惑錯亂存在或消失去除，其實根本上也沒有差別。

第十五項

　　把前面所講的內容歸納為法性大平等性，有八個句子：

|ཁམས་ཅད་གཞི་སྐྱོང་བྱང་ཆུབ་སེམས་ཉིད་ལས།| | རྩལ་དང་རོལ་པའི་འཆར་ཚུལ་མ་ངེས་པས།|
|一切基界菩提心性處| |力道遊戲現軌不定故|

|མཉམ་པར་ཤར་ཡང་གདོད་མའི་སྐྱོང་ནས་ཤར།| |མི་མཉམ་ཤར་ཡང་མཉམ་པའི་དབྱིངས་ནས་ཤར།|
|雖平等現由本然界現| |雖未等現由平等界現|

|མཉམ་པར་གནས་ཀྱང་རང་གཤིས་ཆོས་ཉིད་དང་།| |མི་མཉམ་གནས་ཀྱང་མཉམ་པའི་དབྱིངས་ན་གནས།|
|雖平等住置己法性況| |雖未等住住於平等界|

|མཉམ་པར་གྲོལ་ཡང་རང་བྱུང་ཡེ་ཤེས་ཀློང་།| |མི་མཉམ་གྲོལ་ཡང་མཉམ་པའི་དབྱིངས་སུ་གྲོལ།|
|雖平等解天然本智界| |雖未等解於等界解脫|

　　前面談到了四種直定與三種等持，首先，提到力道，內心實相的力道。這裡講的是五種根門識，由根門識所執取的色、聲、香、味、觸，會出現什麼呢？不一定！出現的樣子不確定，為什麼不確定呢？因為前幾輩子的業力錯綜複雜，不知道現在要出現什麼景象。無論如何，好的對境出現也是由內心實相所出現，壞的對境出

現也是由內心實相所出現，這點是一樣的，毫無差別。

　　在內心安止停留時，沒有渙散到外面的對境，內心始終都在安止的狀態，也是安住在法性自己的本質；或者是內心沒有安止，妄念紛飛渙散時，其實還是在法界的本質之中；或者是已經脫離妄念，得到解脫，這樣是天然本智，還是在天然本智裡；或者是還沒有解脫，因為妄念出現，要把妄念消滅，有些段落還沒有完全解脫，中間總是有個還沒有解脫的階段，那個還沒有解脫的階段也是在天然本智裡。

　　所以，無論如何，不可能超越法性之外而得到解脫，解脫一定是在法性法界之內，就算不解脫也是在法性法界之內。

　　譬如天空，廣大無比，我們這個世界所有情器、一切萬法事物，全部包括在天空裡。內心實相也是如此，輪迴和涅槃所有一切法，全部包括在內心實相之中。

　　我們前面談到了三種等持，在觀修三種等持時，當心思都完全沒有渙散到外面的對境，完全的安止，這時就要區分清楚，是安止在愚癡的本質上？還是安止在明分的本質上？如果安止在愚癡的本質上，不是純正的安止，這種安止不會使功德逐漸進步；如果安止在明分的本質上，才是正確的安止，會使內心的功德逐漸進步，這個部分才是最重要的。

第十六項

　　總攝要點，在關鍵要點的確定上，還可以細分成諸多要點。

　　這是大圓滿所實修的法，在見地方面要再做一個簡略的總攝，講說自己內心的性質。內心實相本然形成的部份有哪些？

　　第一個要點，首先要確定的是法界本來平等、寬廣無比。就法界自己而言，本來平等，講的是內心實相、空分的部份，但是仍然有光明的自性。光明的自性裡，有佛身、佛智、佛功德，本來都同時形成，在見地上要如此確定，四個句子：

|ཐམས་ཅད་ཡེ་མཉམ་རང་བྱུང་རིག་པ་ལ།　|སྣར་དང་མ་སྣར་དབྱིངས་ལ་ཡེ་ནས་མེད།
一切本等於天然覺性　　現與不現於界本然無

|གནས་དང་མི་གནས་དབྱིངས་ལ་ཡེ་ནས་མེད།　|གྲོལ་དང་མ་གྲོལ་དབྱིངས་ལ་ཡེ་ནས་མེད།
住與不住於界本然無　　解不解脫於界本然無

　　一切本然平等，就內心的實相的本質而言，無論是清淨功德的這個方面，不清淨過失的方面，或者是證得佛果時稱為涅槃，在輪迴有情眾生階段又把它稱為輪迴，這一切，在內心的實相上絲毫沒有任何差別，原因何在呢？

　　就功德的部份，在內心實相上本質也不能夠成立；就我們內心的部份，在內心實相上本然也不能夠成立，但我們會區分這個部份是功德，這個部份是過失，其實這些都只是偶然顯現出來的，功德也好，過失也好，其實本然都不能夠成立，現在偶然形成的部份就是心以及心所，還有也會出現各種各類的妄念，這一切，其實在內心實相上本然都不能夠成立。

　　或者是根本就不出現各種各類的妄念，這種安止的狀態，在內心實相上也是本然不能夠成立。我們現在會覺得我要修安止，修安止時，內心可以安住在所緣的對境上，有這種安住的感覺，這種安住在對境的安止，其實在內心的實相上也不能夠成立。或者有時

候，我們因爲貪瞋癡很多，導致身心很多勞累痛苦，像火焰燃燒，
這一切在內心的本質上仍然不能夠成立。

這種情況就好像晚上做夢，做了一個美夢，非常快樂幸福，但
其實自己就只是睡在床上，夢境裡快樂幸福的景象實際上不存在；
或者做了一個惡夢，非常恐怖、膽顫心驚，其實自己也是睡在床
上，夢境裡恐怖的景象仍然不存在。

相同的道理，就偶爾所出現的功德的部份，或是過失的部份，
或是清淨的部份，或是不清淨的部份，或是妄念很多的情況，或是
沒有妄念、安止的情況……，這一切在內心的實相上，本然都不能
夠成立，這點一定要非常堅決的確定。

第十七項

第二個要點，蛇結自解，用蛇的身體打一個結比喻說明，有四
個句子：

མི་གཡོ་མཉམ་པ་ཆེན་པོའི་རིག་པ་ལ།| |ཤར་བའི་དུས་ན་རང་ཤར་རང་ས་ཟིན།
於此未動大平等覺性	於出現時自現達原處
གནས་པའི་དུས་ན་རང་གནས་རང་ས་ཟིན།	གྲོལ་བའི་དུས་ན་རང་གྲོལ་རང་ས་ཟིན།
於安住時住己達原處	於解脫時自解達原處

如果我們要把繩子打一個結，一定要靠某個人去打結，這個結
如果要鬆開，也是要由某個人去把結打開，否則繩結不可能自己鬆
開。可是蛇的身體就好像是繩子，要打結時，自己就可以把身體打
一個結，不需要靠其牠者，當牠要把結鬆開時，只要搖動自己的身

體，結就解開了，也不必依靠其牠者。

　　一樣的道理，我們的內心實相在迷惑時（指在輪迴裡流轉時），是因為自己的迷惑而形成了流轉，是不是其他人強迫我，讓我變成輪迴呢？不是！而離開輪迴得到解脫時，是不是要依靠其他人，用他的手把我抓住，把我放到淨土，讓我得到解脫呢？也不是！內心實相是這樣，所以用蛇結自解來做比喻。

　　就內心的實相而言，過去也好，現在也好，未來也好，絲毫沒有改變，我們現在的情況，出現很多的妄念，不過妄念再怎麼多，實際上也絲毫不會改變內心的實相，就內心的實相而言，都留在原來自己的處所，原來自己的實相在的那個地方，絲毫沒有任何改變。

　　或者是我們修安止時，妄念絲毫沒有出現，專一安住在所緣取的對境上，就算是這樣，也不能夠改變內心的實相，內心的實相還是停留在自性絲毫不變的原來那個情況上。

　　如果我們未來脫離輪迴得到解脫、成就佛果，內心的實相有沒有改變呢？沒有！當我們成就佛果那時的內心的實相，仍然和以前一樣，絲毫沒有任何改變。因為所謂佛陀的果位，是不變的，這一個恆常的本質，必須原來就有，就已經存在，沒有任何改變，才可以稱為恆常。如果是本來沒有，後來才有，才形成，就不能稱為恆常，那一定是靠眾多因緣和合所形成，如果不靠眾多因緣和合所形成，不會原來沒有，之後變成有。

　　譬如現代許多水果、農作物，以前沒有，因為改良，以前沒有的水果和農作物出現了，那就是靠很多的因緣聚集在一起，因此，原來沒有的水果和農作物的類型出現了。

　　但是佛果的性質卻不是這樣，並不是以前沒有後來才出現成為

有，佛果的本質原來就是恆常，既然是恆常，不可能原來沒有後來才出現。凡是原來沒有後來才出現的法，一定是靠因緣集合所形成，而靠因緣集合所形成的法，都是無常。如果是一個無常的法，不值得我們完全信賴、寄託，我們根本沒有必要去喜歡它，因為它只能給我們暫時的快樂，暫時的快樂會改變，最後還會成為苦。

我們現在這個世界上，機器所生產出來的東西或世俗的一切享樂受用，都是這樣的情況，它們是無常的性質，都會改變，不是原來就已經存在、現在繼續存在的不變的法。

不過內心的實相卻是本然沒有任何改變，也不需要靠因緣和合重新製造出來，它原來已經是這個樣子了，所以用蛇結自解來譬喻。

第十八項

第三個要點，本即解脫，而且是沒有任何的根基。

諸佛菩薩從來沒有明確指出一切眾生是什麼時候形成的，形成後到現在已經過多少年。為什麼沒有解釋說明眾生是何時形成的呢？原因在我們內心的實相是解脫的，解脫的情況，實際上也不能夠講是什麼時候解脫，是什麼樣子，因為是本然解脫，本然解脫的這樣一個情況，是不是靠因緣和合幫助，而讓它解脫呢？不是！既然本然即是解脫，就是指不需要靠任何因緣條件幫助它解脫，沒有任何的根本，不需要依賴於什麼，本來就已經是這個樣子，本來就已經是解脫了。所以內心要想一想，哦！原來見地是如此，要得到一個確定。三個句子說明。

།མི་འགྱུར་སྤྲོས་དང་བྲལ་བའི་རིག་པ་ལ། །ཤར་བ་ཡེ་ཤར་གནས་པ་ཡེ་གནས་ལ།
於此未變離戲之覺性　現則本現住則本安住

།གྲོལ་བ་ཡེ་གྲོལ་ནམ་མཁའི་རང་བཞིན་ནོ།
解脫本解虛空自性矣

　　就內心的實相而言，過去、現在、未來三時絲毫沒有任何改變，如此三時不變的內心實相，如果說有內心實相存在，說「有」也不對，因爲離開了「有」這種戲論；說「無」也不是，因爲已經超越「無」這種戲論；說「是有是無」，二者都存在也不對，因爲超越了「是有是無」二邊的戲論；說「非有非無」，兩個都不對，兩個都無，這樣也不是的，因爲也超越了二無的戲論，所以超越了一切的戲論邊。

　　這個超越了一切戲論邊的內心實相，所呈現出來的功德，原來就是這個樣子，原來已經如此出現了。而且就內心實相存在的功德而言，原來也是這個樣子，原來就已經存在這些功德了，佛的三身、五智的這些功德都是屬於解脫，但是要說是什麼時候解脫的？就不能這樣講了，因爲佛的三身、五智的功德固然是解脫，但就解脫而言，是本然解脫，本來就已經是解脫了。這種本然解脫的情況，打個譬喻，就像虛空一樣，虛空何時形成？是誰把它製造出來？依賴什麼因緣條件如何製造出來？不能這樣講，因爲虛空已經是這個樣子，本來也就是這個樣子。

　　又譬如海市蜃樓，風吹過夏天的草原時，綠草搖動，太陽照射強烈，遠遠看過去，口渴的動物會把風吹動的草原誤認爲是河流的水在流動，就動物而言，顯現出這樣的一個景象，可是這顯現出來

的河流流動的景象，其實是沒有，因為綠草原上本來就沒有水，本來沒有水的意思也可以說水已經是解脫，本來即是解脫，有時候「無」和「解脫」常常都是同樣的意義。

或者說我們的身體，有頭有手有腳，頭上有頭髮，有眼睛，有耳朵，有鼻子，有嘴巴，我們都會這樣想。可是現在自己所想到，所擁有的這一切，如果仔細做個分析，實際上我們認為有的，都完全本然不能夠成立，因為本然都是空性。

由於這個身體，我得到很多的快樂，或者說因為身體，我遇到很多的痛苦，實際上身體本身是空性，在內心實相上，也不能夠成立，因此就內心實相而言，自己本然就已經是解脫。

或者說在我們的內心總是有很多的念頭，想到好的，想到壞的，眼睛看到好的景象，看到壞的景象，所見到、所思維的這些，其實本然也沒有，也都是本然即是解脫的，就像海市蜃樓所顯現出來的河流流動的景象，其實本來就沒有，這一點一定要堅決確定。

平常我們總是覺得說，現在我有身體，有內心，將來死亡時，身體要捨棄掉，要丟掉。都有這樣一個執著的想法，實際上這種想法只是一個迷惑錯亂；覺得我有一個身體，我的身體在這裡聽法，這也是執著，是一個迷惑錯亂，因為這一切本來即無，本來都沒有，這點也要堅決確定。

或者是認為將來我死時，我的神識會把這個身體丟掉，不必再用到這個身體，身體也許放一把火燒掉了，也許埋到泥土裡，這其實也是執著，內心這個執著僅僅只是個迷惑錯亂，身體本來就沒有，它是空性，也沒有所謂的身心離散，不需把身體燒掉或把身體埋到土裡，就內心實相上而言，這一切本然都不能夠成立，這點我

們要很明白確定，了知這就是大圓滿的見地。

第十九項

　　要確定內心的實相是赤裸解脫，不能夠看到。這是第四個要點。

　　就赤裸解脫而言，內心的實相自己本來即是解脫，不是說過去沒有解脫，現在沒有解脫，在未來一定會得到解脫，如果是這種解脫，就非常狹隘了，內心實相的解脫不是這種情況，它非常寬廣非常廣大，它過去也是解脫，現在也是解脫，未來也是解脫，這一點要堅決確定。

　　譬如人類，我們所看到的美或不美，全部都是外相，有人本來不美，可是化妝成很美麗的樣子，他的美麗是透過衣服、裝飾還有化妝品，但實際上本身不美；或者說演恐怖片的演員化妝成鬼怪的樣子，他自己並不是鬼怪，但透過裝飾品、衣服、化妝，看起來像鬼，實際上不是鬼。

　　這些美也好，不美也好，都是外相，可是內心實相就不是這種情況了，內心實相自己本來就是這個樣子，不需要經過任何化妝，本來就是解脫，說明這一點，有四個句子：

ཤར་གནས་གྲོལ་གསུམ་ཤར་གྲོལ་རྒྱུན་ཆད་མེད། ｜རྒྱུན་ཆད་མེད་པས་རྒྱུ་འབྲས་བར་མ་ཆོད། ｜
　　　　現住解三現解無中斷　　　　　　無中斷故因果不中止

རྒྱུ་འབྲས་མེད་པས་འཁོར་བའི་གཡང་ས་ཆོད། ｜གཡང་ས་མེད་པས་གོལ་ས་ག་ལ་ཡོད། ｜
　　　　無因果故斷輪迴險崖　　　　　　無險崖故歧路如何有

　　我們現在從早上到晚上之間，內心的妄念無量無邊非常多，都

會浮現出來，這是「現」；內心的這些妄念浮現出來時，又安住、存在了，這是「住」；之後所安住的這些妄念又會逐漸地消失，稱為「解」，解脫了。

出現了，安住了，解脫了，我們從小孩出生一直到死亡，「現住解」這三個項目持續地出現、存在，我們對它產生貪戀執著，就形成輪迴的因，因為是墮入輪迴的因，糾纏在一起，所以「現住解」三者絲毫不會中斷，形成因和果之間沒有阻礙，不會有阻擋，一直不斷地出現。

我們來想一想，如果我們對這點沒有執著貪戀之心，在內心貪瞋癡等妄念出現時，實際上它們自己就會消失掉的，貪戀之心出現了，它自己也消失，瞋恨之心出現了，它自己也消失，出現了即刻就消失。在出現和消失的中間，其實沒有任何的空檔，出現了立刻就會消失的。因此，如果我們內心不要摻雜到任何的貪戀執著，貪戀之心出現了，它自己自然就消失掉，中間沒有任何空檔，出現了立刻就消失了。那所出現的這個貪戀之心會不會傷害我呢？不會！因為它出現就消失了；瞋恨之心出現了立刻就消失了，會不會傷害到我呢？不會！因為它一出現即刻就消失了。在這個時候，不會去造作墮入輪迴的業，為什麼呢？因為根本就沒有時間，因為在這些貪瞋癡的妄念出現時即刻就消失了，中間完全沒有空檔時間可以去造業。

可是，現在我們的情況是，貪瞋癡的妄念，「現住解」三者出現時，我們對這個貪瞋癡的妄念會摻雜上自己的貪戀執著，原本在內心裡貪瞋癡念頭出現了，應當要消失掉了，可是因為我們內心的執著摻雜在一起之後，這個妄念就持續延長了，而且貪瞋癡的妄念

緊接不捨，一個接一個，持續不斷地出現，因此就會形成造作墮入輪迴的因，會累積的很多。

　　所以仔細的分析，假設我們不要把這些貪戀執著糾纏在一起，貪心的妄念出現了，自己就消失，那貪心出現，其實對我不會有任何的傷害；瞋恨的妄念出現了也就消失，對我也不會有任何傷害；五毒等任何的煩惱也都是這樣，對我也都不會造成任何傷害，因為這一切的煩惱妄念，出現了，自然地就消失了。這些都是指在沒有執著的情況之下，自然就是這個樣子。

　　因此，在密咒乘的教法，特別是大圓滿的教法之中，都會談到不必特別去消滅五毒煩惱，為什麼呢？因為貪瞋癡等五毒煩惱出現時，自然地消失掉了，那還需要去消滅掉嗎？不需要！在沒有執著的情況下，貪瞋癡等任何出現者，其實都不能傷害我，因為在沒有執著的情況下，出現就解脫，出現就自然地消失。如果能安住在「妄念出現就消失，出現就消失」的這種情況，那根本不會墮入輪迴，因為墮入輪迴的因根本不會形成。墮入輪迴的因如果不會形成，將來就不會受到各種各類痛苦的異熟果報。所以就把墮入輪迴比喻成危險的懸崖，如果沒有危險的懸崖，那要不要擔心這條路是正確？還是錯誤？錯誤的路會發生危險，會墮入懸崖，還要不要擔心呢？不需要！因為根本就沒有懸崖。同理，墮入輪迴根本就不能夠成立，因為根本就沒有。

　　大遍智龍欽巴尊者曾經開示：「內心產生妄念時，對這個妄念如果沒有執著，妄念自己就會消失掉，當妄念消失掉的時候，會感覺到一個空朗朗、空洞洞的感受，這一個空朗朗的感受，就是自己內心的實相。對這一點要堅決確定，之後安住在這上面來做實修。

在沒有任何其它情況之下，就只是安住在空朗朗的情況來做實修，把它當做非常重要而做實修，這個應該不是大圓滿的實修，因為大圓滿的實修需要在這個空洞洞的感覺之下，還要有明分的感受出現，之後要安住在明晰明分的感受上來做實修，這才是大圓滿的實修，這是沒有錯亂的見地。」

我們前面講安止時也曾經談過，當內心能夠停留不動、安住的時候，分成無妄念的住分和明晰的住分兩項，無妄念的住分是沒有任何妄念，什麼想法都沒有的安住，這在大圓滿之中並不認為是重要的部份，重要的部份應該是明晰的住分，安住在明分上面，這個才是大圓滿實修的重點，應當如此分辨清楚，了解正確的大圓滿實修方式，尤其是對於大圓滿的教法，不僅聽聞，還要做實修的人，對此辨明清楚非常重要，大家要好好地記住。

第二十項

第五個要點，確定邊際解脫超越了言語的詮釋和內心的思維。

解脫的時間限制在什麼時候？從什麼時候開始到什麼時候結束？邊邊在哪裡？這個部份我們內心不能夠思維，也沒有辦法用言語去解釋說明，因為解脫的本質本來就超越了內心的思維和言語的詮釋。對於這點要堅決確定。

|ཡེ་ནས་མི་འགྱུར་ཀུན་ཏུ་བཟང་པོའི་ཀློང་།|　　|འགྲོ་འགྱུར་མེད་པ་རྡོ་རྗེ་སེམས་དཔའི་ཀློང་།|
本然未變異之普賢界　　無邊無變金剛薩埵界

|གནས་ལུགས་རང་ངོ་ཤེས་པ་ཚམ་ཞིག་ལ།|　　|སངས་རྒྱས་ཞེས་སུ་མིང་འདི་བཏགས་པར་ཟད།|
僅唯認識實相之本貌　　亦唯取名稱之為佛陀

　　內心的實相本然沒有任何的改變，這個本然不變的部份，就是空分，我們把它稱爲「普賢如來」，這是法身的本質。就這個空分自己本身，也有一個明分的功德，明分的功德本身也沒有任何的改變，這個部份又把它取一個名字叫「金剛薩埵」，金剛薩埵指的是色身的本質。二身包括了佛一切的功德，佛的這二個項目（法身和色身）涵蓋了佛一切的功德，不可能說佛還有什麼功德超出了二身的範圍之外。

　　但是法身的本質、色身的本質，如何去得到呢？就我們的內心原來就存在的實相，認識這個內心實相的話，就取名爲佛陀的法身，也可以取名爲佛陀的報身，除此之外，離開了內心實相，在內心實相外面，說還有一個什麼法取名爲法身、取名爲報身，那根本就不可能。

　　佛陀曾開示過，所謂的十方四時的佛也好，十方三時的佛也好，到何處去找都不可能找得到，一定是在自己內心的實相上。當認識了自己內心的實相，這時候就把它稱爲佛，所以，千萬不要離開內心實相到外面去尋找佛，那根本就不對。

第二十一項

　　讚歎邊際解脫法性之意。

　　本項等於是第二十項的再度解釋，第二十項講邊解脫，接著對邊解脫做一個讚歎，二項應該合併一起了解。這方面有七個句子：

　　證悟此已無取捨法故　　一切唯一法性等平均

|གསེར་གླིང་ལྟ་བུར་དབྱེ་བསལ་མེད་པ་ཡིན། |མཐའ་ཡིས་མ་རེག་གོལ་སྒྲིབ་གཏན་ནས་ཆོད།

有如金洲即無區分矣　　　不觸其邊歧蓋徹底斷

|གཡང་ས་མེད་པའི་བྱང་ཆུབ་སེམས་ཉིད་ལ། |འབད་རྩོལ་མེད་པའི་སྐུ་གསུམ་ལྷུན་རྫོགས་ཀྱང་།

於此菩提心性無險崖　　　無勤無作三身雖自圓

|བསམ་བརྗོད་འདས་ཤེས་མིང་ཚམ་བརྗོད་པར་ཟད།

亦僅唯名稱爲離思詮

　　我們在第二十項談到邊解脫，邊邊的解脫，意思就是指：所謂的佛陀，到任何地方去尋找都不可能找到，因爲僅僅只是認識內心實相，這就是法身的本質，就是色身的本質。

　　「證悟此已」，如果已經證悟內心的實相，就沒有說這是應當要取的法，是好的；這是應當要捨棄的法，是不好的，不可能有這種區分存在了，因爲無取無捨。

　　「一切唯一法性等平均」，若了悟了內心的實相，就證悟了自己，那時候自己是佛的本質，其他一切眾生也都是佛的本質，不可能證悟了內心的實相後，說自己是佛，其他眾生不是佛，不可能有這種區分存在。

　　舉個比喻，譬如到了黃金島，島上一切全都是純金，不可能這個是黃金，那個不是黃金，這種區分不會存在，而且「不觸其邊歧蓋徹底斷」，黃金島這種全都是黃金的情況，持續到什麼時候，有沒有時間的邊邊存在，說本來都是黃金，以後變成有些是有些不是，會不會有這種時間點存在呢？不會！始終都是這個樣子。因爲始終都是如此，就不可能存在錯誤的法、迷惑的法。

　　「於此菩提心性無險崖」，如果沒有任何的迷惑錯亂，那當然

就沒有所謂的墮入輪迴，因此怕自己墮入輪迴危險的懸崖，這個情況根本就不會存在。

內心的實相裡，法身和色身本來就已經存在了，如果內心實相裡本來就已經有法身和色身，說我要花大力氣，辛勤勞累去成就三身，那這種方式是無常的方式，這種方式不能去齊備三身的功德。內心實相三身功德原來就存在，本然自成，沒有辦法去思維它到底是什麼樣子，也沒有辦法用言語去解釋說明，只好給它取一個名字，稱為「內心實相」，內心實相僅僅只是一個名稱而已；或者是把它取一個名字，稱為「佛」，佛也僅僅只是一個名稱而已，不管是內心實相還是佛，都僅僅只是一個名稱而已。

第二十二項

第六個要點，講說唯一解脫無與倫比，是最為殊勝的，故確定要點為赤裸、通澈。

每一個人內心都會出現各種各類的妄念，胡思亂想，可是不管胡思亂想了多少，有多少妄念，一個人還是只有一個心，因此內心的解脫就是唯一解脫，因為心只有一個，所以是一個唯一的解脫。

就內心這個唯一的解脫而言，那就是最殊勝、最好的，因為內心的解脫就是自性就是這個樣子，本來即是如此，本來就是解脫。

就像前面談到的例子，一個人有時化妝成非常美麗，穿上華麗衣服，有時又穿上魔鬼衣服，化妝成魔鬼樣子，看起來非常恐怖，雖然外相可以變來變去，但是內心不是這樣，它始終都是如此，它本然即是解脫。有六個句子說明：

|ཤྱང་བ་རྒྱ་ཡན་རིག་པ་རང་བྱུང་གསལ།
放任所顯覺性天然明

|མ་བཀྱབས་ཕྱི་ནང་མེད་པར་ཟང་ཐལ་བས།
不蓋無外無内通澈故

|མ་བཅོས་རྣལ་གཞག་ཆོས་ཉིད་ཆེན་པོར་གསལ།
不整平置大法性明晰

|བློ་བདེའི་མལ་ན་ལུས་སེམས་ལྷོད་ཀྱོང་ཏེ།
於心樂床身心輕鬆也

|ཤེས་པ་བག་ཡངས་བྱར་མེད་སྐྱེས་བུ་བཞིན།
心胸寬坦無作士夫般

|སྒྲིམས་གློད་མེད་པར་ལུས་སེམས་གང་བདེར་གཞག
不緊不鬆身心置任樂

就眾生而言，當然都只有一個內心，不過就這一個心的實相而言，卻是佛陀的法身、報身和化身。因此所顯的一切讓它自然的如此，所顯是指眼睛所見的一切、耳朵所聽的一切、口中所吃的一切，內心的任何想法，全部都是所顯現的一切，讓它放任，讓它自然的是這個樣子；放任就是不必做任何調整改變，意思是指在六識上所呈現出來的任何所顯，都不要有任何貪執，不必做任何改變，就其顯現而言，僅僅只是顯現，就是如此，放著。因此就其僅僅只是顯現出來這個部份而言，不會造成任何傷害，因爲它就僅僅只是顯現而已，無外無內。

在大圓滿的教法裡有個譬喻，大圓滿的實修者應該像什麼呢？像一個小孩子到了佛堂大殿，看到各種各類的圖畫，眼睛看到時，當然明白清楚，非常清晰，這些圖畫有的看起來溫和善良，有的看起來恐怖猙獰，小孩看到了會不會說：這個看起來善良，那個看起來恐怖，這張唐卡看起來很貴，那張唐卡看起來很便宜，這張畫得比較好，那張畫得比較差……，會不會有這種想法呢？不會！但是大人就會有各種各類想法，有很多的執著。

所以大圓滿的實修者應當就像小孩到了佛堂大殿，不摻雜貪戀

執著，讓所顯的景象就僅僅只是顯現出來，就如此把它放著，這樣也就可以了。

如果這樣做，那任何景象顯現出來時，不可能造成傷害；如果沒有任何傷害，那內心當然非常快樂，不必擔心掉到輪迴裡，不必擔心遇到各種痛苦。內心非常快樂的話，身體當然也非常健康。所以一個人如果心胸非常開闊寬坦，遇到任何順境逆境，都能夠容納的下，內心都不會有任何改變。如果一個人內心狹隘，空間很小，那只要外在環境有一點點狀況，他就會大呼小叫，不能容納變化。

譬如，內心就所緣境安住時，覺得非常好，或者是遠離了所緣境，心思渙散了就覺得非常緊張，這種情況不會存在，因為心胸非常開闊，在身心非常開闊寬坦的狀況下，妄念出現就會自然地消失，就大圓滿的實修者而言，這一點相當重要。

為什麼？因為當妄念出現就消失，這個部份並不需要去注意，也不必去想，這不是重點，重點是妄念出現又消失之後，有一個空洞洞、空朗朗的情況，這個部分才是要特別注意的，以前我們講大圓滿指導文《三句擊要》時就提到，這一個部份叫做「妄念消散處心性直指」，指妄念浮現又消失，浮現又消失……，當這一個妄念消失，到下一個妄念出現的中間，必定會有一個空檔，空洞洞什麼都沒有，這空洞洞的部份就是我們內心的實相，應當就在這空洞洞的部份去指出這就是我們的心性，就是內心實相，直接把它指出來，所以叫做「妄念消散處心性直指」。

在大圓滿《三句擊要》裡也談到吘字的實修，我們教導過〈嗡啊吽〉第二階段的實修，最後那個地方要唸誦吘字，在〈嗡啊吽〉第三階段實修時，最後也是要唸誦吘字，唸誦吘字之處，都是「妄

念消散處心性直指」的一種實修的方式。

那個空洞洞的覺受一定會出現的,當空洞洞的覺受出現時,要非常的確定明白,這是內心的實相,這是心性本身,應當安住在這個地方。

可是如果安住在空洞洞的覺受時,我們前面談過了,即使是在這個空分的部份還要分成兩種,無妄念的覺受和明分的覺受,就「安住在空洞洞之中,絲毫沒有任何妄念沒有任何想法出現」這個部份並不需要注意,因為這不是重點,重點在於「安住在空洞洞的情況之下,一定要有一個明分的覺受出現」,這才是大圓滿正確的道路,這點一定要辨明清楚。

所以我們在這裡講說大圓滿的教法,必要性在這個地方,大家聽聞之後做實修的必要性也在這個地方,假設妄念出現了又自然消失,消失掉之後這個部份不能夠辨明清楚;已經消失掉之後,下一個妄念出現之前的這個中間的空檔,這個空洞洞的部份,又不能夠辨明清楚;或是就算辨明了空洞洞的部份,空分之中還有一個明分的覺受會出現,明分這一點又不能辨明清楚,如果這樣,那大家在課堂上聽聞大圓滿的教法就沒有什麼意義,沒有什麼用處了,只能說自己聽過大圓滿的教法,得到加持,僅僅只是這樣,沒有發揮什麼大效果。

第二十三項

本項是第二十二項的進一步解釋,不要把它們分開,應當合併一起看,前面談到唯一解脫無與倫比,內心只有一個,那內心這一個解脫當然是非常合理,就它的合理上,進一步做解釋說明:

ཇི་ལྟར་འདུག་ཀྱང་རང་གི་ངང་ལས་འདུག
雖如何坐坐於自狀況

ཇི་ལྟར་གནས་ཀྱང་རང་གི་ངང་ལ་གནས།
雖如何住住於自狀況

ཇི་ལྟར་འགྲོ་ཡང་རང་གི་ངང་ལ་འགྲོ
雖如何去去於自狀況

བྱང་ཆུབ་དབྱིངས་ལ་འགྲོ་འོང་རང་གིས་མེད།
於菩提界自然無來去

འགྲོ་འོང་མེད་པ་རྒྱལ་བ་རྣམས་ཀྱི་སྐུ
不去不來眾勝者之身

ཇི་ལྟར་སྨྲས་ཀྱང་རང་གི་ངང་ལ་སྨྲ།
雖如何説説於自狀況

　　當我們身體坐的時候，不管是金剛跏趺坐，或輕鬆地坐在床上，或端正地坐在椅上，不管怎麼坐，應當不離開內心實相的見地而坐。當安住的時候，譬如，心專注在任何所緣取的對境上，不管如何安住，緣取什麼對境，應當在不離開內心實相這個見地下而安住。或者說去的時候，不管是坐飛機而去，走路而去，坐巴士而去，無論如何也一定要在不離開內心實相這個見地的狀況下而去。

　　實際上就內心實相而言，也沒有坐，也沒有住，也沒有走去哪裡，這一切都無，因為坐也好，住也好，走去也好，一切在內心實相上本質都不能夠成立，所以稱為「不來也不去」。

　　這不來也不去就是一切諸佛身體的功德，為什麼呢？假設有走過來有走過去，那就有變化，就是無常的性質。如果屬於無常的性質，就不能當做是佛身的功德，佛身的功德應當是不來也不去。譬如，我們晚上睡覺夢到去一個遙遠的地方，看到美麗風景，吃了好吃的食物，之後從遙遠的地方回來了，也有坐，也有住，也有走過去，也有走回來，在夢裡當然這些都可以做，不過實際上自己就睡在床上，根本沒有移動過，沒有來也沒有去，沒有坐也沒有住，內心實相就是這個樣子。

　　因此，無論如何一定要安住在內心實相的見地上，以前許多成就者都是如此，在不離開內心實相見地之下，他可能殺魚、打獵、耕田、唱歌跳舞，甚至是佛父佛母相合的行爲，外表上看起來好像是貪戀、殺生的行爲，可是這些行爲完全沒有離開內心的實相，因爲沒有離開內心的實相，所以可以把這一切行爲轉變成爲善業，而不會成爲不善業。

第二十四項

　　第七個要點，對於一切言詮都沒有超越本來的覺性、無言的狀態，這個涵意不可言說。

　　現在當我們講話時，有語言的善業，也有語言的不善業，語言的不善業有四種，妄言、綺語、惡口、兩舌，善的口業也有四種，無論如何，這一切都是在迷惑的情況下講說而已，就實相上而言，言語的四種善業也沒有，四種不善業也不能夠成立，對這點要明白確定。

|ཇི་ལྟར་བརྗོད་ཀྱང་རང་གི་ངང་ལ་བརྗོད། |ཆུང་ཆུབ་སེམས་ལ་སྒྲ་བརྗོད་རང་གིས་མེད།
雖如何詮詮於自狀況　　於菩提心自然無説詮

|སྒྲ་བརྗོད་མེད་པ་དུས་གསུམ་རྒྱལ་བའི་གསུང་།
無説無詮三時勝者語

　　「雖如何詮詮於自狀況」，就是我們不管講什麼話，都有善的語言，也有不善的語言，無論講說善的語言，還是講說不善的語言，都沒有離開內心的實相。

　　但是就內心的實相而言，言說能不能成立呢？不能夠成立！原

因何在？因為講語言四種善業，實際上是無常的性質，就算講四種不善業的語言，仍然是無常的性質，但是內心實相本身並不是無常的性質，所以在內心實相上而言，言說是不能夠成立的，言說不能夠成立，這個就是佛陀的語言。

佛陀曾開示：「我在無所緣取的情況之下，講說遍及一切眾生。」那佛陀有沒有講說八萬四千法門呢？要從不同的範圍來看，從實相上而言，佛陀沒有任何言說，就是剛剛我們所談到的內容。不過就示現的情形而言，當然普遍地講說了八萬四千法門，在《普賢行願品》提到，佛陀以天的語言、龍的語言、夜叉的語言、魔鬼的語言等講說一切教法。不要說這些語言，光從人類的語言來講就已經很多了，以印度一國的語言來看，大概就有五、六十種了，佛可以用各種眾生的語言來進行開示，這些都是從示現的形相這方面來講。有人說佛陀沒有講說片語隻字，沒有講說任何教法，但是從弟子的角度來看，示現成為祂講說教法的樣子。

這句話的意思也是指：從示現顯現的形相而言是講說教法，可是從實相上來看沒有講說教法，要從不同的範圍來了解。

第二十五項

第八個要點，提到憶念。

譬如一、兩年前我們做過的事，現在內心還可以回想起來，這個是憶念；一天之內所做的事、所講的話，都可以回想起來，這個是憶念。但若是現在身體我感受到痛苦、感受到快樂，這個是覺知、了解。

無論是憶念還是覺知，絲毫都沒有離開菩提心，因為就內心的

實相而言，憶念也不能夠成立，妄念也不能夠成立，例如心裡思維說，我現在感受到痛苦，這個是妄念；我現在感受到快樂，這個也是妄念，這些在內心實相上都不能成立，爲什麼呢？因爲這些都屬於無常的法，無常的性質。憶念也好，妄念也好，了解也好，這一切都是屬於無常的性質，就內心實相而言，超越了這一切無常法無常的性質。

།ཇི་ལྟར་བསམས་ཀྱང་རང་གི་ངང་ལ་བསམ།　།ཇི་ལྟར་རྟོག་ཀྱང་རང་གི་ངང་ལ་རྟོག

雖如何思思於自狀況　　雖何妄念妄於自狀況

།བྱང་ཆུབ་སེམས་ལ་བསམ་རྟོག་ཡེ་ནས་མེད།　།བསམ་རྟོག་བྲལ་བ་དུས་གསུམ་རྒྱལ་བའི་ཐུགས།

於菩提心本然無思妄　　遠離思妄三時勝者意

現在我內心當然有很多的思維，這些思維都沒有離開內心的實相，或者是剛提到的妄念，妄念也沒有離開內心的實相，了解也沒有離開內心的實相，都是在內心實相上進行思維，或進行各種妄念，或進行各種了解。

不過就內心實相自己而言，思維也不能夠成立，妄念也不能夠成立，憶念也不能夠成立，了解也不能夠成立，因爲這些都是無常法的性質，屬於有爲法的性質，全部都不能夠成立，這個就是三世一切諸佛勝利者心意的性質。

第二十六項

第九個要點，一切所顯、傳聲、妄念皆僅於覺性（內心實相）中，而不在他處；同樣地，三身淨土也僅在於自己的內心實相。

　　所顯是指對境，我們前面有談到身語意三門，身的特色是不來不去，這是三時一切勝利者身的性質；語言的特色是一切的言說都不能夠成立，這是三時一切勝利者語言的性質；心意的部份是憶念、了解、妄念等都不能夠成立，這是三時一切勝利者心意的性質；因此所顯是身的性質，傳聲是語言的性質，妄念是心意的性質。在內心實相上而言，身語意三門的性質也是不能夠成立，在不能夠成立的情況下，佛的三身的國土仍然出現，法身、報身、化身這三身的國土仍然在內心實相上，不是離開內心實相而在外面。所顯對境的部分，實際上是化身的國土；傳聲語言的部份就是報身國土的性質；憶念、了解以及妄念，這些都是屬於法身的性質，有四個句子：

|མེད་ལ་ཅིར་ཡང་འབྱུང་བ་སྤྲུལ་པའི་སྐུ། |ཉིད་ལ་ཉིད་ལོངས་སྤྱོད་པ་ལོངས་སྤྱོད་རྫོགས།
無而任皆亦出變化身　　　　　　於己自享用者受用圓

|དེ་ལ་དངོས་གཞི་མེད་པས་ཆོས་སྐུ་སྟེ། |འབྲས་བུ་སྐུ་གསུམ་ལྷུན་གྱིས་གྲུབ་པའི་ཀློང་།
彼無實基故爲法身也　　　　　　果位三身自然而成界

　　「無而任皆亦出變化身」，首先就化身的自性而言，七支本來不能夠成立，可是針對我們眾生而言，卻會示現出化身的形相。化身顯現出來的時候，有清淨所顯，也有不淨所顯；譬如佛陀導師薄伽梵就非常莊嚴，示現的形相是具足三十二勝相與八十種隨好，以這種方式而出現；有些化身，則是示現成爲獵人或唱歌跳舞者，以這種身體的形相示現，這是不清淨的部分。總而言之，這些美麗或不美麗的形相，會針對所調伏弟子的情況而示現出不同的形相，這是屬於化身的部分。

「於己自享用者受用圓」，受用這個部分而言，在大乘教法裡談到報身佛具足五種決定：時間決定、眷屬決定、教法決定、處所決定、導師決定。具足五種決定，或說具足五種美滿。在具足五種決定、五種美滿的情況之下，廣大利益眾生，這是報身。

「彼無實基故爲法身也」，就法身而言，所顯現出來的這個部分不能夠成立，就本智明分的這個部分而言也不能夠成立，因此明分和空分雙運合在一起，這個是法身。法身實際上講的是內心妄念的自性，即是法身。因此，「果位三身自然而成界」，就究竟的果而言，當然是法、報、化三身，不過，三身這個果位並不需要靠任何的因緣條件組合在一起而形成，它自然就是如此，已經自然形成了。

第二十七項

第十個要點，在「廣大尊意爲法性」之教誡次第當中，首先總攝爲等虛空、超越言詮思維。

在內心實相上而言，有爲的無常法不能夠成立，舉例而言，內心實相就好像是虛空，這是指：內心實相是不能夠予以思維，也不能夠用言語詞句去做一個說明的，這在前面提到過了，現在做一個簡略的歸納總結，四個句子：

བྱང་ཆུབ་སེམས་ཀྱི་ཀློང་ཆེན་རང་ཞིན་ལས།	ཁྱན་པའི་རྣམ་པར་རྟོག་པ་མི་འབྱུང་སྟེ།
菩提心之大界自然況	未出憶念形相妄念也
ཤེས་པའི་མཚན་མ་ཡིད་ལ་མི་གཡོ་ན།	དེ་ཉིད་སངས་རྒྱས་ཐུགས་ཅིག་དགོངས་པ་ཡིན།
意中識之表相若未動	彼即唯一佛陀之尊意

　　「菩提心之大界自然況」，內心的實相，自己的本質，「未出憶念形相妄念也」，實際上憶念不能夠成立，種種妄念也不能夠成立。這種憶念不能夠成立、妄念不能夠成立的內心實相，我們前面才談到，在觀修安止時，有無妄念的部分，也有明分的部分，安住在無妄念的情況，安住在明分的情況。即使安住在這種情況的時候，憶念還是有必要，但是這裡又提到，內心實相實際上沒有憶念。

　　一般而言，憶念分成兩種：法性性質的憶念，和有為法、無常法性質的憶念，兩種情況不一樣。平常我們談到的內心的憶念，是指有為無常法性質的憶念，但是在觀修時，安住在無妄念的情況，安住在明分的情況，仍然有憶念，這種憶念是屬於法性憶念，和內心實相毫無差別。這裡談到的不會出現憶念、各種各類的妄念，這個憶念是指有為法無常性質的憶念。

　　「意中識之表相若未動」，就內心實相而言，能不能以妄念去執取、去認識內心實相？說它是什麼顏色？什麼形狀？什麼聲音？或說它是空的自性、是明的自性呢？不能！

　　當然我們也談到，內心實相是明空雙運的性質，不過這只是用言語方便做一個說明而已。能不能說內心實相是明空雙運的性質，就是這樣、就是那樣，能夠直接指出來，內心能夠去緣取，看到它的形相徵兆，能不能呢？不能！這只是在言語上方便的做了一個說明。

　　實際上不能夠去執取內心的實相，因為它沒有任何形相，沒有任何徵兆。假設我可以用言語去解釋它，用手指頭指出來，內心思維去辨明清楚，它是這樣，是那樣，有一個形相，有一個徵兆；那就表示它不是超越內心的一種對境；既然不是超越內心所能夠認識

的對境，那就是凡夫的內心能夠認識的對境；如果它是凡夫內心所能夠認識的對境，那就不是佛的功德，是屬於凡夫的功德。

就佛陀的功德而言，凡夫的內心去緣取時，不能夠指出來，也不能夠去辨明清楚，也不能去斷言說是這樣是那樣。佛陀的功德超越了一切的形相，超越了內心的對境，超越了能夠去辨明的這種方式，超越了這一切，這才是很確實、很真正的佛陀的功德，才算是一切諸佛內心的尊意。

第二十八項

第十一個要點，確定覺性是大明空。

內心實相的功德包括色身的功德和法身的功德，色身的功德就是明分這個部分，法身的功德就是空分這個部分，不過明空二者實際上是雙運結合在一起的，這點要明白地確定。

雖然說是明空雙運，不過明空雙運並不是凡夫的內心能夠認識清楚，也不是凡夫用言語能夠說明清楚。

這樣的話，能不能證悟明空雙運呢？當然能！可是證悟時就像前面談到的啞巴吃甘蔗例子，甘蔗的甜味完全嚐到了，但如果要向別人說明甜味是什麼，啞巴就說不出來，內心實相明空雙運就像這樣。在這個情況之下，即使了悟了，也不能用言語來向對方說明。

བྱང་ཆུབ་རང་བཞིན་ནམ་མཁའི་དཀྱིལ་ཡངས་འདྲ།	|དྲན་དང་ཏོག་པ་མེད་པ་སྒོམ་པའི་མཆོག
菩提自性如廣空中間	憶念妄念皆無最勝修
རང་གི་རང་བཞིན་མི་གཡོས་བཅོས་པ་མེད།	མི་བསམ་ཡིད་ལ་བྱེད་པ་རྣམ་བྲལ་བ།
己之自性不動無造作	內心未思盡遠離作意

།རང་བབས་ཆོས་ཉིད་དུས་གསུམ་འཕོ་འགྱུར་མེད། ｜འཕྲོ་འཕྲོའི་ཀུན་རྟོག་མེད་པ་སྒོམ་པའི་མཆོག

自停法性三時無遷變　浮射遍妄皆無修中勝

「菩提自性如廣空中間」，內心的實相就像天空一樣，我們有時說天空有雲朵，有時說沒有雲朵，或者說天空的太陽今天非常亮，但是講了半天，天空有雲、天空沒有雲、天空太陽很亮，天空到底是什麼樣子？如何去說明天空呢？天空是何時形成？全都沒有辦法解釋說明，內心實相也像這樣。

「憶念妄念皆無最勝修」，在進行觀修時，沒有憶念也沒有妄念，這就是最殊勝的觀修，像剛剛所解釋到的「有爲法無常性質的憶念」，在這個時候是沒有，但無論如何一定要有法性的憶念，這個部分不能夠欠缺。假設在進行觀修時欠缺了法性憶念這個部分，那就不是大圓滿的觀修方式。

紐修堪布仁波切是大圓滿教法的專精者、善巧者，曾經開示過沒有憶念而進行觀修，就好像是小便的海，就好像是整堆的大便，小便的海一靠近奇臭無比，大便堆在一起也是一樣，意思就是若沒有憶念而進行觀修，則沒有絲毫用處，這個憶念，指的是法性的憶念。

「己之自性不動無造作」，內心的實相不管在什麼時候都不曾改變、不曾動搖，也不會因爲因緣條件轉變它就轉變。「內心未思盡遠離作意」，就內心的實相而言，不是我內心去思維，就能夠想出它是什麼樣子，也不是我用憶念的方式就回想起它是什麼樣子，因爲思維也好，憶念也好，都是屬於有爲無常法，內心實相不是這樣；而且「三時無遷變」，過去它的自性是這樣，現在它的自性也

是這樣，未來它的自性仍然是這樣，絲毫不會改變。

　　舉例而言，我們自己很久以前還是個小孩，現在逐漸老去，未來慢慢眼睛看不清了，牙齒脫落了，臉上佈滿皺紋，那時就衰老了，這就是過去、現在、未來三時有變化存在，可是內心實相沒有這種情況，過去、現在、未來三時絲毫沒有任何改變。

　　當我們在進行觀修時，沒有妄念浮現的情況，也沒有妄念安住的情況，也沒有妄念放射到外在對境去的情況，如果這些都沒有，「浮射遍妄皆無修中勝」，這是最殊勝的觀修方式。

　　這裡談到觀想，觀想並不是一定要觀想出本尊的形相，例如觀想寂靜尊的形相或是忿怒尊的形相，觀想不是只有這種方式。完全遠離一切妄念，純粹僅僅只有停留在內心實相自己的本質上，安放在那裡，這就是一切觀想之中最殊勝的觀想方式，這就是大圓滿的觀想的方式。

第二十九項

　　第十二個要點，講說現解皆無偏向，這是指妄念的出現和解脫，沒有偏向哪個方面，意思是妄念不是僅僅只有出現這個部分，妄念也不是僅僅只有解脫這個部分，內心實相不墮入妄念出現的這一邊，也不墮入妄念解脫的這一邊。

།དེ་བཞིན་ཉིད་དེར་གནས་དགའ་བའི་སེམས།　　།སངས་རྒྱས་ཉག་ཅིག་མཚོན་པ་ཀུན་དང་བྲལ།

　　　　任住彼真如性心純正　　　　　　唯一佛陀遠離諸表示

།མ་གཡོས་ཆོས་དབྱིངས་འཛིན་རྟོག་ཕྱུར་འདས་པ།　　།རྒྱལ་བའི་དགོངས་ཀློང་རང་བཞིན་ཡངས་པའི་ཆོས།

　　　　不動法界盡越離執妄　　　　　　勝者意界自性廣大法

|ཁྱུས་སེམས་བཅོས་པའི་འཆིང་བ་རྣམས་སྤངས་ཤིང་།　 |ཁྲིན་འདར་སྒྱིད་ཆགས་དྲན་བསམ་ཅི་འགྱུར་ཀྱང་།

盡斷諸種身心造作縛　　懶散悠閒憶思任浮動

|གཞི་གནས་ཆོས་ཉིད་ངང་ལས་མི་གཡོ་ན།　 |ཐམས་ཅད་ཀུན་བཟང་དགོངས་ཀློང་ཡངས་པ་ཡིན།

置基法性狀態若未動　　一切普賢意界極廣大

　　前面我們曾經談到解脫如蛇結自解，談到妄念出現和消失。就解脫消失這個部份而言，情形像什麼樣子呢？像蛇的身體打結自然會鬆開，稱為自解，解脫共分成五種，自己解脫、本然解脫、赤裸解脫、邊解脫、唯一解脫，這五種裡，有時候把唯一解脫、本然解脫、邊解脫合併在一起，這種情況也有。

　　這裡談到的現解是指出現和解脫，妄念出現之後會自然地消失，稱為現解，妄念出現必然是消失掉，可是我們往往會摻雜自己的執著，把貪戀執著的污垢與它摻雜在一起，之後去執取它，把妄念執取抓住了，已經執取之後就會造作業，因此而造作墮入輪迴的善業，也因此而造作墮入惡趣的不善業。總而言之，是在執著之下去造業。假設僅僅只有妄念出現，則不可能造業，因為妄念出現之後會自然消失，不可能造業。

　　因此，「任住彼真如性心純正，唯一佛陀遠離諸表示」，內心實相不住於任何一邊，本質是完全純正的自性，純正的自性是佛陀的本質，佛陀的本質只有唯一，就是內心的實相。

　　內心實相純正的性質不偏向任何一邊、不住於任何一邊，這個純正的性質超越了任何表示，沒有辦法用言語比喻去表達它，就佛陀的本質而言，超越一切能夠表示的法，所以不能夠用任何表示去說明它。而且內心實相不管在什麼時候都沒有動搖，因此已經遠離

了一切的執著妄念，這個就是佛陀內心的證悟、內心的心意。就佛陀內心的這個心意而言，非常廣大遍及一切，也就是內心實相遍及一切的法。

現在我們要觀修內心實相時，「盡斷諸種身心造作縛」，對內心實相來進行觀修時，身體、內心這一切的造作都是束縛，全部都要去除掉，應當安放在內心自然的狀況之下就可以了。

在觀修時，有時妄念會浮現出來，因此我們想要去調整造作，這個是束縛；有時妄念根本沒有出現，這是安住的時候，我們也會產生一些執著。總而言之，不管在什麼狀態裡，不必再做任何造作，如果身心各方面都沒有任何造作，逐漸地就能夠停留在內心實相上，之後慢慢除了內心實相外沒有任何其它的存在，這個時候自己的身體或是語言的行為，「一切普賢意界極廣大」，實際上就等於是法身普賢如來內心證悟的境界，非常廣大。

第三十項

第十三個要點，去除心意之險關。這是指有許多的懷疑和疑問，這都是關卡，要去除掉。

我們現在沒有證悟，在沒有證悟內心實相的情況下，我們就會想：內心實相是什麼樣子呢？總是有很多懷疑也有很多疑問，這些都應當去除掉。

去除掉的時候，首先，要說明力道和遊戲。

力道是指：有很多妄念，妄念會出現，出現又消失，出現又消失，就能夠出現而言，就有一股力量存在，這力量就稱為「力道」。

遊戲是指：這些妄念出現又消失，出現又消失；在什麼地方

呢？在眼識、耳識、鼻識、舌識、身識五個根門識上，妄念出現又
消失，出現又消失，就其所出現而言就稱爲「遊戲」。

力道也好，遊戲也好，這一切實際上不滅。不滅的原因是因爲
實相上它本來不生，既然本來不生不住，當然也就不滅。因爲不生
不住不滅，因此是等淨，平等清淨。就內心的實相而言，實際上它
本來清淨；如果它本來清淨，那前面談到的力道和遊戲也都是本來
清淨。內心實相超越了內心的思維，因此，力道和遊戲當然也超越
了內心的思維。因爲超越內心的思維，不是內心思維能夠了解的對
境，在還沒有證悟的情況下，當然就有很多疑問，是這樣嗎？是那
樣嗎？所以首先要把這些疑問排除掉，有五個句子：

|ས་བཙུང་མ་བཏང་འཛུར་བུའི་སྐྱེམས་སྦྱོང་མེད། ཇི་བཞིན་རང་བབས་རྒྱ་ཡན་རང་གིས་ཟིན།
　　　不取不放無疙瘩鬆緊　　　　如實自停放任自然達

|མི་གཡོ་ཕྱམ་གདལ་ཡངས་དོག་མེད་པའི་ཀློང་། ངན་བསམ་ཐམས་ཅད་རང་བྱུང་རང་ཞི་ན།
　　　未動均等無寬無窄界　　　　所有憶思若天然自息

|རྡོ་རྗེ་སེམས་དཔའ་ནམ་མཁའི་དགོངས་པ་ཡིན།
　　　　　即是金剛薩埵虛空意

「不取不放無疙瘩鬆緊」，我們在實修時，心會專一安住在所
緣境上，不渙散到別的對境去，這個時候就是花很大的力氣讓心專
一在所緣境上而不要渙散，因爲執取對境，要花大力氣。實際上不
需要像這種專注的執取，但是也不需要反面，即完全鬆弛鬆散掉，
也就是說，不需要太緊太鬆。

有一位琴師怎麼觀修都修不好，就向佛陀請教觀修的要訣，

佛陀說：「你彈琴彈得非常美妙，非常專精，彈琴時琴弦要調得很緊，還是要調得很鬆，聲音才會好聽呢？」琴師回答：「如果把琴弦調得非常緊，聲音很尖銳不好聽，如果把琴弦調得很鬆，聲音很粗糙不好聽。琴弦一定要不鬆不緊，聲音就很好聽了。」佛陀就開示：「和這個道理一樣，當我們在實修時，不能夠花太大的力氣，也不能夠不花力氣。心裡想著我要修好，花很大力氣去做實修，這個也不對；心裡想著不花力氣，太過鬆弛，心完全渙散掉了，這個也不對；應當不鬆不緊做觀修，就能觀修得非常好了。」

　　在鬆緊適當的狀況下觀修，這個時候內心很多妄念都會出現，但不管妄念出現多少，對內心實相都不會造成傷害，也不可能搖動內心實相，因為在自然的狀態之下，一切的妄念都會自然地消失，還有憶念也都會自然地消失，這個是有為法的憶念，這一切都會自然地消失，在這一切自然消失的情況之下，內心實相會浮現出來。

　　譬如把水晶球放在一個水盆裡，水很混濁，水晶球放進去後，我想要看水晶球，把水盆搖來搖去，左看右看，但水很混濁，怎麼看都看不清水晶球，這個時候應當不要去搖動水盆，讓水自然澄清，當混濁的部分都沈澱時，水晶球就自然地浮現出來了。

　　因此，在鬆緊適當的狀況下去做實修時，即使各種妄念出現，也都會自然地消失掉，不會對內心實相有任何搖動，因此妄念出現時，不要花很大的力氣，說我要把它消滅掉；妄念沒有出現時，也不要說我要花很大力氣，安住在這樣沒有任何妄念的狀態中。把這些花力氣的事全部去除掉之後，自然而輕鬆地停留在內心實相上，這樣放著就好了，逐漸地，內心實相自然會赤裸裸的浮現出來。

　　譬如現在大家坐在這裡聽法，突然有一個人站起來，我們就可

以看得到這個人很直接的冒出來，像這種情況一樣，在無邊的妄念
出現消失、出現消失的情況下，不花任何力氣自然放著的時候，內
心的實相一定會自自然然、突然間就冒出來，所浮現出來的這個內
心實相就是金剛薩埵的心意，就是金剛薩埵的實相；如果用世間法
的比喻來講，那就像天空一樣。

第三十一項

　　第十四個要點，心裡想著我已經了悟了實相，我已經見到了本
尊；這種妄念也是輪迴束縛的因。或者說，不管我怎麼實修也沒有
了悟實相，也沒有見到本尊，也沒有聽到本尊的授記預言；心裡有
這種思維妄念的話，也是輪迴束縛的因。

　　總而言之，最重要的是脫離輪迴得到解脫的因，一定要不摻雜
任何妄念。

|ཁ་བཅོས་སྐྱོང་དུ་མ་ཡེངས་དང་ལྡན་ན།　　|ཉན་ཐོག་ཡུལ་ལ་འཇུག་པའང་ཆོས་ཉིད་དང་།
不造作中若具不渙散　　　　　雖入憶妄境亦法性況

|ཁྱད་དུ་འཛིར་བས་བཅོས་ན་ཆོས་ཉིད་ཀྱང་།　|མི་ཐོག་མཁའ་ལྟར་ཡངས་ཀྱང་མཚན་འཛི་གཟེབ།
特別疙瘩造作雖法性　　　　　未妄如空雖廣表相籠

|ཉིན་མཚན་སྒོམ་པས་འདའ་ཡང་འཆིང་ཞེན་ཉིད།　|བསམ་གཏན་ལྷ་དང་མཆོང་པར་རྒྱལ་བས་གསུངས།
雖經日夜觀修縛耽著　　　　　靜慮等同天神勝者説

　　行者做實修時，有時候會想我的實修已經非常好了，因為我也
見到本尊，聽到本尊的授記預言了，這種想法是執著，是耽著。因
為這種耽著、執著，會逐漸產生傲慢之心，慢慢對別人也會產生忌

妒之心，因此會刺激煩惱越來越多，這是煩惱增長的一個因素。

特別是許多初機實修者，修沒多久就說我見到本尊，耳朵聽到各種授記預言，很多類似情況，這些其實都是魔鬼住到內心去了，是魔鬼的詐騙，魔鬼想辦法讓實修者內心產生忌妒，產生傲慢，煩惱越來越多，魔鬼有時候變成本尊樣子讓他看到，或講各種話當作是本尊的授記預言，實際上這一切全部都是魔鬼的神變幻象，透過障礙，使實修者的實修逐漸衰損。

因此，看到各種各類徵兆時，不應當有執著之心，也不應當有耽著之心，以為自己實修非常好，所以有奇特的徵兆，逢人便說，如果這樣，就中了魔鬼的伎倆，實修會慢慢地衰損。

因此，不應該有任何的妄念執著，譬如修安止時，心裡想著我要見到本尊出現、彩虹出現，或聽到預言；或者心裡擔心我沒有見到本尊、沒有看到徵兆，心裡期待能夠得到神通變化的能力。如果內心有這種特別造作的想法，雖然內心實相本身沒有任何妄念，但也會受到妄念的束縛。譬如天空，天空本身沒有雲朵，但偶爾出現的雲朵還是會蓋住了天空；內心的實相本身沒有任何妄念，但是在實修時，內心產生執著，總想著我什麼時候才能見到本尊、聽到授記預言？什麼時候才能夠有神通變化的能力？什麼時候才會了悟內心實相？因為一心專注這些，有太多的期望，導致實修衰損，就好像雲朵出現蓋住了天空一樣。

如果以這種方式去實修，「雖經日夜觀修縛耽著，靜慮等同天神勝者說」，如果有這種妄念執著，太多的期望，就算日夜非常精進實修，反而進入了煩惱的束縛當中。舉例而言就像靜慮天神，色界的有情眾生就是靜慮天神，靜慮天神沒有像我們一樣粗糙的妄

念，已經得到安止的能力，都在止息之中，不過內心仍然有細分的執著，還有耽著，對於安止這些都有執著也有耽著，所以實際上他所修的安止是輪迴束縛的因，使他仍然在輪迴裡，這個安止的實修本身不能夠成爲脫離輪迴的因，這是佛陀曾經開示過的。

第三十二項

第十五個要點，前面解釋過了內心的實相不是我們能夠思維的，超越了內心所認知的對境，這個疑問已經去除掉了。不過內心的實相，其實也完全超越了對它的思維的放散、收攝集中等等這一切。這方面有四個句子：

རང་བྱུང་ཡེ་ཤེས་ཕྱོགས་དང་རིས་མེད་པས།	འདི་ཞེས་མི་མཚོན་རང་བཞིན་སྤྲོས་ཀུན་ཞི།
天然本智無方無偏故	謂此難表自性戲盡息
དེ་བས་ཡིད་ལ་བྱེད་པ་རྣམས་སྤངས་ཏེ།	གཞི་བྲལ་ཡངས་པ་ཆེན་པོའི་དོན་ལ་བསླབ།
彼故已斷諸種作意後	當學離基極爲廣大義

內心實相，不能夠說在四面八方哪一個方向，也不能夠說是輪迴這一邊，或是涅槃這一邊，不會偏頗於哪一邊的；內心實相不能夠用一個比喻去想，這樣是那樣；內心實相遠離一切的戲論，因爲內心實相不能說是有、無、二有、二無，這些都是戲論，超越了這一切的戲論。

在進行觀修時，應當去除掉內心的作意思維，離開這一切，若在觀修時摻雜著妄念，那不是正確的觀修方式，應當在遠離及超越了一切執著妄念的情況下進行觀修。

就基而言，基本身就超越了這一切，超越了一切的妄念，就道而言，道上所進行的觀修也應當和基的情況完全符合，那這個觀修就會是一個正確的觀修。

第三十三項

第十六個要點，滅除「對於唯一、離戲之本覺，可以取任何名字」之疑問。唯一是指內心實相本質唯一，而且超越了一切的戲論；超越一切戲論是指超越內心的思維，在這種情況下，當然用任何名字都可以了，有這麼一個疑問，要把這個疑問去除掉，這方面有六個句子：

|ཆོས་ཉིད་ཉག་ཅིག་རང་བྱུང་ཡེ་ཤེས་ཏེ།　　　|ལྟ་བ་ཉག་ཅིག་སྤྲོས་པའི་མཐའ་དང་བྲལ།
唯一法性即天然本智　　　　　唯一見地遠離戲論邊

|སྒོམ་པ་ཉག་ཅིག་བཞག་གཞག་འགྲོ་འོང་མེད།　　　|སྤྱོད་པ་ཉག་ཅིག་བླང་དོར་བྱར་མེད་ཅིང་།
唯一禪修無放置來去　　　　　唯一行持無取捨作事

|འབྲས་བུ་ཉག་ཅིག་སྤངས་ཐོབ་གཉིས་དང་བྲལ།　　　|འདི་ནི་རང་བྱུང་ལྷུན་གྲུབ་དགོངས་པ་ཡིན།
唯一果位遠離斷得二　　　　　此即天然自成之尊意

內心的實相，本質只有一個，是唯一的實相，就此而言，把它取名叫「天然本智」，這當然也可以；如果從見地方面來討論，又把內心實相稱為「遠離戲論」，用這個名稱當然也可以；如果從觀修的段落來看，又稱為「無放置來去」，在觀修時無妄念的來去，妄念全部都沒有了，這指的也是內心實相；如果就行持的階段來講，內心實相無取無捨，什麼都沒有，也可以用「無取無捨」這個

名稱；如果就果位來講，稱爲「遠離斷得二」，無斷亦無得，也沒有斷除什麼，也沒有得到什麼。

以上這些名稱其實都是同樣的意義，可是針對弟子實修的段落要去解釋時，可以用各種不同的名稱，在見地、觀修、行持、果位來講，或者從基、道、果不同的階段來講，或者從三身、五智不同的方面來講，用這些名詞都是可以的。

第三十四項

講說就一切萬法而言，都是天然本智，把這個部份的疑惑去除掉後，歸納成大平等、廣大。

就目前我們的情況而言，對我們所顯現出來的一切法，都是在無的情況下顯現出來，雖然是無，我們仍然有執著，執無爲有，實際上，這一切都是偶然而出現的法。

那實相是什麼呢？在實相上應當是恆常都不會改變的本智，因此就實相上所存在的，就僅僅只有本智而已，可是我們凡夫對於本智不能夠產生定解，有很多的懷疑，因此本項所要講的就是，就實相上而言，僅僅只有本智存在，對這個部份，我們不能夠產生定解，有很多疑惑。現在要排除掉這個疑惑，過去也好，現在也好，未來也好，就本智自己的本質而言，絲毫沒有任何改變。

ཤིང་སྲིད་སྣོད་བཅུད་འཁོར་དང་མྱ་ངན་འདས།　ཆོས་སོ་ཅོག་ཀུན་ཆོས་ཉིད་དགོངས་པའི་ངང་།
顯有情器輪迴與涅槃　　一切萬法法性尊意況

རང་བྱུང་ཡེ་ཤེས་ཉིད་ལས་མ་གཡོས་པས།　གང་ཡང་གཞི་གནས་དགོངས་པར་ཤེས་པར་བྱ།
天然本智已經不動故　　任皆置基當知即尊意

　　就現在而言，這一切顯有情器對我們都會顯現出來。就其中輪迴而言，如果是罪大惡極的業，就顯現出來三惡趣的景象；如果不是非常大的罪業，是有漏的善業，就顯現出三善趣的景象，三惡趣的景象和三善趣的景象都是輪迴。

　　但是也有超越輪迴的部份，那就是涅槃。就涅槃的部份而言，也有五方佛的涅槃；不僅如此，諸佛無量無邊，因此有無量無邊的涅槃。

　　我們現在把這一切執著有好的有壞的，而且執著彼此之間的差別非常多，我們想法都是這樣。實際上這顯現出來的萬法，在實相上只有一個，既沒有好沒有壞，也沒有各種各類的差別，我們現在執著輪迴的一個部份是三惡趣，一個部份是三善趣；除此，還有超越輪迴的部份，就是涅槃，無量無邊諸佛的涅槃，我們執著這些都有差別。實際上不存在任何的差別，因為就這一切實相而言，只有天然本智一項而已，沒有超出這個範圍之外的，一切萬法，不管是好是壞，不管有什麼樣的差別，就基方面的實相而言，只有唯一的天然本智，這點我們一定要非常確定的了解。

　　但是或許有人會這樣想：「這點我們不能夠確定，不能夠了解，為什麼呢？因為現在對我們而言，所顯現出來的這一切，各種各類非常多，差別也非常大呀。」

　　看似如此，其實不是這個樣子，顯現出來的很多，但實相仍然只有一個。

　　譬如睡覺時，做夢可以夢到各種各類景象，夢見自己在吃飯，夢見在散步，夢見了地水火風的景象……，夢中各種各類都可以出現，但是實際上就只是在床上睡覺，就這麼一件事情而已。

現在我們在迷惑錯亂的情況下，三善趣的景象也出現，三惡趣的景象也出現，涅槃的景象也出現，各種各類的所顯景象全部都可以出現，不過這一切所顯景象的基礎，就基的實相上而言，唯一能夠成立的，唯一存在的只有本智，不會超出唯一的本智之外，這點一定要非常堅決確定。

第三十五項

確定自己如大海清澈的光明、不動搖、大平等的安住於本地。

就內心實相而言，自己的本質沒有任何的污垢，也沒有遮蓋，自性本來即是光亮的，舉例而言，就像大海一樣，海水的本質完全純淨，完全清澈，可是地面上其它河流帶來許多污垢流進大海，因此大海的水看起來也是污垢，雖然看起來是這樣，不過應當要了解，污垢是外來的，不是海水自己本身就存在的。

同樣道理，內心的實相雖然本來純淨、清澈光亮，但是仍然會被偶然的污垢所遮蓋，因此內心顯現出來的樣子好像不清淨，有很多污垢，我們總是會這樣想，想法上認為是這樣，其實並不如其所顯而存在。

就大圓滿教法的聽聞思維者而言，內心的實相本然純淨清澈，但是有偶然形成的迷惑錯亂，因此顯現出來的樣子好像是不純淨，實際上確實是本然純淨清澈，這點一定要非常堅決確定。就好像太陽本身非常光亮，可是有時候也會被雲朵遮住，因此有人會說今天太陽沒有光亮，但實際上就太陽自己的性質而言，永遠都是光亮的，只不過被外面偶然的雲朵遮蓋住了，因此看起來不光亮。

　　許多人認爲：「我的內心有妄念煩惱，而且不能夠明白很多事情，也不能夠透徹了解一切萬法，可見內心好像本來不純淨。」

　　其實不是，這是因爲內心被煩惱所蓋障的緣故，針對這個部份，頌文做了一個開示：內心本來純淨，本來即爲光明，這點雖然我們不能馬上證悟，但是聽聞、思維大圓滿的教法，將來一定能夠了解。

སྣ་ཚོགས་ཡུལ་དུ་སྣང་བའི་ཆོས་ཉིད་ལ།	གང་དུ་འདི་ལྟར་འཛིག་ཅེས་མི་རྟོག་པར།
於諸顯爲對境之彼法	於何謂爲如此無妄念
རང་བབས་སྤྲོ་བསྡུ་ཕྲལ་བར་ལྷུན་གྱིས་ཤིག	ཆོས་ཉིད་མཉམ་པའི་ཀློང་དུ་རང་གིས་གནས།
自停離射收盼自然置	自然住於法性平等界

　　我們從早上起床到晚上睡覺這一天的時間裡，眼睛看到的色法有多少種，耳朵聽到的聲音有多少種，鼻子聞到的氣味有多少種，舌頭品嘗到的滋味有多少種類，身體所摸到的觸覺有多少種，內心所出現的妄念有多少種，這些就稱爲「於諸對境」。

　　這只是就短的時間來講，如果就長的時間來講，那我們從媽媽肚子出生到現在，已經遇到很多各種各類的法，對這一切法，我們認爲它如何如何，這一切全部都是我們的內心放射出來的妄念，對它的了解僅僅只是如此而已。

　　因此不要放射出妄念，就好像是一個人安安靜靜的坐在座墊上，身體安靜的坐在座墊上，心安靜的住在身體裡，同時心寧靜時，也應當安住在內心的本質上，當心放在內心的本質上，自自然然停留放著，不進行任何造作，自然的維持，這個時候，可以說就

安住在內心實相上了。

如果能夠自然地安住在本來即是佛智的內心實相上，就會發現內心的實相本來純淨，沒有任何污垢，本來即是光明。至於不乾淨、污垢、不光明等等，根本就不存在。

第三十六項

確定自明通澈赤裸的部份。

就自明而言，我們內心的實相，本身不需要依賴任何因和緣，自自然然就是光明。

這種自然所形成的光明，會不會我在輪迴時心性沒有光明，證得涅槃時心性才是光明呢？不會！會不會在眾生時心性沒有光明，成就佛果時心性才有光明呢？不會！沒有這種差別存在，不管何時都是光明，因此稱為「通澈」。

能夠直接赤裸指示「自明通澈」的，只有這裡的教法，就前面談到的心性光明的部份，什麼時候都是光明，這是通澈的部份。只有大圓滿的教法中才會直接指出自明通澈的本質，此外，小乘的教法裡，大乘中的顯教乘門裡，密咒乘門中的外密咒乘門裡，對於自明通澈的本質這個部份，不能夠直接赤裸的指示出來。

那這裡如何把它指示出來呢？這方面有四個句子：

དཀར་དམར་ཕྱུལ་དུ་སྣང་བའི་རྣམ་པ་ལ།		དབང་པོ་མི་བསྡུ་མིག་ཀྱང་མི་འགྱུལ་པས།
於之白紅對境顯出相		未攝根門眼亦未動故
བདག་ལ་མི་བསམ་གཞན་ལ་མི་ཉོག་པར།		ཕྱམ་ཕྱལ་ཡངས་པ་ཆེན་པོར་རང་གིས་ཞོག
未思我且未妄為他者		自然置於寬寬極廣大

　　實修時，以毗盧七支坐法坐在座墊上，眼睛看著色法，各種顏色顯現出來，形狀也是各種各類。

　　對這些所顯景象，不必閉著眼睛想排除掉，只要睜著眼睛直接去看，眼睛也不要轉來轉去，直接看著所顯的對境，白色、紅色或各種各類的形狀，當如此進行禪坐時，心想：「哦！我現在在輪迴之中。」或想：「我要努力追求佛果。」或想：「其他眾生都曾經是我的母親，他們現在在輪迴之中，無論如何我要安置這些眾生得到佛果。」這些都屬於妄念，都不要想，無論對自己、對其他眾生、對一切都不要產生任何妄念。

　　不產生任何妄念，在坐墊上坐好後，怎麼進行呢？「自然置於寬寬極廣大」，內心完全放輕鬆，不要緊繃。如果能完全放輕鬆，內心就能夠放置在廣大之中；如果內心能夠完全放置在廣大之中，那內心就會明白自己，安住在內心自明的情況之中。

　　譬如海面上各個方向都有風吹來，這些風會引發許多海浪，假設沒有風，就沒有海浪，海面波平如鏡；如果海面波平如鏡，各種風景當然能在海面顯現，非常清澈明亮；如果我們內心好的、壞的等各種妄念都沒有出現，安住在沒有任何妄念的情況下，就是「自然置於寬寬極廣大」，這時內心實相裡所存在的各種功德，自然會清楚明晰地浮現出來。

第三十七項

　　普遍禮讚解脫煩惱網的情況，對這個情況做一個廣大的讚歎。

　　我們現在的內心總是能力很有限，有很多不能夠明白的事，不

能夠證悟，不能夠了知大圓滿的實相，不能夠得到佛果；這種情況
就好像是大鵬鳥被繩子綁住了，不能飛，也不能走，內心實相被煩
惱緊緊束縛住了，當然不能了悟萬法的實相，也不能了知很多的
法，能力也很小。

假設我們把綁住鳥的繩子解開了，鳥就可以走也可以飛了；同
樣的道理，如果完全消除掉煩惱的束縛，內心就非常廣大，當然能
夠了悟一切萬法。對這種情況，當然要好好地做一個讚歎。

ཁྱུ་བསྐྱེད་དཔངས་བསྒོང་སྟོ་བཞུ་ཕྱལ་བའི་སེམས།	ཀུན་མཉམ་རང་བྱུང་ཡེ་ཤེས་དགོངས་པ་ལ།
心離擴張讚賞射與收	遍等天然本智之尊意
ཕྱི་ནང་བར་མེད་ནམ་མཁའ་འདྲེས་པའི་ཉམས།	བདེ་གསལ་སྤྲོས་དང་བྲལ་བའི་ཏིང་འཛིན་འཆར།
無外內中混虛空覺受	遠離樂明戲論等持現

前面第三十六項談的主要是禪修的方式，在禪修進行中，已經
辨明了內心的實相，已經能夠直接指出內心的實相，然而當然不能
夠停留在這種情況，接著要再三串習，威力才能夠擴充。

即使是輪迴的眾生，就人類而言，比其他眾生高等，能夠有特
別的證悟，可以了悟更多的事情，這點一定要非常確定。在這種了
解之下，內心的妄念向外放射，或專注集中在什麼地方，這些全部
都必須去除掉；因為輪迴也好，涅槃也好，一切都完全平等，佛或
眾生全部都平等。一切在什麼地方平等呢？天然本智，在唯一實相
天然本智上一切都平等。

因此應當安住在一切都平等的天然本智上，如果能夠安住在天
然本智上，就沒有外、內、中這些差別了。

　　舉例而言，如果有牆壁阻擋，在牆壁的外面稱為外，原因是牆壁外面的事物我們看不到，因此把它稱為外，牆壁裡的事物能夠看到，就稱為內，可見因為看到和沒看到，而把它分成外和內。

　　實際上這些外內的差別也不存在，為什麼呢？因為牆壁本身不能夠成立。如果用顯教乘門裡小乘的邏輯推理來分析，這牆壁本身仍然是由不可分割的微塵堆積而成，就粗分的形相而言，實際上不能夠成立。

　　如果從大乘的角度看，五大種本身就是五方佛的佛母，就此而言，牆壁本身當然是五大種；如果牆壁本身是五大種的性質，就屬於佛陀的性質，如果牆壁本身是佛陀的性質，那它會不會形成遮蓋呢？不會！佛陀本身是不是色法的性質，會形成遮蓋，蓋住我們呢？當然不是！

　　了解這點後，把自己的身體，色法的部份，和天空完全混合在一起，如果能夠如此做到，那自己的身體當然就通澈無礙。為什麼呢？因為天空本身就通澈無礙，所以如這樣實修，那自己的內心也能夠和天空混合在一起，通澈沒有任何阻礙，就應當安住在這個樣子裡。如果能夠這樣安住，且能夠安住得非常堅固，那自己內心就完全沒有阻礙了，如果內心沒有阻礙，就不能夠說有外內的差別，就像天空毫無阻礙，沒有內外的差別。

　　所以一切完全都沒有阻礙，眼睛一切沒有阻礙，可以看到一切；耳朵一切沒有阻礙，可以聽到任何聲音；這種證悟可以出現，當這種覺受出現時，慢慢地也有快樂的覺受出現，有明晰的覺受出現，沒有妄念的覺受了。這些樂明無妄念的覺受都會出現。

　　當樂明無妄念的覺受出現時，對這一切的覺受不要有任何耽著

執著，因為就樂明無妄念的覺受而言，是屬於有嗎？屬於無嗎？屬於二有嗎？屬於二無嗎？都不是，因為它遠離一切的戲論，即使是這些覺受出現時，也應當在遠離一切戲論的情況下安住，如果能夠這樣，那就是安住在大圓滿的等持之中。

第三十八項

以分辨大險關滅除懷疑的念頭，以安住於天然尊意而清淨輪迴幻象，由之而區別。

我們現在有時會有一些懷疑，有沒有一些差別存在呢？為了去除這個懷疑，做了一個開示，區分清楚，區分的內容首先是天然本智和偶然的心。在天然內心實相的狀態裡進行入定時，還是有一個迷惑錯亂的心，稱為妄念，這個迷惑錯亂的心（妄念）和我們入定的天然內心實相，區別是什麼？

གཞི་གནས་མི་གཡོ་མཉམ་པའི་དགོངས་པ་ལ།	ཕྱི་དང་ནང་མེད་གཟུང་འཛིན་སྤྲོས་དང་བྲལ།
置基未動平等之尊意	無外無內離取執戲論
ཡུལ་ཞེས་གཟན་དུ་ཞེན་པའི་སེམས་མེད་པས།	གཟུང་བའི་ཆོས་མེད་སྣོད་བཅུད་སྟུང་ཞེན་བྲལ།
心無日境耽著他者故	無所取法離情器顯耽
འགྱུར་བར་སྐྱེ་བའི་ཡུལ་མེད་ནམ་མཁའ་འདྲ།	རང་ཞེན་སེམས་ལ་ནང་དུ་མི་རྟོག་པས།
投生輪迴之境無如空	於心未妄為內日己故
འཛིན་པའི་ཆོས་མེད་སྲིད་པའི་ཀུན་རྟོག་ཞི།	འགྱུར་བར་སྐྱེ་བའི་མཁན་པོ་རྩད་ནས་ཆོད།
無能執法三有遍妄息	徹底已斷輪迴投生者
དེ་ཚེ་མཁའ་འདྲ་ཕྱི་ནང་འཁྲུལ་པའི་ཆོས།	གང་ཡང་མི་དམིགས་ཆོས་སྐུའི་དགོངས་པར་ཕྱིན།
彼時如空外內迷惑法	任皆未緣達法身尊意

།བད་པའི་སར་ཕྱིན་འགྲོ་དང་འོང་མེད་པས། །ཁམས་ཅད་ཀློང་འབྱམས་ཀུན་ཏུ་བཟང་པོའི་ཞིང་།

至窮盡處無來無去故　一切瀚界普賢之剎土

།ཆོས་སྐུའི་ཕོ་བྲང་མཆོག་ཏུ་ཕྱིན་པ་ཡིན།

已達殊勝法身之宮殿

內心實相和這個偶然的、迷惑錯亂的內心，二者的區別何在？

首先就天然本智而言，「置基未動平等之尊意」，當我們修禪定，在沒有任何妄念的狀態裡，就是法性的實相，這法性的實相是天然內心實相。

當安住在天然內心實相時，就天然內心實相的本質而言，不會執著這是能執的心，這是所取的對境；這個是有，這個是無；二有二無等，這些戲論全部都不存在。但如果是偶然的、迷惑錯亂的內心就不是如此了，它會執著這是能執的心，這個法是所取的對境；這個是有，這個是無；二有二無等，這種耽著、執著全部都會存在。因此我們就可以了解，天然內心實相和偶爾錯亂的心，二者的區別在什麼地方。

就天然內心實相而言，因為沒有所取境，沒有能執心，因此，這是外在的輪迴、這是輪迴的器物世界、這是輪迴的主體有情生命眾生，這些也都沒有，沒有這些所顯，也沒有這些耽著存在。但是在偶爾的迷惑心中這些都存在，這些都有。

在天然的內心實相裡，這個是我，這個是我的身體，這個是我的內心，這些執著，這些耽著不會存在；可是在三有輪迴的迷惑心裡，這些全部都有。

因此，導致投生輪迴的業力和煩惱，在天然內心實相上根本不

能夠成立,根本不能夠存在;原因是天然內心實相就好像天空一樣,而偶然迷惑心就不是了,它有外有內;就迷惑心而言,執著外內各種法,對這些法都有貪戀,也有執著;假設對這些外內各種顯現出來的法,沒有執著沒有貪戀,把這些都去除掉,而安住停留的話,那天然內心實相就會出現,所出現的這個天然內心實相就是法身的實相,也可以得到這個了悟。

如果能夠如此了悟法身實相,那不清淨的污垢會完全徹底清除掉,會完全窮盡掉,到達徹底究竟;如果不清淨的部份已經完全去除掉,到達徹底究竟,那就不需要有來還有去,這些就不會再成立了,好的部份不會再成立,壞的部份也不會再成立,這一切的本質只有一個,就是法身普賢國土,沒有任何其他者;因此這個是外,這個是內,這個是能執,這個是所取,這些耽著妄念全部都不會存在,最後就到達法身的實相,稱爲到達法身的宮殿。

第三十九項

以對本覺的辨別,做爲與安止、專一的辨別。

前面談到的是內心實相和內心的區別,接著要進一步談內心實相本身的住分和安止的區分。

在大圓滿教法裡,討論到區分的項目很多,其中,內心實相與內心的區分、內心實相的住分與安止的區分、阿賴耶與法身的區分,這三項可算是各個區分教法中最重要的項目,就大圓滿教法的實修者而言,這幾個區分非常重要,如果不了解這幾個區分,那這個人就沒有希望能夠了解大圓滿的見地。

譬如語言有各種各類，台灣常用的是國語、台語，國語有一聲、二聲、三聲、四聲等調子，台語調子更多，如果有一個人不懂國語也不懂台語，現在告訴他，在台灣最常用的國語的調子是什麼，台語的調子是什麼，不管如何解釋他都不可能明白，假設這個人對這些情況已經有一點了解了，國語和台語都學過一點點，那當然會區別清楚。

一樣的道理，現在談到區分的教法，如果是對大圓滿的實修者解釋說明，他會有深入的了解，如果不是大圓滿的實修者，不管怎樣解釋說明，對方完全不可能了解，只能說未來也許能夠對他產生利益，但是在講說的當下，他要產生了解是相當困難的。

|ད་ལྟའི་རིག་པ་གཞི་ལས་མ་གཡོས་ན།　　　|དེ་ཉིད་གོམས་ཆས་ཕྱི་མའི་སྲིད་པ་སྟོངས།
現下覺性若不離基動　　　大串習彼後時三有空

|ཡང་སྲིད་ལེན་པའི་ལས་དང་བག་ཆགས་བྲལ།　　|རྒྱུ་འབྲས་ལ་བརྟེན་འཁོར་འདས་མཉམ་པར་བརྗོད།
已離取得再有業習氣　　　決定因果說輪涅平等

|སྲིད་ཞིར་མི་གནས་བྱང་ཆུབ་སྙིང་པོར་ཕྱིན།　　|འདིར་ཡང་ཞི་གནས་རྩེ་གཅིག་ཕྱིད་པ་གཅེས།
未住有寂已達菩提藏　　　此亦安止珍愛專一明

|རང་བཞིན་རྫོགས་པ་ཆེན་པོའི་དགོངས་པ་ཡིན།
即是自性大圓滿尊意

已經證悟內心實相之後，一定要安住在內心實相上，不離開它，在內心實相的本質上持續不斷安住，再三串習；如果能這樣，那就能滅掉導致投生在三有輪迴裡的業力與煩惱，如果能滅掉投生在三有輪迴裡的業力煩惱，就不會再度投生於輪迴裡了，因為投生

在輪迴裡的因和果全部沒有了。這種情況就不僅僅是像小乘一樣得到聲聞和獨覺的寂滅，而是會得到佛果。

因此，把內心實相的住分和無妄念的安止區分清楚就相當重要了，如果能夠區分清楚，就能夠了悟大圓滿的見地，如果不能夠區分清楚，會將安止誤會成是大圓滿的實修，在誤會之下，持續安住在安止上，如果這樣，會得到安止的功德，但是僅僅得到安止的功德而已，不可能斷掉輪迴，不可能滅掉繼續投生下輩子的業力和煩惱，將來會繼續投生在色界或無色界。

內心實相的住分和安止的區別在什麼地方呢？就安止而言，它的性質是沒有任何思維妄念；就內心實相的住分而言，在沒有絲毫妄念的情況下，還要有強烈的明分出現，它的本質要明晰明朗。就安止而言，就僅僅只是沒有任何的妄念而已，不會存在明晰的部份；內心實相就不僅僅只是如此了，因此就內心實相的實修者而言，不應當在沒有任何妄念但又不明晰的安止中再三串習，假設再三串習，將來不是投生在色界，就是投生在無色界，此外沒有什麼廣大的功效。

有一些人他能夠在沒有任何妄念的安止之中持續安住一小時或更久，內心就會想：「我的實修已經非常好了，沒有任何妄念出現了。」實際上這種情況只能當做是安止的本質，對此產生貪戀執著的話，下輩子仍然會投生在輪迴裡，所以這個實修不應當持續，因為它本身是墮入輪迴的因，僅僅只是如此而已。

因此，就大圓滿的實修者而言，不能夠長久安住在這種安止上，應當以唸誦「呸」的方式把它驅散掉，之後安住在內心實相的本質上，持續在內心實相的住分上，這才算是大圓滿的實修，就一

個實修者而言，這是非常重要的關鍵。

第四十項

講說阿賴耶與法身的區別。

|དང་ལས་གཡོས་ན་ཡིད་དཔྱོད་འཁོར་བ་ཞིག| ｜དེ་ལ་རྒྱུ་འབྲས་ཞིན་དེ་ལ་མ་ངྲོས།

若離狀動伺察即輪迴　　於彼不能決定即因果

|ནོར་བའི་སྐྱེ་བོ་འོག་ནས་འོག་ཏུ་འགྲོ| ｜དེས་ན་མཆོག་གསང་རྫོགས་པ་ཆེན་པོ་ནི།

錯誤士夫由下走向下　　彼故勝密大圓滿者

|དབྱིངས་ལས་མ་གཡོས་རྩལ་རྣམས་གཞི་ལ་འགྲོལ| ｜དགོངས་པ་མི་གཡོ་མཉམ་པར་གནས་པ་ཡིན།

於界不動諸力道達基　　尊意不動即是平等住

應當在內心實相之中持續安住而實修，如果不能夠安住在內心實相的狀況裡，離開了內心實相而有了妄念伺察，就會開始進行善業、不善業，將來就會得到快樂的果、痛苦的果，各種各類的業都會累積，這個時候就是錯了。為什麼呢？因為應當安住在內心的實相上，現在離開了這種安住，使妄念出現，就是道路已經錯了。

如果道路錯了會怎樣呢？我們現在是人類，應當實修正確的道路，如果不走在正確的道路，那就變成下一等的畜牲了，將來會投生在畜牲道裡，因為畜牲對於善惡取捨都不能夠了解。情況更糟的，就會投生在鬼道，鬼當然也不能了解善惡取捨。再後面投生在地獄，地獄裡也有高高低低各種各類，總之這個投生只會往下走，繼續不斷的墮落，沒有機會往上提昇。也因為道路錯誤了，見地錯誤了，所以不能夠斷掉輪迴。

　　因此，如果實修道路和見地都至為殊勝、對於劣根者應當保密的這種大圓滿的教法，應當安住在內心實相上，絲毫都沒有動搖，也不離開，如果能夠這樣持續安住，不離開內心實相，我們現在內心各種各類不斷出現的妄念，全部都會在基實相上完全消散掉，這時就是到達法身的尊意不再動搖了。因此，應當無論何時經常安住在內心實相上。

　　就法身的本質而言，沒有任何妄念，就阿賴耶而言，也沒有任何妄念，既然二者的本質都沒有妄念，那二者的區別在什麼地方呢？

　　前面談到了，法身的本質是絲毫不存在一丁點的妄念，根本就沒有任何妄念；但是阿賴耶不是，它還有非常微細的妄念，現在我們不能夠了解，乍看之下沒有任何妄念，因此認為阿賴耶和法身一樣，其實不是。

　　除此之外，無妄念這個部份雖然是相同，但是就法身而言，它有許多不可思議的功德，這種情況我們舉個例子說明，譬如啞巴吃甘蔗，品嚐到甘蔗的甜味之後，能不能用語言向別人講呢？不能夠！當啞巴沒有吃任何東西時，他能不能講出來？也不能夠！因為他是啞巴，吃了甘蔗甜美的滋味和沒吃任何東西，他都不能夠講出來，就這點而言，看似一模一樣，但其實還是有差別，一個是沒有吃到任何東西，一個是品嚐到甘蔗甜美的滋味。

　　所以就阿賴耶而言，沒有任何的妄念，就法身而言，沒有任何的妄念，這一點雖然一樣，可是法身在沒有任何妄念的情況下，還有很多不可思議的功德，而就阿賴耶而言，能不能說它是善？不能！能不能說它是不善？也不能！為什麼？阿賴耶的本質完全沒有

現前，因為它非常的微細，既然沒有顯現出來，能不能說身口心三門中，身的善業三種，語言的善業四種，內心的善業三種，能不能從其中哪一項去指明它是阿賴耶呢？不能！或者說阿賴耶屬於不善業，身的不善業三種，語言的不善業四種，能不能指出其中哪一項的性質是屬於阿賴耶呢？也不能！因此不能把阿賴耶列在善或不善的範圍裡，阿賴耶是無記。

那能不能說法身是善呢？也不能夠這樣講，但是不能說法身是善的原因是因為它的功德廣大不可思議，不能夠用單純的善去說明，沒有辦法用三言二語去說明，因此不能夠把它界定在善裡。這和不能界定阿賴耶在善裡的情況不一樣，不能界定阿賴耶在善的原因，不是因為它有廣大不可思議的功德，而是因為它非常微細，沒有現前，它是無記，因此不能夠說它是善。所以，即使是沒有妄念，還是有很大的差別。

有大多數人實修時會安住在不執著為善，不執著為不善，好壞善惡的妄念完全沒有出現的情況裡，這種實修其實是墮入阿賴耶中，在這個實修裡再三串習，到達一個不能夠說明的境界。如果就法身來講，即使到達沒有妄念不能說明的境界，在這種情況下，應當要浮現出許多甚深不可思議的功德，那才算是法身。

因此，法身和阿賴耶的區分非常重要，一定要區分清楚，如果不能區分清楚，那就不能了解什麼是輪迴的根本，什麼是涅槃的根本；如果能區分清楚，才能了知阿賴耶是輪迴的根本，法身是涅槃的根本。

第四十一項

在清淨法身的本質、不清淨阿賴耶的本質裡，確定各自因的理論是如何，果的理論是如何。這方面有九個句子說明：

|འདི་ཡི་ངང་ལ་རྒྱུ་འབྲས་བྱ་རྩོལ་མེད། ｜ ｜ཁྱབ་པ་བསྐྱེད་དུ་མེད་པ་ལ་སོགས་ཏེ།
此狀況中無因果勤作　　無見地與無修等等也

|མཐའ་དབུས་གཉིས་མེད་འགོག་པའི་ཚུལ་བཟོད་ཀྱི| ｜གཞན་དུ་དང་ལས་ཕྱིར་འགྱུར་ཚུལ་ཞིང་ལས།
無中邊二詮為遮滅理　　另外離況外變由力道

|རོལ་པ་སྣ་ཚོགས་སྣང་སྲིད་དགུ་འཆར་བས། ｜རྒྱུ་འབྲས་མེད་ཅེས་ནམ་ཡང་མ་བརྗོད་ཅིག
種種遊戲顯有九現故　　何時盼莫說曰無因果

|རྟེན་འབྲེལ་རྒྱུན་འབྱུང་འདས་བྱས་གྲངས་བསམ་འདས།
相依緣起有為數難思

|འཁོར་བའི་འཁྲུལ་སྣང་ཞི་བདེའང་གྲངས་བསམ་འདས།
輪迴惑顯寂樂數難思

|དེ་ཀུན་རྒྱུ་རྐྱེན་ཚོགས་པའི་རྟེན་འབྲེལ་ཞིད།
彼皆因緣會聚之緣起

「此狀況中無因果勤作」，在法身的狀況裡，因的理論也不存在，果的理論也不存在，見地的理論也不存在，觀修的理論也不存在，道的部份也沒有，果的部份也沒有，沒有中間，沒有旁邊，沒有各個方向，這是就清淨的法身的本質而言。

如果是不清淨的阿賴耶的本質，那就色、聲、香、味、觸全部都會顯現，不僅如此，三善趣的所顯，三惡趣的所顯，六道一切的所顯，各種各類全部都會顯現，這個部份是屬於不清淨的阿賴耶的

本質。

因此，前面談到清淨的法身的狀況裡，因的理論、果的理論、見地的部份、觀修的部份等都沒有，這些部份到了不清淨的阿賴耶的本質之中，能不能說無呢？不能！這個要分辨清楚。

在法身本淨上，各個理論不能夠成立的這些部份，搬到阿賴耶上如果也說它不能夠成立，它也是無，這種見地就不是內道佛教的說法了，是屬於外道順世派的見地。

就不清淨的阿賴耶的本質而言，它的因果是如何出現的呢？由各種各類的因緣聚合而形成。因此，有為法也無量無數全部都會出現，而且在輪迴的惑顯裡，各種各類的痛苦非常多，也會顯現出來。不僅如此，在輪迴裡，暫時的安樂也是各種各類非常多，這一切都從何而來呢？都是由不清淨的阿賴耶的本質，靠著這個部份，許多的因和緣條件聚合，因此就形成了。

第四十二項

確定因果之區別，四個句子說明：

|གཉིས་ལ་གནས་ནི་གང་ཡང་མ་གྲུབ་སྟེར། |ཁས་དུ་བྱེད་པས་གཉིས་ཐོག་མི་གཡོའི་དུས།
若量本性任皆不立般　　以為道故性上未動時

|གང་ཡང་མི་དམིགས་དགོངས་པའི་དུས་ན་ཉིད། |གཉིས་ཐོག་མཐར་ཕྱིན་གང་ཡང་གོས་མི་འགྱུར།
任皆未緣即於尊意時　　性上究竟任皆未能染

本性內心的實相、法身的本質，如果仔細分析這個部份，其實都不能夠成立任何者的，就法身的本質、內心的實相而言，也不能

　　夠成立因，也不能夠成立果，也不能夠成立安樂，也不能夠成立痛苦，這一切都不能夠成立。

　　正如這一切都不能成立，如果在道路上實修時，應該是什麼樣子呢？那應當是在本性上不動搖那個時候一樣的，應當在基的本質上不動搖，完全安住在上面，就基的本質、內心實相而言，一切都不能夠成立，實修時，應當安住在一切都不能夠成立上而實修，如果以這種道路而實修，那就不能夠緣取一切的法，因為一切的法都不能夠成立，既然一切的法都不能夠成立，那如何去緣取呢？不能夠緣取到任何一個法，無所緣，那就是法身的實相，就是究竟的內心的實相，如果已經到達究竟內心實相，就內心的實相本淨而言，不會沾染到任何煩惱，也不會有任何遮蓋物遮蓋起來。

第四十三項

　　總結第十品，歸納為超越因果、勤作之法性，這方面有七個句子：

ཉོན་མོངས་ལས་དང་བག་ཆགས་སྐྱོང་ཆེན་འདི།	ཏེན་མེད་སྒྱུ་མས་སྤྲུལ་པའི་རྩེད་མོ་བྱེད།
煩惱業力習氣此大界	無依幻相變化行娛樂
འདི་ལས་ཐར་དགོས་རྒྱུ་འབྲས་ལ་ངོས་འཚལ།	དེ་ཡི་ཐབས་ནི་འདི་ལས་མཆོག་གཞན་མེད།
需由此脫當確定因果	彼方便者無他更勝此
དེ་ཕྱིར་ཆོས་དབྱིངས་དགོངས་པ་མ་གཡོས་གཅེས།	འདི་ཉིད་ཁོ་བོའི་སྙིང་གཏམ་ཟབ་མོའི་སྐོང་།
彼故珍愛法界意不動	此者是我心語甚深界

ཀུན་ཡིན་ཀུན་མིན་ཡིན་མིན་འདས་པ་གཅེས།
皆是皆非珍愛越是非

「煩惱業力習氣此大界」，就不清淨的阿賴耶的本質而言，也有煩惱，也有業，也有因，也有習氣。不僅如此，它的業力習氣這些部份都非常廣大，非常多。

可是就算這些部份非常廣大非常多，它有沒有一個固定不變的根本存在？沒有！它是不是一個非常堅固穩定的性質呢？不是！「無依幻相變化行娛樂」，它的情況就好像是一個魔術師變化出許多牛羊馬娛樂觀眾，讓大家看了高興，僅僅只是如此而已，一段時間後變化出來的牛羊馬就消散掉了。因此，如果想要超越業力煩惱因果等，最殊勝的口訣是什麼呢？那就是前面所談到的大圓滿的見地，除此之外沒有更殊勝的口訣了。

因此，不管在什麼時候，應當安住在大圓滿口訣的狀況中，也就是應當能夠安住在大圓滿的見地中，這非常的重要，這是遍智龍欽巴尊者的內心話，而且不是普通的內心話，是一個非常深奧的內心話，大家要好好地掌握這些話。

一位大圓滿教法的實修者，應當可以說一切都是可以的，總而言之，要超越一切的妄念，非常重要，因此，好的部份也可以，不好的部份也可以，能夠見到的也可以，不能夠見到的也可以，就我們而言，各種各類的所顯都會出現，我們也都會看到各種各類的所顯，但是這些都不重要，重要的是各種各類的所顯出現了，我們也見到了，所見到的這些所顯，全部都是可以的，不要有任何執著，不要有任何的妄念出現，這才是最重要的。

11

述緣顯等空清淨品

第十一品的內容分成十三項大綱。

在第十品講述了四種安心法（直定）與三種等持，所講說的內容以大圓滿觀修為主，但是沒有開示其助伴——因緣顯現會自然消失，第十一品則開示了這個部份。

我們現在仍然在輪迴當中，我們所來往的人都是輪迴之中的眾生，必需在這些普通的眾生之中生活，因此一定會遇到各種各類有好有壞的外緣，當我們遇到時，不需要執著這些外緣，應當堅固地安住在見地上。

譬如天空有各種雲朵，無論出現哪一種雲朵，最後都會消散掉，因此只要好好地安住在見地上，各種各類的外緣逐漸就會消散掉，譬如眼睛見到各種色法，耳朵聽到各種聲音，鼻子聞到各種氣味，嘴巴嚐到各種滋味，身體接觸到各種觸摸，意識執取各種的法，如果是大圓滿見地的了悟者，這些認識能力接觸到外境時，不會有執著，不會有耽著，僅僅只是接觸，僅僅只是如此而已，因為都沒有執著，沒有耽著，因此就會解脫。這種解脫的教誡，在這裡要做一個開示，這是一個重要的關鍵。

為什麼開示這些解脫的教誡呢？譬如在虛空之中，如果沒有一根柱子，那繩子要綁在什麼地方呢？沒法綁！當我們遇到各種好好壞壞的外緣時，如果有進行的口訣，就可以思維應當要怎麼做，有了一個目標，這和有了一根柱子後，繩子才有綁的地方存在是一樣的道理。

第一項

前面所宣說的尊義之理論，其助伴即是：因緣顯現會自然消

失。在此珍貴的教誡當中，關鍵則在：接觸當下原處解脫。

|ཐམས་ཅད་མཉམ་མཉམ་བྱང་ཆུབ་སེམས་གཅིག་ལ།
一切等空唯一菩提心

|གཉིས་སུ་བཟུང་བས་རྒྱུ་འབྲས་སྲིད་པར་འཁྲུལ།
取爲二故惑因果三有

|འཁྲུལ་སྣང་རྟེན་མེད་སྒྱུ་མའི་སྣང་བ་ལ།　|ཕྱག་ཕྲད་རྗེས་མེད་རྩིས་གདབ་བྲལ་བར་སྐྱོང་།
惑顯無依於如幻所顯　遇時無跡離計較保任

　就內心實相而言，內心實相就是菩提心，只有唯一的菩提心，除此之外其它任何者都不能成立，譬如虛空，除了虛空之外，其它萬事萬物都刹那在改變，刹那在壞掉，都是無常，不堅固，天空則是恆常存在的。

　不過，雖然僅僅只有唯一的菩提心，但是我們都沒有證悟菩提心，在這個情況下，雖然沒有對境，我們卻執著有對境存在；雖然沒有有境，我們卻執著有有境存在；雖然沒有輪迴，我們卻執著有輪迴存在；雖然沒有涅槃，我們卻執著有涅槃存在。執著造作了不善業就會感得痛苦的果報，執著造作善業就會感得快樂的果報。

　這一切都是迷惑所形成，這些迷惑從何而來呢？實際上迷惑僅僅只是偶然出現而已，迷惑的因緣不是恆常不變，永久存在。現在我們的五個根門識，所接觸到各種的好、壞對境，無論如何，根本不要執著、耽著這些對境，僅僅只是遇到了，就如此放著、擱著，不要產生任何的執著、任何的耽著；遇到任何對境都不要想：「這是好的，我要得到；這是壞的，我要丟掉。」這些完全都不要做，

僅僅只是遇到，在接觸到的狀況之中安住，這樣就可以了。

第二項

講說惡緣爲修鍊覺性之關鍵。

就我們現在而言，了悟空性也好，了悟內心的實相也好，能夠斷掉煩惱也好，在這些情況下，會不會立刻就沒有痛苦存在呢？不會！爲什麼呢？因爲這輩子不管遇到多大的痛苦，大多數的痛苦都是上輩子所累積的不善業所形成的，在前輩子業的力量還沒有窮盡之前，就算已經了悟空性、了悟萬法的實相，也沒有用處，前輩子所累積的惡業、所成熟的業的果報，仍然要出現。

譬如阿羅漢已經證悟空性，已經完全去除了煩惱蓋障，但還是要受到許許多多的痛苦，這些痛苦是因爲前輩子所累積的業，現在感得之故。更何況就我們現在而言，僅僅只是了悟空性的義總（即抽象概念）而已，我們只是從經論裡看到諸佛菩薩開示的空性，以爲空性大概是這樣、是那樣，除了一個概念外，談不到現證，也沒有辦法滅掉煩惱，在這種情況之下，當然我們要遭遇到許多痛苦。

有一些人談到：「現在我在聽法、修法的情況下，遇到的痛苦還愈來愈多，運氣還愈來愈倒楣呢！」這種想法完全錯誤，佛陀從來沒開示：「因爲學習佛法，痛苦愈來愈多。」也從來沒開示：「因爲實修，愈來愈倒楣。」那爲什麼會有這種情況發生呢？這是因爲前輩子的不善業，在沒有窮盡之前，痛苦當然會出現。

現在我們就算了悟了內心的實相，證悟了空性，但是因爲前輩子造下的惡業不善業仍然存在，肯定要遇到很多痛苦、遇到各種逆緣。

如果這樣，在遇到痛苦、逆緣時，應該怎樣思維？怎樣作實

修？口訣如何呢？這方面有十個句子說明：

མི་འདོད་ཐོག་ཏུ་བབ་ལ་དོར་བྱའི་སེམས།	ཁྲོ་དང་མི་དགའ་ཕྲག་དོག་འཐབ་དང་འཚིག
蕎然會遇未欲心棄離	怒與未喜嫉妒紛爭怒
སྐྱོ་བས་ཡིད་དབྱུང་ན་ཚ་ཕྱུག་བསྐལ་སེམས།	འཆི་དང་སྐྱེ་བས་འཕྲིན་ལ་སོགས་པ་སྟེ།
憂感沮喪疾病痛苦心	死與投生故壞等等也
རྩལ་ལས་རོལ་པར་ཤར་དུས་དོར་བཟུང་ལ།	མི་སྤོང་མི་སྤྱོང་མི་སྒྱུར་མི་ལེན་ཞིང་།
力道現爲遊戲時認定	未斷未治未變未拿取
མི་ལྟ་མི་བསྒོམ་རང་བབས་ཕྱལ་གཉིས་ཏུ།	དམིགས་བསམ་སྤྲོ་བསྡུ་ཐབས་བར་ལྷུན་གྱིས་ཞིག
未見未修自停平均一	盼離緣思射收自然置
རྗེས་མེད་རང་ཡལ་མཁའ་ཀློང་ཡངས་པའི་སེམས།	གསལ་དྭངས་དྭ་དང་བཅས་པ་ཁོང་ནས་འཆར།
無痕自散空界廣大心	明而清澈具力由內現

　　當我們遇到逆緣、惡緣時，通常都是我不想遇到的，在不想遇到的情況下仍然遇到了，在這種狀況裡，自然我就會生氣，我所生氣的對境，我內心當然就不喜歡他，在不喜歡的狀況下，當然我也會產生嫉妒心，還會和他爭吵、惡口，憤怒地罵他，這些貪瞋癡的煩惱，全部都會發生。

　　或者是許多心裡所渴求的事情不能夠達成，內心非常沮喪、煩悶，許多人會得到憂慮症；或者是憤怒等，由這些情緒導致身體的疾病；或者也會遇到衰老，將來也會遇到死亡，身體逐漸壞掉，心情也會不好，這些逆緣都會遇到，當這些逆緣出現時，我們就要好好地了解。

　　這裡談到的「力道」是指內心實相本身的威力顯現在外在，我

們所遇到的色、聲、香、味、觸這些外緣，不管是好是壞，並不是在外面自己單獨而出現，而是由內心出現，所以內心實相本身有一個威力，顯現出這些我們所遇到的對境。

如果對這點能夠了解，遇到逆緣時，就小乘之中聲聞獨覺的方式來講，排除掉逆緣，把它丟掉，因此自己應當去到沒有逆緣存在的地方，這是聲聞獨覺的方式。但大圓滿的方式不會這樣做。

如果是大乘菩薩乘門遇到逆緣時，以空性見地的方式去除掉，但大圓滿的教法也不需要這樣做。

如果是密咒乘門之中外密咒乘的方式，遇到逆緣時，把煩惱轉變為本智，有這種方式，但在口訣大圓滿教法之中，也不必如此做。

在大圓滿教法之中分為心部、界部、口訣部。就心部而言，內心的本質最初從何處而來，中間安住在什麼地方，最後又往什麼地方去呢？仔細分析，內心的本質不能夠成立。

就界部而言，內心的本質不能夠成立，以這個作為基礎。不過就口訣大圓滿的教法而言，遇到這些逆緣出現時，當然會引發我們許多的貪瞋癡，就貪瞋癡本身而言，不產生任何執著、耽著，不進行任何緣取，僅僅安住在所出現的這個本質上，自自然然這些貪瞋癡慢慢地就會煙消雲散；如果這些貪瞋癡煙消雲散了，就不會造業，就不會引發下輩子各種各類的痛苦。所以，應當如此好好地安住。

當貪瞋癡煙消雲散時，內心實相自然就會顯露出來，內心實相顯露出來時，以這種方式，不需要特別地去斷除煩惱，或者把煩惱作一個改變，或者特別要去緣取煩惱的本質是什麼，這些都不需要做了，僅僅安住在煩惱出現時的狀態中就可以了，僅僅只是用這個

方法，煩惱自自然然就會煙消雲散，在它煙消雲散的當時，內心的實相就會現前，呈現出來了。

舉例而言，如果一杯混濁的水中有水晶存在，我怎麼看得到它呢？如果不斷地攪動這杯水，動來動去，會看得到嗎？不會！只會讓水愈來愈混濁，現在放著別去攪動，雜質慢慢就沈澱了，當雜質沈澱時，水晶就呈現出來，就可以看到了，就像這個情況一樣。

第三項

任何顯現，一接觸即解脫，因此之故，如果進行捨棄、進行依止，其基礎並不能夠成立。這方面有六個句子開示：

|ཡིན་མིན་མེད་པའི་རིག་པ་ཕྱོགས་ཡན་ལ། |འདིར་གཏད་མེད་པའི་རྣང་བ་ཕྱག་ཕྱང་ཀྱིས།
無是無非覺性流十方　　　　無朝向此會遇所顯時

|འདིར་བཞུང་མེད་པའི་དང་དེ་རང་གཞག་པས། |འདིར་གྲོལ་མེད་པའི་དགག་སྒྲུབ་རྗེས་མེད་ཡལ།
自置於彼無取此況故　　　　無此解脫破立無痕散

|འཛིན་ཞེན་མེད་པའི་ཉམས་མྱོང་ལོང་ཙོ་འབྱུང་། |འདི་ཉིད་ཇི་བཞིན་དགོངས་ཀློང་ཡེ་ནས་ཡངས།
無執無耽由內出覺受　　　　此即如實意界本然廣

一般來講，有境遇到對境，有境主要都分為六識，就六識而言，遇到各種對象時，會產生貪戀、瞋恨的想法，或者也不是貪戀也不是瞋恨，這是無記的內心。我們通常都是這樣。

但若是大圓滿的實修者，出現好壞任何所顯景象時，對這些所顯不會有耽著也不會有執著，在這種情況下就會解脫的。已經解脫，當然就不必說是一個所應斷，我要特別運用一個什麼對治方式，

這些都不需要了，因為已經解脫了，所以這是一個解脫的口訣。

有時候我們會認為這件事是這樣，是那樣，這是有，這是無，各種情況很多，實際上都不能成立。但是我們的心識會想到是這個樣子，因此在遇到這種情況時，對於這些對境本身，不要有執著，不要有耽著，僅僅只是放著，自自然然就會解脫。

在自然解脫的情況下，我要把不順心的對象破除掉、排除掉，這些就不必再去做了；我要勤快地努力去取得順心的部份，這些也不用去做了，因為已經自然地解脫，這一切自然都會消散掉。

如何消散掉呢？譬如在路上，人或牛或車過去了，我們就會知道「有人走過去了，牛走過去了，車子開過去了」，因為地上有痕跡，我們可以由此而知道。可是如果內心業力或煩惱，消散就消散了，能不能看到有痕跡存在？消散的痕跡是什麼？不能！只要安住在沒有執著、沒有耽著的狀況中，僅僅只是如此，自自然然地這些就會消散掉了。

當這些業力煩惱自然消散掉而無痕時，內心的實相會顯露出來，就內心實相顯露出來而言，當然是由內心裡而顯露出來，不會在外面而出現，這個是純正的如實的實相，有不可思議的功德，極為廣大。因此，當實相顯現出來時，對於這個是有境、這個是對境，對這樣的執著，或者說我要破除掉、我要成立等，這些全部都沒有，應該安住在這些都沒有的狀態中。

第四項

講說大歡喜為自解脫之要點，心之實有為可穿透、無滯礙。

དེ་བཞིན་འདོད་ཅིང་ཡིད་ལ་དགའ་བའི་སེམས།	ཁྱབ་བདེ་གཉེན་དང་གཏམ་སྙན་ལོངས་སྤྱོད་དང་།
如彼欲求心意喜悅心	成樂親眷美名與受用

གནས་དང་ཕྱོགས་ནི་ཡིད་དུ་འོང་བ་དེར།	རང་བཞིན་དགའ་བས་བརྒྱན་པའི་སེམས་ཤར་བ།
處所何方於彼心悅意	自性喜爲莊嚴之心現

དེ་ཉིད་ངོ་བཟུང་རང་བབས་ཆོག་གཞག་གིས།	གདོད་མའི་དབྱིངས་སུ་མ་བཅོས་ལྷུན་གྱིས་གྲུབ།
認定此者自停直定者	於本然界不造自然成

　　有的時候我們會感到非常高興，就這個高興的心而言，本質實際上不能成立，因此自然解脫。這樣的心不能成立爲物質，也不能說它在實相上是成立的，都沒有，這樣子一個解脫的口訣。

　　一般來講，大多數人聽到別人講好聽的話稱讚自己，都很高興；如果別人輕視自己，貶損自己，惡口怒罵，自己都很生氣；或者當自己心願實現時也非常高興，自己家人、眷屬、朋友順利時，自己也感到很高興；或者聽到有人稱讚自己學問非常好，心地非常善良，外表看起來非常美麗時，內心也非常高興；或者是偶然間發財，得到許多財物時，內心也都很高興。但就一個學習佛法的行者而言，人家稱讚他：「喔，你是一位大行者，你是一位大菩薩，你有神通的能力，你有變化的大威力。」聽到這些話，如果內心非常高興，那就證明他沒有神通，也沒有神變的能力。

　　首先，自己沒有神通威力，聽到別人說自己有神通威力時，就覺得高興，由這高興就證明他沒有神通威力，這是一個徵兆，證明他沒有神通威力的一個徵兆。爲什麼呢？因爲假設已經有神通威力存在，別人說你有，會不會感到很高興呢？不會！因爲本來就已經存在了，本來就有了，既然本來就有，別人只是講出來，爲什麼會

高興呢？

　　譬如自己有兩隻手，別人說：「你有兩隻手喔！」會不會因為這樣覺得高興？不會！因為本來就有兩隻手嘛！本來有兩隻腳可以走路，別人說：「喔，你有兩隻腳可以走路！」會不會感到很高興呢？不會！因為本來就有兩隻腳嘛！若是只有兩隻手沒有四隻手，別人稱讚你：「哇，你好像四臂觀音有四隻手一樣！」聽了很高興，為什麼呢？因為自己只有兩隻手沒有四隻手，聽到有四隻手，覺得非常高興，那就證明沒有四隻手，只有兩隻手。可見，本來沒有神通威力，一聽到別人稱讚有就非常的高興，這些高興都可以證明實際上他沒有。

　　以我自己在南卓林佛學院讀書時為例說明，我們讀到二、三年級就要開始作經典講解，大家都是新人，才剛當老師，一開始講解經書時，若別人稱讚：「你講經講得非常好！解說得非常好！」聽了心裡就很高興；到了辯經時，聽到別人稱讚：「你辯經辯得非常好！」心裡也覺得非常高興。

　　這個高興就證明不是很博學的徵兆，不是很會辯經的徵兆，因為如果是一個真正的博學者，很會講說教法，很會辯經，需不需要別人稱讚？需不需要別人作肯定？不需要！因為自己很會講經很會辯論，自己的能力自然自己就會知道，不需要別人稱讚，不需要別人來肯定自己的能力。

　　所以，就一個修行者而言，自己的毛病自己一定要知道，若自己能夠知道自己的毛病，這樣算是一個中等的修行者；若是在學習教法的情況下，自己的毛病連自己都不知道，那這樣的一位行者就只能算末等了。

除此之外，這裡談到處所，譬如我們住在好的地方，好的房子，住起來心曠神怡，非常高興，即使是在高興的當下，對這些順境也不要有執著，也不要有耽著，就安住在內心高興所產生的快樂這個本質上，在這個時候，內心的快樂也會自然地消散掉，在自然消散掉的情況下，內心的實相就會浮現出來。就內心的實相浮現出來的這個部份而言，實際上在最初原來就已經存在，不必靠任何因緣，自自然然就已經形成，已經存在了，這些功德就會顯露出來。

第五項

講說內心的實相，原處與聚散之心識無二，皆解脫於法性中。

內心的實相放射到外在的對境，或是內心的實相從外在對境向內收攝，無論是放射出去，收攝回來，在內心的實相上，這兩種本質都不能夠成立，因此，內心的實相自己可以說是自然解脫的。

不過談到自然解脫這部份，也只是唯名施設，取一個名稱，稱為解脫，實際上就內心實相而言，也沒有解脫這麼一回事，為什麼呢？因為內心實相的本質根本沒有束縛，沒有束縛就沒有解脫存在。

|དང་བཞིན་བར་མ་འགྲོ་འདུག་གནས་འདར་གནས། ｜དགའ་དང་མི་དགའ་གཉིས་མིན་ཅི་ཤར་ཡང་།
自性中庸行坐處慵懶　　喜與未喜非二任出現

｜གར་དུས་ངོས་བཟུང་སྤང་བླང་མ་བྱས་པས། ｜རང་བབས་ཆོས་ཉིད་དབྱེ་བསལ་མེད་པ་ནི།
現時認定不作取捨故　　自停法性皆無差別者

｜གཏི་མུག་འོད་གསལ་ཆེན་པོར་གྲོལ་ཞེས་བྱ།
名為愚癡大光明解脫

「自性中庸行坐處慵懶」，是說我們日常行住坐臥，或來或去，或吃飯，或和別人講話，有時內心很高興，有時內心不高興，任何情況都會出現，當這些出現時，沒必要去區分是所應取，還是所應斷，只要明辨清楚它的本質，之後就放著，僅僅如此也就可以了。

安住在出現的這個事情上，在安住的情形下，煩惱之心也不能夠成立，能執之心也不能夠成立，所取的對境也不能夠成立，去分別這是所應取或所應斷，這些分別也不會成立，因此，愚癡在光明之中就會解脫。

不過這也只是唯名安立取一個名稱，為什麼「名為愚癡大光明解脫」呢？因為好壞等各種對境，任何所出現的情況，安住在出現的這個本質上，不進行任何執著耽著，這時內心實相的本質就會現前，就稱為愚癡在大光明狀態中解脫。

第六項

講說愚癡的本質於光明中出現，即是夢境睡眠之關鍵。

我們大多數人可以說都是在愚癡的情況下睡覺，但是也有人愚癡顯現為光明，這是睡眠的實修。以八個句子開示：

|མཚན་མོ་ལ་སོགས་གཉིད་ཀྱིས་རྨོངས་པ་ན་ནང་། |རང་བབས་སྟོ་བསྩ་ཐུལ་བའི་དང་ཉུལ་པས། |
|雖於夜等睡眠失神時 |眠於自停遠離射收況 |

|རགས་པར་སྣང་བ་ཟུབ་པས་དེ་འཛིན་ཟུབ། |ཕྲ་བ་ཆེས་ཕྲ་འཛིན་པར་བཅས་ཟུབ་པས། |
|粗分所顯沒故執彼沒 |細而更細與執沈沒故 |

|ཆ་མཉམ་མི་རྟོག་དང་དུ་རིག་པའི་སེམས། |འབྱུང་འཇུག་རེ་དོགས་བྲལ་བར་རང་བཞིན་གནས། |
|平等無妄狀況覺性心 |出入期疑離而自性住 |

ཁྱུན་རྟོག་ཆོས་དབྱིངས་གྲོལ་བའི་དུས་ཡིན་པས།　འཁོར་བ་མྱང་འདས་གྲོལ་ཞེས་བརྗོད་པ་ཡིན།

即是遍妄法界解脫時　即是名爲輪涅俱解脫

「雖於夜等睡眠失神時」，這是指晚上睡眠或白天睡眠，凡是在睡眠的狀態下，五個根門識的能力就逐漸地沈沒，到最後消散掉，這個時候就稱爲睡眠了。

一般來講，在許多教法裡開示了很多關於睡眠瑜伽（睡眠的實修方式），但是在此口訣大圓滿的段落裡，睡眠瑜伽的內容，首先是吉祥臥姿，也就是獅子臥姿，這是佛陀涅槃時的姿勢，右脇著地，右手放在臉頰下，左手放在左邊大腿上，以這個吉祥獅子臥姿睡覺，這時應該心識不渙散到任何地方，沒有任何妄念，僅僅只是專注在入眠的心識上，在入眠的心識上自然地放輕鬆，這樣做的話，逐漸地，粗分的心識就會慢慢地沈沒，逐漸地，細分的心識也會慢慢地沈沒，到最後只剩下最微細的心識，還有氣，這時候，最微細的心識和氣就會進入中脈，進入中脈之後，業和氣就會轉變成爲清淨，煩惱和愚癡自然也就轉變成爲清淨。因此，能完全滅除掉輪迴的業和因，這時我們就稱爲得到了涅槃，得到了解脫。

第七項

講說睡眠本身就是天然本智。

有時候會做惡夢，要想辦法把惡夢轉變爲好夢，好夢還要再想辦法轉變成無夢，一個純正的實修者，睡覺時應當沒有夢境，因爲夢境有時候會引發我們的貪戀心、傲慢心、嫉妒心、瞋恨心、憤怒心等，這些情況都會發生。

　　總而言之，夢境當然是不能夠成立，如夢似幻，但在了解的情況下，還是會因夢境產生貪戀、瞋恨、憤怒等，這些都會發生。

　　對於夢境不要有執著，不要有耽著，任何夢境不管好夢或壞夢，都不要有貪戀執著，那逐漸地，慢慢地，早上醒過來時就會只覺得昨天好像作了一個夢，夢的內容是什麼呢？忘記了，慢慢地就會變成這樣。能夠忘掉夢境最好，因為既然把夢境忘掉了，就不會因為夢境而產生貪戀、憤怒、瞋恨、嫉妒等情況，如果記住了夢境，往往會因為夢境的內容，引發貪戀、瞋恨等煩惱。因此，沒有夢境是最好的情況。

　　但是對夢境而言，它本身的性質是屬於天然本智。

　　睡眠的情況每人不同，有些人睡得很多，有些人睡得很少，有些人根本無法睡覺，因為失眠，帶來很多痛苦，導致精神崩潰，甚至自殺，這種例子也很多。

　　從前有一位實修者，他想：「經常要睡覺很麻煩，這樣好了，我先不分日夜連續睡一個禮拜，把睡眠這件事解決，睡飽後我就不睡了，好好地作實修。」於是他就先睡了一個禮拜，之後還需不需要睡覺呢？還是需要睡覺啊，後來就發現睡眠是不會結束的，人是需要睡眠的。

　　因此，最重要的是應當要妥善利用睡眠，下定決心好好作實修。

|གཉིད་ཀྱང་རང་བྱུང་གདོད་མའི་ཀློང་ཆེན་ཏེ། 　|རྩལ་རྣམས་ངོ་བོའི་དབྱིངས་སུ་གཞིར་ཐིམ་པས།
眠亦天然本然之大界　　　　　　諸力於本質界融入基

|རོལ་པར་འཛིན་པའི་སྤྲོས་ཀུན་རང་གིས་ཞི། 　|བྱར་མེད་རང་བྱུང་ཡེ་ཤེས་དགོངས་པའོ།
執遊戲之戲論自然息　　　　　　無作天然本智尊意矣

在沒有睡眠時，外在對境顯現出來的色、聲、香、味、觸等一切，都是由於內心實相的能力而出現，就算這些對境消散時，也是在內心實相的本質中消散，就好像雲朵出現在天空中，消散時也是在天空的本質中消散。因此，對於色、聲、香、味、觸等出現時，對它沒有任何執著、耽著，如果能夠這樣，就算在不睡眠的階段，內心的實相仍然會出現。

一般而言，所謂睡眠，主要是五種根門識的能力逐漸地消散，不過意識仍然進行活動，當五個根門識的能力消散掉，而意識還在進行活動時，就稱為作夢。如果逐漸地連意識的能力都消散掉了，這時就到達阿賴耶識裡了；如果到達阿賴耶識裡，也就是沈睡，沈睡時沒有任何夢境存在，只剩下阿賴耶識。

關於阿賴耶識，我們前面曾談過阿賴耶識和法身的差別，如果進入阿賴耶識中，它的本質是屬於蓋障，不能夠進行任何的了知，若我們早上醒來時什麼都不知道，那就表示在醒過來的那個階段，是沈睡進入阿賴耶識的一個徵兆。

因此，如果我們不是在睡眠而在進行實修時，能夠把阿賴耶和法身妥善地分辨清楚，能夠安住在法身之中的話，那在睡眠時，當根門識逐漸地沈沒，意識也逐漸地沈沒，之後進入阿賴耶識，就在這時候，專注在阿賴耶識的本質上，阿賴耶識的本質不能夠成立，這時候就會轉變成為法身的本質，能夠安住在法身的本質中，如果能夠這樣，那睡眠本身就是天然本智，就是法身。

第八項

講說煩惱在原處解脫的關鍵。

|དེ་ལྟར་འདོད་དང་མི་འདོད་བར་མའི་སེམས། ｜དུག་གསུམ་རྩལ་ལས་རོལ་པར་ཤར་ཏོ་ཚོག
如前欲求未欲中間心　　三毒力道所現盡遊戲

|དབྱིངས་ལས་བྱུང་ཞིང་དབྱིངས་ཀྱི་ངང་དུ་ཤར། ｜དབྱིངས་སུ་མ་གཏོགས་གཞོལ་པ་འགའ་མེད་པས།
由界而出現於界狀況　　毫無不屬於界搖動故

|གཟེད་དང་བཅོས་བསྒྱུར་གང་ཡང་མི་བྱེད་པ། ｜དབྱིངས་ཉིད་ཆོས་གཞུང་དང་དེར་གཞག་མ་ཐག
承受改造任皆未進行　　認定法界方置彼況時

|རང་ཞི་རང་ཡལ་རང་སར་གྲོལ་བ་གནད།
自息自散原處解脱要

　　就凡夫而言，都是存在於迷惑所顯的狀態裡，雖然沒有身體，但是執著有身體，這是一種迷惑；因為執著有身體，以致沒有煩惱也執著有煩惱存在，這也是一種迷惑；因為有煩惱存在，以致沒有「有漏」的善業也執著為「有漏」的善業，這也是一種迷惑。

　　這種迷惑的情況像什麼樣子呢？以一天來講，在一天中我們內心高興的情況非常多，不高興的情況也非常多，不要說一天了，僅僅只在一小時中也會出現高興或不高興或淡然的情況，依於這種情況，有時會引發內心的貪戀，有時會引發內心的瞋恨，有時會引發內心的愚癡，因此以三毒煩惱為主的各種煩惱就會出現很多，依靠三毒煩惱，後面二十種類型的隨煩惱也出現很多，這一切其實都是依於迷惑的心而出現。

　　如果這一切都是迷惑，那不迷惑的是什麼呢？不迷惑的就是法界，空性的自性，除此之外，其它一切所顯全部都是迷惑的顯現，實際上迷惑的顯現不能夠成立，因為不能夠成立，所以一切萬法的實相就是自性不能夠成立，就是空性。

　　因爲本然就不能夠成立，是空性，因此並不需要用我們的身體和語言做太多的造作，也不會因爲許多因緣而導致它改變，所以我們的內心不應該寄託在這種迷惑的心、迷惑的所顯，應當寄託在不迷惑的本質、萬法的實相空性。

　　如果能夠寄託在這點上面，那一切迷惑的所顯，自然逐漸就完全消散了。而使這些迷惑所顯消散的口訣是什麼呢？就是對於這些迷惑所顯不要執著、不要耽著，應當安住在不迷惑的實相空性中，這個就是口訣。

　　弟子問法身普賢：「如何把煩惱斷滅掉？如何淨化煩惱？如果煩惱是無，爲什麼會顯現出來這麼多？針對不同的煩惱，是不是要用不同的對治法門去滅掉煩惱呢？或是應當安住在實相自性中來對付煩惱呢？」諸如此類的問題，弟子問了很多。

　　法身普賢回答：「如果用對治法門對付煩惱，其實不可能滅掉。」爲什麼呢？舉例而言，白色的水晶，不管我們如何擦拭，不可能把白色擦掉，因爲它本來就是白色，一樣的道理，如果煩惱的本質能夠成立，那針對煩惱不管我們用什麼方式，努力想要把它滅掉，也不可能把它滅掉，就像有身體存在就有影子一樣，當然影子有時出現，有時因緣不具足不會出現，但是凡是身體存在就一定會有影子存在，如果煩惱是自性成立，那就不能夠滅掉了，不過煩惱本身是迷惑所顯，因此只要對煩惱不耽著、不執著，安住在實相空性之中，那煩惱自然就會消散掉。

第九項

　　講述沒有善惡、取捨的關鍵重點。

|ཉོན་མོངས་ལས་དང་བག་ཆགས་ཐམས་ཅད་ཀྱང་། 　　|རྩལ་ལས་རོལ་པར་ཤར་བའི་ཆོ་འཕྲུལ་ལས།

烦恼业力习气一切亦　　　　力道现为游戏之神变

|གཉེན་པོ་བཟང་སྤྱོད་ཟབ་པའི་ལམ་ཞིག་ཀྱང་། 　　|རྩལ་ལས་རོལ་པར་ཤར་བའི་ཆོ་འཕྲུལ་ཏེ།

对治行善虽为解脱道　　　　力道现为游戏之神变

|གཉིས་ཀ་རྩལ་ལས་རོལ་པར་ཡེ་ཤར་བས། 　　|ངོ་ཤེས་དང་དུ་མ་བཙལ་འཛོག་པ་གནད།

二者力道本然现游戏　　　　于认识况不造安置要

|བང་མཉམ་འགྲོས་མཉམ་གཞི་ནས་གཡོས་པར་མཉམ། 　　|རྐྱེན་བྱུང་འདུས་བྱས་རྒྱུ་འབྲས་མ་འདས་ལས།

同跑同走由基已动同　　　　缘生有为不越因果故

|རང་གཞག་ཚོག་གཞག་རྒྱུ་འབྲས་སྲོ་བ་གཅེས།

置己直定珍惜定因果

　　我們在迷惑所顯的情況下，會執著而區分成好的法和不好的法
二種類型，進一步又會認爲好的法是好的，我要得到，不好的法是
壞的，我要捨棄，又產生這種執著。因爲對於好或壞、善或惡二種
類型的執著，我們在輪迴裡就會遇到很多痛苦，譬如食物，因爲執
著食物有好吃、不好吃的差別，就會引發內心高興或不高興；住的
處所也是這樣，因爲耽著於有好有壞，導致有取有捨。

　　我們從小孩到老年，全部都在好壞善惡取捨分別的執著下走過
一生。

　　總之，好的執著、壞的執著都是一種遮蓋，會遮蓋住我們內心
的實相，如果都是遮蓋，那該怎麼做呢？先仔細分析好和壞二者從
何而來？好和壞二者其實都是由內心實相裡的能力顯現而形成，就
好像白雲烏雲都是在天空中自然產生，白雲出現會擋住陽光，烏雲
出現也會擋住陽光，所以，如果我們認爲白雲看起來很漂亮，它非

常好，這種執著其實沒有用，因為它也擋住了陽光；如果我們認為烏雲看起來很恐怖，它不好，這種執著其實也沒有用，因為就擋住陽光而言，烏雲和白雲沒什麼差別。

那要如何去除掉雲朵呢？其實時間到了它自然就消失了，白雲在天空存在，時間到了，它在天空自然就消失了；烏雲在天空存在，時間到了，它也自然就消散了。

和這個道理一樣，我們的業力煩惱使眾生受到很多痛苦，其實業力煩惱也是由我們內心的能力所形成，不僅如此，讓眾生得到暫時快樂的，譬如說投生在天道、人道，或是說脫離輪迴、得到解脫的快樂等，這一切善業道路或煩惱的對治，主要也都是由內心實相的能力而形成、而出現，就此而言，業力煩惱和善業道路或煩惱的對治等，其實毫無差別。

既然彼此在這點上毫無差別，那我們要做什麼呢？最重要的是要去認識，要認識不管是好是壞，這一切都是由內心實相的狀態中出現。如果能夠認識這點，僅僅安住在認識上面，那煩惱或煩惱的對治、善行等一切，實際上而言，都是出現的時候同時出現，消散的時候也同時消散，時間上不會有前後的差別，而且這一切也不需要靠任何因緣條件或是任何勞力勤作，僅僅只要安住在超越了這一切的本質之中，安住在這個認識之中，也就可以了。這是最重要的關鍵，對這個關鍵，無論如何都不要放棄，應當要珍惜。

第十項

講述對乘門之王的後代持有者應傳授口訣，對劣慧者應保密之關鍵。

|འདི་ནི་མཆོག་གསང་ཐེག་པའི་ཡང་རྩེ་སྟེ། | ｜བློ་དམན་རྣམས་ལ་མི་སྨྲ་ཤིན་ཏུ་གསང་།

此者勝密乘門最頂乘　　　於諸劣慧未説最極密

|བགྲོ་གླེང་དབང་གིས་སྙིང་པོའི་བསྟན་པ་འཆལ། | ｜སྒྲོ་འདེབས་ཉིད་དང་དགོངས་པ་ལོག་པར་ཞུགས།

增減之故壞心要聖教　　　增添以及顛倒入尊意

|གསང་སྒྲོ་འཆལ་རྣམས་མཐའ་མེད་ངན་འགྲོར་ལྟུང་། | ｜དེ་བས་རབ་གསང་ཐེག་པ་རྒྱལ་པོའི་གདུང་།

亂密門眾墮無邊惡趣　　　彼故最密乘門王嫡系

｜སྐལ་བཟང་དམ་པ་རྣམས་ལ་བསྟན་ཞིང་གདད།

於諸善緣正士示付囑

　　這是指針對有緣者，則可向他傳授大圓滿的口訣、教法，因此，大圓滿的教法在世上就能流傳發揚，那等於是佛陀有了後代，使佛法繼續維持；但是對於劣慧者就不能夠傳授大圓滿教法了，爲什麼呢？

　　密咒乘門大圓滿的教法，針對劣慧者應當要保密，並不是因爲密咒乘門的教法或大圓滿的教法有問題，因此要密而不宣，而是因爲劣慧者本身智慧低劣，如果向他講說大圓滿教法，他不僅無法了解，反會認爲大圓滿教法不好，還可能因誤解而產生很多毀謗，甚至破壞大圓滿的教法而造作惡業，因此有必要對他們保密，不能傳授他們大圓滿的教法。

　　這種情況就好像不能給小嬰兒吃最營養的食物，並非食物不好、有問題，而是小嬰兒的消化系統還無法消化營養太豐盛的食物，如果給他吃了，不僅對他沒幫助，甚至還害了他呢！

　　一樣的道理，劣慧者智慧薄弱，沒有能力了解大圓滿甚深教法，如果傳授給他，因爲無法了解，他可能穿鑿附會，產生誤解，

走入顛倒的道路，會產生這種弊病，也可能會說大圓滿教法不好，產生批評毀謗，甚至可能會說大圓滿教法不是佛法，不是佛陀所說，造作了惡業，累積了墮入地獄道的業。這些情況都有可能發生，如果這樣，大圓滿教法可能會逐漸沒落，逐漸衰亡。

如果對大圓滿的教法有堅強的信心，有強烈的渴求之心，想要努力做實修，而且又能夠守護誓言，對這樣的一個弟子，那可以說是佛陀傳承的一個維持者，這就好像王子是要繼承國王來保護這個國家一樣，那就可以傳授他大圓滿教法，讓他學習，這是善緣而又純正之事。

佛陀住世時曾經授記預言，將來煩惱粗重的時代，所要流傳的教法應當具有更大的威力，因為眾生煩惱的力量非常粗重，所傳授的法如果不具大威力，就不能夠發揮效用了。在佛陀時代，因為佛陀自己本身的福德和緣分，弟子的煩惱都非常輕淡，因此佛陀只需簡單開示小乘的教法就可以了。

佛陀在成佛時對弟子只簡單開示「諸惡莫做，眾善奉行，自淨其意，是諸佛教」，除此之外，不需要對弟子解釋這件事不可以做，為什麼不可以做？這件事可以做，為什麼可以做？也不需要解釋根本律儀，哪些該做哪些不該做，原因何在……等，只要簡單的講這四句，弟子自然了解，煩惱自然消除，而且在善業上非常努力。

到了佛陀證得佛果十二年之後，弟子的煩惱就粗重了，眾生的煩惱也粗重了，所以佛陀就開始規定：邪淫是壞事不可以做，殺生是壞事不可以做，偷盜是壞事不可以做……，因此出現了四個根本戒律，之後慢慢形成了沙彌三十三個戒條，比丘二百五十多條的戒條。

慢慢地，這些又不能發揮什麼效果了，佛陀又開示了大乘顯教的教法。等到佛陀即將進入涅槃時，大乘顯教的教法又不能夠發揮什麼效用了，因此佛陀就講了密教乘門的教法，《密精華續》和《時輪金剛續部》等，這是佛陀即將進入涅槃時所開示的教法，因為當時眾生、弟子的煩惱已經很粗重了，必需開示威力非常強大的教法。

到了近代，美國或歐洲有許多重視佛法的人士，對於密咒乘門的教法、大圓滿的教法努力做實修，在台灣也一樣，這方面的內道弟子很多，也都在學習密咒乘門的教法，實修大圓滿的教法，像這種對大圓滿教法、密咒乘門的教法，有信心又有渴求之心的人，向他們傳授大圓滿教法，大概就能發揮功效，就算不能夠得到什麼大利益，至少也不會導致什麼弊端，我個人是如此相信的，因此，我們才會在這裡講說大圓滿的教法。

以前也曾經談過，自己是聽聞大圓滿教法的弟子，對於開示大圓滿教法或傳授灌頂的這一位上師，無論如何，要恭敬承事供養，自己可以由此積聚廣大資糧淨除罪障，這都是佛陀曾經開示過的，這點大家都非常了解，就算是不能夠承事供養發揮廣大幫助，至少不能夠傷害毀謗，導致自己誓言衰損，惡業就非常嚴重。

第十一項

將決定的口訣歸納成法性自然的大安住。

།མདོར་ན་གང་སྣང་ཡུལ་སེམས་རྐྱེན་རྣམས་ལ།　།གཉེན་པོའི་མི་འཇུག་རྩོལ་བས་མ་སྤངས་པར།
總之於諸任顯境心緣　　　　未用對治不勤力而斷

|རང་གཞག་ཆོག་གཞག་རང་བབས་རིག་པའི་གནད།
置己直定自停覺性要

　　在一天之中，我們眼睛看到美麗和不美麗的景象有多少，耳朵聽到好聽和不好聽的聲音又有多少，鼻子聞到香和臭的氣味又有多少，舌頭品嘗到甜和苦的滋味又有多少，身體接觸到冷熱的感覺又有多少，還有內心的妄念，好和壞的妄念又有多少，針對所顯現出來的這一切，都不應當執著，不應當耽著。

　　當稱心如意的景象出現時，不執著不耽著，只要心停留在上面，安住在上面就可以了；違逆的、壞的景象出現時，不執著不耽著，也只要安住在上面就可以了。這樣安住的話，好的景象、壞的景象，會自然地消散，當其自然消散時，這種離開失去的痛苦其實不會發生，並不需要我要用什麼方式什麼對治來把它滅掉，又做這個又做那個，花了很大力氣，完全不需要，它自然地就消散掉了。

　　當這些所顯景象消散掉之後，內心要安住在什麼地方呢？安住在內心實相。對於一切所顯，都不執著不耽著，會逐漸能夠安住在自己內心的實相。不僅如此，因為對好和壞都沒有執著，因此不會因為執著所顯而造作惡業，如果不造作惡業，那就是一個名符其實的行者。我們常常聽上師開示，接受灌頂，目的是為了什麼呢？就是希望自己成為一位好的行者，所以能夠安住在沒有執著的情況之下，就相當重要了。

第十二項

　　講說苦樂平等一味的關鍵。

　　苦樂平等一味是指，譬如舌頭品嚐味道時，我們會分別是甜的還是苦的，同樣道理，遇到外境我們也會區分是痛苦還是快樂，遇到痛苦就不高興，遇到快樂就很高興，因為有痛苦快樂這些執著，當然會帶來很多辛苦勞累，所以要把苦樂做成平等一味，這個口訣相當重要。

|བདེ་སྡུག་ཐམས་ཅད་རིག་པའི་འཆར་ཚུལ་ལས།|
　　　一切苦樂覺性之現理

|བྱུང་དོར་གཉིས་སུ་བཟུང་བས་སྲིད་པར་འཆིང་།|
　　　取爲取捨二者三有縛

|གང་སྣང་ཡུལ་མཉམ་དབང་པོའི་དོར་གསལ་ཚ།|
　　　凡顯境等唯根門上明

|གང་ཤར་སེམས་མཉམ་དྲན་རིག་རྗེས་མེད་ཚ།|
　　　凡現心等唯憶了無痕

|གཉིས་ཀ་འཕྲལ་མཉམ་དགག་སྒྲུབ་འཆིང་བ་ཚ།|
　　　二者偶等破立唯束縛

|དོན་ལ་ཕྱུགས་མཉམ་གཞི་མེད་སྣང་བ་ཚ།|
　　　實則竟等唯無基所顯

|ཡུལ་རྣམས་རིམ་མཉམ་གཞིགས་ན་རྗེས་མེད་ཚ།|
　　　諸境序等若壞唯無痕

|བློ་རྣམས་དོ་མཉམ་དཔྱད་ན་ནམ་མཁའ་ཚ།|
　　　眾心上等析則唯天空

|ཡུལ་སེམས་གཉིས་མེད་པར་སྤྲུང་དག་པ་ཚ།|
　　　境心無二唯清淨虛空

|དེ་ལྟར་ཤུས་ཤེས་ཀུན་ཏུ་བཟང་པོའི་གདུང་།|
　　　如前誰知普賢之嫡系

　　有一些人因為前輩子的善業而遇到快樂，有一些人因為前輩子的惡業而遇到痛苦，但有一些情況不是只依於上輩子的善業或惡業而導致苦樂，不是只靠前輩子的業力來做決定，有時候靠眼前環境的外緣，也會導致我們遇到痛苦或快樂。

　　假設前輩子業的力量非常強大，不太會受到外緣影響，業力自然就會形成了，譬如有些人出生時沒有手，或沒有腳，或眼盲，有些人出生後身體很容易生病，這些不必外緣影響，自然就這樣。還

有，有些人福報非常廣大，有些人外貌非常美麗，有些人非常聰明，有些人生在富貴家庭，這就表示他前輩子的善業力量非常強大。

　　假設前輩子造作業的力量不很大，那就會受到眼前環境外緣的影響，譬如有人來幫助我，提供我很多財富，帶來快樂，或是我的財富被偷盜，帶來痛苦，當然這些外緣也是前輩子的業，但這表示上輩子所造作業的力量薄弱，因此會受到環境各種外緣的影響，導致他受到痛苦或得到快樂。

　　當遇到痛苦時，針對痛苦的果報覺得很討厭，我要把它排除掉；或針對快樂的果報覺得非常喜歡，我要去追求它；其實沒有什麼用處，也並不需要這樣做，因為二者都是我們自己上輩子的業，果報自然就會發生。

　　譬如一個人划船到大海裡，對東邊的浪花覺得很喜歡，對西邊的浪花覺得不喜歡，不管喜歡也好不喜歡也好，其實根本沒有道理，因為你喜歡的浪是海水所形成，不喜歡的浪也是海水所形成，東邊和西邊二種浪都是海水所形成，沒有差別。因此，對於會導致我們高興不高興的快樂和痛苦，其實也都是上輩子自己的業，就此而言，根本沒有差別，完全一樣。

　　就痛苦而言，本身自性不能夠成立，它是空性；就快樂而言，本身自性不能夠成立，也是空性，這一點上苦樂沒有差別。不僅如此，任何對境，當好的、美麗的對境顯現出來時，僅僅只是在眼識上所形成的一個影像；當壞的、不好的對境出現時，也只是在眼識上所形成的一個影像，不管是好還是壞，都是在眼識上所形成的影像，就此而言，其實沒有差別。因此，對好的景象覺得很喜歡很高興，對不好的景象不喜歡很排斥，那完全沒有必要，因為它們都只

是在眼識上所形成的一個影像而已，僅僅只是如此罷了。

　　就一個實修者而言，有時候覺得自己實修做得不太好，胡思亂想，妄念很多，心不能夠安住，好像和妄念發生爭執，妄念出現時，實修者就想把妄念打回去；或者有時候自己安止入定做得很好，完全沒有妄念，就認為自己實修非常好，因為已經把妄念打敗，沒有妄念出現了，內心很高興。

　　妄念出現時內心就不高興，妄念沒出現時內心就很快樂，其實，妄念出現也好，不出現也好，完全相同，當妄念出現時，仔細分析妄念從何而來？找不到任何徵兆，就算是內心完全能夠安止，在安止的那個當下得到快樂，這個快樂其實也是如夢似幻，因為不久就消失不見了。

　　安止的快樂是偶爾形成的，妄念出現時的不快樂也是偶然形成的，它們都是要消散掉的，把其中的一項當作是我應當要取得而覺得高興，或把其中的一項當作是我要捨棄而覺得不高興，若產生這種執著，沒有必要，因為真正嚴重的是這個執著，這個執著才會形成我們輪迴的束縛。

　　總而言之，這一切如果用邏輯推理仔細分析，會發現痛苦也好快樂也好，這些景象其實都不能夠成立，就像天空的彩虹，出現時，看起來存在，可是怎麼摸都摸不到。仔細分析，其實苦和樂就像我們口中說天空這個詞句一樣，天空根本就沒有，根本就找不到，不能夠成立，但是我們還是說天空如何如何，同樣地，我們口中說苦和樂其實也找不到，自性也不能夠成立，不過我們口中還是可以講苦和樂，但只是我們口中所說的一個詞句，僅僅只是這樣而已。

所以實際上對境也不能夠成立，內心也不能夠成立，這一切其實都不能夠成立，一切只是偶爾出現，暫時顯現出來，僅僅只是如此而已，而且所顯的這一切全部都是空性，這點也應當要了解。

如果有人對這點能好好了解，那可以說他是佛陀教法的維持者，如果對於好壞善惡、苦樂取捨等都不能夠了解，一個行者還要和自己的妄念吵架，那就會形成輪迴的束縛，不可能脫離輪迴得到解脫。

第十三項

最後一項大綱要講說普遍平等，苦和樂、好和壞這一切完全平等，不需要對任何一樣產生執著，這方面有七個句子：

|རྒྱལ་བའི་སྲས་མཆོག་ས་རབ་རིག་པ་འཛིན། |འདི་ལྟར་ཆོས་རྣམས་ཡོད་མཉམ་མེད་མཉམ་ལ། |
| 殊勝勝子高地之持明 | 如此萬法有等無亦等 |

|སྣང་མཉམ་སྟོང་མཉམ་བདེན་མཉམ་རྫུན་མཉམ་པས། |སྤྱང་གཞེན་དབད་རྩོལ་འཆིང་ཞེན་ཀུན་སྟོང་ལ། |
| 顯等空等諦等假等故 | 盡棄斷治勤力縛耽後 |

|ཡུལ་མེད་མཉམ་པ་ཆེན་པོར་ཕྱུག་གདོལ་ཅིག |སེམས་མེད་རིག་པ་ཆེན་པོར་ཕྱུག་གདོལ་ཅིག |
| 盼於無境大平等均遍 | 盼於無心大覺性均遍 |

|སྐྱོན་མེད་དག་མཉམ་ཆེན་པོར་ཕྱུག་གདོལ་ཅིག |
| 盼於無過大淨等均遍 |

有人現在四十歲、五十歲，可以說一生經歷過很多事，各種各類好壞的狀況都遇過了，但是這一切是好是壞呢？這種執著並不需要存在。

　　一般來講，好和壞在迷惑心上都會顯現存在，凡夫的心都是迷惑心，因爲有迷惑心，對境在迷惑心上顯現出來的樣子，就會顯現成爲好和壞，顯現成爲好和壞之後，進一步就會執著這個應當取，要得到，這個應當捨，要排除掉，這種執著好和壞進而產生取捨，都是不必要的，因爲只要我們針對色、聲、香、味、觸等一切對境，用邏輯推理仔細分析，安住在分析上，所有的對境自然地就會消散掉。

　　用邏輯推理分析對境，「說分別部」、「經部宗」、「唯識宗」、「中觀宗」都有各自的邏輯推理分析方式，各個不同。

　　就「說分別部」、「經部宗」而言，推理的方式是：我們看到的所有景象都是粗分，粗分的景象並不如我們所見到的一樣而存在，其實粗分的這個部分不能夠成立，但是它仍然顯現成這個樣子，爲什麼呢？這個顯現本身其實就是一種錯亂，不過使它能夠顯現出來的基礎總應該存在，這個基礎不應該沒有，這個基礎就是不可分割的微塵，不可分割的最細小單位，這不能夠沒有，一定要有。這是「說分別部」和「經部宗」的分析。

　　就「中觀宗」而言，分析我們所看到的所接觸到的色、聲、香、味、觸，都是粗分的景象，這些景象並不如我們所接觸的樣子，不像那個樣子而存在，粗分的樣子是不能夠成立的，不要說粗分的樣子不能夠成立，連讓它顯現出來的基礎，最細小的單位本身也不能夠成立。這是中觀宗的分析，一切都不能夠成立。

　　無論如何，內道佛教徒都是用邏輯推理的方式進行分析，科學家則是用工具儀器進行分析，在科學家的儀器分析下，我們接觸到的色、聲、香、味、觸這些粗分的所顯固然不能夠成立，到最後連

使它顯現出來的這個基礎，不可分割的最細小單位也不能夠成立，科學家也是如此主張。

　　因此，如果不做分析，那好的也有，壞的也有，這些世俗的一切法全部都有，因爲在迷惑心之下顯現出來的法，也顯現成好的樣子，也顯現成壞的樣子。但如果我們用邏輯推理仔細分析，就會發現所謂的好不能夠成立，所謂的壞也不能夠成立。在好壞都不能夠成立的情況下，我去執著這是好的，因此我要取得，我要追求，爲了要得到，又很辛苦勞累；或執著這是壞的，我要捨棄，要排斥，爲了要排斥掉，又很辛苦勞累。這種執著之下造成的辛苦勞累會造作很多業，不僅這輩子在輪迴裡，下輩子也在輪迴裡。

　　所以，把執著滅掉就非常重要了，應當在內心產生一切都平等的想法，也就是所謂的好，在對境上不能夠成立；所謂的壞，在對境上也不能夠成立；所謂的苦，在對境上也不能夠成立；所謂的快樂，在對境上也不能夠成立。

　　就凡夫而言，都是迷惑的心，在迷惑的心上一切都會成立，都會出現，也會出現好，也會出現壞，也會出現煩惱、過失等，但其實這一切本然就不存在，它僅僅只是在迷惑心上顯現出來而已。不要說迷惑心上顯現的這些不存在，連迷惑心本身都不能夠成立，這點一定要非常堅決確定，能夠成立的只有內心實相。

　　這種情況就好像瘋子，譬如在房間裡坐了五六個人，瘋子也在其中，這瘋子說他看到鬼，還看到動物，我們沒有看到的東西瘋子說看到了，我們看到的東西瘋子說沒有，瘋子有時候精神錯亂，自己的父母親也不認識，看到自己的父母親也說看到鬼怪，因爲他的內心已經瘋狂錯亂。

凡夫內心的迷惑錯亂就像瘋子的心一樣，一切萬法在迷惑錯亂心上顯現出來時，就會顯現成爲不清淨、有過失、有毛病、痛苦或快樂。其實就內在的本然面貌而言，沒有任何毛病，也沒有任何過失，一切都完全純淨，都是浩瀚廣大的清淨。

　　因此，對於好和壞、苦和樂這些執著不必要存在，如果沒有這種執著，就不會造業，如果不會造業，那輪迴就不會持續了，就能夠離開輪迴得到解脫。所以無論如何，實修密咒乘門和大圓滿教法的行者，一定要去除對於好和壞的執著，如果不能去除，那就不能實修密咒乘門的教法，更不能實修大圓滿的教法。

　　話說回來，講是這樣講，可是好壞善惡的取捨執著，無始輪迴以來我們已經串習成非常強烈的力量，一下要丟掉也不容易，雖然要丟掉不容易，但是要經常想到大圓滿教法裡曾開示：善惡取捨的執著不需要，這個執著會導致我輪迴的束縛，這種執著是錯誤的，我應當要丟掉。

　　自己應當了解這點，經常想到這點，在去除執著的方法上好好努力，把自己的執著逐漸地減少，至少要認知對好壞的執著是不必要的，應當要丟掉，想辦法慢慢地減少。如果能夠這樣做，那就算是聽聞《法界寶庫》產生的一點點成效，就算沒產生其它更大的成效，只產生這一點點成效，也算是有幫助了。

12

述萬法於菩提心
本然解脫之自性品

第十一品講說大圓滿行持的內容，第十二品則要講說大圓滿的果，但這是屬於暫時的果，分成二十七項大綱。

一般來講，大圓滿的行持絲毫沒有不清淨的部分，一切都完全清淨，因為內心的實相本然即是解脫，意思就是內心實相絲毫沒有沾染到煩惱和污垢，煩惱污垢等蓋障是偶然形成的，實際上不能夠成立；因為不能夠成立，所以大圓滿的行持也就一切都是清淨的，一切清淨的意思就是本然解脫，針對本然解脫要分成略述和廣釋來說明。

第一項

首先是略述，如此所行之法，因緣顯現於法界中皆為清淨，其關鍵是因為本然解脫之果存在於原處，此處即宣說此點，講述法界本然解脫是遍一切有法。

|ཆོས་ཀུན་བྱང་ཆུབ་སེམས་སུ་ཡེ་གྲོལ་བས། |མ་གྲོལ་བ་ཡི་ཆོས་ནི་ཡོད་མ་ཡིན།

　　　萬法於菩提心本解脫　　是故非有不解脫之法

「萬法」，一切顯現成為清淨的法及不清淨的法，總而言之，一切的法在內心的實相上，其實根本就不能夠成立，因為在內心的實相上不能夠成立，所以內心的實相本來就已經脫離了煩惱和一切蓋障。

舉例而言，古代的魔術師非常厲害，用木頭、石頭加上一些物質唸誦咒語，就變出牛羊馬，所形成的這些牛羊馬看起來是有的，其實本然不能夠成立，只是變出來而已。

相同的道理，現在我們由迷惑所顯現的苦、樂、清淨、不清淨

等一切法，就像魔術師變出來的牛羊馬，實際上在內心實相上都不能夠成立，因此，一切本然即是解脫。

第二項

接著是廣釋，詳細的說明解脫之道理當中，無基離根、本然解脫的情況。

本然解脫的意思，譬如一個人本來被關在監獄裡，之後被釋放，我們會說他解脫了牢獄之災，在大圓滿裡的說法不是這樣，在大圓滿裡脫離了煩惱和蓋障稱爲解脫，可是意思並不是說煩惱和蓋障本來有，然後變成沒有，而是指煩惱和蓋障原來就無，後來還是成爲無，這種情況就稱爲「解脫」，就稱爲「無基離根」。

譬如魔術師用木頭、石頭加上一些物質唸誦咒語變出牛羊馬，後來這些牛羊馬消失不見了，那是不是說牛羊馬本來存在後來變成沒有了？不是！這些牛羊馬本來就沒有，是靠著念誦咒語加上一些物質變出的，後來物質的力量衰損了，咒語的力量衰損了，這些牛羊馬又消失不見變成無了。這種本來無又變成無的情況稱爲「本然解脫」，「無基離根」是指這個意思。

輪迴本解本然淨解脫　　涅槃本解自然圓解脫

所顯本解無基根解脫　　三有本解菩提藏解脫

戲論本解無邊際解脫　　無戲本解不生淨解脫

「輪迴本解」，就輪迴而言，本來就是解脫的，為什麼呢？因為本然清淨，所以是解脫的，輪迴就好像睡覺時作惡夢，夢到妖魔鬼怪、毒蛇猛獸，輪迴也是這樣，是一個痛苦的處所，可是醒過來後，在自己的臥房裡，恐怖的毒蛇猛獸、妖魔鬼怪都沒有了，其實在睡覺時本來也是沒有，本來無的在醒過來時仍然成為無，所以稱為「本然淨解脫」。

「涅槃本解自然圓解脫」，涅槃也是一個夢境，前面輪迴是做了一個惡夢，後面涅槃就好像做了一個美夢，譬如夢到美麗的花園，夢到發財，非常快樂，其實本來就沒有，醒過來時仍然是沒有，因此本然無，後來仍然是無，所以稱為解脫，這是涅槃的情況。

「所顯本解無基根解脫」，所顯都是由內心所顯現出來的，依靠著內心而出現各種各類的所顯，地水火風四大種的所顯，色受想行識五蘊的所顯，這些所顯，實際上本來也沒有，之後還是成為無，並非它本來就存在，但是因為我學習佛法，我把它滅掉使它成為無；而是它本來就是無，後來當然還是無，所以無基無根而解脫。

「三有本解菩提藏解脫」，三有就是三界，三有三界都是依於內心的妄念所形成，這一切所顯當然實際上也不能夠成立。

「戲論本解無邊際解脫」，其實非戲論本身也是解脫，因為本身就不生，沒有產生，所以就清淨而解脫。因此，心裡所想的有，或者是無，這個是屬於戲論邊，或者不是戲論邊，這一切其實都是內心的迷惑所顯現出來的，實際上無，一切迷惑所顯，戲論也好非戲論也好，在內心實相上其實根本就不能夠成立。

第三項

　　講說自顯如夢似幻而產生，因此苦樂完全清淨、平等，無基而本然解脫。

　　一切所顯各種各類非常多，任何所顯都可以出現，不過這些所顯出現時如夢似幻，就像魔術師所變出來的一個幻象。就我們而言，有時出現快樂的景象，有時出現痛苦的景象，有時出現不苦也不樂的景象，無論出現任何景象，在內心的實相上根本就不能夠成立，就其根本不能夠成立而言，就稱爲本然解脫，解釋這部分有五個句子：

བདེ་བ་ཡེ་གྲོལ་ཆོས་ཉིད་ཕྱམ་དུ་གྲོལ།	སྡུག་བསྔལ་ཡེ་གྲོལ་གཞི་མཉམ་ཡངས་པར་གྲོལ།
安樂本解法性均解脫	痛苦本解等基廣解脫

བར་མ་ཡེ་གྲོལ་མཁའ་མཉམ་ཆོས་སྐུར་གྲོལ།	དག་པ་ཡེ་གྲོལ་དག་གཞིས་སྟོང་པར་གྲོལ།
中者本解等空法身解	清淨本解淨基空解脫

མ་དག་ཡེ་གྲོལ་ཡོངས་གྲོལ་ཆེན་པོར་གྲོལ།
不淨本解大全解解脫

　　我們有時候一切都非常順利，在無常的情況下也出現很多快樂的感受、快樂的景象，不過這些快樂的景象其實不能夠成立，因爲在法性中是完全解脫的。有時候在無常的情況下痛苦也會出現，我們也遇到許多痛苦的情況，不過這些痛苦在內心實相上其實已經解脫了，本身不能夠成立，早就已經是解脫。有時候會出現不是痛苦也不是快樂，等捨無關痛癢的所顯，這種所顯本身其實在法身空性中也是解脫的。

　　就算是清淨涅槃的所顯出現，在空性之中本然也是解脫的；就

算是不清淨的輪迴所顯出現時，本然也不能夠成立，在「大全解」之中早就是解脫的，大全解是指內心實相，不清淨的輪迴所顯出現時，其實在內心實相大全解上早就是解脫的。

第四項

講說所行之道如虛空般清淨，故本然解脫、超越勤事。

一般來講，我們說佛果是究竟所得，因此把它界定當作是能夠得到的果位，這是產生一個貪著；因為有一個究竟所得可以得到，當然就有能得的道路，這個道路是我要做實修的，又產生一個貪著。

不管任何貪著都不是正見，一定要把這些貪著去除掉。例如天空，天空純粹是唯名施設，只是一個名稱，除此之外天空的本質沒有形狀、沒有顏色，根本就不能夠指出來，但我們還是在講，表示它是一個唯名施設。佛果以及證得佛果的道路其實也是唯名施設，因為沒有這一個所得果位存在的話，當然能得的道路也不會存在，這方面有七個句子：

|ས་ལམ་ཡེ་གྲོལ་བསྐྱེད་རྫོགས་བྲལ་བར་གྲོལ།| |ལྟ་སྒོམ་ཡེ་གྲོལ་སྤང་བླང་མེད་པར་གྲོལ།|

地道本解離生圓解脫 　　見修本解無斷取解脫

|སྤྱོད་པ་ཡེ་གྲོལ་ཀུན་ཏུ་བཟང་པོར་གྲོལ།| |འབྲས་བུ་ཡེ་གྲོལ་རེ་དོགས་མེད་པར་གྲོལ།|

行持本解於普賢解脫 　　果位本解無期疑解脫

|དམ་ཚིག་ཡེ་གྲོལ་ཆོས་ཉིད་ཆེན་པོར་གྲོལ།| |བརྗོད་བཟོད་ཡེ་གྲོལ་སྨྲ་བརྗོད་བྲལ་བར་གྲོལ།|

誓言本解大法性解脫 　　唸詮本解離論述解脫

|ཏིང་འཛིན་ཡེ་གྲོལ་བསམ་ཡུལ་མེད་པར་འགྲོ།|

等持本解無思境解脫

　　五道十地在實相上根本不能夠成立，當我們要得到果位，要對本尊進行觀想時，就有生起次第的道路、圓滿次第的道路，其實這些在實相上本然也不能夠成立，只是在暫時上隨順弟子內心情況，爲了引導他依次第進步，就開示有生起次第的觀修、圓滿次第的觀修，實際上這些在實相上都不能夠成立。

　　我們說我要了悟內心實相，我要觀修內心實相，實際上就內心實相而言，本來就是超越內心，不是內心能夠認知的對象，因此說我要觀修內心實相，我要去了悟內心實相，這些其實根本就不能夠成立。

　　說見地高、見地低，或說好的觀修、不好的觀修，這種把它分類成一個是所應斷、一個是所應取，這些根本就不會存在，如果沒有高高低低的見地，沒有好好壞壞的觀修，當然就沒有所得的果位存在，所以行持也沒有好的行持、壞的行持，行持也不能夠成立了，果位也不能夠成立了。

　　果位不能夠成立，是因爲果實際上是我們內心期望所施設形成的，我們內心期望不要墮入輪迴，因此施設了一個輪迴；內心期望我一定要得到佛果，因此施設了一個佛果，所以其實都是期望而已，本身不能夠成立。

　　因此，地道的部分，生起次第、圓滿次第的部分，還有要守護的誓言或律儀等，這些在內心實相上其實根本就不能夠成立，還有持咒、觀修安止、觀修空性等一切根本也都不能夠成立。

　　既然不能夠成立，那這些是如何出現的呢？因爲要讓弟子按照次第進步，要讓弟子證悟萬法實相，必需有一個暫時的方法引導他去做，所以暫時做了開示，佛陀曾講過：「我未說一法，普傳所調

眾。」佛陀說我沒有講過任何一個法，但是法普遍在所調伏眾之中流傳。又說：「無乘門亦無果位。」根本就沒有乘門也沒有果位存在，雖然佛陀沒有開口講說任何法，不過弟子順著個人的業力及以前的願望，對他有利益的法自然會顯現，在弟子之間傳來傳去。

第五項

講說決定之要點。這是指對於本然不成立這件事的實相要做一個非常堅決的決定。這方面有八個句子：

|ཡོད་མེད་ཡེ་གྲོལ་མཐའ་ལས་འདས་པར་གྲོལ། |རྟག་ཆད་ཡེ་གྲོལ་གཞི་རྩ་མེད་པར་གྲོལ།
有無本解越邊而解脫　常斷本解無基根解脫

|ཡང་དག་ཡེ་གྲོལ་དམིགས་བསམ་འདས་པར་གྲོལ། |ཡང་དག་མིན་གྲོལ་ཕྱོགས་བསམ་འདས་པར་འགྲོ།
純眞本解越緣思解脫　非眞解脫越方思解脫

|ལས་རྣམས་ཡེ་གྲོལ་གོས་པ་མེད་པར་གྲོལ། |ཉོན་མོངས་ཡེ་གྲོལ་འཆིང་གྲོལ་མེད་པར་འགྲོལ།
諸業本解無染而解脫　煩惱本解無縛解解脫

|བག་ཆགས་ཡེ་གྲོལ་རྟེན་གཞི་མེད་པར་གྲོལ། |རྣམ་སྨིན་ཡེ་གྲོལ་སྤྱོད་གཞི་མེད་པར་གྲོལ།
習氣本解無依基解脫　異熟本解無受基解脫

有與無都是本然解脫，常與斷也是本然解脫，純眞與非純眞也都是本然解脫，因爲超越邊邊的思維、偏頗的思維而解脫；各種的業本然解脫，因爲根本不需要而解脫；煩惱本然解脫，因爲根本就沒有束縛、沒有解脫之故，它是解脫；習氣本然是解脫，因爲沒有依靠之處而解脫；異熟本來就解脫，因爲根本就沒有感受者、領受者存在之故，它也是解脫的。

　　這裡要講的是指內心實相。說這是有、這是無，或者說這是旁邊、這是中間、這是離邊⋯⋯，這一切對一個證悟者來講其實都是如夢似幻，好像夢裡所夢到的一樣，好像魔術師所變出來的幻象，這些實際上根本就不能夠成立，不過實際上不能夠成立的法仍會顯現出來，所以我們暫時的痛苦、暫時的快樂，都是由實際上不成立而顯現出來之法所形成的。

　　以前有一個非常厲害的魔術師，在廣嚴城的大馬路上變出千軍萬馬，許多人看到後，倉皇失措，害怕奔逃，掉落懸崖而死；但是有一些了解的人，知道這是魔術師變出來的，不是真的，只是顯現出來的一個幻影而已，就直接走過去，也不害怕，也沒有阻礙。

　　和這個情況一樣，針對我們而言，不成立的法也可以顯現出來，一樣會形成我們的痛苦和快樂，針對這種不成立而顯現出來的法，有些人會說是有，有些人會說是無；有些人會說是恆常，有些人會說是斷掉的，所說的常和斷其實根本就不能夠成立。

　　有些人會說無而顯現出來的法是真的，有些人會說是假的，不管說真也好，說假也好，實際上根本就不能夠成立。有些人會說無而顯現出來的法非常廣大，有些人會說非常狹小，不管說廣大也好，說狹小也好，其實根本就不能夠成立。

　　或者是說這些顯現是因為我們過去各種業力煩惱所形成，其實業力煩惱也不能夠成立；或者說累積了很多習氣，這些習氣在內心實相上其實也不能夠成立；這些顯現出來的法，有些人會說上輩子造作了很多業，由業的異熟果報出現這些痛苦和快樂，其實就異熟的出現而言，在內心的實相上也是不能夠成立。

第六項

　　講說道與對治都是超越「對束縛的執著」。

　　道是成佛之道，有究竟的佛果要得到就有道路存在，因此我執著有一個成佛之道；只要有這種執著，執著本身就會形成障礙。

　　針對煩惱有一個對治的力量存在，譬如說空性是對治，無我是對治，若執著有對治存在，也是一種貪執，只要有貪執，也會形成阻礙。凡是阻礙都要捨棄，針對這部分做開示，有六個句子：

| གཉེན་པོ་ཡེ་གྲོལ་སྤང་བྱ་མེད་པར་གྲོལ། | ཕྱུང་བླང་གཉིས་མེད་མཁའ་མཉམ་ཡངས་པར་གྲོལ།
對治本解無所斷解脫　　　斷取無二等空廣解脫

|གྲོལ་བ་ཡེ་གྲོལ་བཅིངས་པ་མེད་པར་གྲོལ། | ཨ་གྲོལ་ཡེ་གྲོལ་བཅིང་གྲོལ་མེད་པར་གྲོལ།
解脫本解無束縛解脫　　　不解本解無縛解解脫

|གློད་པ་ཡེ་གྲོལ་གློད་རྒྱུ་མེད་པར་གྲོལ། | ཚིག་གནས་ཡེ་གྲོལ་འཇོག་རྒྱུ་མེད་པར་གྲོལ།
鬆坦本解無所鬆解脫　　　直定本解無放置解脫

　　實際上就這個對治而言，是本然解脫的。

　　我們談到對治時就會說：「對治是本智。」譬如說空性是對治，無我是對治，空性是對治的方法，無我是對治的方法。實際上這些對治本身本然不能夠成立，因為所應斷掉的煩惱，或所應斷掉的我執，本然也不能夠成立。若所應斷掉的部分本然不能夠成立，那如何去成立一個對治呢？當然沒有，所以對治本身本然也不能夠成立。

　　譬如說天空，只是唯名施設而已，不能夠指出來天空是什麼形狀、什麼顏色，因此，這種解脫稱為「本然解脫」。那麼這樣是說

最初被手銬腳鐐綁住了，之後我用寶劍把手銬腳鐐斬斷，因此解脫了，是這個意思嗎？不是！是因爲本來就沒有束縛，所以本然是解脫的。

　　其次，不解脫本然也是解脫，因爲不解脫這件事本身也不能夠成立，所以就不能夠成立本身而言就是解脫，不解脫這件事情本身也是解脫，因爲本身也不能夠成立。

　　在顯教乘門裡談到不解脫的部分，開示三有輪迴就像監獄，有情眾生就像犯人，業力煩惱就像手銬腳鐐。實際上這些開示是因爲佛陀考慮到顯教乘門所要利益弟子的程度，因此暫時做了這樣一個講解。

　　如果仔細分析，假設輪迴可以成立，業力煩惱可以成立，輪迴眾生可以成立，那無論什麼時候都不能斷掉業力煩惱，無論如何都不可能脫離輪迴得到涅槃。所以，輪迴本身實際上也不能夠成立，在輪迴裡的有情眾生本身也不能夠成立，導致束縛在輪迴裡，像手銬腳鐐的業力煩惱本身也不能夠成立。

　　「直定本解無放置解脫」，等置在內心實相上就稱爲直定，直定本然是解脫的，因爲直定本然解脫，所以要等置在內心實相上做觀修，這個等置本身其實也不能夠成立。

第七項

　　總結，將關鍵要點做一個歸納。

|འདོར་ན་སྣང་ཞིང་སྲིད་པའི་ཆོས་རྣམས་དང་། | མི་སྣང་མི་སྲིད་ཆོས་ལས་འདས་སོ་ཆོག |
| 總之顯而爲有之萬法 | 未顯未有離法諸一切 |

།ཐམས་ཅད་ཡེ་ནས་དབྱིངས་སུ་གྲོལ་ཟིན་པས། །ད་གཟོད་འབད་པས་སུས་ཀྱང་གྲོལ་མི་དགོས།

一切本來於界已解脫　是故誰亦未需才勤脫

在我們內心裡能夠顯現出來的這一切的法，還有超越了內心、不是我們內心所能夠顯現出來的法，總之，這一切在內心實相上都不能夠成立。因此，就內心實相上而言，這一切本然都是解脫的，不管是能夠顯現出來的法，還是不能夠顯現出來的法，假設一切本然都已經解脫，現在我們說這個是我要得到的果位，爲了要得到果位，我要花很大力氣去追求；或是說這個是我應該斷掉的，爲了要把它斷掉，我要花很大力氣把它滅掉；這些根本就都沒有必要存在了。

第八項

講說安置前述這些項目的合理性，則如此努力辛勞即成爲沒有任何意義。

安置這些的合理性是指前面講了很多，就內心實相而言，任何一個法，無論是好的、壞的、痛苦、快樂、有、無，都不能夠成立，那這不能夠成立的原因何在呢？合理性原因是什麼呢？做一個說明。

།དེ་ལ་འབད་རྩོལ་བྱས་ཀྱང་དོན་མེད་པས། །མ་བྱེད་མ་བྱེད་རྩོལ་ཞིང་སྒྲུབ་མ་བྱེད།

於彼雖已勤力無義故　莫作莫作莫作勤力修

།མ་ལྟ་མ་ལྟ་ཡིད་ཀྱི་ཆོས་མ་ལྟ། །མ་བསྒོམས་མ་བསྒོམས་བློ་ཡི་ཆོས་མ་བསྒོམས།

莫看莫看莫看心意法　莫修莫修莫修了知法

|ཨ་དཔྱད་མ་དཔྱད་ཡུལ་སེམས་རྗེས་མ་དཔྱད། 　|ཨ་བསྒྲུབས་མ་བསྒྲུབས་རེ་དོགས་འཕྲལ་མ་བསྒྲུབས།

莫析莫析境心後莫析　莫成莫成離期疑莫成

|ཨ་སྤངས་མ་སྤངས་ཉོན་མོངས་ལས་མ་སྤངས། 　|ཨ་ལེན་མ་ལེན་ཡང་དག་ཆོས་མ་ལེན།

莫斷莫斷莫斷煩惱業　莫取莫取莫取純眞法

|ཨ་འཆིངས་མ་འཆིངས་རང་གི་རྒྱུད་མ་འཆིངས།

莫縛莫縛莫縛己相續

　　這裡每句都要解釋一個意義，每句都重複講，譬如莫作莫作、莫看莫看、莫修莫修等，爲什麼重複講呢？就內心實相而言，這個法本身不能夠成立，這點非常重要，因此重複講，以示諄諄教誡，再三告誡。

　　一般而言，我們花非常大的勞累力氣去做努力，或透過一些觀修方法想要去了解內心實相，就內心實相而言，用這些方式根本就不可能證悟內心實相，因此「莫作莫作莫作勤力修」，我們身口心三門所做的一切，其實應該把它放下來，萬緣放下，鬆坦安住，這樣就可以了。

　　我們都用這個內心想要去看內心的實相，其實內心本身有很多妄念，透過妄念的心想要去看到內心實相，根本就不可能，所以說「莫看莫看莫看心意法」，不要看不要看，不要用內心的妄念去看內心實相，因爲根本就看不到。

　　我去做觀修，但是因爲觀修本身就是由內心的妄念去做觀修，說我要用內心的妄念去觀想一尊本尊，這樣的觀想會不會純眞呢？不會！這不會是一個正確的觀修，所以「莫修莫修莫修了知法」，不要觀修不要觀修，這種不是純正的觀修。

「莫析莫析境心後莫析」，對境和內心的後面不要再去分析，也不要去觀想我內心的實相是什麼，或去分析內心的實相是正確還是不正確，一般來講，分析本身也是由內心妄念去做的，所以這種分析沒有意義。

或者說就內心的實相而言，我透過很大的勞累辛苦去做實修，希望能夠有成就，這樣去做，會不會成就一個超越期望、懷疑的果呢？不可能！因為當我勞累辛苦去實修，希望證悟內心實相時，這個勞累辛苦的實修本身就是抱著一個期望，或裡面就有一個懷疑存在，這樣的實修怎麼可以斷掉期望和懷疑呢？所以「莫成莫成離期疑莫成」，要得到一個無期望懷疑的果，斷掉期望懷疑的果，根本不可能成就。

或者說在內心實相上，這個煩惱我要斷除掉，「莫斷莫斷莫斷煩惱業」，內心實相上這個煩惱本身實際上就不存在，所以根本就不需要斷掉。

或者說這個煩惱我要取過來，「莫取莫取莫取純真法」，其實煩惱根本就不可能拿到，所以也不用去取得。

「莫縛莫縛莫縛己相續」，或者想我的內心實相會不會受到煩惱的束縛，被煩惱綁住呢？不可能！無論如何，煩惱根本就不可能綁住我們內心的實相，所以不要擔心，根本不會有束縛。

第九項

講說證悟時刻確定，故諸法窮盡，無有名字而完全清淨。

一切法本然不能夠成立，當自己了悟這一點時，會到達萬法窮盡，意思就是基本上一切萬法本身不能夠成立，因此，所施設的名

字本身也不能夠成立，因為它的基不能夠成立，它唯名施設，最後
連這個名字本身也不能夠成立，所以萬法窮盡。

|ཐམས་ཅད་ཕྱམ་ལོག་གང་ལའང་ཡུལ་མེད་པས།   ཁྲིགས་དང་ཆོས་མེད་དམིགས་གཏད་ཆོས་གཟུང་མེད།
　　一切齊倒任皆無境故   無定與法無緣向認定

|གཞི་ལོག་ལམ་ལོག་འབྲས་བུའི་ཆོས་ལོག་པས།   ལེགས་ཉེས་ཕོར་གོང་དུལ་ཚམ་དམིགས་སུ་མེད།
　　基倒道倒果位法倒故   良過失笑塵許無所緣

|ཕྱམ་ཕྱམ་ཕྱུང་ཆད་ཡེ་ཆད་རྩ་བྲིད་ཆད།   འཁོར་འདས་དུ་ལོག་དབྱིངས་ཀྱི་སོ་ན་མེད།
　　齊齊平等本斷顯有斷   倒於輪涅於界原樣無

|གང་ཡིན་ཅི་ཡིན་འདི་ཡིན་གཏད་སོ་མེད།   ཁྱེད་ཅག་ཅི་བྱ་ང་ནི་གང་ན་འདུག
　　何是任是是此無指向   汝等何作吾則位於彼

|ཕྱར་ཕྱུལ་ད་མེད་འདི་ལས་སུས་ཅི་བྱ།   ཧ་ཧ་འདི་འདྲ་མཚར་ཆེ་དགོད་རེ་བྲོ།
　　往跡現無於此誰何作   哈哈似此奇異眞可笑

「一切齊倒任皆無境故」，內心所顯現出來一切的法全部都倒
回去了，倒回去就是全部都回去了，顯現出來的法現在又倒回去
了，倒回去就沒有了。

但是為什麼一切法會倒回去呢？因為它本身沒有基存在，我們
現在說這個是水，這個是火，這個是好，這個是壞；這些好壞地水
火風等，只是我們內心耽著之後取的一個名字而已，這些施設的名
稱沒有一個立足的基礎存在。所以，首先這一切法無基，本身不能
夠成立，之後是唯名施設，因為不能夠成立，所以我們不能夠去指
認。

「無定與法無緣向認定」，不可能指出來這個是火，這個是

水，這個是好，這個是壞。因此，連後面這個由耽著的妄念所施設形成的名字也不會存在了，所以最後基也倒回去了，道路也倒回去了，果也倒回去了，這一切功德的部分都倒回去了，都不存在了。

而功德的反面是過失毛病，這個部分也不能夠成立。

如果所得的果不能夠成立，那麼，「我沒有證悟，我沒有得到」，這個部分可以成立嗎？也不能夠成立！因此一切本然早就已經斷掉，早就沒有了，所顯部份，有的部分，這一切早就已經斷掉了，早就斷掉的意思就是不能夠成立、本然沒有的意思。因此，輪迴和涅槃這些早就已經回去了，早就已經沒有了，本然就沒有，本然就不能夠成立，所以：「何是任是是此無朝向」，我的內心朝向它，我給它唯名施設，取了一個名字，內心指向它，它就是取名的處所，這個取名的處所根本就不存在，並沒有一個基礎能夠成立；我進行一個妄念施設、唯名施設的活動，這稱為「耽著」。這樣的一個情形，內心指向的一個對境，那個取名處所的部分，其實根本就沒有，根本就不存在。

譬如我說這個是好的、這個是壞的，這個是所應斷、這個是所要得，首先它立足的基礎，取名的處所，根本就不存在；其次，依於這個處所，我的耽著妄念就給它取一個假名，叫作：好、壞、斷、得，這個假名本身也不能夠存在，所以一切都是無，都沒有指向之處。

龍欽巴尊者了悟了這一切在實相上根本都不能夠成立，因此就說：「弟子你在做什麼事情，這個事情也不能夠成立，我在這個地方，這也不能夠成立。」為什麼？首先，弟子本身不能夠成立，那說「弟子你在做什麼事情」，當然更不能夠成立；「我在這個地

方」，我龍欽巴本身也不能夠成立，那我在那裡？我在這裡，當然也不能夠成立。

因此，多年以前的歷史事蹟，事蹟本身也不能夠成立，以前出現過的事情本身不能夠成立，那它還有什麼必要性嗎？「於此誰何作」，當我們說這些教法的內容，我仔細去分析，或者我沒有去分析教法內容，我在上班工作等，這些想想其實都非常可笑，因為不管是分析法的內容，或不分析而說是在工作，這都是不由自主，僅僅只是這個樣子而已，其實都一樣，實在是非常可笑，可笑的意思就是指它根本就不能夠成立。

如果對於大圓滿的見地有所了悟，在了悟的情況下看眾生做這個工作、做那個工作，看眾生的貪戀、眾生的瞋恨，大圓滿的了悟者看到這些後就會啞然失笑，笑的情況共分成十二種，稱為「大圓滿十二大笑」。龍欽巴尊者了悟大圓滿見地時，從這個了悟去看眾生，看眾生做各種工作的方式，看眾生貪瞋癡的樣子，因此就會哈哈大笑，「哈哈似此奇異真可笑」。

第十項

證悟實相時，妄念解脫，自然產生法性自顯的神變。

顯有情器顛倒迷惑故	晝夜本醒己醒虛空醒
日醒時醒年月劫醒覺	一醒萬醒法與非法醒

|འབོར་འདས་འཁྲུལ་གཞི་གདོད་མའི་དབྱིངས་སུ་སངས།　　|བྱིངས་ཞེས་ཐ་སྙད་བློ་ཡི་ཆོས་སངས་པས།

輪涅惑基於本然界醒　　日界名言認知法醒故

|གང་སྒྲུབ་ཅི་འབད་ད་ནི་ཅི་ཞིག་གཉེར།　　|འདོད་བློའི་འཕྲིན་ཟད་ནས་མཁའ་ལ་མཚོན་ཆེ།

凡修任勤現下何希求　　求心纏盡虛空大奇異

|ཆོས་མེད་སྤྱང་པོའི་རང་བཞིན་དེ་འདྲར་ཟད།

無法猶如乞士似彼盡

　　現在我們內心所顯現的這一切，不管顯現爲輪迴或涅槃、顯現爲清淨或不清淨，這一切在內心實相上根本就不能夠成立，本來爲無；就白天而言，內心實相早就是清醒的，因爲在白天時，內心實相上本來就沒有煩惱，「晝夜本醒」本來就清醒，意思就是已經從煩惱醒過來了，也就是沒有煩惱的意思，在白天內心實相沒有煩惱，在晚上內心實相也沒有煩惱。

　　「己醒虛空醒」，自己醒過來，像虛空一樣醒過來，就像虛空上任何一個法也不能夠成立，內心實相上沒有煩惱的遮蓋，即使是在一天裡也都是這個樣子，「日醒時醒年月劫醒覺」，前半夜也是這個樣子，後半夜也是這個樣子，或者是幾年幾個月也都是清醒的，絲毫都沒有沾染到煩惱。

　　就一個眾生而言，他的內心實相是從煩惱上醒過來的，沒有了煩惱，因此「一醒萬醒」，一個眾生是這個樣子，所有的眾生也都一樣，所有眾生的內心實相上早就已經從煩惱醒過來了，根本就沒有煩惱。「法與非法醒」，因此，法也好，非法也好，輪迴也好，涅槃也好，這些迷惑在內心實相上本來就是清醒的。

　　如果這樣，爲什麼我們還熱切追求有法界、有空性存在呢？其

實我們口中所說的法界、空性，都是由妄念施設所形成，實際上在內心實相上本來就沒有，根本就不能夠成立。因此，現在做任何實修，對於內心妄念所施設形成的法界、空性熱切去追求，勤快努力去做，對於以上這些耽著追求的心完全沒有，完全醒過來，因為這一切都無，所要重視、耽著的這一切本然都沒有，「求心纏盡」早就完全都沒有了，從這裡醒過來就像虛空中沒有任何一個法，是空的，沒有任何一個事物存在。

「無法猶如乞士似彼盡」，乞士是指龍欽巴尊者，他已經了悟了大圓滿的見地，他並沒有世間的財富，就像乞丐一樣什麼都沒有，不過，一切法不能夠成立的這種自性，他已經證悟了，萬法沒有自性存在，萬法已經窮盡了，已經得到了這個證悟。

第十一項

講說居於尊意法盡之城堡中，則三時不會有任何改變。

如果了悟了大圓滿見地，在我們內心裡所出現的各種各類的法，全部都會消失、都會窮盡；如果安住在萬法窮盡的境界裡，就不可能有任何恐懼害怕，就好像安住在堅固的堡壘裡，而且過去、現在、未來三時的改變也不可能存在了。

所謂「改變」，譬如我們一輩子改變非常多，一年之中改變也非常多，甚至在一天中內心的改變也非常多，如果到達了尊意法盡的大城堡中，一切改變都不會再出現，過去、現在、未來都不會改變，根本不會有改變存在。

།ས་གཞི་རིན་ཆེན་ནམ་མཁའ་བར་སྣང་རྫོང་། ཁྱེན་མེད་ཡེ་གྲོལ་དགོངས་པར་ཕྱུན་གྲུབ་པས།
大地珍寶虛空空間城　無依本解尊意自成故

ཁྲིད་གསུམ་སྣོད་བཅུད་ཁྱལ་མེད་ཆེན་པོར་གྲོལ།
三有情器大無境解脫

　　大地滄海桑田，出現水、火、風、地震或平地起高樓等，大地的面貌不斷改變，如果一個人證悟了大圓滿的純正見地，這個純正見地非常珍貴，就像虛空的空間，絲毫不會改變，我們看天空，空間空分的部分有沒有任何改變？沒有！就好像是一個堅固的城堡。因此，對大圓滿見地有正確了悟時，猶如安住在虛空空間這個城堡裡。

　　以前的內心指向一個無常的法，一個偶爾的法，指向這個法那個法；在了悟大圓滿見地後，這種內心的指向完全消失，因為沒有依靠之處，所以內心不會再指向某一個法，耽著這是什麼、那是什麼，因為所耽著的法、指向這個那個的法，根本就不能夠成立，所以叫萬法窮盡。

　　「無依本解尊意自成故」，在指向的法不存在的情況下，萬法本然解脫，萬法本然不存在，不能夠成立，這點就會了悟，在這個了悟的同時，「三有情器大無境解脫」，三有是欲界、色界和無色界，這一切都不能夠成立，這一切對境連名字都不存在，欲界、色界、無色界，唯名施設，最後連所施設的這個名字也沒有，沒有對境，因此就解脫了。

第十二項

講說確定證悟後，教導如何去除矛盾。

已經證悟了大圓滿的見地，這時會提出很多爭論、矛盾，此處教導要如何把這些破除掉，在這方面，有四個句子：

|ཕྱོགས་མེད་ཕྱོགས་སུ་འཛིན་པས་བཅིངས་པ་རྣམས།　|རང་བཞིན་མ་ཤེས་རང་གིས་རང་བསླད་པས།

　　無偏執著偏頗諸束縛　　　　不知自性己摻雜己故

|རང་ལ་རང་རྨོངས་འཁྲུལ་པ་ཨ་རེ་འཁྲུལ།　|འཁྲུལ་པ་མེད་ལ་གཡང་སར་འཛིན་པས་འཁྲུལ།

　　己昧於己迷惑甚迷惑　　　　於無迷惑執險崖故惑

「無偏執著偏頗諸束縛」，沒有偏向某個方面，譬如輪迴方面、涅槃方面，或者說我們這一派系、他們那一派系，或者說這是好的、功德的方面，那是壞的、毛病的方面。

若偏頗於任何一個方面，雖然其實本身都不能夠成立，可是就算不能夠成立，我們仍然產生執著，執著有這個、執著有那個，執著有好、執著有壞，執著有輪迴、執著有涅槃，諸如此類的各種執著，然後我們就會受到這些執著的束縛，實際上這些執著在內心實相上都不能夠成立，可是因為我們沒有證悟，不了解內心實相，就產生很多偏頗的執著。

如果不了解內心實相，會造成「己昧於己迷惑甚迷惑」，自己讓自己變得愚昧無知，自己讓自己變成迷惑，再增加很多迷惑。內心的實相本來沒有迷惑，但是在沒有迷惑的情況下，我執著它有迷惑存在，在迷惑上加上很多迷惑。

譬如魔術師以木頭、石頭變出千軍萬馬，看的人執著是真的千

軍萬馬，因此產生非常強烈的恐懼害怕，實際上有沒有呢？沒有！沒有迷惑，但他執著於幻相，這稱之爲迷惑；或者說在夢境裡夢到水災、風災、毒蛇猛獸、魔鬼邪祟，實際上在小小的臥房裡什麼也沒有發生，可是在夢境裡卻執著是眞的水災、是眞的風災，因執著之故，在夢境裡痛苦的不得了，非常害怕，如果在夢境裡能了解實際上這些都不能夠成立，水災、風災、毒蛇猛獸，只是在內心顯現出來，僅僅只是這樣而已，實際上不能夠成立，所以在夢境裡也不會害怕，這個執著自然也會消失。

第十三項

講說如此錯亂之迷惑本來沒有，但因執著有我而產生，故應去除貪戀執著。

前面談到這些迷惑從何而來？本來沒有我但執著有一個我，因爲有這種執著，接著就會造作各種各類的業。以五個句子說明：

|འཁྲུལ་དང་མ་འཁྲུལ་བྱང་ཆུབ་སེམས་ཀྱི་ངོང་། |བྱང་ཆུབ་སེམས་ལ་འཁྲུལ་གྲོལ་ཡེ་ནས་མེད། |
|惑與不惑菩提心之界|菩提心者本然無惑解|

|དེ་ལས་རོལ་པར་ཤར་ལ་འཛིན་པས་བཅིངས། |དོན་ལ་འཆིང་གྲོལ་གཉིས་མེད་ཡུལ་སེམས་མེད། |
|執彼所現遊戲故束縛|實則縛解無二無境心|

|མེད་ལ་ཡོད་པར་འཛིན་པས་མ་བསླུ་ཅིག |
|執無爲有故盼莫虛誑|

「惑與不惑」，迷惑是輪迴，沒有迷惑是涅槃，不管是哪一項，在內心實相上都本然不能夠成立。

　　迷惑本然不能夠成立，當然解脫也不能夠成立，但是依靠著內心實相會出現各種所顯，這些所顯出現時，應當當作是內心實相的自顯，但是凡夫眾生不了解這點，在不了解的情況下就會把內心實相和所顯分開，執著成為二邊；之後，就會認為有一個對境存在，產生了這種執著；這種執著形成後，就會進一步執著這個對境是好的、這個對境是壞的，就會執著有一個我存在，我執也會形成；有了我執存在，就會被這個執著所束縛，形成輪迴，所以執著的束縛本身就是輪迴。

　　就內心實相而言，受到束縛的這個輪迴和離開束縛而解脫的這個涅槃，二者在對境上根本就不能夠成立，不過凡夫眾生會因為所施設的名稱，因此會執著名稱本身所代表的法是真的存在。

　　譬如我們說這是土，認為真的有一個土存在，其實當說這是土時，只是一個名稱而已，土是一個名稱，但我們認為「土」這個名稱所代表的對境真的存在，一定有那個法存在。當我們說這個是水、這個是火時，實際上都是名稱，可是我們會執著「水」這個名稱所代表的對象一定存在，「火」這個名稱所代表的對象一定存在。同樣道理，有父母的名字，兄弟的名字，自己也有名字，身體任何一個部位都有名稱，例如眼睛、耳朵、鼻子，因此凡夫眾生會執著這些名稱所代表的法真的存在，一定是有，如果問他：「這個名稱所代表的法為什麼存在呢？」他會說：「因為有名字。」用「有名字」去推論得知這個名字所代表的法一定存在，所以被騙了一輩子，都在受騙上當之中。

　　實際上名字和所代表的法，在我們內心妄念上都會執著確實是一個，講這個是土時，這個名稱一定代表真的有這個土存在，土和

所代表的名稱就是一個，凡夫眾生都是這種執著，不能夠了解名稱是一個妄念施設所形成，這個名稱從一個基礎而來，稱為「施設基」，這個名稱和施設基絕對不會相同，不會是一個，為什麼呢？因為你也可以把狗取名叫做獅子，你也可以把一個人取名叫做佛，假設名字和名字安立的基礎（施設基）是一個，那這隻狗，我把牠叫做獅子時，難道就變成獅子了嗎？這個人，我給他取名字叫做佛時，難道他就成佛了嗎？

西藏人取名字有很多方式，中國取名字也有很多方式，名稱本身和所代表的法一定是各自分開，不會相同，名稱由我們妄念施設所形成，唯名施設變成一個名稱，既然它是妄念施設所形成，當然不能夠成立。

其次，這個名稱之所以形成的原因，是有一個基礎存在，依於這個基礎我才給它取一個名字，這稱為「施設基」，施設基本身也不能夠成立。但是凡夫眾生執著二個是一個，施設的名字和施設基是同一個，而且因為有名字，所以所代表的那個法真的是有，必定存在；這些都是受騙上當，「執無為有故盼莫虛誑」，不要再這樣受騙上當了，一定要了解，這些實際上都不能夠成立。

第十四項

講說在去除如此的執著上，究竟是執著何者？要如何去除這個、那個的執著呢？為了能夠以細微分析去滅除心中的疑惑，故而詳細解說。

沒有我但是執著有我，沒有他但是執著有他，有自他二種執著後就形成了一個迷惑，因為這個迷惑所以形成了輪迴，在輪迴裡不

斷流轉，這在前面我們已經解釋過了。就是說要把自他二種執著滅掉，可是我們發現以這二種執著爲代表之後，每一個法我也執著它各自各自都有，那就形成很多的執著了，所以現在要把這些執著斷除掉，怎麼斷除掉呢？就有這個疑問存在，以下要說明這個疑問。

|ཡེ་ནས་རྒྱས་པས་གྲོལ་བའི་རིག་པ་དེ།　　|གདད་འཛིན་ཚོམ་ཀྱི་གཟེན་དུ་མ་འཆིངས་ཤིག

本爲佛故彼解脫覺性　　　　　向執法之縫中盼莫縛

|ཡེ་ནས་ཡུལ་མེད་ནམ་ཀུན་དག་པའི་ལོང་།　　|མཁའ་མཉམ་བདེ་ཆེན་གཞི་རྩ་བྱང་རྒྱང་ལོང་།

本然無境萬相清淨界　　　　　等空大樂基根菩提界

|དེ་ལ་འཁོར་བ་མི་སྲིད་གདོད་མའི་བབས།

其中未有輪迴本然停

　　本來已經證得佛果，本然即是佛果，這是指內心實相，業力和煩惱這一切本然已經解脫的一個內心實相。在這個已經解脫的內心實相上，指向某一個法，去執著某一個法，這種事不要發生，不要做這種雜質去沾染它，因爲本然即是佛，業力煩惱都已經解脫了，在這個內心的實相上再去執著這個法、執著那個法，之後內心指向一個法形成一個執著，之後又想要把一個一個執著斷掉，這個本身也是一個執著，所以「向執法之縫中盼莫縛」，這種執著本身也不要發生，也不需要。

　　對治內心執著的方式其實本來就沒有，是因爲它本來是清淨的，「本然無境萬相清淨界」，內心有形成很多的執著，這些執著其實不需要靠對治，因爲本來就是無，本然清淨，所以也不用想說我要把執著一個一個滅掉，怎麼滅掉呢？也不必去想。

譬如做夢，夢到一千人和一千隻毒蛇猛獸，需不需要我把人一個一個滅掉？把動物一個一個滅掉？不需要！因為在醒過來的剎那，夢裡的一千人和一千隻毒蛇猛獸全部消失不見了，執著本身同時也消滅掉了。

同樣的道理，「等空大樂基根菩提界，其中未有輪迴本然停」，說我怎麼樣把這個執著一個一個滅掉呢？其實不需要，因為證悟時，這些對境就好像虛空，一切完全消失不見，什麼時候有改變？什麼時候要斷滅掉？這些都本然不存在，本然不會發生。

總而言之，說輪迴的法，這個是好的、這個是壞的，其實這些執著在內心實相上都不能夠成立，所以只要安住在這個上面就好了，對這點完全的確定，完全的決斷，如此就可以了；這樣就好像一個人從作夢醒過來後，夢中的千軍萬馬全部消失不見，若能夠安住在決斷之中，一切的執著自然會消失不見，並不需要一個一個把它滅掉。

第十五項

教誡一定要戰勝能所二邊、輪迴等魔。

一般我們都認為有魔存在，對我製造傷害者，其中最主要的就是魔。就佛法的實修者而言，所謂的魔，通常都是指自己的內心。魔的類型有很多種，做個歸納，就是五蘊魔、煩惱魔、死亡魔和天子魔四種類型。

四種類型中，五蘊魔指色蘊，我們這個身體因為依賴於色蘊，會遇到、飽嚐各種痛苦，會產生煩惱，因此會投生在地獄道、鬼

道、畜牲道，就會遇到更多各種各類的痛苦；死亡魔指死亡，死亡時當然會有很多痛苦，死亡後也會有很多痛苦；而有些人貪戀執著財物，有些人執著名氣，有些人執著親朋好友，絲毫都沒有做對於下輩子有利益的事情，因此心思渙散的過了一生，浪費掉一生，這些都是佛法實修方面所會遇到的障礙，這一切的障礙都是天子魔。

戰勝以上這一切的障礙非常重要，假設我們不能夠戰勝這些障礙，就不能夠脫離輪迴，生生世世要在輪迴裡受苦，所以無論如何要打敗四魔。有十個句子：

於之唯一明點無角落　　執爲同與相異心迷惑

天然本智無因且無緣　　執爲輪迴之道阻菩提

於之自成無偏離邊際　　耽著偏見之邊傲慢魔

於之無實有相空無滅　　施設有無顯空顛倒知

彼故捨棄任求偏頗縫　　盼知自成無偏如虛空

實際上而言，萬法實相只有一個，沒有任何能夠相對照而相異的部分，例如好相對於壞，苦相對於樂，這種情況在內心實相上根本不可能存在。即使是如此，可是我們內心有迷惑，執著有一個和很多個，執著有些是我的親朋好友，有些是我的仇敵，這些執著都

是從自己內心而來，而執著本身都是屬於煩惱的部分，由於這些煩惱的部分，我們在世界上直接間接地就要受到很多傷害，所以這些執著實際上是屬於傷害的本質。

內心實相的功德、佛身、佛本智的這個部分，是不是一個有爲、無常的法呢？不是！因爲凡是依於有爲、無常而出現的法，不會恆常也不會堅固；由因緣而形成，將來因緣消散，這個法就消散掉了。內心實相天然本智不是由因緣所形成，但是就算是內心實相是無因且無緣，可是我們總是執著它一定要靠一些因和緣來形成，所以我透過某一個因，一定要有一個果可以得到，我們會有這種想法，這是一個迷惑的心，迷惑心會執著有輪迴之道，就會阻礙我們的菩提。

這個道路會讓我墮入輪迴之中，這個道路能讓我解脫輪迴而得到涅槃，把道路分成好的和壞的二種，執著有二邊，實際上這樣的執著本身就是一個迷惑，而且就內心實相而言，佛身、佛智、佛功德都是自然形成的，可是我們不認識，執著內心實相上好像沒有佛身、佛智、佛功德，因此在未來我要重新去得到，這種想法也是迷惑的心，在迷惑的心之下就會執著，就會有偏執的想法，執著有我的這個方面，有對方的那個方面，我這方面是好的，對方那方面是壞的，好的歸於我這邊，壞的歸於他那邊……，都是以自己做爲標準，這種想法就是傲慢，這種傲慢執著本身也是一種魔，也是一個迷惑錯亂心。

其次，就實相本身而言，沒有任何形相，實相爲無相，且萬法本來是空性，不生也不滅，可是我們總是執著萬法一定有一個形相，而且有生也有滅，這些執著其實都是顛倒心，顛倒心本身就是

一種魔。在這種顛倒心之下就執著這個法是好的、是我的，這個法是壞的、是他的，有自他好壞的執著，那會造成這個是需要的、那個是要丟掉的，實際上在內心的實相上，這些根本就不能夠成立。

而且在內心實相上，佛身、佛智是自然形成的，就像天空一樣，永遠都不會改變，當雲朵出現時，會不會說天空染上雲朵的污垢，變得比較壞呢？不會！沒有雲朵時天空很清澈，這清澈是不是新形成的呢？不是！同理，內心煩惱存在時，內心實相會不會變得很糟糕，好像沾染到污垢？或當內心沒有煩惱時，會不會變得比較好，好像新產生功德？都不會！內心有煩惱也好，沒有煩惱也好，其實內心實相根本沒有任何改變，就像天空有雲朵也好，沒有雲朵也好，天空本身也根本就沒有改變，所以「自成無偏」，這點應該要通達，就好像虛空一樣。

第十六項

講說在法性菩提心當中完全洗淨習氣。

我們內心所顯現出來的部分各種各類，無論如何，都是屬於內心唯一的本質，這點一定要非常堅決確定。解釋這內容有三個句子：

|ষ্ঠৣৼৄग़ঀ৶ৼয়ড়৾ঀৼৼৼৄৼৣৼৼয়৾ৼৼৼৼৼৼৼৼ| |ঀ৶য়ৼৼৼৼৼৼয়৾ৼৼৼৄৼৼৼ৾ঀৼৼৼৼৼৼৼৼ|

顯聲見聞六聚雖任現　　一切自明無區分之界

|ঀ৾ৼৼৼৼৼৼৼৼৣৼৼৼৼৼৼ|

本解平等之界盼決斷

　　眼睛看到的色法，耳朵聽到的聲音，鼻子聞到的氣味，舌頭品嚐到的滋味，身體所接觸的觸覺，心意所對的法，眼耳鼻舌身意，在這六聚上出現色聲香味觸法，任何什麼都會出現；但是所出現的這一切裡，好的部分也不能成立，壞的部分也不能成立，中間不好不壞的部份也不能成立，這一切都是在內心實相的界之中，因此好壞中間等的區分，實際上根本就不能夠成立。

　　但是我們現在不是看到有這個好、那個壞，六聚所出現的各種各類，有好看不好看、好聽不好聽、好吃不好吃等等嗎？這些都是我們內心暫時迷惑所顯現出來的一個景象，暫時的惑顯而已，這一切本然就是解脫，在平等界之中，在內心實相上，一切本然解脫，對這點一定要了解，見地一定要非常堅定、確定。

第十七項

　　現在都是在說明內心實相，但在解釋內心實相時，有時用法界這個名詞，有時用基礎這個名詞，有時用天然這個名詞，有時用菩提心這個名詞，有許多譯名，主要就這四種，本項要針對這些名詞解釋，有五個句子：

|མཉམ་ཉིད་གཅིག་ལ་ཅིར་སྣང་འབྱུང་བས་དབྱིངས།

於一等性任顯出故界　　能生所有功德故為基

|ཐམས་ཅད་བྱ་བྱེད་མེད་པར་གྲོལ་བས་སྐྱོང་།

一切無事作而解故界　　集諦現心要故菩提心

|མཁའ་འདྲ་གདོད་ནས་དག་པར་ཤེས་པར་བྱ།

如空本然清淨應通達

　　為什麼內心實相被稱為法界呢？「於一等性任顯出故界」，因為就內心實相而言，靠著內心實相而生出輪迴這個顯現的部分，靠著內心實相而生出涅槃這個顯現的部分，輪涅一切的顯現，其實都是靠內心實相而形成，所以內心實相也稱為法界。

　　內心實相為什麼又被稱為基礎呢？因為就我們而言，想要得到的、有為的、無常的這個暫時的一切功德、優點，全部靠內心實相而生成，所以稱為基礎。

　　內心實相為什麼又被稱為天然呢？因為內心實相不是靠著因緣合和而產生、形成，在內心實相上沒有說這個是好的、那個是壞的，這種區別根本不存在，內心實相是自然生出來的，所以稱為天然。

　　那內心實相為什麼又稱為菩提心呢？因為內心實相是一切萬法的心要、精華的部分，就萬法的心要精華而言，把內心實相又稱為菩提心。

　　總而言之，提到內心實相時，有時用法界，有時用基礎，有時用天然，有時用菩提心，但這四個名詞並不是代表四種不同的意義。譬如天空，有時我們也稱東方的天空，南方的天空，西方的天空，北方的天空，四個名詞看起來好像不一樣，實際上都是指天空，天空的本質只有一個，不會有二個，不會有本質相異的天空，和這道理一樣，有時以不同的四個名詞稱呼內心實相，但實際上它的本質只有一個，不會是相異的。

第十八項

　　別說菩提心之詞義。

　　前面談到內心實相有時稱法界，有時稱基礎，有時稱天然，有

時稱菩提心，針對「菩提心」個別再說明。有五個句子：

|རང་བྱུང་ཡེ་ཤེས་གཞི་ཀློང་ཡངས་པ་ལ།　　　　|ཡེ་ནས་དྲི་མེད་འཁོར་བས་མ་གོས་ཤིང་།
天然本智基界極寬廣　　　　本然無垢不染輪迴淨

|ཡོན་ཏན་ལྷུན་གྲུབ་རྒྱུ་འབྲས་འདས་པ་ཆུབ།　　　　|རང་རིག་སྙིང་པོ་འོད་གསལ་དག་པས་སེམས།
功德自成越離因果竟　　　　本覺心要光明淨故心

|བྱང་ཆུབ་སེམས་སུ་ཀུན་འདུས་རྣམ་པར་དག
於菩提心總集極純淨

　　這裡特別針對菩提心做一個解釋，一般而言，內心實相是天然
本智，因為是天然本智，所以遍及輪迴涅槃任何一邊。就內心實相
而言，本然在內心實相上根本就不存在煩惱障和所知障二者，根本
就沒有沾染到，因為內心實相沒有沾染到煩惱障、所知障，所以本
然清淨，本然無垢，不會沾染到輪迴，非常純淨。

　　內心實相為什麼被稱為究竟呢？「功德自成越離因果竟」，內
心實相之所以是究竟，其原因是因為佛身、佛智、佛功德在內心實
相上不需要依靠因緣和合聚集而形成，但就算不必靠因緣，那就是
沒有嗎？不是！在內心實相上，不必靠因緣和合，可是佛身、佛
智、佛功德已經本然完全齊備了，絲毫沒有遺漏，已經完整圓滿的
具足齊備了，所以稱為「究竟」。

　　菩提是梵音，就是「淨化到究竟」的意思，中文翻做菩提，是
音譯，如果意譯，就是「淨化到究竟」，因此解釋「究竟」，也就
是解釋菩提的意思。

　　內心實相被稱為菩提心，也要解釋一下「心」，這是因為內心

實相本身是一個光明的自性，是一個本智的自性，所以就內心實相而言，當然可以把它稱爲心，可以用這個名詞，因爲它有光明的性質，有本智的性質。

最後做結論，「於菩提心總集極純淨」，一切萬法的功德，一切法，在內心實相上不包括的部分、遺漏的部分，根本就不存在，但是談到內心的意思，我們現在的心是屬於不清淨的、業力煩惱的心，不能稱爲菩提心，業力煩惱、不清淨的這個心稱爲「心」，是指把有境和對境執著爲二邊，稱這種執著爲「心」；認爲自他是分開二個，稱這種想法爲「心」；認爲功德和過失是二個，完全不一樣，稱這種想法爲「心」；認爲輪迴和涅槃是二個不一樣的東西，各自分開來，稱這種想法爲「心」。

如果是菩提心，在菩提心上，輪迴和涅槃本然都不能夠成立，如果輪迴和涅槃本然不能夠成立，怎麼可能會執著二者是各自相異呢？這種執著根本不會存在，在菩提心上不會有這種執著，而且功德和過失本然就不能夠成立，因此也不會去執著功德和過失是兩邊，在內心實相上自和他本然都不能夠成立，那當然不能執著自、他是分開相異的兩邊，這種執著根本不會存在。

談到心，一定要有一個對境存在，心才會出現，不依靠對境不可能產生心，但是就本智而言，根本不需要對境，就算沒有對境的情況下本智也存在，因爲本智自明，自己就明白自己，不必靠對境，這是菩提心及內心區別之所在。

第十九項

最後歸納這些理由爲肯定。

|ཚལ་ལས་རོལ་པར་ཤར་བའི་རང་ངོ་ལ། | རྟོགས་པས་སྐྱོ་བྱུར་ཡང་སངས་རྒྱས་པ་དང་།
力道所現遊戲之本貌　　　證故突然亦即成佛果

|མ་རྟོགས་མ་རིག་འཁྲུལ་པའི་ཚོགས་ཤར་བས། |ཀུན་གཞི་ལས་མཆེད་ཚོགས་བརྒྱད་ཡུལ་དང་བཅས།
不證無明惑聚出現故　　　遍基增廣八聚與對境

|སྣང་སྲིད་རོལ་བཅུད་རོལ་པར་ཅི་ཤར་ཡང་། |བྱང་ཆུབ་སེམས་ཀྱི་ཀློང་ལས་གཡོས་པ་མེད།
顯有情器遊戲任現亦　　　即於菩提心界無搖動

|སེམས་ཀློང་མ་གཡོས་མཉམ་པའི་ངང་གནས་ན། |འཁོར་འདས་ཐུབ་རྒྱབ་དགོངས་ཀློང་ཡངས་པར་གྲོལ།
若住心界不動平等狀　　　攏集輪涅意界廣解脫

　　前面談到菩提心，菩提心是屬於清淨本智，一般的內心是指不清淨煩惱的部分，之後就有這麼一個問題了：不清淨煩惱部分的內心從何而來？天然本智菩提心是清淨本智、天然本智，又是安住在什麼地方？「力道所現遊戲之本貌」，出現遊戲的這個力道本身，本貌是什麼？由力道出現遊戲，譬如房子牆壁有面大鏡子，鳥飛到鏡前，看到自己的影像在鏡裡，鳥不會知道鏡裡的影像是自己，牠會以為有一隻鳥出現，這隻鳥大概對我有敵意、要傷害我，因此會去咬鏡子裡的鳥，用翅膀拍打牠，想要和牠打架，這種情況就知道鳥已發生迷惑了，不知道鏡裡的影像是自己，不認識是自己，執著為是其牠者，這種想法就是一種迷惑，由這個迷惑就形成許多痛苦。

　　如果一個人走到鏡子前，鏡裡也有一個影像出現，不過這個人會知道那是自己的影像，不是離開我身體之外還有另一個人在那裡。因為他知道是自己的影像，所以對鏡裡的影像不會害怕，也不會和他爭吵，也不會認為他是另一個其他者，所以這個人依於這個

影像不會形成各種痛苦，可以說他已經解脫依於影像所形成的各種痛苦，佛就像這種情況一樣。

就內心實相的力道而言，當然會出現各種各類的遊戲，就是對境，不過這些對境純粹都是由內心實相的力道所出現，不是離開內心的實相之外、有另外一個相異的其他者，如果一個人了悟了這一點，那這個眾生就成就了佛果。

但是當力道出現對境時，不能夠認識這些對境是由內心的力道而出現，卻執著為是離開內心實相之外的另一個其他者，這種認識就是一種迷惑，由這種迷惑就會逐漸形成眼識、耳識、鼻識、舌識、身識、意識、煩惱意和阿賴耶識，這都是迷惑錯亂的識，由這個迷惑錯亂的識，有境本身有八識，所對的對境就有色、聲、香、味、觸，就有輪迴六道所顯的各種各類形形色色的所顯出現，實際上這一切全部都是迷惑，這一切都是由內心實相的力道所呈現出來，並不是離開內心實相之外、另外一個本質不同的其他者。

譬如有時一個人站在鏡子前，鏡裡可能出現二個他、三個他，為什麼呢？因為鏡子被做的彎彎曲曲，實際上這個人只有一個，可是當他站在鏡子前，鏡裡就會出現好幾個他，那是因為鏡面有問題，所以形成好幾個影像，實際上影像來源的這個人有幾個呢？只有一個。

一樣的道理，內心實相唯一，但是在迷惑的情況所出現的所顯就各種各類，輪迴和涅槃的所顯全部都會出現，這一切所顯不管出現有多少，就像鏡裡的影像不管出現多少個，站在它前面的人就只有一個；輪迴和涅槃的所顯不管出現各種各類有多少，但是內心實相只有一個，而且不是離開內心實相之外的另一個其他者，如果了

悟了這一點，就會得到解脫了。

第二十項

講說內心實相的本質，內心實相是如何？做一個解釋說明。

|གཞིས་ལས་འཁོར་འདས་མི་སྲིད་རང་བཞིན་བབས།
本性非有輪涅自性停

|བཟང་ངན་བླང་དོར་མི་སྲིད་རང་བཞིན་བབས།
非有好壞取捨自性停

|སྤངས་ཐོབ་གཟུང་འཛིན་མི་སྲིད་རང་བཞིན་བབས།
非有斷得取執自性停

|དུག་ལྔའི་ཉོན་མོངས་མི་སྲིད་རང་བཞིན་བབས།
非有五毒煩惱自性停

|རྒྱ་ཆད་ཕྱོགས་ལྷུང་མི་སྲིད་རང་བཞིན་བབས།
非有不均偏頗自性停

|རྩལ་དང་འཆར་བ་མི་སྲིད་རང་བཞིན་བབས།
非有力道與現自性停

|ཕྱོགས་ཚམ་བཏགས་པ་མི་འགོག་རང་བཞིན་བབས།
未滅唯偏施設自性停

力道以及其所出現者都不是有，因此自性停在自性上面。這些都僅僅只是偏頗、片面的施設，但是也不會消滅掉，一切都是自性，都停留在自性上。這個是解釋內心實相的本質到底是什麼樣子。

就內心實相的本質而言，我們現在認定的不清淨的輪迴，這個部分根本沒有，我們現在認定的清淨的涅槃，這個部分也沒有。我們認為這是屬於我的部分，是好的、是優點；這是屬於他的部分，是壞的、是缺點，這些也根本就不可能有。

在內心實相上，也不會說這是應當要取得、要學習的，是善的、是功德的；這是應當要丟掉的，是過失、是壞的，這種區分根

本就不存在。

　　或者說在內心實相上有一個部分是應當要斷掉的，就是煩惱障、所知障、五毒煩惱，還有一個部分是要追求得到的，就是法身、報身、化身或五種佛智，這些在內心實相上根本都沒有。

　　現在我們所有的這一切，在內心實相上本來都是無，在內心實相上根本就不可能，就內心實相而言，內心實相已經有的，可是將來又變成沒有，這不可能；就內心實相而言，現在是好的，可是未來會變成壞的，這也根本不可能。

　　其次，力道與出現的所顯非有，所以停在自性上面，力道靠著威力當然就出現外在的所顯，色、聲、香、味、觸，當然也就出現了貪戀執著，這一切在內心實相上根本就不可能，根本就沒有。不過「唯偏施設未滅自性停」，在片面、偏頗、暫時的某一個方面來講，我們當然可以給它取各種不同的名稱，給它做各種安立名言，做施設；我們可以說這個是好的，這個是壞的，這個是涅槃，這個是輪迴，這個是功德，這個是過失。

　　這樣講的時候，其實都是暫時的唯名施設而已。

　　為什麼要做這種暫時的、片面的唯名施設呢？因為要利益所調伏眾，使所調伏眾能按照次第順序逐漸地學習，因此要用各種名言去安立去施設。所以這一切所做的說明，純粹只是暫時的名言施設而已。

　　因此，在暫時上我們就要講有五道的功德，有十地的功德，有這種實修的方式，你按照這樣去做，就會得到資糧道的功德，得到加行道、見道位、修道位的功德，這一切的理論全都出現了。出現的原因就僅僅只是片面的唯名施設而已。

　　或者說這個是五毒煩惱貪戀瞋恨，這個是我有的毛病過失，功德是什麼，應當如何學習，就唯名施設的這部份，這一切理論都可以講，講的時候在實相上成立不成立呢？那就是兩回事了，完全不同了，要能區分開來。

　　譬如一個人在夢境裡可以和別人說話，爭吵打架，或在夢境裡快樂幸福，這些都可以，但是不管是什麼樣的夢，醒過來後，好夢惡夢一切無影無蹤，全部都沒有了。所以在名言上當然可以有各種各類的安立，安立時可以說這個是應當要取的，這個是應當要捨的，這個是功德，這個是過失毛病，這些當然都可以講，但不表示在內心實相上就可以成立，這是兩回事。

　　所以一定要把它區分開來，如果不能區分開來，就不能夠明白爲什麼在解釋內心實相的內容時，有時候說有，有時候又說沒有了。

第二十一項

　　講說爲什麼不必破斥假名安立，但是也沒有力道和出現的基礎。

　　這個要和第二十項配合說明，前面說「非有力道與現自性停」，力道和出現都不能夠成立，但是我們知道從不清淨迷惑的內心這方面來講，色、聲、香、味、觸這一切所顯，經常持續不斷地出現，這個部分是不會遮滅的，這一切所顯之所以出現，一定有一個基礎，這個能夠出現的基礎就是力道，所以，出現之所顯，能顯之力道，在上個大綱裡講這二者都不能夠成立，假設二者都不能夠成立，那爲什麼在不淨迷惑的內心方面，這些顯分還是不斷的出現呢？如果力道和所顯、力道和出現都不能夠成立，顯分還是不會遮滅，仍然不斷地出現，爲什麼呢？以下要做一個說明。

།རང་བྱུང་ཡེ་ཤེས་ཆོས་ཟད་མིང་མེད་ལ། །རྩལ་དང་རོལ་པ་ཅི་ཤར་གཞི་མེད་ཉིད།
天然本智法盡而無名　力道遊戲任現無基性

།འཆིང་གྲོལ་མེད་པ་གནས་ལུགས་རང་བཞིན་བབས། །གྲོལ་ཞེས་བརྡར་བཏགས་རང་ཡལ་རྗེས་མེད་ཙམ།
無縛無解實相自性停　施名曰解自散唯無痕

།ཀུན་ཡིན་ཀུན་མིན་བཏགས་པར་མི་འགལ་བས། །ཡེ་ནས་གྲོལ་ཞེས་ཚིག་ཏུ་བརྗོད་པ་ཡིན།
皆是皆非未違施設故　曰本然解是詞句詮釋

天然本智指的就是內心實相，我們的內心所執著的這一切的法，在內心實相上完全都不能夠成立，因爲基不能夠成立，法也不能夠成立，所安立的假名也不能夠成立，而使之能夠顯現出來的力量就是力道，還有由力道僅僅只是出現這個部分稱爲遊戲，能顯之力道和所顯現出來的遊戲，遊戲就是外界外境，外境只是顯現，僅爲顯現這個部分稱爲遊戲，實際上，能顯之力道也不能夠成立，遊戲所顯的這個部分也不能夠成立，可是在沒有基礎、在無上，它一樣可以顯現出來，而且就僅僅只是顯現。

譬如我們會說：這個鏡子裡出現一個我的影像，這個影像怎麼出現的呢？我們會說靠著我的身體，靠著大鏡子，這些因緣條件和合，所以鏡裡出現了我的影像，也就是說這個影像的來源基礎是我的身體和鏡子，靠著這些基礎，因此形成一個影像。可是仔細分析，身體本身不能夠成立，鏡子本身也不能夠成立，這些都是空性，如果來源的基礎是空性，不能夠成立，當然影像本身也不能夠成立，可是我們在不觀察不分析的情況下，會說這個影像有一個存在的基礎。

這裡談到「無基礎」，根本就沒有基礎存在，力道和遊戲任何

出現的部分，其實根本沒有基礎存在，但就算沒有存在基礎，各種
顯分還是會出現；因為是無基，在無之中而出現，在沒有基礎之中
而出現，所出現的這一切當然都是純粹由內心實相所出現。

　　我們現在所看到的色、聲、香、味、觸這一切，實際上本來就
是解脫的，「本來就是解脫的」意思指這只是一個唯名施設。我們
說的解脫的意思，譬如釋迦牟尼佛以前和我們一模一樣，可是後來
學了法後，就不再有束縛，因此稱為「解脫」，這些其實都只是唯
名施設，現在我們在色、聲、香、味、觸之中，我好好學習佛法將
來解脫了束縛，我們就稱為「解脫」，這種解脫只是唯名施設，純
粹是名詞上所做的一個解釋，就只是一個名詞而已。

　　舉例而言，太陽非常強，但是被雲朵遮住了，後來雲朵消散掉
了，我們就會說太陽解脫了雲朵的遮蓋，這是不觀察、不做分析
下，說太陽解脫了雲朵的遮蓋；如果仔細分析，是不是這樣呢？太
陽本身其實沒有雲朵可以遮蓋，因為太陽所存在的那個處所根本就
沒有雲朵，所以太陽會不會被雲朵遮蓋住呢？不會！可是我們迷惑
錯亂的心都會有這種看法，會說太陽被雲朵遮住了，雲朵消散後就
說太陽解脫了雲朵的遮蓋，這都是名言上的安立而已。

　　因此，一切萬法的實相自性不能夠成立，不過就凡夫的了解而
言都是有，有也是有，無也是有，好也存在，壞也存在，輪迴也存
在，涅槃也存在，實際上這些都是各種各類的假名安立，實際上自
性不能夠成立，當我用假名去安立，當然什麼假名安立都可以做，
所以不成立與假名安立二者沒有互相違背，實相上即使不能夠成
立，我進行唯名施設時，當然都可以做。

　　談到內心實相本然解脫，從《法界寶庫》一開始到這裡都是講

內心實相本然解脫，實際上，「內心實相本然解脫」這句話也是假名安立，「內心實相本然解脫」這個部分，其實本身也不能夠成立。

第二十二項

　　廣說內心實相本然解脫之理，其中顯基和力道二者自性都是本然解脫。

　　內心實相本然解脫已經講了很多了，現在把解脫的道理再做一個解釋說明。顯基就是顯現出來的基礎，東西顯現出來時，有一個力道存在，顯基和力道在內心實相上本身都不能夠成立，因此，本然解脫。有三個句子說明：

|དབྱེ་བསལ་མེད་དོ་ཆུན་གྲུབ་ཀློང་དུ་གྲོལ།　|འདུ་འབྲལ་མེད་དོ་ཐིག་ལེའི་ཀློང་དུ་གྲོལ།|
無區分矣自成界解脫　　無即離矣明點界解脫

|ཅིར་ཡང་འཆར་རོ་ངེས་མེད་ཀློང་དུ་གྲོལ།|
任皆現矣無定界解脫

　　在內心實相上，不能夠區分出這些是功德的部分、這些是過失的部分，這種區分根本不會存在，因此說這是過失、毛病的部分，我要滅掉；這是功德、好的部分，我要去追求，這些根本就不可能，這一切在內心實相上根本就沒有。

　　內心實相不必靠任何因緣條件的和合，佛身、佛智、佛功德本然自成而且圓滿齊備，因為本然自成圓滿齊備，所以本然就已經解脫，因此是「自成界解脫」。

　　「無即離矣」，就是不即不離，即就是碰在一起，離就是離

開，也沒有碰在一起也不是離開，所以叫不即不離。

在內心實相上，會不會以前沒有的功德現在重新形成，重新出現，或者以前本來存在的功德，後來消失不見了，這種情況可不可能發生呢？不可能！因為內心實相本身本質只有一個，它是唯一，假設說以前沒有後來新出現了，或原來有後來消失不見了，那本質不是變成二個嗎？這種情況根本就不可能發生。

不過就算本質只有一個，可是在不清淨的迷惑這方面來講，清淨也可以顯現出來，不清淨也可以顯現出來，自己也可以顯現出來，其他者也可以顯現出來，功德也可以顯現出來，過失也可以顯現出來，一切都可以顯現出來，從不淨迷惑的方面來看，「任皆現已」，什麼都可以顯現出來，只是「無定」，所顯是不固定的。

譬如作夢，不會固定作哪一種夢，什麼都可以夢到，所以夢是不一定的。但不管你夢到什麼，醒過來時，一切都消失不見，因為夢中一切都不能夠成立。

一樣的道理，就所顯的部分要顯現出什麼呢？不一定！清淨的部分、迷惑的部分、好的部分、壞的部分，全部都可以顯現出來，不管顯現出什麼，一切所顯其實本然不能夠成立，因此本然就是解脫的。

一般提到解脫，解脫的類型分為「本淨的本質而解脫」和「於彼狀而解脫」，前者意思是在本然清淨的本質上是解脫的，後者意思是在狀況之中是解脫的。

就天空而言，色、聲、香、味、觸這些根本就不可能存在，天空本身本來就沒有色、聲、香、味、觸，所以這是「本淨的本質而解脫」；天空總是有雲朵，白色、紅色、黑色的雲朵都有，雲朵出

現時在天空中出現，消散時也是在天空中消散，不會跑到別的地方，所以這是「於彼狀而解脫」；業力煩惱在內心形成，也在內心消散掉，所以是「於彼狀而解脫」，在那個狀態裡去解脫。因此，不管是本淨的本質解脫還是於彼狀解脫，這一切全部在內心實相上只有一個，就像是天空一樣。

第二十三項

講說由力道所生的神變之顯現，因為本無自性，在原處就會解脫。

因為力道，就會出現外在各種形相，這些形相稱為「神變」，不過這些形相出現時，就在出現的原處就會消散不見，不會移到別的地方去。

།གཟུགས་སུ་སྣང་ངོ་སྣང་བ་རང་སར་གྲོལ། །སྒྲ་རུ་གྲགས་སོ་གྲགས་པ་རང་སར་གྲོལ།

顯為色矣所顯原處解　傳為聲矣傳聲原處解

།དྲི་རུ་ཚོར་བ་ཚོར་བའི་དབྱིངས་སུ་གྲོལ། །རོ་མྱོང་རེག་པ་རང་སའི་ངང་དེར་གྲོལ།

感受氣味感受界解脫　嚐味觸摸彼原處狀解

།དྲན་རིག་བྱུང་ཚོར་གཞི་རྩ་རྟེན་མེད་གྲོལ།

憶了出受無基根依解

沒有根本依靠的基礎之處，因此而解脫。首先，眼睛所看到的色法，美的醜的，好的壞的，各種各類，不過就算在眼識上顯現出這種所顯，本身也不能夠成立，因此在所顯處，自然也消散不見，不需要到別的地方消散。

耳朵也聽到很多聲音，好聽、不好聽的聲音，這是耳識所聽到的，耳識所聽到的也就在聽聞之處上自然地消散不見，不需要到別的地方消散，因爲聲音自性不能夠成立，耳識聽到也在耳識上消散不見。

一樣的道理，鼻子聞到氣味，無論香或臭，鼻識上聞到也就在鼻識上消散掉；舌頭品嚐到酸甜苦辣的滋味，這些滋味在品嚐上形成，也在品嚐的這個地方消散不見；觸摸到冷熱、柔軟粗糙等，在觸摸上形成，這些本然不能夠成立，也在觸摸上消散；回憶以前各種各類事情，理解到這個是什麼、那個是什麼，這一切都沒有基礎、沒有根本、沒有依靠之處，所以不可能堅固不改變，在內心實相上不能夠成立，所以自然在所出現的處所，就在那個原處，就會自然地消散，自然解脫。

第二十四項

唯名施設者，本身之本質爲空，因此是本然解脫。

在不清淨的迷惑錯亂這方面來講，色、聲、香、味、觸這一切其實都是由內心施設，安置出來而形成，凡是由內心施設後所安立的部分一定沒有本質，本質爲無，所以當然自然地解脫。解釋這個部分，有四個句子。

གཅིག་ཏུ་གྲོལ་ལོ་ཆོས་ཉིད་ཀློང་དུ་གྲོལ།	གཉིས་སུ་མེད་དོ་ཡུལ་སེམས་མཉམ་པར་གྲོལ།
於一解矣法性界解脫	爲無二矣境心等解脫
རང་བྱུང་གྲོལ་ལོ་ཡེ་ཤེས་ཀློང་དུ་གྲོལ།	ལྷུན་གྲུབ་གྲོལ་ལོ་གཞི་དབྱིངས་དག་པར་གྲོལ།
天然解矣本智界解脫	自成解矣基界淨解脫

「於一解矣法性界解脫」，我們現在都有很多的施設，也做色、聲、香、味、觸等很多的區分，不管區分有多少，實際上只有在一個本質上是解脫的，哪一個本質呢？內心實相，在內心的實相這個唯一的本質上自性不能夠成立，在唯一的本質上是解脫的。

如果在內心實相這唯一本質上是解脫的，那就是在究竟法性上解脫，這是同樣的意思，而且「為無二矣境心等解脫」，我們現在都執著有二邊，就是對境和內心，有我有他，有輪迴和涅槃等，這種二邊的執著不能夠成立，因為凡是二邊的執著一定是基本之處就是對境和內心二者，但是對境和內心二者本然都不能夠成立，不能成立為二邊，所以為無二矣，因為對境和內心平等，因此這種執著不能夠成立，所以在本質上是解脫的。

「天然解矣」，天然的部分是內心實相，內心實相本身本然就解脫，因為是清淨的本質，在清淨的本質上已經是解脫的，「自成解矣」，自成是指佛身、佛智、佛功德，在內心實相自成的佛身、佛智、佛功德這個部分，本就沒有沾染到任何煩惱，是清淨的，所以在清淨的本質這方面而言，也是解脫的。

前面所講的內容，佛陀開示時，有時說我也存在，我也可以成立，有時又說我根本就沒有，不能夠成立，有時又說一切萬法都是空性，有時又說一切萬法不空，這所有的開示都是針對弟子內心的狀況，弟子內心不清淨、迷惑，應該怎麼向他說明呢？因此佛陀針對弟子情況有時說我不可以成立，有時說我可以成立，有時說萬法都是空性，有時又說萬法都不是空性，所以應當了解，在這種情況下所講的一切都不能夠成立，就這一點，一定要能完全的決斷。

第二十五項

　　講說神變於法性中解脫的要點。

　　解說在顯分顯現出來時，各種各類，無量無邊，不過不管是多少顯分顯現出來的一切，在實相的狀態中自性完全不能夠成立，因此是解脫的。以三個句子說明：

|སྣ་ཚོགས་གྲོལ་ལོ་ངག་ཅིག་ཀློང་དུ་གྲོལ། |ཕྱོགས་མེད་གྲོལ་ལོ་ལྷུན་གྲུབ་ཀློང་དུ་གྲོལ། |
種種解矣唯一界解脫　　無偏解矣自成界解脫

|ཐམས་ཅད་གྲོལ་ལོ་སྙིང་པོའི་ཀློང་དུ་གྲོལ། |
一切解矣心要界解脫

　　種種顯分都是解脫的，因為在唯一的實相界之中就是解脫的，種種顯分顯現出來的部分，這是我喜歡的，那是我不喜歡的，這是這個樣子，那是那個樣子……，雖然顯現出來各種各類，本質只有一個，因為在內心實相上全部都是解脫的，所以「唯一界解脫」。

　　可是就算是在唯一界中解脫，就我們而言，顯現有好的方面、壞的方面、自己的方面、其他者的方面，這些偏頗的方面其實都不能夠成立，因此是無偏。因為沒有偏頗的部分，當然是解脫的，而且功德也都是自成，就佛的各種功德在自成方面是解脫的，「無偏解矣自成界解脫」。

　　「一切解矣心要界解脫」，「心要界」就是菩提心。現在這個法各種各類，好的部分、壞的部分、功德的部分、過失的部分，我們的內心有無量無數，因為內心無量無數，每一個心有所針對的對

境，對境就是法，所以對境的法也就無量無數，這一切無量無數的法，全部都是本然解脫的。在什麼本質上解脫的呢？這一切的法在菩提心的本質上是解脫的。

第二十六項

講說一切本然解脫，從不動、空明這部分來解釋。

不動的意思就是不會改變，本質不會有任何改變，空明指空的自性、明的自性。首先從空明自性這部分來說明本然解脫。

| འོད་གསལ་གྲོལ་ལོ་ཉི་ཟླའི་ཀློང་དུ་གྲོལ། |ཆོས་ཉིད་གྲོལ་ལོ་ནམ་མཁའི་ཀློང་དུ་གྲོལ།
　　　光明解矣日月界解脫　　　法性解矣虛空界解脫

|ཆོས་ཅན་གྲོལ་ལོ་རྒྱ་མཚོའི་ཀློང་དུ་གྲོལ། |མི་འགྱུར་གྲོལ་ལོ་རི་རྒྱལ་ཀློང་དུ་གྲོལ།
　　　有法解矣大海界解脫　　　未變解矣山王界解脫

內心實相是光明、清淨的本智，所以就內心實相而言也是解脫的。

光明的內心實相所解脫的情況用太陽和月亮做比喻，我們談到太陽光或月亮光，如果仔細分析，就會說這個是太陽，這個是月亮，不會說成是另外一個其它者，同樣的道理，「法性解矣虛空界解脫」，內心實相就是法性了，本質不能夠指出來是這個、是那個，本質不能夠辨明的情況和天空一樣，我們嘴巴上說這是天空，但能不能用手指頭指認出來天空呢？不能！本質上不能夠辨明，因為本質上不能辨明，在本質上就是解脫。

而且「有法解矣大海界解脫」，在內心實相上，輪迴和涅槃所

顯的部分，各種各類全部都可以出現，但最後都消散在內心實相上，所以就其融入內心實相這個部分而言，也是解脫。

以大海做比喻，大海裡大大小小的浪花從何而來？從大海而來，消散在哪裡？融入大海之中，因此不需要到另外一個地方去解脫。同理，輪迴涅槃這一切萬法、一切有法，由內心實相而來，融入內心實相之中。

「未變解矣山王界解脫」，內心實相本身不會變成任何其它者，就內心實相而言，在不清淨的眾生階段、清淨的菩薩階段、最清淨的佛的階段，在這三階段裡，內心實相不會有任何改變，不會變成任何一個其它者，比喻就像山王，這麼高大的山，因為本質堅固穩定，不管四面八方的狂風怎麼吹，山本身不會有任何動搖，就山王不動搖而言，需不需要靠另外原因導致它不會被風吹倒呢？不需要！自己本身的本質就不會被風吹倒，所以內心實相本身不會有任何改變，這個是它自己的本質，這個本質上它自己就會得到解脫，完全不需要由其它任何因緣導致它有這個能力，它自己的本質就是解脫了。

第二十七項

歸納總括要義，一切在等空菩提心中本來即佛，是唯一法性。

一切萬法就像虛空一樣，不能夠指認、辨明出來，因此，一切萬法就在菩提心裡，一切萬法在菩提心本然不能夠成立，所以本然都是解脫。

།གདོད་ནས་གྲོལ་ལོ་སྐྱེ་མེད་ཀློང་དུ་གྲོལ།　།ཕྱམ་གཅིག་གྲོལ་ལོ་ཡེ་སངས་ཀློང་དུ་གྲོལ།
本然解矣無生界解脫　一齊解矣本醒界解脫

།ཡོངས་གྲོལ་གྲོལ་ལོ་ཡེ་རྒྱས་ཀློང་དུ་གྲོལ།
全解解矣本廣界解脫

「本然解矣無生界解脫」，一切萬法在內心實相上都不能夠成立，主要原因就是一切萬法本然不生，就不生的法而言，在內心實相上怎麼可能成立呢？當然不能夠成立！成立的話必須要存在，存在的話必須是生出、形成的，形成的原因一定要靠陰陽和合而產生，但是萬法本然無生，無生當然不能夠成立，因為無生為空，所以在空性之中是解脫的，因此從無生這個角度來看是解脫的。

「一齊解矣本醒界解脫」，萬法各種各類，好的壞的，有的可能以前沒有，現在才出現，有的可能以前有，現在卻消失不見，這種情況會不會存在呢？不會！不管是好是壞等，這一切一齊本然都不能夠成立，在清淨本智上本來都沒有，所以本然就是解脫的。

我們現在還沒有成佛，所謂成佛是未來，未來成佛時，是普遍全部都解脫，全部都解脫的原因是因為內心實相上的佛身、佛智、佛功德，徹底完全現前，絲毫都沒有遺漏，全部都顯現出來的時候就稱為「全解」，「全解解矣本廣界解脫」，一切顯露出來時，佛身、佛智、佛功德出現時，不清淨的顯分的部分徹底消失不見，所以叫做全部都解脫，一切都是解脫的，在本廣界解脫，清淨的部分廣大浩瀚無邊，這個時候是解脫的。

13

述萬法於菩提心本然成佛
無勤力觀修亦成佛品

　　第十三品所要講的內容是究竟的果，在道上所得到的這個究竟的果。

　　首先在內心實相上，其實根本就不曾離開過佛身、佛智，可以說本然安住，現在讓內心實相現前，徹底呈現出來時，就稱為果。就果而言，並不是以前沒有，現在我新得到的、新出現的，在大圓滿教法裡不是如此解釋，而是以前早就已經存在的佛身、佛智，被偶然的煩惱、偶然的污垢所遮蓋，偶然的煩惱是指我執、迷惑所顯的心及心所，這些迷惑的煩惱像雲朵一樣蓋住內心實相上的佛身、佛智。

　　就好像天空，太陽當然有光，但是偶爾也會被雲朵遮住，這時對我們而言，太陽光就沒有顯現出來了，當雲朵消散後，對我們而言，太陽光好像又新出現了，實際上不管雲朵存在或消失，就太陽而言，本身的光始終都存在。

　　同理，當被偶然的煩惱遮蓋住時，好像沒有佛身、佛智，偶然的煩惱去除掉時，好像在內心實相上，佛身、佛智新形成了，是一個新東西，其實根本不是，佛身、佛智的部分原來就已經存在，但是現在呈現出來。

　　當佛身、佛智都現前呈現出來後，就能針對所調伏的眾生，順著他的根器、勝解，還有能力，逐漸利益眾生的事業就會周遍，就會自然形成。

　　當雲朵消散掉之後，太陽光遍及一切，相同的道理，三身的功德如同太陽，意思是指內心實相的功德好像太陽本身就擁有光亮，本來就存在。當沒有雲朵時，太陽光是不是立刻照到南瞻部洲所有處所呢？不是！它會逐漸地遍及南瞻部洲一切地方，一樣的道理，

成就佛果時，佛行事業是不是馬上遍及所有眾生呢？也不是！眾生
內心的罪業蓋障逐漸清淨時，佛的事業就能夠利益他，因此佛的事
業就逐漸遍及一切眾生，這個部分稱為果。

　　講述果方面時，首先總說果的理論，其次講說實際上果原來就
已經存在，為什麼？第三項再詳細說明果的內容。

第一項

　　首先總說果的理論，究竟的菩提果位具足兩種清淨，就是原
來已經存在的清淨（自性清淨）和離開偶然污垢的清淨（離垢清
淨），這兩種清淨已經徹底究竟呈現出來時，就稱為果。

|ཆོས་རྣམས་ལྷུན་གྲུབ་བྱང་ཆུབ་སྙིང་པོ་ལ། | |འབད་རྩོལ་མེད་པའི་གནད་ཀྱིས་གོམས་བྱས་ན། |
於之萬法自成菩提藏　　若以無勤力關鍵串習

|ཡི་སངས་རྒྱས་ལ་ཡང་སངས་རྒྱས་འབྱུང་སྟེ། | |འདི་ནི་བླ་མེད་རྡོ་རྗེ་སྙིང་པོའི་དོན། |
本然佛陀亦出佛陀也　　此者無上金剛心要義

|རིམ་དགུའི་སྙིང་པོ་བྱང་ཆུབ་ཀློང་ཆེན་ཡིན། |
九乘心要菩提之大界

　　萬法是指清淨的佛身、佛智、佛功德這一切的法，在內心實相
裡這個部分的法不需要靠因和緣，是自然自成而存在的。

　　原來已經存在的這部分，當然不需要透過身口心三門，花勞累
力氣去製造出來，那要怎麼作呢？應該要安住在內心實相上，好好
地靜坐，以這個方式最後就會證悟內心實相；在證悟內心實相時，
也不必花任何勞累力氣，只要在這上面好好地證悟後，再三串習，

本來就已經是佛陀，「本然佛陀亦出佛陀也」，內心實相上佛已經安住了，本來已經是佛陀了，後面加上又消滅掉了偶然污垢，因此成就了佛果，這就好像太陽本身已經有毫光了，雲朵偶然形成，遮蓋住陽光，現在把偶然的雲朵去除後，光再度出現，好像新出現的一樣，對我們來講是這樣，所以本然是佛陀，又生出佛陀。

其次，大圓滿教法是無上殊勝的教法，密咒金剛乘門的理論談到九乘次第，九乘次第之中最究竟、最頂端的乘門就是大圓滿的教法。之所以稱為究竟的乘門，是因為靠著大圓滿的教法、口訣，可以使我們內心實相中原來就存在的佛再度現前，完全徹底呈現出來，在大圓滿裡就把這個部分稱為果。

第二項

以這個方式成就佛果的乘門，個別講說原因，分成三項，其中第二項和第三項，以後再做解釋，先講說第一項，天然本智由自己的力道會生起神變，從這裡來安立蓋障，以及如何消滅蓋障的道路。

天然本智就是內心的實相，靠著內心實相的力量，使內心實相呈現出來時，以這個方式就能夠把偶然的煩惱、蓋障消散掉。道理何在？要作一個解釋說明。

第一項裡還要再分成三點，第一點，以自己的力道與神變（遊戲）總說蓋障與清淨之理，第二點別說蓋障本身，第三點具足兩種清淨，清淨本身是合理的。

自己的力道與神變（遊戲）會遮住內心實相，但是偶然的煩惱蓋障仍然可以去除掉。這方面有三個句子：

|མཁའ་དགྱིལ་ཉི་ཟླའི་དགྱིལ་འཁོར་འོད་གསལ་ཡང་། |ཨ་ཐོགས་སྤྲིན་ཆེན་སྟིང་པོས་ཡོངས་བསྒྲིབས་པས།

空中日月之輪雖光照　　不證大雲遍蓋心要故

|མི་སྣང་བྱང་ཆུབ་རང་ལ་ཡོད་པའི་ཚུལ།

未顯菩提於己已有理

在內心的實相中，當所顯呈現出來時，不能夠瞭解所顯就是自顯，這個不瞭解本身就是一種迷惑，迷惑本身就會蓋住內心的實相，形成偶然的煩惱。這個蓋住內心實相的偶然的煩惱，要怎樣消除呢？這裡主要說明的是這個部分。

「空中日月之輪雖光照」，運用比喻說明，內心的實相實際上自己本身沒有任何蓋障，形成的蓋障不是原來就有的，是偶然形成的。因此，就原來是佛這部分，當實相被偶然的蓋障遮蓋了，即使原來是佛，佛的本質也不能夠呈現出來。

這種情況就像天空中有太陽也有月亮，就太陽和月亮而言，本身自然就有光亮，可是當它們被偶然的雲朵蓋住時，對我們來講，太陽月亮的光就不能透顯出來了。同理，我們自己內心的實相上佛身、佛智、佛功德，這部分的性質自然而形成，廣大無邊、無窮無盡，但是還沒有證悟內心實相時，這些仍然不能夠顯現出來。

就佛身、佛智、佛功德的這個部分，我們看不到，也聽不到，但是早就已經存在了，只不過沒有顯現出來，但是就算沒有顯現出來，在道理上來講，也是早就已經存在了，用比喻就可以瞭解。「未顯菩提於己已有理」，就算菩提沒有顯現出來，但是對自己而言早就已經存在了，是合乎道理的，就好像前面的比喻，太陽月亮本身是光亮的，可是被雲朵遮蓋時，光亮不能夠出現，但就算光

亮沒出現，太陽月亮本身還是有光亮，從這個比喻的道理就能夠瞭解。

　　一般來講，佛陀開示教法時，弟子的情況分成宿世多學、宿世未學兩種，也就是說生生世世以前學過很多，另外是生生世世以前都沒有學過，或只學過一點點。佛陀在世時，舍利子、目鍵鏈、侍者阿難、上座大迦葉，還有佛陀的兒子羅睺羅等，得到大阿羅漢果位的弟子很多，他們都是往昔好幾輩子就跟隨佛陀學習、觀修，等到佛陀在印度金剛座菩提迦耶證得佛果時，瓦拉那西初轉法輪只講了一個頌文，聽聞了立刻證悟實相，得到羅漢果位，就表示這個弟子是宿世多學者。

　　就我們而言，是宿世沒有學習過教法的人，不要說佛陀講一個頌文聽不懂，就算佛陀講了所有教法，就算我們仔細聽聞了好幾個月，也是不能夠瞭解，也是沒有辦法得到證悟。這並非佛法本身沒有加持力，因此我們聽不懂，而是因為我們上輩子沒有廣大學習過。

　　佛陀針對這種弟子講述教法時，若直接指出萬法實相，弟子當然不能夠證悟，因此佛陀就運用比喻來說明，譬如太陽本來有光，被雲朵遮住時，太陽光無法照到你身上，但是就算照不到你身上，太陽自己有沒有光芒？有的！佛陀就用這個比喻來講解；就內心實相而言，佛身、佛智、佛功德無量無邊，可是被偶爾的煩惱遮蓋住時，這些就不能夠出現了。

　　特別就我們來講，輪迴的法及涅槃的法，這一切萬法在內心實相上連名字都不能夠成立，這點在《法界寶庫》裡再三談到，但是就算再三講解，我們也無法瞭解，因此就要透過比喻來說明。

　　一切萬法雖然顯現出來，但是不能夠成立，不能夠成立的原因用九個比喻來說明，佛經裡曾講過「如幻九喻」，遍智龍欽巴尊者又開示如幻八喻，而且配合禪修的方式來進行，寫成《虛幻休息論》。因為就萬法沒有自性存在這個部份，我們很難了悟，所以要說明為什麼萬法是無？為什麼無還能夠顯現出來？即使顯現出來還是沒有自性，道理何在？這些都要配合比喻做一個解釋說明。

第三項

　　講說自己原來具有的如此之法身，當暫時的污垢消除後能直接現前。

　　就內心實相而言，自己原來具有的如此之法身，法報化三身的功德都是原來就存在的，本來就有的，但現在沒有現前，這是因為被偶然的污垢蓋住了，如果把偶然的污垢消滅掉，三身的功德自然就現前了。以四個句子說明：

བྱིན་ཆེན་དབྱིངས་སུ་བཞག་པས་རང་དངས་ལྟར།	འབད་རྩོལ་མེད་པས་རྒྱུ་འབྲས་སྤྲིན་བྲལ་ནས།
大雲置於界故自離般	無勤力故離因果雲後
མཁའ་དཀྱིལ་བྱང་ཆུབ་སྙིང་པོ་རང་ལས་འཆར།	དབང་པོའི་རིམ་པས་ཐེག་པ་ཐ་དད་ལ།
空中菩提心要由己現	根器次第故乘門相異

　　這也是用比喻說明，譬如天空被廣大雲朵遮蓋住，我不喜歡雲朵想要把它消滅掉，有沒有辦法呢？沒有辦法！無論你花多大力氣，無論你跑上跑下往天空丟石頭，都不能夠把雲朵滅掉。只要不討厭它，根本不理它，自然放著，身體和語言都不花費力氣，之後

慢慢地，雲朵自然就消散掉了，等到雲朵消散掉，太陽光自然地就放射出來了。

同樣的道理，內心實相被偶然的污垢遮住，就偶然的污垢、煩惱這部分，身體和語言花大力氣能不能消滅掉呢？不能夠！只要在內心的實相上停留，好好地安住，不必花任何力氣，這個煩惱污垢，因為是偶然的，所以自自然然逐漸就消散掉了；當偶然的污垢煩惱消散掉時，內心實相上佛身、佛智、佛功德自然就徹底呈現出來。

在這方面而言，有很多的差別。首先，根器上等者實修的方式如何？根器中等者實修的方式如何？根器末等者實修的方式如何？三種根器實修的方式不一樣，過程不一樣，了悟的方式也不同，不過到最後內心實相呈現出來的這個部分毫無差別。譬如天空，被一大片烏雲遮住了，或被一點點雲朵遮住了，遮住的程度不相同，可是到最後雲朵都消散掉，太陽毫光萬丈放射出來時，這個部分沒有任何差別。我們現在實修時，當然根器有上中下不同，實修方式不同，中間暫時得到的果也不同，不過在究竟上就毫無差別了。

第四項

講說由自己的力道生起神變時，形成障蔽的情況。

內心實相本然即是佛，如果這樣講，那迷惑是如何形成的呢？偶然的煩惱蓋住內心實相，那偶然的煩惱又從何而來？如何形成的呢？迷惑和偶然的煩惱都是由內心實相本身的力量所形成的，這也是用比喻來說明，有八個句子。

|ངོ་བོ་ཉིད་བཞིན་ཆོས་དབྱིངས་སྟོང་ན་གསལ།| |རྩལ་ལས་ཟེར་བཞིན་ཀུན་ཤར་རིས་མེད་པས།|

本質如日明照法界空　　力道毫光遍現無偏故

|ས་དང་རྒྱ་མཚོར་དྲོད་ཀྱིས་ཁྱབ་པ་ན།| |ཁྲངས་ལས་སྤྲིན་གྱི་རོལ་པར་ཤར་བ་ཡིས།|

溫暖遍及大地與水湖　　熱汽現爲雲朵之遊戲

|ངོ་བོ་ཉིད་དང་རྩལ་ཡང་བསྒྲིབས་པ་བཞིན།| |ངོ་བོ་ཉིད་ལས་རང་རྩལ་མ་དག་པའི།|

本質力道亦爲所蓋般　　由本質性己力不淨之

|རོལ་པས་སྟེང་པོའི་དེ་ཉིད་རང་ངོར་སྒྲིབ།| |སྣང་སྲིད་སྣོད་བཅུད་འཁྲུལ་སྣང་བསམ་མི་ཁྱབ།|

遊戲遮蓋心要眞如貌　　顯有情器惑顯難思議

　　就內心實相的本質而言，是任皆不成立，此部份爲空，稱爲「本質空」。這個本質空有一個力量，由空性本質的力量之中會出現所顯，如果沒有力量，則不可能出現所顯；但是當所顯出現時卻不知道這個是自顯，而把它執著爲他顯，在這種執著的情況下，就會認爲這個所顯是他，我就是我，因此沒有我就形成有我，這種想法就出現了；所出現的所顯又變成他，這個是他，這種想法又出現了，因此慢慢形成補特伽羅的我執，形成了法我執，慢慢地就有煩惱障、所知障，各種各類的執著就逐漸地形成了。

　　因此，就蓋住了內心的實相，情況就非常的嚴重。

　　再用一個比喻說明，天空上有太陽，太陽自己的光從來就沒有改變過，當我們說陽光被雲朵遮蓋住了，雲朵從什麼地方而來呢？怎麼會把太陽光遮住呢？仔細分析，會發現遮住太陽光的這個偶然出現的雲朵，是太陽自己形成的，由太陽本身的力量形成了雲朵，假設太陽本身沒有力量，不可能形成雲朵。

　　首先，太陽本身有光，光有溫暖，當太陽光照射大地、河流、海

水時，大地、河流、海水變得溫暖，在溫暖的情況下形成了水蒸氣，水蒸氣逐漸飄到空中，凝聚變成雲朵，這雲朵便把太陽光遮住了。

和這個比喻一樣，內心實相本身有一個力量，經由這個力量出現所顯，但是當所顯出現時不能夠知道這是自顯，因此就產生了迷惑的認識，形成了無數的煩惱，這一切的煩惱其實都是由內心實相本身的力量所形成，所以由內心實相本身的力量出現了各種各類的所顯，由我們的眼識到意識之中所出現的對境，各種各類非常多，因為不認識，這一切全部都遮蓋住了內心的實相。

換句話說，當各種各類的所顯出現時，一個所顯出現就形成一個迷惑，無數所顯出現就形成無數迷惑，因此眾生在六道裡不斷流轉，六道的處所裡各種景象不斷出現，這些惑顯無量無邊，其實全部都是由內心實相的力量所形成。

第五項

內心實相覺性的力量被神變所遮蓋之後，消滅掉之後還會再出現太陽。

這裡要說明的是太陽本身的光被雲朵遮蓋住了，雲朵從何而來？由太陽光本身的力量形成。和這道理一樣，內心實相本身也是被煩惱所遮蓋，煩惱從何而來？這偶然所形成的煩惱也是靠內心實相的力量而形成，因為由內心實相本身的力量之後會出現所顯，所顯出現時不認識，因此就形成蓋障，蓋住了內心實相。

不過之後要怎樣把遮住太陽的雲朵去除掉呢？去除掉的方式還是靠太陽光本身，太陽光本身的力量會形成風，風會把雲朵吹散，因此遮住陽光的雲朵就沒有了，太陽就脫離了雲朵的遮蓋。所以，

靠著太陽本身的力量，就可以把雲朵消滅掉了。

　　同樣的道理，就內心實相而言，現在被偶然的煩惱所遮蓋住，要怎樣把偶然的煩惱滅掉呢？靠內心實相本身的力量就可以消滅掉了。為什麼呢？因為內心實相本身有一個力量，所以才會出現所顯，當所顯出現時了悟這個道理，這個所顯本身其實是內心實相本身的自顯，是內心實相本身，如果得到這種證悟，那遮蓋住內心實相的煩惱，自然地消散得無影無蹤。

ཉི་ཟེར་རྩལ་ལས་རླུང་བསྐྱོད་སྤྲིན་དེངས་ལྟར།	|རང་ངོ་རྟོགས་ལས་རོལ་པ་རྒྱན་དུ་ཤར།
日毫力道風動雲散般	由證本貌遊戲現莊嚴
|འཁྲུལ་པ་ཡེ་གྲོལ་རང་ས་ར་གྲོལ་བས།	|འཁྲུལ་སྣང་འཁྱུལ་འཛིན་མ་སྤངས་དབྱིངས་སུ་ཞི།
迷惑本解原處現解故	不斷惑顯惑執於界息
|གར་སོང་ཆ་མེད་དྭངས་པའི་ནམ་མཁའ་ལ།	|སྐུ་དང་ཡེ་ཤེས་ལྷུན་གྲུབ་ཉི་མ་ཤར།
何去無定於清澈虛空	身與本智自成旭日昇

གཞན་ནས་མ་འོངས་རང་སྣང་དག་པ་ཚམ།
不由他來唯自顯清淨

　　太陽光本身有一個力量，由這個力量就會在天空中形成風，風流動吹過來後，就會把雲朵吹散掉，之後，太陽光又再放射出毫光萬丈，這是一個比喻。

　　就內心實相而言，它本身有一個力量，由這個力量出現所顯，所顯出現時要去了知這個所顯本身就是自顯。在這個情形下，不清淨的一切所顯廣大無邊，一切的惑顯當然本然解脫，自然就會消散掉。消散掉的方式是什麼？原處解脫，在原處自然消散掉，所以原

處出現就解脫，原處自然地就消散掉了，就原處消散而言，不必花力氣把惑顯惑執這個部分斷掉，自然就消滅掉了。迷惑出現了這些所顯，而且執著這些所顯是另外的其他者，這種執著的心識，惑顯惑執這部分，根本不必花力氣去除掉，因為本來不能夠成立，所以自己自然就會消散掉。

當這些煩惱消散掉時，我們會想說我以前有很多煩惱，現在煩惱不見了，那這些煩惱到底跑到什麼地方了呢？仔細分析，沒有跑去什麼地方，也沒有消散的地方。譬如天空被濃密的烏雲遮蓋住，之後烏雲不見了，太陽光再度照射，這時我們去分析，前面那個消散掉的烏雲跑到什麼地方去了呢？融入泥土裡了嗎？融入河裡了嗎？融入高山裡了嗎？都沒有啊！仔細分析，了不可得，找不到，因為沒有跑到任何地方去，是自然地消散不見了。

關於這個部分，有許多弟子在禪修時有一個疑問，做苦樂相換時把自己的快樂善根施給一切眾生，這時會擔心害怕，我的善根、快樂好像越來越減損了；把其他眾生的痛苦取過來時，會覺得自己的痛苦越來越強烈，感到害怕擔心，有這麼一個疑問存在。這種情況是沒有了解萬法實相，是不瞭解這個教法的一個徵兆。就萬法實相而言，本然不能夠成立，自性不能夠成立。

所以，這一切的迷惑就好像天空的雲朵，當我們對於萬法實相沒有證悟時，就好像被天空的雲朵遮蓋住，當我們了悟了萬法的實相，其實萬法的實相本然如此，本然不能夠成立，在這個情況之下，我把安樂善根賜給眾生，自己的安樂善根會不會逐漸減少呢？不會！就實相而言，萬法本身自性不能成立，我把眾生的痛苦罪業取過來後，自己的痛苦會不會越來越多呢？也不會！

　　這一切是因為我們的內心目前的情況不清淨，為了要使之淨化，我做觀想、做練習，這是一個非常重要的方法，在練習的情況下，有這些擔心就表示對教法的內容意義還不瞭解，有這樣的徵兆。

　　因此，多聽多學非常重要，尤其是一個實修者，既然要修法，對法本身一定要有所認識，要經常聞、思、修，這些非常重要。

　　遍智龍欽巴尊者曾經講過，他自己是因為多生多世已經聞思修大圓滿法，再三串習，因此這輩子學習大圓滿教法時，不必花費力氣，馬上就證悟了。

　　我們現在還沒有了悟大圓滿的實相，因為我們宿世以前沒有廣大學習，如果我們宿世廣大學習過，現在要了悟就非常地容易，所以一定要多生多世廣大學習。而且我們自己的內心實相上，佛身、佛智、佛功德這些都原來就存在，但是要怎麼去了悟呢？也是靠著內心實相本身的力量去證悟，原來我的內心裡這個內心實相本來就存在，就在了悟時，以前的業力煩惱又跑到什麼地方去了呢？有人可能會想這個問題，仔細分析，就像天空雲朵自然消散掉一樣，找不到了，自然消散掉了。

　　這裡是將內心實相以太陽做比喻，業力煩惱以雲朵做比喻，有弟子聽了後，就有這麼一個想法：天空被雲朵遮蓋住，之後雲朵被風吹散了，可是不久又形成雲朵，雲朵又把天空遮蓋住……，這樣來看，內心實相被業力煩惱遮蓋住了，靠內心實相本身的力量把業力煩惱消滅掉，之後是不是又會形成業力煩惱，又把內心實相遮蓋住，又把它消滅掉……，有這樣的疑問存在。

　　一般來講，比喻和意義不是完全配合，有時候只是從相似性解釋說明，實際上，如果內心實相偶然的煩惱污垢去除掉之後，不可

能再度被遮蓋，當然就太陽而言，雲朵消散掉之後，也會再形成，再遮住太陽，不過就內心實相而言不會這樣。

第六項

講說離開身體的這個網罟後通達本來面目之瑜伽士，能證得佛果的道理。

如果我們現在觀修大圓滿教法，證悟大圓滿實相，了悟內心實相時，當然偶然的煩惱就消滅掉了，不過就算正確了悟內心實相，已經成就了佛果，外在的身體仍然不是佛。古代的大成就者，譬如密勒日巴，已經證悟佛果了，外在身體的形相卻非常糟糕，皮膚是綠色的，沒有穿衣服，瘦骨嶙峋；還有印度古代的大成就者，許多都是獵人、農夫或工匠的形相。內心已經是佛，但是外在仍呈現出凡夫俗子的形相，這主要是因為現在不清淨的身體是前輩子業力所形成。所以，當把前輩子業力所形成的這個不清淨的身體去除掉，因為內心已經證悟了佛果，之後就能夠出現佛莊嚴無比的身體。

|གཞིས་སྐྱེས་སྒོ་ངའི་ནང་ནས་འདབ་རྒྱས་པ།|
於之二生卵內翅廣大

|སྒོང་རྒྱས་འཕྲམས་ཕྱར་ད་ལྟར་མི་སྣང་ཡང་།|
卵殼閉般現下雖未顯

|སྒོང་རྒྱ་རལ་བས་མཁའ་ལ་ལྡིང་བ་ལྟར།|
卵殼裂故翱翔天空般

|གཟུང་འཛིན་འཁྲུལ་ཚོག་ཟག་པ་ལྟར་ཟད་ཀྱང་།|
取執惑妄諸漏雖昔盡

|ཟག་འབྲས་ལྷག་བཅས་སྒོང་རྒྱ་རལ་མ་ཐག།|
有餘漏果卵殼正裂時

|ཕྱིན་གྲུབ་རིག་པ་རང་གསལ་རང་ལ་འཆར།|
自成覺性自明現於己

|སྐུ་དང་ཡེ་ཤེས་སྣང་བས་མཁའ་དབྱིངས་ཁྱབ།|
身與本智顯故遍空界

|རང་ངོ་ཤེས་པས་ཀུན་བཟང་ཀློང་དུ་གྲོལ།|
識本貌故普賢界解脫

　　鳥的種類非常多，不過一切鳥之中最殊勝的，是大鵬金翅鳥，大鵬鳥是古代初劫時候出現的，現在大概就沒有了。大鵬鳥寶寶還在鳥蛋裡，蛋殼還沒破開時，牠的翅膀、羽毛、力量就已經發育成熟了，而一般的鳥還在蛋裡時，很虛弱，就算蛋殼破掉鳥出來後，也沒有力氣，羽毛也還沒發育完整，也不可能立刻飛翔，還要經過很長的時間成長，這就是大鵬鳥和一般鳥的差別。

　　同樣的道理，我們現在針對萬法而努力實修，證悟萬法實相時，就好像是大鵬鳥的小寶寶，即使還在蛋殼裡，牠的翅膀、羽毛、力量等一切都已經完整齊備了，這個時候就好像一個人證悟了內心實相，已經證悟了佛果。

　　當大鵬鳥蛋殼破開時，大鵬鳥立刻遨翔在天空，各處盤旋，和牠的爸爸媽媽一樣，不需要像其牠鳥兒還要經過很長的成長過程。

　　證悟內心實相時內心已經是佛，但是這個時候不清淨的身體仍然存在，看起來不是佛的形相，好像大鵬鳥的小寶寶被蛋殼包住了一樣。什麼時候這個身體不見了，因為內心是佛，因此立刻就會形成佛身，具有三十二相、八十種好，莊嚴功德無比的這個佛身自然也就形成了。

　　所以，我們現在所擁有的能所二執，還有我執一切妄念的聚集，這一切會完全消散不見。這時就算這些都消散不見，可是我們有漏的這個色身，色蘊的身體仍然不是佛，因為以前不清淨業力所形成，但是未來因為內心已經證悟佛果，未來這個有漏的色身消散去除不見後，就會再度形成一個圓滿的佛身，三十二相八十種好的圓滿佛身遍及一切處所。因此，解脫也是靠著了悟內心的實相而解脫，不是靠其它的方法解脫。

第七項

講說外在利益眾生的情形。

內心已經證得佛果，異熟的身體消失之後，連外在的身體也變成佛。這時就要廣大利益眾生，利益眾生的情形像什麼樣子呢？

|ཕྱོགས་བཅུར་ཐུགས་རྗེའི་རོལ་པ་ཆད་མེད་ལས།| |སྤྲུལ་པ་འཕྲོས་པས་འགྲོ་བའི་དོན་ཀུན་བྱེད།|

十方大悲遊戲無量數　放射化現遍行有情事

|འཁོར་བ་ཇི་སྲིད་མཐའ་པ་ཉེ་བར་སྟོན།| |འདི་ནི་རང་བཞིན་གནས་ཀྱི་ངོ་བོ་ལས།|

乃至輪迴近示現行誼　此由停於自性之本質

|རྩལ་གྱི་ཐུགས་རྗེ་ཕྱོགས་མེད་ཕར་བ་སྟེ།| |རོལ་པས་གཞན་དོན་ཕུན་སུམ་ཚོགས་པ་ཡིན།|

力道大悲出現各方也　以由力道他事爲美滿

當外內二方面都成就佛果之後，就有大悲利益眾生的事業遍及十方。利益眾生時示現出來的化現，清淨的化現、不清淨的化現，各種各類都有，隨順眾生的勝解、信心的程度，示現出清淨的化現、不清淨的化現，無量無邊廣大利益眾生。因此，也會針對六道眾生，出現各類導師去利益一切眾生。

利益眾生的時間是什麼時候呢？窮盡輪迴不空之際，佛行事業恆常存在，永遠不會消失。像我們現在有時工作、有時休息、有時上班、有時不上班，佛陀利益眾生沒有這種情況。

利益眾生的情形是什麼樣子呢？不需要靠因緣的聚集，靠著內心實相的力量，自然出現利益眾生的事業，由內心實相的力量之中出現大悲，遍及十方，由沒有偏頗的大悲、遍及十方虛空的大悲，出現這個遊戲，遊戲就是化現，各種各類的化現，廣大的利益遍滿

虛空的一切眾生，這個是利眾事業。

第八項

成佛之後，佛行事業對眾生的利益是怎樣形成的呢？

|ས་དག་ཆ་བཅས་རོལ་པ་ཉེར་ཞི་ཡང་། 　　|ས་དག་འགྲོ་ལ་སྤྲུལ་པ་སྣང་བ་ནི།
伴不淨分遊戲雖近息　　於不淨眾顯出化現者

|ཁྱོན་པའི་རི་བཞིན་ཐུགས་ཀྱི་ཕྱགས་རྗེ་དང་།　　|འགྲོ་སེམས་གཙང་མའི་ལས་སྨོན་དག་པས་འཆར།
導師如實大力悲以及　　眾生心淨淨業願而現

　　我們現在內心有很多妄念，總是想著我有必要去幫助他吧，我應當去利益他吧，我應當對他講說一些教法吧，這些教法對他有幫助吧……，這些都屬於內心的妄念。如果佛陀不伴隨著這種內心的妄念，沒有這種思維，那佛陀是怎麼樣去利益眾生的呢？

　　一般來講，我們現在內心的這些思維都屬於不清淨的部分，這是內心的妄念，在成就佛果時，不清淨的心完全消失，妄念完全消失。如果沒有這些妄念，怎麼去利益眾生呢？所以佛陀針對不清淨的六道眾生，雖然內心沒有妄念，還是可以示現出各種化現。

　　各種各類的化現怎麼來的呢？兩個原因。

　　第一個原因，就算是在沒有妄念的情況下，化現仍然會出現，因為在還沒有成就佛果之前，佛在以前宿世經過無量劫廣大行菩薩道時，曾廣大、再三發願：「希望我窮盡輪迴不空之際，能夠廣大利益眾生。」這個廣大的願力形成一個大悲的力量。

　　第二個原因，眾生本身自己應當業力也要清淨、蓋障也要去

除，還要廣大積聚資糧。如果這兩個條件都齊備，利益眾生的佛行事業就自然形成。假設眾生自己的業力也沒有清淨、心續也沒有清淨、也沒有發願、沒有信心，就算佛陀以前廣大發願幫助眾生的大悲力量已經存在，眾生仍然不會得到佛陀幫助。

譬如照鏡子，鏡子裡出現我的影像，那這鏡子本身必須沒有伴隨灰塵。假設鏡子被厚重的灰塵遮蓋住，那我的影像不可能出現在鏡子裡。

所以，最重要的關鍵是弟子本身，應當把以前的業力、惡業、蓋障，好好清淨掉，廣大的積聚資糧，而且要對佛陀教法有信心，常常再三發願。這些條件都齊備了，那一定會得到佛陀利益眾生的事業，一定會形成的。

第九項

佛陀所示現的化現無量無邊，這些化現去利益廣大眾生，但無論怎麼樣去利益廣大眾生，佛陀法身本質絲毫沒有改變。

|དེ་ཚེ་ཞིང་ཀུན་སྤྲུལ་པ་ཚད་མེད་ཅིང་། ｜མཐའ་ཡས་འགྲོ་བ་བྱང་ཆུབ་འཛིན་མཛད་ཀྱང་།
彼時諸剎化現無量數　雖引無邊有情達菩提

｜སྟོན་པའི་ཆོས་སྐུ་དབྱིངས་ལས་མི་གཡོ་སྟེ། ｜རང་བྱུང་ཡེ་ཤེས་རྟག་ཆད་ཕྱོགས་ལྷུང་མེད།
導師法身於界未動也　天然本智無墮常斷偏

｜དབྱིངས་ལས་རང་ཤར་སྤྲུག་པོ་བཀོད་པར་ནི། ｜རིག་འཛིན་མཁའ་འགྲོས་བཅུའི་སེམས་དཔའ་ལ།
由界自現堂皇莊嚴處　持明空行十地之菩薩

｜ལོངས་སྤྱོད་རྫོགས་པའི་བཀོད་པ་བསམ་ཡས་སྣང་། ｜དེ་ཡང་དབྱིངས་ལས་སྟོན་པའི་ཐུགས་རྗེ་དང་།
受用圓滿莊嚴難思顯　彼亦由界導師悲所調

།ཀུད་ལ་བྱའི་མོས་དགེས་ལྷུན་གྲུབ་རང་ངོར་སྣང་།
勝解善根自成顯於己

　　靠著佛陀本身大願大悲的力量，加上弟子自己內心清淨，佛陀的化現就出現了，而且無量無邊無數，廣大利益一切有情眾生，引導一些眾生得到聲聞的羅漢果、得到獨覺的羅漢果、得到大乘地道的果位、得到三乘的菩提，這些利益眾生的事業就是如此形成的。

　　但是有無量無數的示現，進行佛行事業去利益眾生時，佛陀是不是改變成這樣子去利益他，又改變成那樣子去利益他呢？不是！不管如何引導、安置、幫助眾生得到什麼果位，佛陀從來就沒有改變過，仍然安住在法身的本質裡，沒有任何動搖，所以說：「導師法身於界未動也」。這是法身利益眾生的情況。

　　其次報身利益眾生的情況，報身指的是明分本智，靠著明分本智在無量無邊的國土就會出現報身，堂皇莊嚴就是中間密嚴國土，以及東方現喜國土、南方具祥國土、西方蓮花積國土、北方業極圓滿國土。在五方佛的國土，佛陀會示現出報身的形相。可是在這些國土裡是針對十地以上的菩薩，佛陀的明分本智化成報身形相，廣大利益十地以上的大菩薩。這些利益眾生的事蹟對我們而言，完全不可思議，所以說：「受用圓滿莊嚴難思顯」，對我們來講，不可思議地顯現出這些報身，去利益十地以上的菩薩。

　　其次化身利益眾生的情況，「彼亦由界導師悲所調，勝解善根自成顯於己」，「界」指法界空性，導師安住在法界空性中，自然流露出大悲，這是第一個條件；其次，還要加上弟子自己有勝解之心，廣大行善業，蓋障也清淨去除；在這種情況下，化身利益眾生

的事業就自然形成了。

　　因此，在天界就有天界的能仁天帝釋去利益天神，修羅界就有修羅界的能仁綺畫師去利益阿修羅，人道就有人道的能仁釋迦牟尼去利益人道眾生，動物道就有動物道的獅子堅固去利益動物道，鬼道就有鬼道的佛陀去利益鬼道，地獄道就有地獄道的佛陀閻羅法王去利益地獄眾生；僅僅只是在人道裡，佛陀就化成鋼琴師、獵人、歌妓、醫師去利益眾生，要幫助動物時，佛陀就化成大象、變成魚去利益動物，因此佛陀示現出來的化現、化身，也是無量無邊數，這是化身利益眾生的情況。

第十項

　　講解究竟的果位之中，法身與本智的理論。

　　佛陀開示教法時，講到佛身，開示過五身、四身、三身、二身，關於這方面的內容很多，不過這裡所要討論的佛身的理論，主要是用三身的理論來解釋。首先要講的是法身與法身的本智。

|ཆོས་སྐུའི་ངོ་བོ་རང་བྱུང་ཡེ་ཤེས་ཏེ། |རོལ་པར་ཐམས་ཅད་མཁྱེན་པའི་ཡེ་ཤེས་མཚོ།
法身本質天然本智也　　於遊戲中一切智大海

|གདོད་མའི་དབྱིངས་ན་ཐིག་ལེ་གཅིག་ཏུ་བཞུགས།
唯一明點居於本然界

　　所謂「法身」，即是究竟的佛果，《金剛經》談到：「若人以色見我，以音聲求我，是人行邪道，不能見如來。」因此所謂法

身，不會是一個色法的性質，也不會是一個聲音的性質，色法或聲音等都是屬於內心能夠了知的對象，就法身而言，不是屬於內心所能夠了知的對境，而且也不必靠因緣和合而形成，是本然就已經存在的天然本智，這個部分，即稱爲法身。

天然本智即是法身，所以不管天然本智變化出什麼形相，這些形相就稱爲「遊戲」，這一切都是屬於天然本智的性質，不是離開天然本智之外。譬如大海中翻滾的浪花，不管出現多少，大大小小，都是屬於水的性質。

就法身而言，本質即是本智，因此，不是屬於色法的類型，也不是屬於聲音的類型。而且，如此的法身，在最初的時候，在一切眾生的內心實相之中本然已經存在了，早就已經有了，因此，是唯一的一個本智。就法身本智而言，後面要談到報身本智及化身本智，法身本智是這二者出現的基礎，因此三者本質當然是同一，這個部分即稱爲「唯一明點」，也即是法身本智。

第十一項

講說報身以及本智。在這個方面，有三個句子：

|བོངས་སྐུའི་ངོ་བོ་རང་བཞིན་ལྷུན་གྲུབ་སྟེ། ཚོལ་བར་རིགས་ལྔ་ཡེ་ཤེས་རྣམ་པ་ལྔ།

報身本質自性自成也　遊戲之中五族五本智

|ནམ་མཁའི་དབྱིངས་ཀུན་གང་བར་སྣང་བ་ཡིན།

顯而充滿盡虛空之界

所謂報身的本質，是指自性自成的這個部分、明分的這個部

分；所謂報身的遊戲，是指外在的顯分，這是只有針對所調伏眾十地以上、業力純淨的清淨菩薩，報身的遊戲方才顯現出來，這外在顯分的部分，就是五方佛了，所以五方佛是屬於報身在外在顯現出來的顯分部分。這五方佛、顯分的類型，遍佈虛空界，廣大利益眾生。

報身的本智是指哪一些呢？法界體性智、平等性智、大圓鏡智、成所作智、妙觀察智這五智，我們經常提到五智，五智是屬於報身的五智。

第十二項

講說化身以及本智。在這個方面，有三個句子：

|སྤྲུལ་སྐུའི་ངོ་བོ་ཐུགས་རྗེའི་འཆར་གཞི་སྟེ། ||རོལ་པར་གང་ལ་གང་འདུལ་དེར་སྣང་ཞིང་།
化身本質大悲現基也　　遊戲隨順所調顯於彼

|འཕྲིན་ལས་ཆེན་པོས་མངའ་དབང་འབྱོར་པ་ཡིན།
大事業故是大富權主

一般提到化身，化身指的是大悲周遍，那化身是什麼樣子呢？化身示現出來外在的形相，會隨順所調伏眾而顯現成爲各種各類的形相。譬如調伏天神，就示現出天道的能仁；調伏阿修羅，就示現出修羅道的能仁；調伏人界眾生，就示現出人道的能仁；調伏畜牲道眾生，就示現出畜牲道的能仁；調伏鬼道眾生，就示現出鬼道的能仁；調伏地獄道眾生，就示現出地獄道的能仁。還有，會化成琴師的樣子、獵人的樣子、工匠的樣子，甚至變成青樓歌妓而利益眾

生。所利益的眾生包括清淨的眾生和不清淨的眾生，而且利益眾生時，所化現出來的形相，各種各類非常多。由於以各種各類非常多的方式利益眾生，因此是個大富權主，具有最大的權勢、權力。

化身的本智主要就是「如所有智」和「盡所有智」。

一般我們談到一切的法，不管任何一個法，一定有實相以及外相的部分；就實相的部分，能夠予以了知的本智就是「如所有智」；可是任何一個法，還有外在的形相，那麼多的法，形相當然各種各類，而且無量無數，所以對這個外在的形相，能夠予以了知的本智，就是「盡所有智」。這二者即是化身的本智。

法身、報身、化身，三身本質同一，在本質同一的情況下，針對清淨的弟子例如舍利子等，化身也會顯現出來；針對不清淨的弟子例如提婆達多、善星比丘等，化身也會顯現出來。

如果這樣，照道理來講，報身及法身也應當針對清淨和不清淨的弟子都會示現出來，為什麼呢？因為三身本質同一啊，若化身對淨和不淨的弟子示現，那應該報身、法身也會對淨和不淨的弟子示現。

或者這樣講，報身只有針對業力清淨者十地以上菩薩才會示現出來，除此之外對其他的眾生，報身就不會出現了。如果這樣，三身本質同一，化身和法身也應該只有針對十地以上的菩薩才會出現，除此之外，針對其他的眾生，化身和法身都不會示現。

那法身呢？正如法身，不管針對業力清淨、不清淨的所調伏眾，法身都不會示現，由此推理得知，報身也好，化身也好，也應該針對業力清淨者和業力不清淨者，都不會呈現出來，因為三身本質同一嘛。

　　若從三身本質同一來討論，就會發生前面這些問題，引發很多爭論。

　　但是我們這裡談到三身本質同一，其實講得很清楚，法身的本質和報身的本質和化身的本質是同一，除此之外，法身本身的遊戲，報身本身的遊戲，化身本身的遊戲，遊戲就是已經示現出的顯分，外在形相的這個部分稱爲遊戲，三身外在顯現出來的顯分這個部分，是不是同一呢？不是呀！前面講三身本質同一，並沒有講遊戲也同一呀！因此，遊戲這個部分就不能說是本質同一。

　　在這種情況下，針對業力清淨也好、不清淨也好，化身都會示現，並不能由此推論：報身也應該對清淨和不清淨的弟子都會示現；或者說報身唯有針對十地以上的菩薩才會示現，是不是化身也僅僅只有針對十地以上的菩薩才會出現呢？就不會導致這個結論；或者說法身針對清淨、不清淨的弟子都不會顯現出來，這樣是不是引出結論說報身、化身對任何所調伏眾都不會出現呢？這個毛病也不會存在。因爲前面講三身本質同一，只有在本質這個部分才會同一。

　　那三身的本質同一的話，本質如何作解釋呢？法身的本質空分，報身的本質明分，化身的本質悲分。本質同一的意思就是明空雙運，明空雙運的這個部分，法、報、化三身都一樣，所以三身的本質在這個部分是同一的。

　　三身的本質是不是色法？是不是聲音？當然不是！所以在色法、在聲音上，三身的本質不會呈現出來。就遊戲的部分，法身的遊戲是無妄本智，無妄本智不是色法的本質，也不是聲音的本質，因此法身的遊戲、無妄本智，在聲音在色法上也不會顯現出來。

報身的遊戲三十二相八十種好，這個部分當然和法身的本質和化身的本質也不是同一個，不會是相同的。

化身的遊戲是隨順所調伏六道不同的眾生，示現出各種不同的形相，所以化身遊戲的本質，和報身遊戲的本質、法身遊戲的本質也不是同一個，因此，化身是針對業力清淨和不清淨的弟子都會示現；報身只有針對清淨的弟子才會呈現出來；法身則不對任何所調伏眾示現，無論是清淨的弟子或不清淨的弟子，法身都不會示現。

第十三項

講說佛身、佛本智的果現前呈現出來，是如何產生的呢？

前面談到法身及法身的本智，報身及報身的本智，化身及化身的本智，這一切要靠什麼方式才能夠出現？就我們而言，依靠什麼因緣才能呈現出來呢？就這個部分作一個解釋，有六個句子：

༄འདི་དག་རྒྱུ་འབྲས་རྩོལ་བས་མ་བསྒྲུབས་ཏེ།	༄ཡེ་ནས་ལྷུན་གྲུབ་ཆོས་གཞག་དང་ལ་སྣང་།
此等不以因果勤成也	本然自成顯於直定狀
༄མཆོག་གསང་རབ་ལ་ཚེ་འདིར་སྟུང་བ་སྟེ།	༄དེ་ལས་གཞན་དུ་བར་དོར་མི་བསྒྲུ་བས།
上者即於此世顯勝密	此外他者中陰未誑故
༄རྡོ་རྗེ་སྙིང་པོ་རྩེ་མོའི་ཐེག་པ་ནི།	༄རྒྱུ་འབྲས་ཐེག་པ་ཀུན་ལས་ཁྱད་པར་འཕགས།
金剛心要最頂乘門者	較眾因果乘門為特勝

第十三品談究竟的果。究竟的果並不是要靠因和果，花勞累力氣而使這些功德呈現出來。透過因果方式、花勞累力氣，當然也有所得到的果，但因為是屬於因果的理論，因果的理論本身是無常、

有爲法，如果靠著無常、有爲法因果的理論，花勞累力氣去得到果，這個果本身一定也是屬於因果，是無常的有爲法，不可能成爲一個無爲的果位的法。假設果本身是一個無爲的法，就不需要靠因和果而出現；假設是靠因和果而出現，就不會是一個究竟的果。無常的有爲法不會恆常堅固，假設是恆常堅固究竟的果，必須是一個無爲法，那就不能靠因果勞累力氣來使它出現。

　　我們現在所談的三身理論，指的都是超越有爲、無常的性質，都是屬於無爲的性質。因爲是無爲的性質，就不是透過因果勞累力氣而得到它。

　　那麼，是怎麼得到無爲法究竟的功德呢？因爲無爲法究竟的功德，在我們內心實相之中，本然自成，已經完全齊備，因爲本然自成的本質就已經在內心實相上存在，所以只要等持在內心實相上，法身的功德、報身的功德、化身的功德逐漸就會出現，就會現前。

　　就這個本然自成的功德現前呈現而言，大圓滿實修者的根器分成三類：上等根器、中等根器和末等根器。如果是上等根器，在這輩子三身就會現前，當然這個時候，不清淨的異熟果報的身體還沒有捨棄掉，不過就像前面所談到的大鵬鳥小寶寶，在蛋裡羽毛就已經豐滿，翅膀力氣就已經非常強大，所以就算這個時候還沒有捨棄掉身體，不過內心已經是圓滿完整的佛功德，所以是屬於這輩子即身成就佛果者。

　　中等根器的大圓滿實修者，這輩子沒有成就佛果，在中陰的時候成就佛果。中陰時，有死亡中陰、法性中陰和中有中陰三種，中等根器裡的上等根器者，在死亡中陰時契入內心本貌，在法身的本質中得到佛果；中等根器裡的中等根器者，在法性中陰的階段，文

武百尊出現，五智光出現時，會認識這是五智的祥光，在認識的情況之下得到解脫，在報身的本質中成就佛果；中等根器裡的末等根器者，會進入中有中陰，在中有中陰的階段裡，對西方極樂淨土發願，在中有中陰裡拜見上師，得到上師的口訣、教誡，憶念這些口訣、教誡，之後會在化身的本質中證得佛果。

如果是末等根器者，這輩子也沒有證得佛果，中陰的階段也沒有證得佛果，因此必然要投生到下輩子，但他的下輩子會有一個好的投生，父母對佛法信心非常強烈，投生後內心能夠立刻就投入佛法，父母親也不會形成障礙，還能遇到具德上師，在上師跟前得到口訣、教誡指導，之後再經過兩輩子、三輩子，逐漸變成中等根器、上等根器，逐漸成就佛果。

總而言之，行者實修大圓滿教法，上等根器者這輩子解脫；中等根器者中陰解脫；末等根器者兩輩子、三輩子以後逐漸也會得到解脫。

這裡我們所討論到的，是一切密咒金剛乘門中最頂端的乘門阿底瑜伽，比起原因經教性相乘門而言，當然要殊勝得多了。即使是果密咒金剛乘門裡的外密咒乘門，內密咒乘門裡的瑪哈瑜伽、阿努瑜伽的教法，這裡所談到的頂乘阿底瑜伽教法，都比它們殊勝得太多了，是非常深奧究竟的教法。

不過，深奧究竟的教法對我們來講其實也沒有很大用處，因為法是深奧究竟的教法，實修者本身，對這個法也要有信心、精進、勝解，力量要非常強大而實修，如果這樣去實修，法和行者剛好符合，相輔相成。這時法是力量強大、究竟的法，行者信心、精進程度強大，也是大圓滿的行者。

　　假設法是甚深究竟的教法，行者本身信心卻不夠，勝解也不夠、精進也不夠，在這種情況下實修，法和行者不相符合，這時，法當然是大圓滿的教法，行者卻並不屬於大圓滿根器。

結　語

首先，說明撰寫的關鍵重點。

|དེ་ལྟར་ཆོས་ཉིད་རྡོ་རྗེ་སྙིང་པོའི་གླུ། |མཁའ་མཉམ་གདོད་ནས་དག་པའི་རང་བཞིན་འདི།
如前法性心要金剛歌　　等空本然清淨此自性

|མི་འགྱུར་གཞི་རྩ་བྲལ་བའི་གནས་ཉིད་དུ། |རང་ཤར་འགྱོ་འགྱུར་མེད་པའི་རོལ་པར་ཤར།
於之未變無基無根處　　自現現爲無遷變遊戲

把法性實相呈現出來，意義絲毫沒有任何改變，把一切萬法的心要作一說明的這個歌曲金剛歌，如同廣大的天空本然清淨的自性，無論何時都不會改變，這個指的是內心的實相。

這十三品要講的內容是內心實相，這些內容是由像遍佈虛空一般的本然清淨自性、內心實相中自然流露出來的，不是靠著絞盡腦汁去思維、去分析猜測而寫下來的，不是這樣的一種教法。

其次，對所詮宗旨應當了悟它的意義。

|ཡེ་མཉམ་ཕྱུགས་གདལ་ཀློང་ཆེན་ཡངས་པའི་དོན། |གར་ཡང་མ་ཕྱིན་གདོད་མའི་རང་བཞིན་དང་།
本等齊均大界廣大義　　不往何處本然自性狀

|མི་གཡོ་ལྷུན་གྱིས་གྲུབ་པའི་ཆོས་ཉིད་ལ། |ཕྱུ་ཆད་མེད་ཅིང་ཕྱོགས་ལྷུང་བྲལ་བར་གྱུར།
未搖動而自成之法性　　無偏私且已經離墮方

「本等齊均」，本然平等而且全部都一起平均；「大界廣大義」，內心實相不是只有我一個人有，也不是只有我一個人的內心實相是這樣，一切眾生都有內心實相，他們的內心實相也都是如此。

　　就一切眾生的內心實相而言，也沒有去到另外一個地方，也沒有安住在什麼地方，是本然實相無為法的性質，絲毫不會有任何改變，不可能在中陰階段沒有內心實相，之後等到成就佛果時，佛果的功德才新出現，這種偏頗的情況根本不可能發生。在眾生的階段、菩薩的階段和成佛的階段，三個階段裡內心的實相絲毫沒有任何差別，沒有偏頗到哪一方面去。

　　論典如何寫下來的？背景是什麼？

|ངོན་རྣམས་རྗེ་བཞིན་མཁའ་མཉམ་ཡངས་པའི་དགྱིལ།|　　　|གང་དུ་རང་བྱུང་སློང་ཆེན་རྒྱལ་པོ་ནི།|
諸義如理等空廣大中　　　　　　　於彼天然大界國王者

|ཆག་ཏུ་མི་གཡོ་སྣ་ཚོགས་རང་སར་གྲོལ།|　　　|འདི་ཞེས་མི་མཚོན་དབྱིངས་ཙམ་ཡངས་པར་ཕྱིན།|
恆常未動種種原處解　　　　　　　曰此難表達於廣大界

　　寫這部論典時，大圓滿的意義是什麼？實相的內容是什麼？對像虛空一樣廣大深奧的大圓滿的法，龍欽巴尊者已經如理如實的證悟了，證悟後，不管在什麼時候，內心實相的這個了悟，恆常就沒有改變過。因為沒有改變過，因此不必花一點點力氣，煩惱在原處就自然地解脫，消失不見了。煩惱在原處解脫消失不見之後的這個內心實相是什麼樣子呢？雖然講了這麼多試著要表示，其實用任何比喻都不能表示，譬如天空，天空是什麼樣子？能不能用一個比喻去表示呢？不能！一樣的道理，已經證悟了內心實相之後，能不能去解釋、去說明內心實相是什麼樣子？能不能用一些比喻去表示呢？不能！沒有辦法說明和表示。

　　這部論典寫下來時，寫的方式是什麼呢？有四個句子：

|ཆོགས་པའི་དུས་ངེས་མཁའ་འདྲའི་རྣལ་འབྱོར་པས།　|རང་ཉམས་ཕྱོགས་གཅིག་ལུང་དོན་མཐུན་པ་ནི།

證悟時定如空瑜伽士　　　覺受集一隨順經文義

|རྒྱའི་སེམས་ལུང་ནི་ཉི་ཤུ་རྩ་གཅིག་དང་།　|ཁྲོང་གསུམ་མན་ངག་སྡེ་བཞི་མཐུན་པར་བཀོད།

根本心部經文二十一　　　三界四部口訣順寫寫

「證悟時定」，證悟的時間是非常確定的；「如空瑜伽士」，龍欽巴尊者長期依止根本上師古瑪拉扎，如理承事，信心、清淨心、實修、勝解，還有精進，都非常強烈，之後得到上師加持，證悟了內心實相。他這麼一位大圓滿的瑜伽士，內心所證悟的功德，廣大的程度就像天空一樣。

「覺受集一」，覺受聚在一起。現在把內心所了悟的功德凝聚成小部分寫下來，就是《法界寶庫》。其中所解釋的教法、意義和佛陀所開示的內容相隨順，並沒有違背，例如佛陀所開示大圓滿續部裡，心部的教法有二十一部，和其意義相隨順；續部裡有十七部坦特羅，和其意義也相隨順；心部、界部、口訣部和三部的意義都相隨順；口訣部裡還有外範圍、內範圍、密範圍、更密口訣範圍，和佛陀所開示的四部密續的意義也都相隨順，完全沒有違背。

善根迴向：首先迴向一切眾生得到究竟佛果。

|དགེ་བ་དེ་ཡིས་མ་ལུས་འགྲོ་བ་ཀུན།　|མ་འབད་བཞིན་དུ་གདོད་མའི་སར་ཕྱིན་ནས།

以此善行無餘有情眾　　　不需辛勞到達本然處

|ཀུན་བཟང་ས་ལ་འཕོ་འགྱུར་མེད་པ་ཡི།　|དོན་གཉིས་ལྷུན་གྲུབ་ཆོས་ཀྱི་རྒྱལ་པོར་ཤོག

於普賢地無邊無變之　　　二事自成願得法王果

大圓滿的教法《法界寶庫》這部書寫成後，累積了廣大的善

根，要把這個善根迴向給六道一切眾生，希望一位眾生也沒有剩餘，不必辛苦勞累，不必花力氣，就能夠證悟內心實相。了悟內心實相後，內心的實相本身沒有遷移、沒有改變；在沒有遷移、沒有改變的情況下，己事圓滿究竟達成，他事也圓滿究竟達成，得到二事究竟的佛果，希望一切眾生都證得佛果。

前面是究竟的迴向發願，其次，是暫時方面的迴向發願。

|ཁྱོགས་རྣམས་ཀུན་ཏུ་བདེ་དཔལ་འབྱོར་པ་ནི།| |དག་པའི་ཞིང་བཞིན་འདོད་དགུ་ལྷུན་གྲུབ་ཅིང་།|

遍一切處樂祥財富者　　　猶如淨土九需皆自成

|ཆོས་ང་སྒྲོགས་པས་ཐར་པའི་རྒྱལ་མཚན་འཛུགས།| |དག་ཆོས་མི་ནུབ་བསྟན་པ་རྒྱས་པར་ཤོག|

法鼓廣傳豎立解脫幢　　　正法未沒祈願聖教廣

在世界上一切地方，沒有任何戰爭、爭吵，眾生都能夠無病長壽，都能夠幸福快樂；希望所有國家就像西方極樂淨土一樣；希望任何一個國家，都有小乘、大乘、密咒乘門、大圓滿的教法，各處都有具德上師經常講說教法，轉動法輪；眾生得到解脫成就佛果的這個道路，從來沒有衰損過，還不斷發揚廣大，四處傳揚開來。

特別是佛陀的教法，教言之法以及證悟之法兩種，教言之法指三藏典籍，三藏典籍不衰沒並發揚開來的方法，主要就是靠善知識講解三藏典籍；證悟之法就是增上三學，透過學習、聽聞、思惟三藏典籍，之後經常地禪修，內心產生證悟，這個是證悟之法。如此，佛陀教言之法以及證悟之法，在這個世界上絲毫不沒落，而且不斷廣大發揚開來。

後記

　　《法界寶庫》全部講解完畢了，之後，要講解《虛幻休息論》，《虛幻休息論》主要的宗旨是一切萬法顯而無自性，針對顯而無自性，佛陀以如幻的八個比喻來作開示。第一個是像夢境，第二個像魔術師變出來的幻相，第三個是像眼睛有毛病的人看的假象，第四個是像海市蜃樓，第五個是像水裡的月亮，第六個是空谷回音，第七個是食香天神所變出來的城市，第八個是變化。在中觀究竟見地裡談到的內容，也是以這如幻的八個比喻作講解。

　　《法界寶庫》經常談到：輪迴和涅槃的一切萬法，在內心實相上都不能夠成立，可是就算不能夠成立，還是出現輪迴和涅槃的法，為什麼無，還會出現呢？要從八個比喻詳細作解釋。

　　我們講《法界寶庫》時，最主要是在見地上作一抉擇，但在抉擇見地時，談到一切都是無，輪迴和涅槃的一切法在內心實相上都是無，都不能夠成立，這種說法很容易令聽聞的弟子發生誤解。

　　因此，進一步在《虛幻休息論》就要講，雖然是無，但是萬法還是會顯現出來的。為什麼無又可以顯現呢？就算一切都顯現出來了，仍然是實際上不能夠成立的，這些內容就要靠《虛幻休息論》裡詳細解釋，作完整的補充說明，如果欠缺這個部分，我們以前所學習的教法，或《法界寶庫》的學習，有時候會導致許多的誤解。

　　所以，就一個學法者而言，常常聽聞佛法，多多學習，是相當重要的，才不會因為了解不透澈、不深入而產生誤解。

　　最後謝謝大家，身體健康，好好修行！

堪布徹令多傑仁波切
籌辦興建「蓮師吉祥光明殿」
及近期活動剪影

堪布與七天大法會主事僧眾合影。

　　2013 年，寧瑪白玉傳承噶瑪古千法王指示大堪布徹令多傑仁波切於蓮師聖地貝瑪貴附近興建「蓮師吉祥光明殿」，以弘揚佛陀教法及促進世界和諧穩定，同時也作為祈請貝諾法王轉世能長久住世饒益眾生之緣起。籌劃多時，2014 年 7 月 31 日舉行奠基大典，堪布主法，連續七天大法會，圓滿動土。惟興建經費仍欠缺許多，尚待十方善信功德主能廣發菩提願心，慷慨護持贊助，共同成就佛法廣揚。

　　有意發心護持者可直接與堪布主持之北中南各中心聯繫，或以 email 聯絡，threebasic@gmail.com，功德無量。

＊寧瑪三根本法洲佛學會

　　台北縣板橋市長江路一段 168 號 2 樓　TEL：（02）2258-6172　金師兄

＊台中貝瑪瑪尼顯密法林中心

　　台中市西區五權三街 44 號　TEL：（04）2378-1600　林師姐

＊高雄市舊譯顯密法林中心

　　高雄市三民區敦煌路 78 號　TEL：（07）385-5427　柯師姐

　　詳情請上網站瀏覽。www.y-s-p-d.org.tw

「蓮師吉祥光明殿」預定地臨時搭建的法會場地，法會期間，不僅藏民扶老攜幼共襄盛舉，連鄰近的印度居民也被吸引而來，共二千多人，蓮師已與廣大民眾結下善緣。

2013 年 11 月，堪布為貝瑪貴老人院預定興建地進行灑淨。原本興建完成「白玉菩提昌盛寺」及僧寮後，下一目標是興建閉關房，因所費不貲，尚在向十方大德募款中，期間堪布看到藏民每天從住家走來轉寺廟、轉佛塔、轉大瑪尼輪，有些老者年邁力衰，非常辛苦，堪布慈悲，指示於寺廟一側優先興建老人院，供老人居住。

2014 年 8 月，堪布受邀前往加德滿都雪謙寺，於佛學院講經授課一個月，十多年前堪布就曾由貝諾法王派遣至此擔任堪布職、教授師，達四年之久，雪謙寺上下均以「堪千」（藏語，意思是大堪布）尊稱堪布。

堪布對眾生無分別心，無論走到哪裡都能和民眾歡喜結緣。（2014 年 8 月攝於尼泊爾）

橡樹林文化 ❖❖ 善知識系列 ❖❖ 書目

JB0069	接觸大地─與佛陀的親密對話	一行禪師◎著	220元
JB0070	安住於清淨自性中	達賴喇嘛◎著	480元
JB0071/72	菩薩行的祕密【上下冊】	佛子希瓦拉◎著	799元
JB0073	穿越六道輪迴之旅	德洛達娃多瑪◎著	280元
JB0074	突破修道上的唯物	邱陽・創巴仁波切◎著	320元
JB0075	生死的幻覺	白瑪格桑仁波切◎著	380元
JB0076	如何修觀音	堪布慈囊仁波切◎著	260元
JB0077	死亡的藝術	波卡仁波切◎著	250元
JB0078	見之道	根松仁波切◎著	330元
JB0079	彩虹丹青	祖古・烏金仁波切◎著	340元
JB0080	我的極樂大願	卓千拉貢仁波切◎著	260元
JB0081	再捻佛語妙花	祖古・烏金仁波切◎著	250元
JB0082	進入禪定的第一堂課	德寶法師◎著	300元
JB0083	藏傳密續的真相	圖敦・耶喜喇嘛◎著	300元
JB0084	鮮活的覺性	堪千創古仁波切◎著	350元
JB0085	本智光照	遍智　吉美林巴◎著	380元
JB0086	普賢王如來祈願文	竹慶本樂仁波切◎著	320元
JB0087	禪林風雨	果煜法師◎著	360元
JB0088	不依執修之佛果	敦珠林巴◎著	320元
JB0089	本智光照─功德寶藏論　密宗分講記	遍智　吉美林巴◎著	340元
JB0090	三主要道論	堪布慈囊仁波切◎講解	280元
JB0091	千手千眼觀音齋戒─紐涅的修持法	汪遷仁波切◎著	400元
JB0092	回到家，我看見真心	一行禪師◎著	220元
JB0093	愛對了	一行禪師◎著	260元
JB0094	追求幸福的開始：薩迦法王教你如何修行	尊勝的薩迦法王◎著	300元
JB0095	次第花開	希阿榮博堪布◎著	350元
JB0096	楞嚴貫心	果煜法師◎著	380元
JB0097	心安了，路就開了：讓《佛說四十二章經》成為你人生的指引	釋悟因◎著	320元
JB0098	修行不入迷宮	札丘傑仁波切◎著	320元
JB0099	看自己的心，比看電影精彩	圖敦・耶喜喇嘛◎著	280元
JB0100	自性光明　法界寶庫論	大遍智　龍欽巴尊者◎著	480元

橡樹林文化 ❖ 成就者傳紀系列 ❖ 書目

JS0001	惹瓊巴傳	堪千創古仁波切◎著	260元
JS0002	曼達拉娃佛母傳	喇嘛卻南、桑傑‧康卓◎英譯	350元
JS0003	伊喜‧措嘉佛母傳	嘉華‧蔣秋、南開‧寧波◎伏藏書錄	400元
JS0004	無畏金剛智光：怙主敦珠仁波切的生平與傳奇	堪布才旺‧董嘉仁波切◎著	400元
JS0005	珍稀寶庫——薩迦總巴創派宗師貢嘎南嘉傳	嘉敦‧強秋旺嘉◎著	350元
JS0006	帝洛巴傳	堪千創古仁波切◎著	260元
JS0007	南懷瑾的最後 100 天	王國平◎著	380元

橡樹林文化 ❖ 蓮師文集系列 ❖ 書目

JA0001	空行法教	伊喜‧措嘉佛母輯錄付藏	260元
JA0002	蓮師傳	伊喜‧措嘉記錄撰寫	380元
JA0003	蓮師心要建言	艾瑞克‧貝瑪‧昆桑◎藏譯英	350元
JA0004	白蓮花	蔣貢米龐仁波切◎著	260元
JA0005	松嶺寶藏	蓮花生大士◎著	330元
JA0006	自然解脫	蓮花生大士◎著	400元

橡樹林文化 ❖ 圖解佛學系列 ❖ 書目

| JL0001 | 圖解西藏生死書 | 張宏實◎著 | 420元 |
| JL0002 | 圖解佛教八識 | 洪朝吉◎著 | 260元 |

善知識系列　JB0100

自性光明　法界寶庫論

藏　文　原　著／大遍智　龍欽巴尊者
講　　　　　記／堪布徹令多傑仁波切
口　　　　　譯／張福成
編　　　　　輯／廖于瑄
業　　　　　務／顏宏紋

總　編　輯／張嘉芳
出　　　版／橡樹林文化
　　　　　　城邦文化事業股份有限公司
　　　　　　104 台北市民生東路二段 141 號 5 樓
　　　　　　電話：(02)2500-7696　傳眞：(02)2500-1951
發　　　行／英屬蓋曼群島商家庭傳媒股份有限公司城邦分公司
　　　　　　104 台北市中山區民生東路二段 141 號 5 樓
　　　　　　客服服務專線：(02)25007718；25001991
　　　　　　24 小時傳眞專線：(02)25001990；25001991
　　　　　　服務時間：週一至週五上午 09:30 ～ 12:00；下午 13:30 ～ 17:00
　　　　　　劃撥帳號：19863813　戶名：書虫股份有限公司
　　　　　　讀者服務信箱：service@readingclub.com.tw
香港發行所／城邦（香港）出版集團有限公司
　　　　　　香港灣仔駱克道 193 號東超商業中心 1 樓
　　　　　　電話：(852)25086231　傳眞：(852)25789337
馬新發行所／城邦（馬新）出版集團【Cité (M) Sdn.Bhd. (458372 U)】
　　　　　　41, Jalan Radin Anum, Bandar Baru Sri Petaling,
　　　　　　57000 Kuala Lumpur, Malaysia.
　　　　　　電話：(603) 90563833　傳眞：(603) 90576622
　　　　　　Email：services@cite.my

版面構成／歐陽碧智
封面設計／周家瑤
印　　刷／韋懋實業有限公司

初版一刷／ 2015 年 2 月
初版六刷／ 2022 年 12 月
ISBN ／ 978-986-6409-93-6
定價／ 480 元

城邦讀書花園
www.cite.com.tw

國家圖書館出版品預行編目（CIP）資料

自性光明：法界寶庫論 / 龍欽巴尊者原著；堪
布徹令多傑仁波切講述；張福成口譯 . -- 初
版 . -- 臺北市：橡樹林文化，城邦文化出版
：家庭傳媒城邦分公司發行，2015.02
　　面：　公分 . -- （善知識系列；JB0100）
　ISBN 978-986-6409-93-6（平裝）

1. 藏傳佛教　2. 注釋　3. 佛教修持

226.96612　　　　　　　　　104001119

廣　告　回　函
北區郵政管理局登記證
北 台 字 第 10158 號
郵資已付　免貼郵票

104 台北市中山區民生東路二段 141 號 5 樓

城邦文化事業股份有限公司

橡樹林出版事業部　收

請沿虛線剪下對折裝訂寄回，謝謝！

|橡|樹|林|

書名：自性光明　法界寶庫論　書號：JB0100

橡樹林文化
讀者回函卡

感謝您對橡樹林出版社之支持,請將您的建議提供給我們參考與改進;請別忘了給我們一些鼓勵,我們會更加努力,出版好書與您結緣。

姓名:_____ □女 □男 生日:西元_____年

Email:_____

● 您從何處知道此書?

□書店 □書訊 □書評 □報紙 □廣播 □網路 □廣告 DM □親友介紹

□橡樹林電子報 □其他_____

● 您以何種方式購買本書?

□誠品書店 □誠品網路書店 □金石堂書店 □金石堂網路書店

□博客來網路書店 □其他_____

● 您希望我們未來出版哪一種主題的書?(可複選)

□佛法生活應用 □教理 □實修法門介紹 □大師開示 □大師傳記

□佛教圖解百科 □其他_____

● 您對本書的建議:

_____

_____

_____

_____

_____

處理佛書的方式

佛書內含佛陀的法教，能令我們免於投生惡道，並且為我們指出解脫之道。因此，我們應當對佛書恭敬，不將它放置於地上、座位或是走道上，也不應跨過。搬運佛書時，要妥善地包好、保護好。放置佛書時，應放在乾淨的高處，與其他一般的物品區分開來。

若是需要處理掉不用的佛書，就必須小心謹慎地將它們燒掉，而不是丟棄在垃圾堆當中。焚燒佛書前，最好先唸一段祈願文或是咒語，例如唵（OM）、啊（AH）、吽（HUNG），然後觀想被焚燒的佛書中的文字融入「啊」字，接著「啊」字融入你自身，之後才開始焚燒。

這些處理方式也同樣適用於佛教藝術品，以及其他宗教教法的文字記錄與藝術品。

ཨོཾ་ནི་ཥུ་དྲུག་པ་འདི་དབྱེ་ཆའི་ནང་དུ་བཞག་ན་དབྱེ་ཆའི་ཉེ་འདུར་
བགྲོམས་ཀྱང་ཉེས་པ་མི་འབྱུང་བར་འཇིགས་དཔལ་རྒྱུ་ཀུན་ལས་གསུང་སོ། །

此咒置經書中　可滅誤跨之罪